中国科学院规划教材

管 理 学

杨会良 等 编著

科 学 出 版 社
北 京

内 容 简 介

本书全面、系统地研究和阐述了管理学的基本原理、基本知识和基本方法，注重对管理学中涉及的基本概念和基本原理的理解与把握；注重对管理学理论和实践在当今最新发展的介绍与分析，整合了国内外最新的管理学领域的前沿理论与实践成果，同时又紧扣中国管理特定环境与中国企业现实需要；注重实践教学和案例教学，并通过选配大量案例、学习拓展、思考题和相关知识链接的“知识库”内容等，帮助学生或读者理解管理的真谛和要义以及管理学的基本理念、分析方法和实际运用。同时强化培养和提升学生或读者管理类相关专业的认知能力和职业素养，为管理学类相关专业后续的学习奠定坚实的基础。

本书时代性强、适用面宽，非常适合作为工商管理、公共管理等管理学门类的本科学生“管理学”课程的教材，同时也可作为研究生参考教材，另外本书也可作为既通俗易懂又有效实用的管理学培训或自学图书，供从事各类管理工作的读者阅读使用。

图书在版编目（CIP）数据

管理学 /杨会良等编著. —北京：科学出版社，2020.7
中国科学院规划教材
ISBN 978-7-03-064102-1

Ⅰ. ①管… Ⅱ. ①杨… Ⅲ. ①管理学–高等学校–教材
Ⅳ. ①C93

中国版本图书馆 CIP 数据核字（2020）第 002094 号

责任编辑：方小丽 / 责任校对：王 瑞
责任印制：张 伟/ 封面设计：蓝正设计

科 学 出 版 社 出版
北京东黄城根北街 16 号
邮政编码：100717
http://www.sciencep.com
北京中石油彩色印刷有限责任公司 印刷
科学出版社发行 各地新华书店经销
*
2020 年 7 月第 一 版 开本：787×1092 1/16
2024 年 1 月第六次印刷 印张：25 3/4
字数：600 000
定价：49.90 元
（如有印装质量问题，我社负责调换）

作 者 简 介

杨会良，现任南京特殊教育师范学院管理学院（无障碍管理学院）院长，曾任河北大学管理学院院长。博士，二级教授、博士生导师，江苏共享发展研究基地负责人、首席专家，江苏社科英才、省级社科优秀青年专家。主要从事公共管理、教育经济与管理和高等教育等领域的教学与研究工作。学术兼职有：教育部高校公共管理类专业教学指导委员会委员、中国教育学会教育经济学分会常务理事、中国老年学和老年医学学会志愿与公益分会常务理事等。在人民出版社、科学出版社等出版学术著作 10 余部，在《光明日报》《人大复印报刊资料》等学术刊物上发表学术论文 50 余篇；主持承担国家社会科学基金项目，教育部人文社会科学基金项目等省部级项目 10 余项；主持承担横向课题 10 余项；荣获省级哲学社会科学优秀成果奖一等奖 1 项、二等奖 1 项、三等奖多项。

前　言

管理是人类最基本的社会实践活动之一。自从有了人类，就有了管理活动，“管理”无时不有、无处不在。自古至今，管理智慧创造着人类发展中一个个奇迹，管理实践推进了人类的文明进程，管理思想推动了社会进步。可以说，社会的发展、国家的繁荣、企业的兴旺、家庭的幸福、个人的前途无不与管理密切相关，管理越来越成为显学，在经济社会发展中占据着重要的地位，发挥着不可或缺的作用。

管理的历史源远流长，管理活动始于人类群体生活中的共同劳动，到现今已有上万年历史。而管理学真正成为一门独立的学科，起步较晚。如果以泰勒（F. W. Taylor）的名著《科学管理原理》(1911 年)为标志，那么，现代管理学的诞生，至今也只有百余年的历史。管理学历经百年风雨洗礼，已经成为推动现代经济社会发展和人类文明进步最重要的学科之一。在百年管理的历史长河中，大师辈出、学派林立、群星璀璨，无数的管理先哲不断积极探索，展示出了令人惊叹的智慧和力量，为管理学科的奠基、发展和完善做出了巨大的贡献。正如美国管理大师彼得·德鲁克所说：“在人类历史上，还很少有什么事情比管理学的出现和发展更为迅猛，对人类具有更大和更为激烈的影响。”

相较于西方发达国家，我国管理学的研究与教学起步更晚，但发展迅速，尤其是改革开放以来，中国管理学取得了突飞猛进的发展。当前，中国已进入工业化中期后半阶段，按照中国社会科学院学部委员陈佳贵研究员所指出的，未来中国管理学发展应正确处理好管理研究方法的规范性与创新性、管理学科发展的科学性与艺术性、管理研究问题的国际化与本土化、管理理论与管理实践这四方面关系，新阶段的核心任务是形成中国管理学科学的管理理论模式和完善的学科体系。本书的撰写也是力求遵循这一思想来展开，是系统介绍管理学基本原理及其应用的一本精品教材。

全书由管理学导论、决策和计划、组织、领导、控制、创新 6 篇构成，共分 17 章。全书按照管理的五大基本职能，以及这些职能的综合与应用的逻辑框架展开，由浅入深、循序渐进、简明扼要地介绍了管理工作的实质、过程，以及各项职能活动开展的原理和方法。本书主要有以下特点。

体系完整、脉络清晰、重点突出。首先，本书详细阐释了管理学最核心的内容，有助于读者对管理学与管理工作的深刻理解；其次，本书整合了国内外最新的管理学领域的前沿理论与实践成果，同时又紧扣中国管理特定环境与中国企业现实需要，反映中国管理实践与研究的最新发展。再次，本书注重实践教学，提供了大量丰富的案例，每一章还配有多个思考题，使读者能够真正强化练习、学以致用、融会贯通。同时，本书根据当前“双创”的需要，增加了创新创业管理的内容，适应大学生创新创业的现实需要。

时代性强、适用面宽。本书非常适合作为工商管理、公共管理、图情档等管理学门类的本科学生“管理学”课程的教材，同时也可作为研究生参考教材，另外也可作为从事各类管理工作的读者的既通俗易懂又有效实用的管理学培训或自学图书。编写过程中本书增设了相关知识链接的“知识库”内容以及附有知识拓展的文献，让读者在轻松的阅读中和深入的探求新知中领悟管理的真谛和要义，理实结合，以学促用，并将之灵活运用到鲜活的管理的现实实践中。

一门好的课程需要有好的教材作为依托，一本好的教材需要有优秀的团队作为后盾。本书是笔者与曾经的河北大学同事的呕心之作，这一团队成员长期从事管理学的教学与研究工作，大都具有高级职称或博士学位，是学院教学、科研的骨干和中坚。全书的总体框架、编写思想与篇章结构由笔者负责，并与邢慧斌教授和团队其他成员进行了深入探讨与协商；组织协调、运行规范由邢慧斌教授把握。编撰组成员及具体分工如下：第一章、第十三章由笔者、杨雅旭执笔；第二章、第三章、第四章由徐杰执笔；第五章、第十章由邢慧斌执笔；第六章、第十六章、第十七章由王亚江执笔；第七章由杨立杰执笔；第八章、第九章由沈占波执笔；第十一章、第十二章由刘艳巧执笔；第十四章、第十五章由白献阳执笔。在初稿形成之后，邢慧斌教授进行了初审，笔者负责总纂和定稿。在撰写、核校过程中，团队成员不辞辛苦、高度负责、追求完美的精神和态度让笔者深为感佩，为他们的卓越工作点赞！

在本书即将付梓之际，我们深深感谢科学出版社的责编方小丽老师，是她的督促、帮助和指导，使本书得以顺利出版。在本书的编写过程中，我们参阅了大量的相关著作、教材和案例资料，汲取了国内外专家学者的研究成果，他们精湛的理论、观点和方法，给予我们许多有益的启示，在此谨向他们表示由衷的感谢。由于笔者水平有限，书中有许多不尽如人意之处在所难免，恳请专家学者和读者批评指正。

杨会良

2020 年 5 月于南京青秀城

目　　录

第一篇　管理学导论

第二篇　决策和计划

第三篇 组 织

第四篇 领 导

第五篇　控　制

第六篇　创　新

第一篇

管理学导论

第一章 管理与管理者

本章重点

管理与管理者

组织与环境

管理学内容与方法

引导案例

妙手回春乔布斯

美国发明家、企业家，苹果（Apple）计算机公司（以下简称“苹果公司”）创始人、前 CEO（chief executive officer，首席执行官）史蒂夫·乔布斯（Steve Jobs）堪称一位传奇式人物。

史蒂夫·乔布斯一出世便被父母遗弃，其养父母是典型的蓝领工人，不能为他提供优越的成长环境。1972 年他在波特兰市的里德学院上大学，1974 年他在印度朝圣之旅之后，对世界有了新的认识，认为爱迪生对世界的贡献比佛教大师要大得多。于是他回到硅谷，参加了他初中时就认识的人生黄金搭档、一个电脑天才——史蒂夫·沃兹尼艾克（Steven Wozniak）创立的自制电脑俱乐部。1976 年，他与沃兹尼艾克一道，在自家的小车库里装好了第一台电脑。他们两人变卖值钱的东西筹集了批量生产的资金，于 1976 年创建苹果公司，并接连推出 Apple Ⅰ、Apple Ⅱ 个人机。后者大获成功，3 年内销售额超过 1 亿美元，不仅使个人站稳了脚跟，还掀起了数字化浪潮。1980 年，乔布斯担任苹果公司董事长，苹果公司公开上市，苹果公司的股票当天便从 22 美元升到 29 美元，公司市值达 12 亿美元，乔布斯个人财富达 4 亿美元，成为白手起家的年轻亿万富翁。从 1978 年到 1983 年，苹果公司的业务每年平均增长 150%，个人电脑飞速发展的时代来临了。

一、遭遇放逐

Apple Ⅱ 的成功并没有让乔布斯感到多大的满足。他立志要开发更容易使用的电脑，运用当时施乐公司的新技术制造一台施乐型的电脑，而且性能还要更好，价格还要更低。于是新电脑麦金托什（Macintosh）被列入议程，1984 年，世界上第一台多媒体电脑 Macintosh 面世，使用它的用户不必逐个打字，只需通过图标、窗口、菜单、鼠标就可以进行操作，这是电脑发展史上革命性的突破。然而相比 Apple Ⅱ 50 万美元的研发费用，Macintosh 的研发费用达到了 8000 万美元，大大超过了预算。电脑业巨人 IBM（International Business Machines

Corporation，国际商业机器公司）的挑战，加上 Macintosh 过于超前，配套软件跟不上，导致 Macintosh 滞销，使公司赤字达到无法忍受的地步。乔布斯的固执态度也引起人们不满。1985 年，他被董事会解除了总裁职务，离开了苹果公司。乔布斯被放逐了，他卖掉了他所有的苹果公司股票，但仍保留一股以便获得年度财务报告，并用以寄托他对苹果公司的深情。

二、王者归来

被挤出苹果公司时他感到失落，但不久就振作起来。他虽然不是技术人员，但却是独具慧眼、善于开拓新产品的奇才。乔布斯创立了 Next 公司，为研究机构和学院提供专业配置的电脑，以加速研发的进程。同时，他收购了影视动画技术公司——Pixar（皮克斯公司）。Next 电脑虽然用了许多新技术，但并没有赢得市场；而他对 Pixar 倾注了 10 年心血，结出了硕果。1995 年，Pixar 和迪斯尼合作的电影《玩具总动员》在全球上映引起轰动效应，票房收入达到 4 亿美元。Pixar 借势公开上市，乔布斯拥有的股票价值超过了 5 亿美元。1996 年底，苹果公司为了使用 Next 的新技术，用 4 亿美元收购了 Next。此时的苹果公司经历了高层领导的不断更迭和经营不善之后，营运情况每况愈下，市场份额也由鼎盛时期的 16%跌到 4%，财务收入开始萎缩。1997 年 7 月，因连续 5 个季度亏损，CEO 阿默利欧只好辞职，当时苹果公司已接近破产边缘，人们又想起了乔布斯，于是在紧急关头他又被聘任为临时总裁兼 CEO。

三、再造辉煌

1997 年 9 月，重返苹果公司的乔布斯对奄奄一息的苹果公司进行大刀阔斧的改组，并采取一连串新产品降价促销的措施。第一，缩短战线。他一上任就迅速砍掉了没有特色的业务，把正在开发的 15 种产品缩减到 4 种，而且裁掉一部分人员，节省了营运费用。第二，发扬苹果公司的特色。苹果公司素以消费市场作为目标，所以他要使苹果公司成为电脑界的索尼。他上任伊始便着手开发 iMac，Mac 是麦金托什的简称，i 表示适于连接在互联网上使用，它非常适合家庭使用。创新的外壳颜色透明设计使得产品大卖，并让苹果公司度过财政危机。随后苹果公司又推出 Mac OS X 操作系统。并先后开发出 iTunes 和 iPod，随后 Apple TV 和 iTunes Store 等一系列产品受到了市场的好评和认可。2007 年 6 月 29 日，苹果公司又推出自主设计的 iPhone 手机，使用 iOS 系统，随后发布新一代 iPhone 3G 以及 iPhone 3GS。2010 年 6 月 8 日，苹果公司又发布第四代产品 iPhone4，每次上市都引发极大反响和销售热潮。除了 iPhone 系列之外，还发布使用 iOS 系统的 iPad 平板电脑，这一开始时不被众人看好的产品，最后获得了巨大成功。第三，开拓销售渠道。让 CompUSA 成为苹果公司在全美的专卖商，使 Mac 机销量大增。第四，调整结盟力量。同宿敌微软和解，取得微软对它的 1.5 亿美元投资，并继续为苹果机器开发软件。同时收回了对兼容厂家的技术使用许可，使它们不能再靠苹果公司的技术赚钱。

乔布斯被认为是计算机业界与娱乐业界的标志性人物，他经历了苹果公司几十年的起落与兴衰，先后领导和推出了风靡全球的电子产品，深刻地改变了现代通信、娱乐、生活方式。人们认为乔布斯具有技术、管理和文化三张面孔。在技术方面，他是使电脑成为消费产品的倡导者；在管理方面，他是善于随机应变的企业家；在文化方面，他是电脑文化的革命家。

1985 年，他被里根总统授予国家科技勋章；1987 年，他获杰弗逊杰出公共服务奖；1997 年，他成为《时代周刊》的封面人物；2007 年，史蒂夫·乔布斯被《财富》杂志评为年度最伟大商人；2009 年，他被《财富》杂志评选为这 10 年美国最佳 CEO，同年当选《时代周刊》

年度风云人物之一。微软创始人比尔·盖茨对他的评论是："我不过是乔布斯第二，在我之前，苹果电脑的飞速发展给人以太深的印象。"英特尔公司前 CEO 葛鲁夫一直赞赏乔布斯，他说："史蒂夫将永远是史蒂夫（指始终充满活力），唯一可能的变化是，他将会不断失去更多的头发。"

资料来源：http://www.doc88.com/p-075800360703.html，MBA 智库·百科，百度百科（有改动）

第一节 管理与管理者的含义

叔孙通制定礼仪

公元前 202 年，刘邦称帝建立汉朝。汉朝初年，草莽出身的刘邦不懂礼仪，跟随他一同起事打下江山的一众武官更是粗陋无礼，因此在国家初建时，这些功臣悍将为了邀功请赏相互攻讦，酗酒闹事，甚至拔刀相向。刘邦十分担忧长此以往，对国家不利。为了巩固自己的势力，达到长治久安的目的，刘邦便找精通儒术的叔孙通商议对策。叔孙通建议刘邦征召儒生，研究古代礼仪，商定当今朝仪。获刘邦准许后，叔孙通便奉命召集了30位儒生、100多位儒家弟子以及有学问的大臣，一起到郊外平地，用稻草编成人形，按尊卑顺序成排站立，将研定的礼仪悉心练习一个多月。刘邦看后认为可行，便让大臣们按照这些礼仪练习。公元前 200 年，长安的长乐宫建成。十月，进行朝拜岁首（秦统一中国，以十月为岁首；汉初沿袭，直到汉武帝时改正月为岁首）的仪式。到了举行仪式这一天，天亮之前，参加朝拜仪式的人被带着按顺序进入长乐宫。宫中道路两旁，整齐排列着骑兵和士兵，手持武器，张挂旗帜，队列严整。皇帝听政的大殿下，郎中按照台阶成排站立，每级台阶上有几百人。大殿的西侧，按官衔大小顺序面向东站立的是功臣、诸侯；大殿的东侧，按官衔大小顺序面向西站立的是文官丞相以下的官员；接待宾客的礼官设九卿，上下传话都要按照顺序。当皇上从大殿出来，由专人带诸侯王以下到俸禄六百石的官员依次向皇上祝贺。礼仪结束之后，朝拜的人都趴在地上，然后低着头，以尊卑顺序一个个向皇帝上寿礼。仪式进行过程中要喝酒，当喝过九杯之后，掌管宾客的礼官就下令："停止喝酒。"并让御史前去执行，有违抗命令、不按仪式规定做的就带走治罪，在整个仪式过程中没有敢喧哗无礼的人。刘邦第一次感受到天子之威，大为高兴地说："我今天才知道做皇帝的尊贵啊！"这就是历史上所说的"初定朝仪"。此事之后，文武百官都必须按照礼仪办事，汉代的礼仪才得以慢慢传播开来，整个社会变得井然有序。

上述历史故事说明规范的管理和完善的管理制度对于一个社会的重要性。企业发展也是如此。一个规范的企业，首先必须有规范的管理和完善的管理制度。一个企业如果没有完善良好的管理及管理制度，也许在一段时间内它能够运转下去，甚至在某一阶段还会显得很有效率，但是从长远来看，它是无法立足的。良好的管理制度能够规范企业的日常运作，能够保证工作的流程和效率，同时还能为突发事件做出有效的预案，是一个企业生存和发展的基本保证之一。

管理是由人们的劳动协作引起的，管理对于每个组织或社会而言都是不可或缺的，古今亦然。任何人，只要存在于一定的组织或社会中，都离不开管理。他的角色，要么是管理者，要么是被管理者或者自我管理者。了解管理，有助于人们更好地融入组织或社会，处理好身边的各种问题。而掌握管理这门学问，必须先弄清管理的定义、作用和职能，管理者的职责和技能要求，以及管理适用的对象和环境等基本概念。

一、管理的定义

“管理”一词含义较广。古往今来，国内外诸多学者立足于不同的出发点对管理有多种不同的见解和定义。

在管理学研究初期，人们就开始了对管理内涵的探讨，提出了管理的经典定义。“科学管理之父”弗雷德里克·W. 泰勒（Frederick Winslow Taylor，1856—1915 年）认为管理就是“确切地知道你要别人去干什么，并使他用最好的方法去干”。管理的目的是使雇主实现最大限度的富裕，也使每个雇员实现最大限度的富裕。

现代管理理论创始人亨利·法约尔（Henri Fayol，1841—1925 年）在其名著《工业管理和一般管理》中提出，“管理是所有的人类组织（不论是家庭、企业或政府）都有的一种活动，这种活动由五项要素组成：计划、组织、指挥、协调和控制”。

后来的管理学家则提出了内容更加具体的观点，诺贝尔经济学奖获得者赫伯特·西蒙（Herbert A. Simon，1916—2001 年）指出“管理就是决策”，他认为，决策贯穿于管理的全过程和管理的所有方面，任何组织都离不开对目标的选择，任何工作都必须经过一系列的比较、评价、拍板后才能开始。如果决策错了，执行得越好，所造成的损失就越大。所以只有说管理就是决策，才能真正反映管理的真谛。

哈罗德·孔茨（Harold Koontz，1908—1984 年）认为，“管理就是设计和保持一种良好环境，使人在群体里高效率地完成既定任务”。为了达成管理的目的，要进行计划、组织、人事、领导、控制，管理就是由这几项工作组成的。

罗宾斯（Robbins）和库尔塔（Coultar）认为，管理指的是和其他人一起并且通过其他人来切实有效完成活动的过程。这一定义将管理视作过程，既强调了人的因素，又强调了管理的双重目标：既要完成工作，又要讲究效率。

我国的一些管理学教材也给管理下了定义。如周三多教授认为管理是社会组织中，为了实现预期的目标，以人为中心进行的协调活动；芮明杰教授认为管理是对组织的资源进行有效整合以达到既定目标与责任的动态创造性活动；杨文士教授则认为管理是指一定组织中的管理者，通过实施计划、组织、人员配备、指挥与领导、控制等职能来协调他人的活动，使别人和自己一起实现既定目标的活动过程。

综上学术界关于管理的各种说法，本书将管理定义为：在特定的环境下，组织中的管理者通过计划、组织、领导、控制等环节，协调以人为中心的组织资源与职能的活动，实现组织目标的过程。

具体可以从以下几方面来理解。

（1）管理是一个过程，是为实现组织内各个主体目标服务的，是一个有意识、有目的的过程。

（2）管理是通过创造良好的组织环境，有效调动组织中相关人员来从事计划、决策、组织、领导、控制和创新等一系列相互关联、连续进行的活动，从而实现既定的目标。

（3）管理是在一定的环境条件下开展的，环境既提供了机会，也构成了威胁。也就是说，管理须将所服务的组织看作一个开放的系统，它不断地与外界环境产生相互的影响和作用。

（4）管理的内容是优化使用组织的人力、物力和财力等各种资源，通过综合运用组织中的各种资源来实现组织的目标。

二、管理职能

管理职能（management functions），是指管理者为实现有效管理所应具备的管理功能。20 世纪初，亨利·法约尔提出，所有的管理者都履行五种管理职能，即计划（plan）、组织（organize）、指挥（command）、协调（coordinate）和控制（control）。1955 年，加利福尼亚大学的两位教授哈罗德·孔茨和西里尔·奥·唐奈（Cyril O. Donnell）采用计划、组织、人事、领导和控制五种职能作为管理教科书的框架。时至今日，最普及的管理教科书仍按照管理职能来组织教学内容。随着计算机和网络技术的发展，人们的活动越来越广泛，对于其他人的活动也可以在瞬间掌握。人类要不断发展，就要有所创新，这意味着管理也需要进行创新。因此，可以把管理职能分为决策和计划、组织、领导、控制和创新。

（一）决策和计划职能

决策职能是指管理者识别并解决问题以及利用机会的过程。其具体包括识别机会、识别目标、拟订备选方案、评估备选方案、做出决定、选择实施战略以及监督和评估等过程。

计划职能的主要任务是在收集大量基础资料的基础上，对组织未来环境的发展趋势做出预测，根据预测的结果和组织拥有的可支配资源建立组织目标，然后制定出各种实施目标的方案、措施和具体步骤，为组织目标的实现做出完整的计划。

（二）组织职能

组织职能就是将具体的计划加以落实的过程，安排什么人在什么时间完成什么工作，并且管理和协调不同的工作任务。组织工作主要包括组织结构设计、人员配备、组织运行和组织变革。组织结构设计是在工作分析的基础上设立工作岗位，设置组织部门，建立组织结构的基本框架。人员配备是根据工作岗位的要求，确保将合适的员工安置到适当的工作岗位，包括选聘、培训、考核等多个阶段。组织运行是指处理好企业内部的信息流、资源流，维持企业的正常运作，达到多种组织力量的最佳协调和整合。组织变革强调在组织过程中根据企业业务特点和环境变化趋势及时做出改变与革新。

（三）领导职能

每一个组织中都包含人，指导和协调组织中的人是管理的基本工作之一。领导职能指的是管理者利用职权和威信施展影响，指导和激励各类人员努力去实现目标的过程。当管理者激励他的下属、指导下属的行动、选择最有效的沟通途径或解决组织成员间的纷争时，他就是在从事领导工作。

在企业管理工作中，领导这一职能是联结计划工作、组织工作以及控制工作等各个管理职能的纽带。如同乐队需要指挥一样，任何一个组织都需要领导。从企业的实践来看，领导职能是对企业内每个成员（个体）和全体成员（群体）的行为进行引导与施加影响的过程。其目的在于使个体和群体能够自觉并有信心地为实现企业目标而努力。一般来说，领导职能包括三个必不可少的要素：领导者、被领导者及所处的客观环境。因此，领导职能就表现为对人的管理，即研究和协调人与人的关系。

（四）控制职能

控制职能是指管理者按目标计划制定管理标准，对过程和结果进行控制，及时纠偏，保证组织目标的实现。管理者要制定必要的管理标准，进行事前、事中和事后控制，进行有效的组织绩效监控，督促组织内成员尽自己的努力按照既定的目标与计划做好自己专职范围内的工作，并及时纠正偏差，使组织回到正确的轨道上来。在控制过程中，管理者要评价组织在多大程度上实现了目标以及采取了什么样的行动来保持和提高业绩。例如，管理者要从整体上监控个人、部门和组织的业绩，从而考察他们是否达到了所要求的业绩标准，如果没有达到标准，管理者要采取措施努力提高业绩。为了进行控制，管理者必须决定要对哪些目标进行评价——诸如产量、质量或顾客的响应度，然后他们必须设计出信息和控制系统，为绩效评估提供所需的数据。

（五）创新职能

创新职能是传统的管理职能顺应时代发展的产物。随着科技的发展、知识经济时代的到来以及市场竞争日益激烈，管理问题的变化逐渐加快，因循守旧的管理方式已经不适应新的形势和挑战。许多企业能够获得成功，关键在于创新。管理创新包括很多内容：第一，提出一种新的组织运行思路并加以有效实施；第二，创设一种新的组织机构，并使之有效运转；第三，发明或引进一项新的技术，并付诸实践；第四，创立或引进一项新的制度，设计出崭新的管理方式。

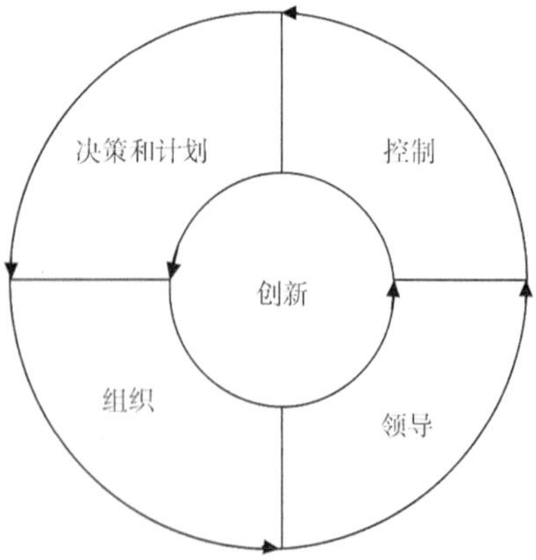

图 1-1 管理职能的关系

各项管理职能之间存在着一定的关系。每项管理工作都是从计划开始，经过组织、领导，到控制结束，不断循环。而且各个职能相互交叉，决策在每个职能中不断地重复发生，而创新在管理循环中处于核心地位，成为管理循环的核心动力。管理职能的关系如图 1-1 所示。

三、管理者的定义及其类型

（一）管理者的定义

一个企业有大量的成员从事生产第一线的工作，也有的从事生产辅助性工作、勤务性工作，还有的从事管理工作，各有分工。其他的组织也与企业相类似。我们将在组织中从事管理工作负有领导和指挥下级去完成任务职责的组织成员称为管理者。

（二）管理者的类型

管理者有不同的分类方法，一种方法是从纵向看，按管理者在组织中的层次地位来划分；另一种方法是从横向看，按管理者所负责的组织活动范围来划分。

1. 按管理者在组织中的层次地位来划分

按管理者在组织中的层次地位，管理者可以分为高层管理者、中层管理者和基层管理者。

（1）高层管理者。高层管理者负责组织的全面管理，由组织中的少数人组成，这些人被称为高层主管。他们建立组织运行的政策，并引导组织与环境相互作用。他们处于组织的最高层，主要负责组织的战略管理，并在对外交往中代表组织的官方身份。这些高层管理者的头衔有公司董事会主席、CEO、总裁或总经理及其他高级资深经理人员，以及高校的校长、副校长和其他处在或接近组织最高层位置的管理人员。

（2）中层管理者。中层管理者指导更低层的管理者的活动，有时也直接管理员工。中层管理者的主要职责是指导那些落实组织政策的活动，并以雇主的身份去平衡级别比他们低的管理者的要求。他们是直接负责或者协助管理基层管理人员及其工作的人，通常享有部门或办事处主任、科室主管、项目经理、地区经理、产品事业部经理或分公司经理等头衔。这些人主要负责日常管理工作，在组织中起承上启下的作用。

（3）基层管理者。基层管理者是组织中最下层的管理者，直接面向在第一线工作的组织成员，组织他们按要求去完成各项任务。企业车间里的班组长，职能部门中的科长或股长或组长，他们所接到的指令是具体的、明确的，所能调动的资源是有限的、为完成任务所必需的。他们要向上级报告任务执行情况，反映工作中遇到的困难并请求支持，也起到承上启下的作用。

2. 按管理者所负责的组织活动范围来划分

按管理者所负责的组织活动范围，可以将管理者分为综合管理者和职能管理者。

（1）综合管理者。综合管理者是指负责整个组织或者组织中某个事业部所有活动的管理者。他们要统筹管理组织内生产、财务、营销推广等多项工作内容。综合管理者大多是组织中的高层管理者及中层管理者，如企业的总经理、分公司的副总等。

（2）职能管理者。职能管理者是指专门负责组织内某活动的管理者。根据管理内容的不同，可以将职能管理者分为生产部门、营销部门、财务部门、研发部门等各部门的管理者，他们分别对组织的生产、营销、财务、研发等工作内容负责。随着组织规模的扩大和运行环境的多变，职能管理者在组织中的地位越来越重要，企业需要更多的专业管理者来更好地开展管理工作。职能管理者更多的是组织的中层管理者和基层管理者。

四、管理者的角色与技能

（一）管理者的角色

“管理者的角色”这一概念最早是由管理学大师彼得·德鲁克（Peter F. Drucker）提出的，

是指特定管理行为的类型或者说是管理活动的职责。一些学者从管理者角色的角度进行了深入的阐述。这方面最具有影响的当属亨利·明茨伯格提出的管理者角色理论（表 1-1）。明茨伯格认为，可以通过考察管理者在工作中所扮演的角色来恰当地描述管理者究竟是做什么的。根据对来自不同机构的五位总经理的细致观察，明茨伯格构造了一个描述管理者在做什么的分类框架。该框架指出，管理者实际上在扮演多种不同的但高度相关的角色，这 10 种角色又可以进一步归纳为三个主要的类别，即人际角色、信息角色和决策角色。

表 1-1　明茨伯格的管理者角色分类

角色		描述	特征活动
人际角色	1. 挂名首脑	象征性首脑：必须履行许多法律性或社会性的例行义务	迎接来访者；签署法律文件
	2. 领导者	负责激励下属；负责人员配备、培训以及有关的职责	实际上从事所有的有下级参与的活动
	3. 联络者	维护自行发展起来的外部关系和消息来源，从中得到帮助和信息	发感谢信；从事外部委员会的工作；从事其他有外部人员参加的活动
信息角色	4. 监听者	寻求和获取各种内部与外部的信息，以便透彻地理解组织与环境	阅读期刊和报告；与有关人员保持私人接触
	5. 传播者	将从外部人员和下级那里获取的信息传递给组织的其他成员	举行信息交流会；用打电话的方式传达信息
	6. 发言人	向外界发布组织的计划、政策、行动、结果等	召开董事会；向媒体发布信息
决策角色	7. 企业家	寻求组织和环境中的机会，制订改进方案以发起变革	组织战略制定和检查会议，以开发新项目
	8. 混乱驾驭者	当组织面临重大的、意外的混乱时，负责采取纠正行动	组织应对混乱和危机的战略制定与检查会议
	9. 资源分配者	负责分配组织的各种资源——制定和批准组织决策	调度、授权、开展预算活动，安排下级的工作
	10. 谈判者	在主要的谈判中作为组织的代表	参加与工会的合同谈判

1. 人际角色

人际角色是指管理者要履行象征性和社会性的职责。当处理与内部员工或者外部利益相关者的关系时，管理者需要扮演挂名首脑、领导者和联络者的角色。人际角色的三种角色并不是割裂的，很多经理人可能身兼数职，要求同时扮演好几个管理角色。特别是在一些中小型企业，分工不是很细，企业的管理者往往既是领导者，又是联络者，偶尔可能还要客串一下挂名首脑。

2. 信息角色

信息角色的职责是一方面从组织的内外部收集信息；另一方面向组织内外部发布信息，通过接收和发送信息，确保足够的信息量，以便顺利完成工作。管理者在组织内部信息传递的过程中处于中心的地位，可以称得上组织的神经中枢。任何程序化或者非程序化的信息流都有可能集中到管理者的位置。管理者既可以得天独厚地获取外部信息，又能接收到组织的内部信息。对于组织内部的信息，管理者虽然不会像各领域的负责人一样了解得细致彻底，但他是对组织情况了解最全面的人。很多时候，部门之间的协调沟通需要管理者从中调和。

对于外部信息，联络者的角色让管理者建立了独一无二的关系网络，能更多地了解组织以外的情况。信息角色中，监听者的角色让管理者掌握组织与环境的情况，传播者和发言人的角色让管理者将组织内部的信息更有效地传递出去。

3. 决策角色

决策角色是管理者工作中最重要的部分，包括拟定战略、处理突发问题、批准各类申请、代表组织进行谈判等多项活动内容。有关决策的角色是管理者是管理权威和处于信息中枢地位的最终体现。管理者的决策角色中包括企业家、混乱驾驭者、资源分配者和谈判者。这些角色均涉及组织中战略决策的过程，即做出重大组织决定并相互联系的过程。因此，管理者与组织的任何决定都息息相关，对组织的决策系统负有全面的责任。

（二）管理者的技能

管理人员的分类虽然很多，他们的工作也各不相同，但是，通常他们所能发挥的作用大小，即他们能否开展行之有效的管理工作，在很大程度上取决于管理者是否真正具备管理所需要的相应技能。通常，作为管理者需要具备三种技能，即技术技能、人际技能和概念技能。

1. 技术技能

技术技能是指从事自己管理范围内的工作所需的技术和方法，或者是使用某专业领域内有关的工作程序、技术和知识的能力。如果是车间主任，就要熟悉各种机械的性能、使用方法、操作程序，各种材料的用途、加工工序，各种成品或半成品的指标要求等。对于管理者来说，虽然没有必要使自己成为精通某一领域技能的专家，但他还是需要了解并初步掌握与其管理的专业领域相关的基本技能，否则，将很难与所管辖的专业技术人员进行有效的沟通，从而无法对业务进行必要的指导。因此，具备技术技能，管理者方能更好地管理下属、培养下属。相对而言，基层管理者需要技术技能的程度较深，而高层管理者只需要有些粗浅了解即可。

2. 人际技能

人际技能是指与组织中上下左右的人打交道的能力，包括联络、处理和协调组织内外人际关系的能力，激励和诱导组织内工作人员的积极性与创造性的能力，正确地指导和指挥组织成员开展工作的能力。人际技能要求管理者了解别人的思想、思考方式、感情、个性以及每个人对自己、对工作、对集体的态度。人际技能对于各层次管理层有效地开展管理工作都是非常重要的，各层次管理者都必须在与上下左右的人进行有效沟通的基础上相互合作，共同完成组织的目标。

3. 概念技能

概念技能是指对事物的观察、分析、判断、抽象和概括的能力。管理者应看到组织的全貌和整体，了解组织与外部环境是怎样互动的，了解组织内部各部分是怎样相互作用的，知道自己所管部门或科室在组织中的地位和作用。具体地说，概念技能包括理解事物的相互关联性从而找出关键影响因素的能力、确定和协调各方面关系的能力以及权衡不同方案优劣的内在风险的能力等。因此，管理者所处的层次越高，其面临的问题越复杂、越无先例可循，就越需要概念技能。

上述几种管理技能的重要性根据管理者在组织中的层次不同而有所不同，如图 1-2 所示。对于基层管理者而言，技术技能最为重要，人际技能也是非常有益的，但概念技能的要求则相对较低。对于中层管理者而言，技术技能的重要性有所下降，人际技能的要求变化不大，但概念技能的重要性则有所上升。对于高层管理者而言，概念技能和人际技能最为重要，技术技能的要求则相对较低。在大企业中，高层管理者可以充分借助下属人员的技术技能，因而对其自身的技术技能要求不高。但在小企业中，即使是高层管理者，技术技能也仍然是非常重要的。

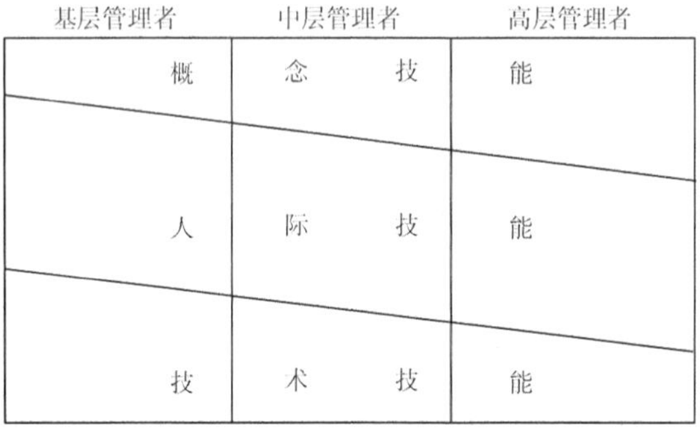

图 1-2 管理层次与管理技能要求

知识库

成为一名管理者

☆ 掌握当前商业信息。

☆ 阅读管理方面成功和失败的案例。

☆ 记住，成功的管理者会发掘每个人的独特之处并加以利用。

☆ 记住 20 世纪最富影响力的管理学大师彼得·德鲁克的这句话：管理是管人。

☆ 改进你的“软”技能——工作伦理、沟通、信息收集、人际技能。这些是雇主认为获得工作最重要的因素。

☆ 观察管理者，看他们是如何对待员工和工作的。

☆ 与真正的管理者谈论他们成功和失败的经验。

☆ 通过在学生组织中担任领导职务来获取管理经验。

☆ 开始思考你是否想成为一名管理者。

第二节　组织与环境

任何组织都不是独立存在、自我封闭的。组织的作业工作要依赖外部环境，将其作为投入的来源和产出的接受者，组织的管理工作实际上也是在一个开放系统里展开的，管理者必须时刻明智地对周围环境的变化做出反应。同时，组织还必须结合自己的内部条件来识别外部环境对于本企业的机会和威胁。只有在与企业自身所拥有或将拥有的资源以及与众不同的能力相匹配的情况下，环境中存在的机会才有可能变成企业的机会。

一、组织的定义

任何人类活动都需要统筹安排和协调治理。管理的客体既可以是个人单独进行的活动，也可以是若干个人组成的集体活动。任何个人，为了使自己的活动取得比较高的效率，都会有意识或无意识地将自己在活动中所要利用的时间、金钱以及物质等资源进行合理的计算和安排。任何集体，为了有效地取得每个成员的贡献，都必须对他们的努力进行协调。但是，现代管理学的研究对象主要是人类有组织的集体活动，而非单个个人分别、独自进行的活动。

组织是指一群人为了某个共同目标而结合起来协同行动的集体。组织要素包括组织成员、组织目标、组织活动、组织资源、组织环境。组织是一群人的集合，组织的成员必须按照一定的方式相互合作，形成一种整体的力量，共同努力去完成依靠单独个人力量的简单相加所不能完成的各项活动，实现不同于个人目标的组织总体目标。

组织是管理的载体。管理是伴随着组织的出现而产生的，是协作劳动的必然产物。管理是组织活动极为重要的组成部分。人类对于管理的需要是随着社会经济的发展和组织规模的不断壮大而日益明显的。如果说简单的组织只需简单的管理，管理的重要性还不十分突出的话，那么时至今日，社会和经济已获得高度发展，组织的规模越来越大，组织面临的环境越来越不确定，业务作业活动越来越现代化，在这样的时代中，管理就越来越成为影响组织生存和社会经济发展的关键因素。

二、组织的环境

任何组织都不是独立存在、自我封闭的。管理者所在的组织是一个开放系统，内外部环境影响着企业的成长与获利，管理者的活动要受到组织内外部各种因素的影响。这就要求管理者了解与分析自己所处的环境，必须时刻明智地对周围环境的变化做出反应，并设法适应或改变其环境。组织的环境一般可以划分为外部环境和内部环境。

（一）外部环境

随着外部环境对组织的影响日益深化，人们越来越强烈地感受到外部环境对组织的生存与发展具有重要意义。因此，一些管理学家明确提出组织是开放的系统，界定管理概念必须考虑到外部环境对组织的影响。组织外部环境包括组织所存在的、对组织具有潜在影响的所有因素，包括竞争者、资源约束、科学技术及经济状况。我们可将组织外部环境概括为一般环境和任务环境。

（1）一般环境。一般环境包括自然、经济、政治、法律、社会文化、科学技术等，是环境的外层。它分布广泛，并对组织产生间接影响。一般环境包括对所有组织几乎都有同等影响的社会文化因素、法律政治因素和经济因素、国际因素。例如，通货膨胀率上升或者劳动力队伍中双职工夫妻的比例增加就是组织一般环境的一部分。这些事件不会直接影响日常经营，但最终会影响到所有的组织。

（2）任务环境。由于组织是具有特定使命和任务的机构，组织的活动必然要受到所在领域内的特殊环境影响，那些对组织的决策和行动产生直接影响并与组织目标直接相关的要素就是组织的任务环境，一般包括消费者、竞争对手和供应商等。任务环境与组织更接近，它包括与组织进行日常交流、直接影响组织的基本经营和绩效水平的所有方面。

（二）内部环境

企业不能孤立地看待外部环境的影响，而必须结合自己的内部条件来识别外部环境对于本企业的机会和威胁。只有在与企业自身所拥有或将拥有的资源以及与众不同的能力相匹配的情况下，环境中存在的机会才有可能变成企业的机会。如果存在于环境之中的机会与企业的资源和能力状况并不相适应，那么企业就必须首先着眼于改善和提高自身的内部条件。

组织的内部环境是由那些处于组织内部的要素所构成的，如员工、管理模式，特别是企业文化，因为企业文化决定了组织内部员工的行为方式和组织对外部环境适应能力的强弱。任何组织都是独特的资源、能力的结合体，这一结合体形成了管理工作的基础。下面以企业这一特定的组织为例，对其内部环境条件从资源、能力和核心竞争力方面进行剖析。

资源是指企业生产经营过程中的投入。企业中有些资源是有形的、显性的，如以现金、有价证券等反映的财务资源，以土地的位置、厂房设备的先进性及原材料的紧缺程度等反映的实物资源，以专利、商标和专有技术所有权体现的技术资源，以及从数量和成本上反映的劳动力状况等；另一些资源则是无形的、隐性的，如员工的知识和智慧、相互间的信任和协同工作的方法，企业在社会上的声誉及对外联系的特有方式，等等。能力指一组资源的有机组合。企业通过各种有形资源与无形资源的不断融合形成与众不同的能力。其中，能为企业带来相对于竞争对手的持久优势的资源和能力称为核心竞争力，也称核心能力。

三、全球化与管理者

进入 21 世纪以来，全球化趋势日益明显。全球化不仅在深层次上影响经济社会的发展，改变人们的工作、学习和生活方式，而且带来了管理理论和实践的深刻变化，赋予管理以新的内涵。

（一）全球化的概念

全球化目前有诸多定义，通常意义上的全球化是指全球联系不断增强，人类生活在全球规模的基础上发展及全球意识的崛起，是各国经济和商业体系日益深入交织的结果。国与国之间在政治、经济贸易上互相依存。全球化亦可以解释为世界的压缩和视全球为一个整体。20 世纪 90 年代后，全球化势力对人类社会影响层面的扩张，已逐渐引起各国政治、教育、社会及文化等学科领域的重视，引发研究热潮。

（二）全球化背景下的管理

在全球化背景下，不仅知识和资本等资源可以在全球范围内自由流动，产品和服务市场高度一体化，而且商业理念和手段也日益趋于一体化。面对势不可当的一体化趋势，许多企业以及其他组织以此为管理决策的出发点。当某家公司开始走向全球时，它需要做出一系列决策，这些决策问题是国内的管理者不会面临的：一是将世界视为单一市场，还是在不同国家间实施产品定制化；二是进入国外市场的最佳模式；三是不同的商业活动在空间上如何布局；四是如何更好地管理子公司。

全球化背景下的管理具有更重要的意义，主要基于以下几方面的原因。

第一，管理产生的条件依然存在。在全球化时代，人类的社会性得到进一步强化，个体的人对他人和组织更加依赖，以至于没有哪一个人不属于哪一个组织，两个以上有共同目标的人一起进行的共同活动几乎遍及社会的每一个角落。当然，在信息技术和互联网已相当发达的今天，为了一个共同目标而共同工作的人完全可能处于不同的空间，甚至素不相识。

第二，组织成员及其需求的高层次化和复杂化，使组织中的协调变得更为重要。组织本来就是由抱着各种不同目的的人组成的，组织中的每一位成员几乎都试图在实现组织目标的过程中实现个人目的，满足自身需求，而全球化时代组织成员的构成越来越复杂，他们具有不同的文化背景，受过良好的教育，因此，更趋于个性化，更强调独立、自尊和维权，其需求不但越来越多样化，而且越来越向高层次发展。在这种情况下，不仅要求组织制定的目标更加清晰、明确，而且需要管理者尽更大的努力协调组织成员的意志与行动，以保证组织目标的实现。正因为如此，协调成为当今社会实现组织目标的重要手段，这也恰好体现了现代管理的核心。

第三，影响组织的外部环境因素多元化，要求进行有效的管理。在全球化背景下，面对空前动荡的环境，组织要想取得成功，既要有承受突如其来的冲击的抗压力，又要有善于抓住转瞬即逝的机会的应变力，为此，必须善于管理动荡时期组织运行的基本要素。具体地说，在全球资源日益紧缺的情况下，更加需要充分利用资源以提高效率。组织面临的环境越来越复杂多变，更加需要加强风险管理与防范。社会对企业的关注程度、期望值不断提高，更加需要组织加强管理道德建设，承担社会责任。唯有进行有效的管理，组织才能达到预期目标，实现经济效益与社会效益的统一，其发展才能是可持续的。

第四，全球化使竞争跨越了国界，也使企业间的跨国合作成为可能。当代竞争已不是传统上的你死我活、你输我赢，而是通过组成战略联盟，共享信息，共享资源，共享市场，谋求合作共赢。管理者必须学会在国际国内两个舞台上游刃有余，利用好国内国外两种资源，在竞争与合作中实现组织的全球战略管理目标。

（三）国际化管理者的技能

全球化时代的管理者将面临新的环境，接受新的挑战，必须通过学习和培养，成为具有全球视角、善于开展国际化经营的新型管理者——国际化管理者，具备不同于一般管理者的技能和素质。

1. 善于熟悉和适应不同国家的政治、法律环境

国际化管理者在开展国际化经营的过程中，不仅要关注相关国家的政治局势是否稳定、更迭是否频繁、是否存在遭受恐怖袭击的危险，而且要广泛了解其法律法规体系。不同的国

家因经济、社会、历史等多方面的原因拥有不同的政治、法律环境，有些国家可能已经建立了完善且稳定的政治、法律体系，因此必须对在该国开展经营业务的前景进行准确的预测。在这样的背景下，国际化管理者不但需要密切关注、详尽了解该国政治、法律环境的变化，而且需要注意把握这些变化的政治、法律环境与自己国家的差异。

2. 熟悉不同国家的经济环境

国际化管理者到其他国家开展经营活动，其公司盈利水平会受到当地很多经济因素的影响，所以，国际化管理者不仅要认识到不同国家之间在经济体制方面的差异，而且必须对这些国家的经济状况（包括经济发展水平、经济增长速度、经济结构与产业状况、汇率、通货膨胀、金融政策、外贸政策、收入水平及收入分配政策等）了如指掌。

3. 了解并尊重不同国家的文化

民族文化是一个国家的国民共有的价值观，这些价值观不但深刻影响着他们的思想意识、思维方式，而且塑造了他们的行为。有研究证明，与组织文化相比，民族文化对人具有更大的影响力。国际化管理者要在其他国家有效地开展管理活动，需要对所在国的社会民族文化环境进行深入研究并深刻了解，切实把握不同国家的文化与本国文化的差异。

四、中国特色的管理

中国作为一个文明古国，自古就有自己的管理文化和思想。中国古代有许多成功的管理经验，也形成了丰富的、独具特色的管理思想。中华人民共和国成立以来，我国借鉴了不少苏联的成功管理经验，形成了一些中国特色的管理理念。改革开放以后，我国又开始重视从西方发达国家引进管理制度和管理方法，重视进行管理理念、管理哲学、管理制度和管理技术的比较研究。这些都是发展中国特色的管理学的有用来源。发展中国特色的管理，应当从下述几点出发加以思考。

（一）以社会主义为指导思想

任何社会管理都是在一定社会形态（奴隶社会、封建社会、资本主义社会和社会主义社会）下的社会管理。我国是社会主义国家，因此，社会主义特点应当是当前我国管理学研究的出发点和归宿。从社会主义经济管理而言，无产阶级革命导师提出了一系列重要的指导思想。他们为社会主义经济管理提供了极为丰富的思想理论宝库，不但是我们长期以来开展社会主义经济管理工作的指导思想，也是我们建设具有社会主义特色的中国管理理论和艺术的指导思想。这是我们应当认真学习和研究的。

（二）发展民族文化的特点

一个国家管理学的形成、发展受到本国民族文化传统的影响。我国是一个文明古国，各种管理思想、管理哲学源远流长。它们对建设我国现代管理学也有极大的影响。但是也应当清醒地认识到，对待民族文化传统要谨慎，它是财富，也是包袱。这里姑且不论儒家思想“博而寡要，劳而少功”，就是道家哲学，作为我国古代管理哲学之佼佼者，也宣扬“不敢为天下先”，主张“藏愚守拙”，对后人影响很大。显然，我们既不能唯古、崇古、复古，也不能彻底决裂、义无反顾，而应实事求是地对它进行分析以决定舍弃还是发扬。

（三）反映现代管理的特点

马克思曾经说过：“历史不外是各个世代的依次交替，每一代都利用以前各代遗留下来的材料、资金和生产力；由于这个缘故，每一代一方面在完全改变了的条件下继续从事先辈的活动，另一方面又通过完全改变了的活动来改变旧的条件。”这就是说，同研究其他科学一样，在建设中国特色的管理科学中，我们不拒绝历史遗产，但也不必像类人猿一样，都从打制石器开始，应当充分反映现代管理的特点。事实表明，企业管理是当今世界上最为成功、最受欢迎的一种社会管理。这是因为，一方面，成功的企业管理为社会提供了各种物质资源；另一方面，企业管理又有较为明确的衡量尺度。还有，现代管理充分反映出现代人的社会价值观，诸如人们对生活、工作、社会乃至世界的价值观念等，所以它成为现代管理研究对象的主体。

（四）注重借鉴国外先进管理经验

西方管理学在长期发展中诞生了众多管理学名家，提出了科学管理、组织管理等许多有影响力的管理思想与理论。构建中国特色管理学理论体系，应积极借鉴吸收世界各国管理学的有益理论观点和学术成果，使其成为构建中国特色管理学的有益滋养。需要注意的是，在借鉴吸收国外研究成果时，不能失去科学判断力。无论是解决中国的管理问题，还是提出解决国际管理学前沿问题的中国方案，都应坚持中国人的世界观、方法论，对国外的理论、概念、话语、方法进行分析鉴别，适用的可以拿来，不适用的不能生搬硬套，做到以我为主、博采众长。关于这一点，无产阶级的革命导师有许多论述。例如，马克思在谈到资本主义管理的两重性时曾经说，“一方面是制造产品的社会劳动过程，另一方面是资本的价值增值过程”。并告诫人们，不能“把从共同的劳动过程的性质产生的管理职能，同从这一过程的资本主义性质因而从对抗性质产生的管理职能混为一谈”。无产阶级革命导师的论述，是我们对待西方国家管理学应有的正确态度，也是我们建设中国特色的管理学的指导思想。

第三节　管理学研究

管理学是考察管理活动过程及规律的一门学科，研究管理过程中广泛存在的原理和方法。管理学是对管理实践的科学汇总与归纳，综合运用社会科学、自然科学等多学科的理论方法深入研究管理的一般规律和系统理论。

一、管理学的重要性

（一）管理对社会发展的重要性

管理是人类不可缺少的重要活动，管理在现代社会中的地位和作用决定了学习管理学的必要性与重要性。科学技术进步决定了社会生产力水平，从而推动社会发展的进程。但是，仅有先进的科学技术，没有先进的管理水平，没有相应的管理科学的发展，先进的科学技术就无法得到有效的推广和运用，它的作用也得不到充分的发挥。因此，在当代，人们普遍认为，先进的科学技术和先进的管理科学是推动现代社会发展的“两个车轮”，缺一不可。这一点，已为许多国家的发展经验所证明。随着未来社会共同劳动规模的日益扩大，劳动分工协作更加精细，社会化大生产日趋复杂，管理也更加重要。

（二）学习管理学对个人发展的重要性

所有组织的所有层次都需要管理者，无论是政府机构、社会团体、企业还是医院都需要具有管理才能的各类人员。任何组织的成功都有赖于有效的管理。为了使组织能有效地达到目标，组织需要各级成员在组织运行中讲究工作的效率与效益。一位优秀的企业 CEO 能拯救一个濒临破产的公司，一位出色的将军能挽回战争的败局，一位杰出的市长能使城市繁荣兴旺。而他们成就的取得与其管理才能密切相关。

二、管理学的学科特点

管理学作为一门学科与其他的学科相比，也有自己的特点。

（一）管理学是一门综合性的学科

管理活动包括的范围非常广，涉及的知识面也非常宽。在制订计划时，首先遇到的是对自然环境和社会环境的预测，这就是一个很复杂的问题，它包括国家的和世界的整个经济形势、行业的状况、市场前景、有关的政策法规、科学技术的发展等。管理过程的复杂性、动态性和管理对象的多样化决定了管理所要借助的知识、方法与手段的多样化。管理学研究内容的复杂性决定了管理学要涉及哲学、经济学、社会学、心理学、生理学、人类学、伦理学、政治学、法学、数学、计算机科学、系统科学等。管理学的综合性决定了我们可以从各种角度出发研究管理问题。管理的复杂性和对象的多样化也要求从事管理的实际工作者和管理学的教学工作者、研究工作者要以广博的知识作为基础。

（二）管理学是一门实践性很强的科学

理论来自实践，又对实践起着指导作用。由于管理过程的复杂性和管理环境的多变性，管理知识在运用时具有较大的技巧性、创造性和灵活性，很难用陈规、原理定义或固定下来，因此管理具有很强的实践性。

（三）管理学是一门不精确的科学

在设定条件下能得到确定结果的学科称为精确的学科。如数学就是一门精确的学科，只要给出必要而充分的条件或一定的函数关系，按相应的法则、定理来进行演算，一般就能得出确定的结果。管理学则不同，在完全一致的条件下，却可能产生相差甚远，甚至截然相反的结果。管理学这门科学，虽然不像自然科学那么精确，但经过几十年的探索、总结，已形成了反映管理过程客观规律的管理理论体系，据此可以解释管理工作中过去的和现有的变化，并预测未来的变化。管理学可以用许多精确科学所用的方法定义、分析和度量各种现象，还可以通过科学的方法进行学习和研究，不同的只是其控制和解释干扰变量的能力较弱，不能像精确科学那样进行严格的实验。

（四）管理学是一门发展中的科学

管理学的建立和发展，有其深刻的历史渊源。管理学发展到今天，已经历了许多不同的历史发展阶段，在每一个历史阶段，由于历史背景不同，产生了各种管理理论。这些理论，有的已经过时，有的仍在发挥作用，但总的来说，管理学作为一门科学来研究还只有百年时间，因此它还是一门非常年轻的学科，还处于不断更新、完善的大发展之中。同时，作为一门与社会经济发展紧密相连的学科，它也必将随着经济的发展和科技的进步进一步发展。

三、管理学的研究内容

管理学的研究对象是管理过程，管理过程由若干紧密相连、不可分割的管理活动组成，因而管理的研究内容具体体现在一个个离散的管理活动中。需要强调的是，对管理活动的研究并非停留在活动表象，而是对管理的抽象和归纳，深入研究管理过程中的一般规律和原理。具体而言，管理学的研究内容主要包括以下几个方面。

（一）管理环境

任何管理活动都是在一定的环境中完成的，环境是组织生存的土壤，环境的变化必然制约组织活动的方向和内容。一个组织要想长期生存发展，必然要处理好与环境的关系。组织经营环境的多个方面对组织的战略发展都有着重要影响，如政治环境、经济环境、社会文化环境、技术环境等。国家的宏观政策方针是企业在制定发展战略时必不可少的前提要素。社会分工的深化、技术的快速革新使得组织间的协作越来越复杂，联系网络也越来越紧密。如何加强与利益相关者的合作交流、信息共享，改善组织内外部环境以提升绩效是组织越来越重视的课题，也是管理学研究的首要目标。

（二）管理的主体和客体

管理的主体是管理者，管理者在管理的成效上有着至关重要、不可或缺的地位。管理者的个体素质、管理群体的特征以及相互之间的关系都对组织的资源分配和利用效率有直接的影响。很多企业案例中，管理者的角色直接关系到企业的兴衰成败。所以对管理者的研究是管理学的重要组成部分。

管理的客体是包含人、财、物、信息等在内的多项组织资源，管理者开展管理活动的对象即组织的资源。全球化经济的发展不仅要求对人、财、物等传统的组织资源进行合理配置和利用，更要对高新技术和信息资源进行整合利用。因此，如何对诸多要素进行整合配置，以发挥最大效用也是管理学研究的重要内容。

（三）管理的职能

管理的职能是对管理过程的反映，也是管理基本任务的体现。管理职能依靠相应的管理手段、技术、方法来实现。随着经济全球化的深入和动态化竞争的加剧，管理过程中潜藏着管理创新。只有创新才能适应快速变化的环境，在日益激烈的竞争中处于不败之地。因此，如何改善和改进管理方法与管理技术，对管理职能进行创新，是管理学研究的又一大重要内容，也是管理学实践性特征的具体体现。

（四）管理的思想和原理

管理思想是人们在社会实践中对管理活动的思考所形成的观点、想法或见解的总称，是关于管理的观点、观念或理论体系，其对管理工作起指导作用，随人类社会及管理活动的产生、发展而产生和演变。原理是指事物运行的客观实质和基本规律，管理原理是对管理活动的实质进行科学分析的基本规律和结论。对于管理实质和管理原理的探索，有助于提升管理学科的科学性，揭示不断变化的新形势下的管理规律，进一步指导新环境下的管理行为。因此，对管理思想和管理原理的研究，是管理学的一项重要任务，也是推进管理学发展必不可少的一大重要环节。

（五）管理的历史和发展历程

管理作为重要的实践活动，是人类历史发展不可或缺的组成部分。现有的管理理论和思想都是从过去的管理理论与实践中发展而来的，未来管理理论的发展也有赖于现有管理思想和实践的支撑。不了解管理的历史，很难做好现有的管理工作；不深刻理解历史和现有的管理，更难以应对未来管理的挑战和威胁。所以，学习管理的历史和发展历程是完善管理理论的必经过程，也是管理学研究的重要内容。

➢ 拓展学习

1. 克雷纳 S. 管理百年[M]. 闾佳，译. 海口：海南出版社，2003.
2. 罗宾斯 S，库尔特 M. 管理学[M]. 孙健敏，等译. 7 版. 北京：中国人民大学出版社，2004.
3. 德鲁克 P. 管理的实践[M]. 齐若兰，译. 北京：机械工业出版社，2009.
4. 德鲁克 P. 卓有成效的管理者[M]. 许是祥，译. 北京：机械工业出版社，2009.

➢ 思考题

1. 何为管理？如何理解管理的具体含义？
2. 管理者应扮演哪些角色？应具备哪些基本技能？
3. 一个普通的管理者怎样才能成为优秀的国际化管理者？
4. 为什么要学习管理学？如何有效地学习管理学？

➢ 案例分析

20 世纪 80 年代，李·艾柯卡因拯救濒临破产的美国汽车巨头之一克莱斯勒公司而声名鹊起。今天，克莱斯勒公司又面临另外一场挑战：在过热的竞争和预测的世界汽车产业生产能力过剩的环境中求生存。为了度过这场危机并再次成功地进行竞争，克莱斯勒公司不得不先解决以下问题。

第一个问题，世界汽车产业的生产能力过剩，意味着所有汽车制造商都将竭尽全力保持或增加它们的市场份额。美国的汽车公司要靠增加投资来提高效率，日本的汽车制造商也不断在美国建厂。欧洲和韩国的厂商也想增加它们在美国的市场份额。李·艾柯卡承认，需要对某些车型削价，为此，他运用打折和其他激励手段来吸引消费者进入克莱斯勒公司的汽车陈列室。可是，李·艾柯卡和克莱斯勒公司也认为，价格是唯一得到更多买主的方法。但从长期性来看，这不是最好方法。克莱斯勒公司必须解决的第二个问题是改进它所生产汽车的质量和性能。李·艾柯卡承认，将注意力过分集中在市场营销和财务方面，而把产品开发拱手让给其他厂家是不好的。他还认识到，必须重视向消费者提供的售后服务的高质量。克莱斯勒公司的第三个问题是把美国汽车公司（American Motors Corporation，AMC）和克莱斯勒公司的动作结合起来。兼并美国汽车公司意味着克莱斯勒公司要解雇许多员工，包括蓝领工人和白领阶层。剩余的员工对这种解雇的态度从愤怒到担心，这给克莱斯勒公司的管理带来巨大的压力：难以和劳工方面密切合作、回避骚乱，确保汽车质量和劳动生产率。

为了生存，克莱斯勒公司承认，公司各级管理人员和设计、营销、工程与生产方面员工应通力协作，以团队形式开发和制造与消费者的需要相匹配的高质量产品。克莱斯勒公司的未来还要以提高效率为基础。今天，克莱斯勒公司一直注重降低成本、提高质量并靠团队合作的方式提高产品开发的速度，并发展与供应商、消费者的更好关系。在其他方面，李·艾柯卡要求供应商提供降低成本的建议——他已收到上千条这样的提议。李·艾柯卡说，降低成本的关键是“让全部 1 万名员工都谈论降低成本”。

李·艾柯卡现已从克莱斯勒公司总裁的职位退休。有些分析家开始预见克莱斯勒公司的艰难时光，但一位现任主管却说，克莱斯勒公司有一项大优势：它从前有过一次危机，却度过了危机并生存下来，所以，克莱斯勒公司能够向过去学到宝贵的东西。

资料来源：周三多. 管理学——原理与方案[M]. 上海：复旦大学出版社，2003（有改动）

问题：

1. 请用当代管理学方法解决克莱斯勒公司面临的问题。
2. 克莱斯勒公司在今天全球化的环境下该怎么做？

第二章　管理理论演变

本章重点

管理理论的发展和演变

科学管理的主要内容

行为管理的主要内容

引导案例

管理问题：如何进行管理

在一次企业管理经验交流会上，A公司和B公司的总经理就在管理实践中如何进行有效管理的理解与看法进行了交流。

A公司的总经理认为：企业首要的财富是人，21世纪已经不是产品和市场占有率等的竞争，而是人才的竞争。只有让员工以公司为家，才能充分发挥他们的智慧和力量，才能全心全意为企业服务，这样每位员工才能把个人的命运与企业的命运紧密联系在一起。因此，管理者平时要关注员工的需求，为员工提供各种学习、娱乐的机会和条件；当企业出现问题时，应与员工共同协商解决；要关心每位员工的生活，公司应在每位员工的生日当天送上生日礼物，祝他们生日快乐；哪位员工家中有结婚、生儿育女等喜事，总经理应亲自送上贺礼，哪位员工家中遇到困难，公司应及时伸出援助之手……正因为如此，在A公司，员工都能将公司当作自己的家，全心全意为企业服务，想企业之所想，急企业之所急，公司上下气氛和谐，事业兴旺发达。

B公司的总经理认为：只有对员工实行严格的管理才能保证企业各项工作的顺利进行。因此，B公司制定了严格的规章制度，实行岗位责任制，建立严密的监督、检查和监控体系；注重员工的上岗培训和标准化操作；对员工实行计件工资制以调动员工的积极性……在B公司，员工都非常注意遵守规章制度，并努力工作以完成工作任务，企业发展同样十分迅速。

资料来源：邢以群. 管理学[M]. 2版. 北京：高等教育出版社，2011（有改动）.

在管理实践中，我们常常会看到不同的管理者对于同样的管理问题会采取截然不同的管理措施。就如同引导案例中A公司和B公司的总经理一样，为什么会出现这样的情况呢？这应该归因于管理思想的不同。管理思想是人们对管理过程中发生的各种关系的认识和总结，是由一系列观念或观点所构成的知识体系，它是指导管理者从事各项管理活动的路标和蓝图。

众所周知，思想决定行为，行为决定效果。当管理者面对实际管理问题时，之所以采取这样或那样的行动或措施，取决于他们对这一管理问题的看法。如有的管理者对员工会采取"胡萝卜加大棒"式的管理方式，有的管理者则对员工采取"自我管理，目标导向"的管理方式，而且他们都能有理有据地找出这样做的充分理由。管理思想的正确与否，会直接关系到各项管理活动的效益和效率。作为一个现代化企业的管理人员，要想进行有效的管理，就应该了解人类管理思想的发展历史和进程，了解各种管理思想的基本观点。

第一节　早期西方管理文明

在人类历史上，管理实践活动伴随着有组织的活动而产生，人类根据管理实践和对经验的总结而形成对管理某些方面的思考与认识。按照时间顺序，早期的管理思想大致可分为三个部分，即古代的管理思想、中世纪的管理思想和工业革命时期的管理思想。

一、古代的管理思想

人类有组织的活动源远流长，人类的管理活动也有着悠久的历史。在远古时代，管理思想随着人类的文明开化而在世界各地先后出现了一些萌芽。

大约在公元前 9000 年，人类组成了氏族、部落，相应地出现了一些萌芽状态的管理工作。

大约在公元前 5000 年，活跃在美索不达米亚（两河流域：底格里斯河和幼发拉底河之间的平原）的苏美达人创建了一种类似"公司"性质的管理机构，用来统一管理庙宇，并实现了将宗教礼仪活动与世俗活动分开各由一名高级祭司负责的双头控制制度。与此同时，他们还创制了文字，并用之在泥板上记载账目，以便于管理庙宇中的财务。这其实就是最早的管理控制系统和库存账目记录系统。

在奴隶制时代，古埃及、古巴比伦、古罗马人就在指挥军队作战、治国施政和教会管理中形成了比较有效的管理方法。在古埃及，建立了以法老为最高统治者的金字塔式的管理机构来管理国家。最高统治者为法老，下设各级官吏，最高为宰相，辅助法老处理全国政务、总管王室农庄、司法、国家档案，监督公共工程的兴建，宰相之下设有一大批大臣，分别管理财政、水利建设及各地方事务。上自宰相，下至官吏、监工，各司其职，分工管理。埃及人用原始工具建造起了举世闻名的金字塔，若没有严格的组织和管理是难以想象的。古巴比伦在汉谟拉比的统治下，建立了强大的中央集权国家，由国王总揽国家司法、行政和军事权力，从中央到地方的各级官吏管辖行政、税收和水利灌溉，并撰写了共有 282 条法规的《汉谟拉比法典》，来调节社会中人与人之间的关系和规范社会成员的行为。古罗马从一个小城市发展成为一个世界帝国，统治延续几个世纪，若没有高超的管理方法和技能是不可能做到的。古罗马不仅确立了严格的体制和权力层次来保证各种职能的履行，而且在各军政机构之间进行了具体分工，实行了分权制。古罗马的法律、立法、司法和行政的分权制都被以后的社会所借鉴。

二、中世纪的管理思想

中世纪的管理思想是连接古代管理思想和现代管理思想的纽带。在中世纪，统治当局的黑暗统治及宗教势力的残酷迫害给西方社会的发展施加了极大的压力，给西方人文史和自然科学史留下了累累的伤疤。也就是说，工业化以前的组织是靠神赐军权、教义对虔诚教徒的号召力、军队的严格纪律以及家庭内部的亲情来进行管理。尽管如此，管理思想也没有裹足不前。

马基雅维利（Niccolo Machiavelli，1469—1527 年）是意大利政治思想家和历史学家，也是中世纪管理思想集大成者，著有《佛罗伦萨史》（又译《君主论》）一书。该书渗透了大量的管理思想，马基雅维利的管理思想是为君主统治国家服务的，但他对权力、组织的凝聚力、领导者以及组织的续存等提出了自己的看法，对管理思想的发展有相当大的影响。

三、工业革命时期的管理思想

工业革命不仅是技术上的革命，也是生产关系上的革命，它不仅促使了资本主义的诞生，也催生了新的管理思想。18 世纪中期及下半叶，为了解决工业革命带来的一系列管理难题，一些学者从各自原有的学科出发，对管理进行了一些理论研究。其中，对后期的管理思想有较大影响的代表人物有亚当·斯密（Adam Smith，1723—1790 年）、小瓦特（James Watt Jr.，1769—1848 年）和博尔顿（Matthew R. Boulton，1770—1842 年）、罗伯特·欧文（Robert Owen，1771—1858 年）和查尔斯·巴贝奇（Charles Babbage，1791—1871 年）等。

亚当·斯密，英国古典政治经济学家，他在 1776 年发表的《国民财富的性质和原因的研究》（以下简称《国富论》）中有不少关于管理方面的论述。亚当·斯密对管理理论发展有重大影响的是他的分工理论和“经济人”观点。他认为劳动分工是提高劳动生产率的重要因素，并通过实例充分论证了劳动分工的优越性。另外，他认为人们在经济活动中追求的是个人利益，社会利益是由于个人利益之间的相互牵制而产生的。亚当·斯密的分工理论和“经济人”观点后来成了西方科学管理理论的重要依据之一。

小瓦特和博尔顿分别是蒸汽机发明者瓦特（Watt）和马修·博尔顿（Matthew Boulton）的儿子。他们于 1800 年接管了一家位于英国伯明翰附近的铸造厂，在该厂实施了一系列早期的科学管理措施。这些科学管理措施对现代管理制度产生了一定的影响。

罗伯特·欧文，威尔士空想社会主义者，也是一位成功的英国企业家、杰出的人本管理先驱者。他最早注意到企业内人力资源的重要性，以前工厂的老板都把工人看作机器，而欧文把他们看作人。为了改善由于工业革命造成的苛刻的劳动条件，欧文提出了缩短劳动时间、禁止招收童工、设置工人教育设施和住宅、改善工人生产条件和生活条件等社会改良政策，并在自己的工厂里付诸实施。他认为通过改善员工的生产和生活条件，可以提高生产率 50%～100%。在企业人道主义实施方面，欧文是个开拓者，他的这一思想后来发展成了行为管理思想，他也被称为“现代人事管理之父”。

查尔斯·巴贝奇，英国剑桥大学著名数学家，是计算机研究的先驱者，又是管理研究的先驱者，也被称为“计算机之父”。曾用几年时间到英、法等国的工厂了解和研究管理问题。巴贝奇著有《论机器与制造业的经济》一书。在书中提出了劳动分工、用科学的方法有效地使用设备和原料等观点。他的主要贡献体现在对工作方法的研究和对报酬制度的研究上，主张通过科学研究来提高动力、材料和工人的工作效率，采用利润分享制以谋求劳资之间的调和。可以说他是科学管理思想和定量管理思想的先驱者。

尽管上述先驱从不同的角度提出了一些管理思想，但他们毕竟不是专门从事管理研究的，因此他们的研究不能形成一种系统化的管理理论体系。这也与当时社会普遍注重生产组织、减少浪费、增加产量和追求最大利润有关，人们注重的只是具体方法而不是理论的集成。

在这一阶段，由于没有系统的管理理论的指导，管理工作呈现出以下几个特征。

（1）管理的重点是解决分工和协作的问题。当时的管理着眼于如何进行分工协作，以保证生产过程的顺利进行；怎样减少资金的消耗，提高工人的日产量指标，以取得更多的利润。所以管理的内容只局限于生产管理、成本管理和工资管理等。

（2）管理的方法凭借个人的管理经验。由于是从农业国变成工业国的，这就意味着没有“管理阶层”，那么，在管理过程中既没有普遍适用的有关如何进行工厂管理的知识体系，也没有共同的管理行为准则，所以早期的管理人员都是凭借自己的经验来管理。管理的成败取决于管理者的个人经验、工作作风和个性特点。

（3）企业管理者（管理的主体）由资本家直接担任。由于劳动三要素是由资本聚集起来的，拥有资本的工厂主也就自然成为企业的管理者。随着企业的发展，越来越多的工厂主开始认识到，单凭个人的经验和直觉已越来越难以胜任整个企业的生产经营管理工作。解决这一问题最好的方法是让那些有管理才能的人来代替工厂主专门从事管理工作，于是就出现了“特种雇佣人员”厂长、监工、领班等。尽管如此，企业的总体管理还是由资本家亲自掌控的。

第二节 近代管理思想和管理理论

随着资本主义工厂制度的进一步发展，人们对管理的研究不断深化，在管理实践和理论研究中，出现了各种对管理思想的建立和发展具有深远影响的管理理论，近代西方的管理实践和理论也随之出现质的飞跃（表 2-1）。

表 2-1 近代西方管理思想的演变

管理流派	着重点	产生背景	社会的管理需求	基本观点
经验管理	经验	工业革命	新的组织即工厂的出现带来新的管理问题	管理的有效性取决于管理者的经验，通过研究经验（案例）可学会有效管理
科学管理	科学	科学发明	产品的供过于求，竞争的加剧——要求提高效率	管理的有效性不仅取决于管理者的经验，更重要的是依据一定的科学方法或原则
行为管理	人	霍桑试验	科学管理的不足，劳资矛盾的激化——关注人的因素	人是最宝贵的资源
定量管理	数字	第二次世界大战	战争中运筹方法的成功运用，战后组织巨型化所带来的精细化管理要求——关注准确和及时	只有致力于定量化，才能真正提高管理的效率与效益
权变管理	环境	石油危机	环境的日趋动荡，经济的全球化——注重环境影响	不存在普遍适用的管理理论与方法

经验管理思想的形成是由于人们缺乏对管理的深入研究。即便是现在，不少没有参加过管理教育或培训的管理者，仍然认为管理的有效性仅仅取决于管理者个人的素质。经验学派（experience school）注重管理实践经验的积累，并通过分析经验来研究管理，认为通过研究各种成功或失败的管理案例，就能理解管理问题，自然地学会有效管理。

随着工业革命从英国转向欧洲大陆和美洲，在19世纪的最后几十年，工业得到了前所未有的发展，发明热使工厂制度日益普及，生产规模不断扩大，同类商品急剧增加，随之而来的就是竞争加剧，在这种情况下，能否提高劳动生产率就成为企业在竞争中能否脱颖而出的关键因素。因此在早期研究和经验总结的基础上，科学管理思想随之产生。

随着科学管理的普及、劳动生产率的不断提高，同时生产技术日趋复杂、生产专业化程度日益提高，劳资矛盾恶化。如何协调劳资关系，进一步调动员工的积极性以提高劳动生产率，成为企业必须面对的问题，而霍桑实验的结果促进了行为管理思想的形成。

第二次世界大战后资本主义生产力和生产关系迅速发展，企业规模不断扩大，进而对企业管理提出了精细化的要求，而在第二次世界大战中总结出来的资源分配运筹的方法，为解决管理精细化问题奠定了基础，需求和方法的结合促进了定量管理思想的发展。

20世纪70年代出现的“石油危机”使我们所处的环境从稳定走向动荡，而经济全球化又要求管理能够适应不同文化背景、不同社会制度，于是外部环境成为人们关注的重要因素。如何适应环境的变化，如何在多变的环境中使企业脱颖而出就成为管理研究的重点，于是认为一切应随环境的变化而变化的权变管理思想就成为管理的主流。

一、古典管理理论

古典管理理论形成于20世纪最初的20年，主要包括科学管理理论和组织管理理论。

（一）科学管理理论

科学管理理论（scientific management theory）的代表人物主要有泰勒、吉尔布雷斯夫妇（Frank B. Gilbreth，1868—1924年；Lillian M. Gilbreth，1878—1972年）和甘特（Henry L. Gantt，1861—1919年）等。

1. 泰勒对科学管理理论的贡献

泰勒于1911年出版了《科学管理原理》，提出了通过对工作方法的科学研究来提高工人劳动效率的基本理论与方法。泰勒在该书中提出的理论奠定了科学管理的理论基础，标志着科学管理思想的正式形成，泰勒也因此被西方管理学界称为“科学管理之父”。

泰勒出身于美国费城一个富裕的律师家庭，从小就对科学研究和试验非常感兴趣。中学毕业后考上哈佛大学法律系，但不幸因眼疾而被迫辍学。18岁时进入钢铁厂当工人，做过技工、车间主任、总工程师。泰勒是从“工人为什么磨洋工”这一现象出发研究管理问题的，他发现工人“磨洋工”主要是因为“落后的管理”。他认为科学的管理可以克服“磨洋工”的现象。通过在企业中的实践和大量试验，他在《科学管理原理》一书中提出以下科学管理原则。

1）工作定额

泰勒认为，当时提高劳动生产率的潜力非常大，工人之所以“磨洋工”是因为雇主和工人对工人一天究竟能做多少工作心中无数，而且工人工资低，多劳不能多得。要制定出有科学依据的工人的“合理的日工作量”，就必须进行时间和动作研究。时间研究就是研究人们在工作期间各种活动的时间构成，主要包括工作日写实与测时。工作日写实是对工人在工作日的工时消耗情况按照时间顺序进行实地观察、记录和分析。通过工作日写实，可以比较准确地知道工人工时利用情况，找出时间浪费的原因，提出改进的技术组织措施，从而达到提高劳动生产率的目的。测时是以工序为对象，按操作步骤进行实地测量并研究工时消耗的方法。测时可以研究总结先进工人的操作经验，确定合理的工作结构，为制定工作定额提供参考。动作研究是研究工人干活时动作的合理性，通过比较分析后，去掉多余的动作，改善必要的动作，从而减轻人的疲劳，提高劳动生产率。

为此泰勒在伯利恒钢铁公司进行了一次非常有名的试验：搬运生铁块试验。该公司有75名工人负责把92磅（1磅≈0.45千克）的生铁块搬运到30米远的铁路货车上，平均每人每天搬运12.5吨，日工资1.15美元，尽管每个工人都十分努力，但工作效率并不高。于是泰勒找了一名工人进行试验，试验搬运的姿势、行走的速度、持握的位置以及休息时间的长短对其搬运量的影响。结果发现确实存在一个合理的搬运生铁块的方法，在这种方法下，每个工人的日搬运量将达到47～78吨，其中有57%的时间用于休息，而且工人的日工资可以提升至1.85美元。泰勒据此将工作定额一下提高了将近3倍，并使工人的工资也有所提高。

2）能力与工作相适应

泰勒认为，为了提高劳动生产率，必须为工作挑选第一流的工人。所谓第一流的工人包括两个方面：一方面是该工人的能力最适合做这项工作，另一方面是该工人必须愿意做这项工作。因为人的天赋和能力不同，他们所适合的工作也就不同。所谓能力与工作相适应原理，就是主张一改工人挑选工作的传统，坚持以工作挑选工人，每一个岗位都挑选第一流的工人，以确保较高的工作效率。

3）标准化原理

标准化原理是指工人在工作时要采用标准的操作方法，而且工人所使用的工具、机器、材料和所在的工作现场环境等都应该标准化，这样有利于劳动生产率的提高。

泰勒在伯利恒钢铁公司做了著名的铁锹试验。当时伯利恒钢铁公司的铲运工人每天上班时都拿着自己家的铁锹，这些铁锹大小各异，参差不齐。泰勒经过观察发现这种做法不尽合理，工人每天铲运的物料是不一样的，如铁矿石、煤粉、焦炭等，由于物料的比重不同，在体积相同时，每铲重量相差很大，如铁矿石，一铁锹有38磅，煤粉一铁锹只有3.5磅，那么一铁锹到底负载多大才合适呢？经过试验，最后确定一铁锹21磅对于工人是最合适的。根据试验结果，泰勒针对不同的物料设计不同形状和规格的铁锹。以后工人上班不用自带工具，而是根据物料情况从公司领取相应的劳动工具，这样工作效率大大提高。堆料厂的工人从400～600名降为140名，平均每人每天的操作量提高到59吨，工人的工资也从1.15美元提高到1.88美元。这是工具标准化的典型事例。

4）差别计件工资制

泰勒认为，工人“磨洋工”的重要原因是报酬制度不合理。计时工资不能体现按劳付酬，干多干少在时间上无法确切体现出来。计件工资虽能体现劳动的数量，但工人们逐渐明白了一个事实，只要劳动效率提高，雇主必然会降低每件的报酬单价，这样一来，实际上是提高了劳动强度。针对这些情况，泰勒提出了一种新的报酬制度——差别计件工资制，其主要内容是：①通过时间和动作研究来制定有科学依据的工作定额。②实行差别计件工资制来鼓励工人完成或超额完成工作定额。③工资支付的对象是工人而不是职位，即根据工人的实际工作表现而不是根据工作类别来支付工资。

5）计划职能和执行职能相分离

泰勒认为应该用科学的工作方法取代经验工作方法。经验工作方法的特点是工人使用过的工具和操作方法都是根据个人经验来确定。所以工效的高低取决于他们的操作方法和使用的工具是否合理，以及个人的熟练程度与努力程度。科学工作方法是每个工人采用的操作方法和劳动工具要根据试验与研究的结果来确定。为了采用科学的工作方法，泰勒主张应该把计划职能和执行职能分离开来。计划由管理当局负责，执行由工长和工人负责，这样有助于采用科学的工作方法。

泰勒认为科学管理的关键是工人和雇主都必须进行一场精神革命，要相互协作，努力提高工作效率。当然雇主关心的是低成本，工人关心的是高工资。关键是要让双方都认识到提高劳动生产率对双方都是有利的。

2. 其他人对科学管理理论的贡献

1）吉尔布雷斯夫妇

曾经是建筑承包商的弗兰克·吉尔布雷斯在聆听了泰勒在一次专门会议上的演讲之后，就和妻子莉莲开始专门研究科学管理，他们主要研究如何消除低效率的手和身体的动作。其中最著名的试验是砌砖试验：他们通过仔细观察、分析砌砖工人的工作，将砌外墙砖的动作数量从 18 个减少到 5 个，将砌内墙砖的动作数量从 18 个减少到 2 个。弗兰克还发明了一种精密的计时装置，记录工人的动作和每一个动作所花费的时间，他是第一个采用动作照片来研究手和身体的动作的人。此外，他还设计了一个动作分类体系，分析了 17 种手的动作，这个体系使得吉尔布雷斯夫妇能够以更精确的方式来分析工人的动作。可见，与泰勒相比，吉尔布雷斯夫妇的动作研究更加细致和广泛。

2）甘特

甘特最重要的贡献是他创造的“甘特图”，这是一种用长短不同的线条表示的计划图，常用来编制工作进度和计划。此外，甘特还提出了“计件奖励工资制”，这种制度要优于泰勒的“差别计件工资制”。它是指对超额完成定额的工人，除了支付工资外，还要对超额部分以计件方式发给奖金。这种做法提高了工人的工作积极性。

（二）组织管理理论

当泰勒等在美国研究和倡导科学管理理论的同时，欧洲出现了对组织管理的研究，其中最为著名的就是以法约尔为代表的组织管理理论（general administrative theory）。泰勒和他那一学派的人主要关心作业方面的问题，注重的是车间管理和科学方法的运用，而法约尔他们则关注整个组织，研究有关管理者干什么和怎样干才能干好等更一般的管理问题，即注重管理者用于协调组织内部各项活动的基本原则的研究。

法约尔在法国一个矿业冶炼公司长期担任总经理，根据自己 30 多年的管理实践，法约尔于1916年出版了《工业管理和一般管理》一书，提出了适用于一切组织的管理五大职能和有效管理的14条原则。法约尔指出，任何企业都存在六种基本活动：技术活动、商业活动、财务活动、安全活动、会计活动和管理活动。其中前五类是人们所熟知的，因此要研究的主要是管理活动。他认为管理包括五大要素：计划、组织、指挥、协调和控制，并且存在于一切有组织的人类活动中。同时，他认为管理上的成功不完全取决于管理者个人的管理能力，更重要的是灵活地贯彻管理的一系列原则。

法约尔提出了组织管理的14条原则，如表2-2所示。

表2-2 法约尔提出的组织管理14条原则

原则	内容
劳动分工	在技术工作和管理工作中进行专业化分工可以提高效率
权责相当	权力是指挥和要求别人服从的权力。管理者必须拥有权力以发布命令，但权力必须与责任相当
纪律严明	雇员必须服从和尊重组织规定，领导以身作则，管理者和雇员对规章有明确的理解，公平的奖惩制度对于保证纪律的有效性是非常重要的
统一指挥	组织中每一个人应该只接受一个上级的指挥并向这个上级汇报自己的工作。双重指挥经常是冲突的根源
统一领导	从事同种工作的任何部门应该由同一个领导者按照统一的计划来加以领导，这是统一行动、协调力量和一致努力的必要条件
个人利益服从集体利益	个人和小集体的利益不能超越组织整体的利益。成功的方法是：领导者的坚定性和好的榜样，尽可能签订公平的协定，认真地监督
报酬合理	必须给工作和服务以公平合理的报酬，并尽量使企业及其所属人员都满意
集权与分权	集权反映的是下属参与决策的程度，决策是集中（由管理者做出）还是不集中（由下属做出）是一个要有恰当比例的问题。要根据企业的性质、条件和环境、人员的素质来恰当地决定集权与分权的程度。当企业的实际情况发生变化时，要适时改变集权与分权的程度
等级制度	从高层到基层应建立关系明确的等级链，信息的传递应按等级链进行，但如果顺着这条链会造成延误，那么应允许越级报告和交叉通告，以保证重要信息传递渠道的畅通无阻
秩序	建立秩序是为了避免损失物资和时间。为此，无论是物品还是人员，都应该在正确的位置上 “各有其位，各得其所”
公平	管理者应该友善和公正地对待下属，以鼓励其所属人员能全心全意地和无限忠诚地履行他的职责
人员稳定	每个人适应自己的工作都需要一定的时间和精力，高级雇员不要轻易变动，以免影响管理工作的连续性和稳定性
首创精神	领导者不仅本人要有首创精神，还要鼓励全体成员发挥他们的首创精神。这种全体人员的首创精神对于企业是一股巨大的力量，特别是在困难的时刻更是这样
团结精神	在组织内部要形成团结、和谐和协作的气氛，这样可加强组织内部的融合和统一

1. 劳动分工原则

法约尔认为，劳动分工（division of work）属于自然规律。通过劳动分工，可以提高人们的熟练程度，从而提高人们的工作效率。劳动分工不只适用于技术工作，也适用于管理工作。应该通过分工来提高管理工作的效率。但是，法约尔又认为：“劳动分工有一定的限度，经验与尺度感告诉我们不应超越这些限度。”

2. 权责相当原则

有权力的地方，就有责任。责任是权力的孪生物，是权力的当然结果和必要补充。这就是著名的权责相当（authority and responsibility）原则。法约尔认为，权力就是指挥和要求别人服从的能力，他把一个领导者的权力分成两类：一类是由领导者的职务和职位所决定的正式权力，另一类是由领导者个人的智慧、博学、经验、精神道德等个人品质和素质所决定的个人权力。作为一个出色的领导人，应该把个人权力作为正式权力的必要补充。要贯彻权力与责任相符的原则，就应该有有效的奖励和惩罚制度，即“应该鼓励有益的行动而制止与其相反的行动”。实际上，这就是现在我们讲的权、责、利相结合的原则。

3. 纪律严明原则

法约尔认为纪律（discipline）应包括两个方面，即企业与下属人员之间的协定和人们对这个协定的态度及其对协定遵守的情况。法约尔认为纪律是一个企业兴旺发达的关键，没有纪律，任何一个企业都不能兴旺繁荣。而纪律的状况取决于组织领导的道德状况，纪律的松弛必然是领导不善的结果，严明的纪律产生于良好的领导、管理当局与其所属成员之间关于规则的明确协议和赏罚的审慎运用。他认为制定和维持纪律最有效的办法是：①各级好的领导；②尽可能签订明确而又公平的协定；③合理执行惩罚。因为“纪律是领导人造就的……无论哪个社会组织，其纪律状况都主要取决于其领导人的道德状况”。

4. 统一指挥原则

统一指挥（unity of command）是一个重要的管理原则，按照这个原则的要求，一个下级人员只能接受一个上级的命令。法约尔指出，如果这条准则遭到破坏，后果是很严重的，权力将受到损害，纪律将受到危害，秩序将受到扰乱，稳定将受到威胁。如果两个领导人同时对同一个人或同一件事行使他们的权力，就会出现混乱。如果事情继续下去，混乱便会加剧，就像一个动物机体受到外界物体侵害那样出现病状。所以，人们得出以下结论：要么撤销其中一个领导人，停止双重领导，使企业兴旺得到恢复；要么使整个企业日趋衰败。任何情况下，都不会有适应双重指挥的社会组织。

5. 统一领导原则

统一领导（unity of direction）原则是指，一个下级只能有一个直接上级。它与统一指挥原则不同，统一指挥原则讲的是，一个下级只能接受一个上级的指令。这两个原则之间既有区别又有联系。统一领导原则讲的是组织机构设置的问题，即在设置组织机构的时候，一个下级不能有两个直接上级。而统一指挥原则讲的是组织机构设置以后运转的问题，即当组织机构建立起来以后，在运转的过程中，一个下级不能同时接受两个上级的指令。“统一指挥”里“指挥”一词的词义偏重于动词，而“统一领导”中的“领导”一词偏重于名词，指的是组织机构的一个环节。统一指挥原则有两个基本要求：一是在组织上要形成一条不中断的等级链，也就是说首先要坚持统一领导原则；二是上级不能越级下达指令，下级也不能越级接受指令。关于统一领导原则与统一指挥原则的关系，法约尔是这样阐述的：“不要把统一领导与统一指挥混淆起来。人们通过建立完善的组织来实现一个社会团体的统一领导，而统一指挥取决于人员如何发挥作用。统一指挥不能没有统一的领导而存在，但并不来源于它。”

6. 个人利益服从集体利益原则

相对于其所属的部门和成员而言，组织的整体目标至高无上。对于个人利益服从集体利益（subordination of individual interest to the general interest）原则，法约尔认为这是人们都十分明白清楚的原则，但是，“无知、贪婪、自私、懒惰以及人类的一切冲动总是使人为了个人利益而忘掉整体利益”。为了能坚持这个原则，法约尔认为，成功的办法是：①领导人的坚定性和好的榜样；②尽可能签订公平的协定；③认真地监督。

7. 报酬合理原则

法约尔认为，人员报酬（remuneration）首先“取决于不受雇主的意愿和所属人员的才能影响的一些情况，如生活费用的高低、可雇人员的多少、业务的一般状况、企业的经济地位等，然后再看人员的才能，最后看采用的报酬方式”。人员的报酬首先要考虑的是维持职工的最低生活消费和企业的基本经营状况，这是确定人员报酬的一个基本出发点。在此基础上，再考虑根据职工的劳动贡献来决定采用适当的报酬方式。对于各种报酬方式，法约尔认为不管采用什么报酬方式，都应该能做到以下几点：①它能保证报酬公平；②它能奖励有益的努力和激发热情；③它不应导致超过合理限度的过多的报酬。

8. 集权与分权原则

对于集权与分权（centralization or decentralization），法约尔指的是组织权力的集中与分散的问题。法约尔认为，集中或分散的问题是一个简单的尺度问题，问题在于找到该企业的最适度。在小型企业，可以由上级领导者直接将命令传到下层人员，所以权力就相对比较集中；而在大型企业里，在高层领导者与基层人员之间，还有许多中间环节，因此，权力就比较分散。按照法约尔的观点，影响一个企业权力是集中还是分散的因素有两个：一个是领导者的权力，另一个是领导者对发挥下级人员积极性的态度。“如果领导人的才能、精力、智慧、经验、理解速度……允许他扩大活动范围，他则可以大大加强集中，把其助手作用降低为普通执行人的作用。相反，如果他愿意一方面保留全面领导的特权，另一方面更多地采用协作者的经验、意见和建议，那么可以实行广泛的权力分散……所有提高部下作用的重要性的做法就是分散，降低这种作用的重要性的做法则是集中。”

9. 等级制度原则

等级制度（scalar chain/line of authority）就是从最高权力机构直到低层管理人员的领导系列。而贯彻等级制度原则就是要在组织中建立这样一个不中断的等级链，这个等级链说明了两个方面的问题：一是它表明组织中各个环节之间的权力关系，通过这个等级链，组织中的成员就能明确谁可以对谁下指令，谁应该对谁负责；二是这个等级链表明组织中信息传递的路线，即在一个正式组织中，信息是按照组织的等级系列来传递的。但是法约尔又认为，等级系列固然能保证统一指挥，但往往并不是最迅速的信息传递渠道，在一些大型组织中，尤其是在政府机构中，通过这条渠道传递信息往往需要很长的时间，而许多事情的成败正是取决于信息传递和命令执行的快慢。为此，法约尔认为，应将尊重等级系列与保持行动迅速结合起来。为了解决这个问题，他设计了一种“联系板”，亦称“法约尔跳板”，以便横跨权力执行的路线而直接联系。

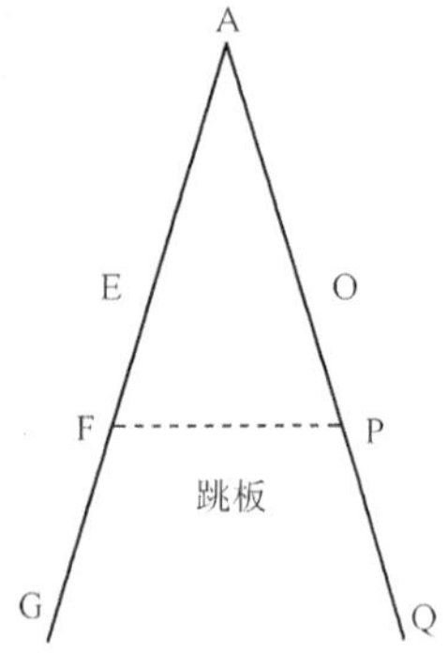

图 2-1 “法约尔跳板”

法约尔对这种“联系板”做了图示说明，如图 2-1 所示。法约尔认为，在一个等级系列表现为G—A—Q双梯形的组织里，假设要使 F 与 P 发生联系，按照常规，需要先从 F 到 A 再下到 P，这之间每一级都要停顿；然后，顺着原路，一级一级地返回出发点。如果通过 F—P“天桥”（跳板）直接从 F 到 P，那就简单、迅速而且可靠得多了。但是他认为，只有在有关各方面都同意而且上级又始终知情的情况下才能这样做，如果 F 的领导 E 和 P 的领导 O 允许他们各自的下属直接联系，等级制度原则就得到了捍卫。法约尔认为，各级人员都应养成使用这种最短通路的习惯。

10. 秩序原则

法约尔所指的秩序（order）原则包括物品的秩序原则和人的社会秩序原则。对于物品的秩序原则，他认为，每一件物品都有一个最适合它存放的地方，贯彻物品的秩序原则就是要使每一件物品都在它应该放的地方。对于人的社会秩序原则，他认为，每个人都有他的长处和短处，贯彻人的社会秩序原则就是要确定最适合每个人的能力发挥的工作岗位，然后使每个人都在最能使自己的能力得到发挥的岗位上工作。为了能贯彻秩序原则，法约尔认为首先要对企业的社会需要与资源有确切的了解，并保持两者之间经常的平衡；同时，要注意消除任人唯亲、偏爱徇私、野心奢望和无知等弊病。

11. 公平原则

法约尔将公平（equity）与公道区分开来。他说：“公道是实现已订立的协定。但这些协定不能什么都预测到，要经常地说明它，补充其不足之处。为了鼓励其所属人员能全心全意和无限忠诚地执行他的职责，应该以善意来对待他。公平就是由善意与公道产生的。”也就是说，贯彻公道原则就是要按已定的协定办。但是在未来的执行过程中可能会因为各种因素的变化使得原来制定的“公道”的协定变成“不公道”的协定，这样一来，即使严格地贯彻“公道”原则，也会使职工的努力得不到公平的体现，从而不能充分地调动职工的劳动积极性。因此，在管理中要贯彻公平原则。所谓公平原则就是公道原则加上善意地对待职工。也就是说在贯彻公道原则的基础上，还要根据实际情况对职工的劳动表现进行善意的评价。当然，在贯彻公平原则时，还要求管理者不能“忽视任何原则，不忘掉总体利益”。

12. 人员稳定原则

法约尔认为，一个人要适应他的新职位，并做到能很好地完成他的工作，这需要时间。这就是人员稳定（stability of tenure of personnel）原则。按照人员稳定原则，要使一个人的能力得到充分的发挥，就要使他在一个工作岗位上相对稳定地工作一段时间，使他能有一段时间来熟悉自己的工作，了解自己的工作环境，并取得别人对自己的信任。但是人员的稳定是相对的而不是绝对的，年老、疾病、退休、死亡等都会造成企业中人员的流动。因此，人员的稳定是相对的，而人员的流动是绝对的。对于企业来说，就要掌握人员的稳定和流动的合适的度，以利于企业中成员的能力得到充分的发挥。“像其他所有的原则一样，稳定的原则也是一个尺度问题”。

13. 首创精神

法约尔认为，想出一个计划并保证其成功是一个聪明人最大的快乐之一，这也是人类活动最有力的刺激物之一。这种发明与执行的可能性就是人们所说的首创精神（initiative）。建议与执行的自主性也都属于首创精神。法约尔认为人的自我实现需求的满足是激励人们的工作热情和工作积极性最有力的刺激因素。对于领导者来说，“需要极有分寸地，并要有某种勇气来激发和支持大家的首创精神”。当然，纪律严明原则、统一指挥原则和统一领导原则等的贯彻，会使得组织中人们的首创精神的发挥受到限制。

14. 团结精神

人们往往由于管理能力的不足，或者由于自私自利，或者由于追求个人的利益等而忘记了组织的团结。法约尔认为管理者需要确保并提高劳动者在工作场所的士气，培养个人和集体积极的工作态度。为了加强组织的团结，法约尔特别提出在组织中要禁止滥用书面联系。他认为在处理一个业务问题时，当面口述要比书面快，并且简单得多。另外，一些冲突、误会可以在交谈中得到解决。“由此得出，每当可能时，应直接联系，这样更迅速、更清楚，并且更融洽”。

组织管理理论的代表人物除了法约尔以外，还有韦伯（Max Weber，1864—1920 年）的官僚（bureaucracy）组织理论。官僚组织理论是科学管理思想一个重要的组成部分，它强调组织的运转要以合理的方式进行而不是根据业主或管理者的判断。韦伯是德国著名的社会学家，他是德国柏林大学的一位教授，他反对当时盛行的靠传统的自觉（封建制）和裙带关系（世袭制）来管理的思想，认为这不仅是不公正的，而且还造成了人力资源的巨大浪费。为此，他在《社会和经济组织的理论》一书中提出了权力结构理论，并设计了一个他称为“官僚的理想组织模式”。韦伯所谓的“官僚制”是指一种以分部—分层、集权—统一、指挥—服从等为特征的组织形态，亦即现代社会实施合法统治的行政组织。从纯技术的观点来看，“官僚制”的确是最高的组织形式。他所倡导的层级官僚制理论的主要内容就包括专业化分工、等级制、对法理化规则的遵从以及非人格化等方面。韦伯认为，作为一种理想的行政组织形式，官僚制具有以下基本特征。

（1）合理的分工。工作的专业化便是这种高度明确分工的结果。

（2）层级节制的权力体系。官僚制组织是一个等级实体，具有等级与权力一致的特征，形成官僚制中层级节制的权力体系，以保证在组织中政令畅通。

（3）依照规程办事的运作机制。官僚组织通常要制定一整套规则程序来规范组织及其成员的管理行为，以保证整个组织管理工作的一致性和明确性，保证官僚制组织的合理性、合法性、稳定性和连续性。

（4）形成正规的决策文书。有利于下级组织及其成员明确任务、权责及规范要求，加强控制，促进组织更加有效、更便捷地实现目标。

（5）组织管理的非人格化。在实行官僚制组织中，管理工作是以法律、法规、条例和正式文件等来规范人的行为的，公务活动中不得掺杂个人情感、偏好等非理性因素，在组织成员之间的公务关系中存在的只是对事的关系而非对人的关系，不考虑任何私情关系。

（6）适应工作需要的专业培训机制。官僚制是建立在高度分工和专业化基础之上的，通过专业培训可以提高其服务数量和质量，从根本上提高组织的工作效率。

（7）合理合法的人事行政制度。其中包括人员任用应符合工作性质的要求和人员自身能力、人员职位应保证其在合适位置充分发挥才能、职务由自由契约关系承担、人员奖惩应根据工作优劣确定、行政人员须受到严格而系统的纪律约束和控制等。

（8）可预见性。根据可以预计的规则，排除一切纯粹个人的、一切非理性的、不可预计的感觉因素。

在官僚制中，韦伯设计了一个科层制的模型，呈正三角形，顶层是企业的最高领导层，负责组织的重大决策；底层是一般行政人员，依据上级指示进行工作；中层则是管理层的中坚和韦伯研究问题的重点：行政管理人员，他们既要贯彻上级的决策拟定相应措施，也要反馈下级的意见给上级，具有中转站的作用。这种组织的形式、结构和运行机制，表现为高度理性化的法律规章和制度体系。由于这种组织模式强调规则而不是个人、强调能力而不是偏爱，所以有助于组织提高工作效率，有利于杜绝任人唯亲、组织涣散、人浮于事等现象，至今仍是许多大型企业组织的设计样板。韦伯也因此被称为“古典组织理论”的创始人。韦伯的这一理论，是对泰勒、法约尔理论的补充，对后来的管理学家，特别是组织理论家产生很大影响。

二、行为管理理论

科学管理理论通常把人看作生产的机器，因此，他们把精力集中在寻找如何最有效地运用这些机器的方法上。相反，行为管理理论则把重点放在分析影响组织中个体行为的各种因素上，强调管理的重点是理解人的行为。

行为管理理论之所以产生，是因为科学管理理论尽管在提高劳动生产率方面取得了显著的成绩，但它片面强调对工人进行严格的控制和动作的规范化，忽视了工人的社会需求和感情需求，从而引起工人的不满和社会的责难。在这种情况下，科学管理理论已不能适应新的形势，需要新的管理理论和方法进一步调动工人的积极性，从而提高劳动生产率。组织是由一群人组成的，管理者是通过他人的工作来完成既定目标的，因此有一些研究人员就把管理研究的角度调整到了对人类工作行为的研究上，并最终导致行为管理理论的产生。

行为管理思想最为有名的早期开拓者是雨果·芒斯特伯格（Hogo Munsterberg，1863—1916 年）和玛丽·福莱特（Mary P. Follett，1868—1933 年）。雨果·芒斯特伯格是德国的一位心理学家。他在 1913 年出版了《心理学和工业效率》一书。在书中他认为心理学家可以帮助管理者挑选和激励员工，他的思想导致工业心理学的建立和人们对工作中的人类行为的关注。现代社会中有关人员选择、员工训练、工作设计和员工激励等方面的许多知识都是建立在芒斯特伯格的工作基础之上的。玛丽·福莱特是一位“管理学先知”，她的有关权力分享、解决纷争的思想都超越于她所处的那个时代。她认为组织应建立在群体伦理而不是个人主义的基础上，管理者的工作应该是指导和协调群体的努力，管理者和工人应该把对方看成合作伙伴，是一个共同组织中的不同部分，因此，管理者应更多地通过自己的专长和知识去领导下属而不是依赖他们的职权，等等。她的人文主义观点影响了以后人们对激励、领导、权力和权威的看法。芒斯特伯格和福莱特等对行为管理思想的形成做出了重要的贡献，但对这种思想的发展起主要推动作用的是梅奥（Elton Mayo，1880—1949 年）和他的助手。梅奥是一位心理学家和管理学家，原籍澳大利亚，后移居美国。20 世纪二三十年代，美国国家研究委员会和美国西方电气公司合作进行了有关工作条件、社会因素与生产效率之间关系的试验。由于该项研究是在西方电气公司的霍桑工厂进行的，因此，后人称之为霍桑试验。霍桑试验分为以下四个阶段。

第一阶段：工作场所照明试验（1924～1927 年）。

此项试验旨在证明工作环境与生产率之间有无直接的关系。研究人员将接受试验的工人分为两组：一组采用固定照明，称为控制组；另一组采用变化的照明，称为试验组。研究人员原来以为试验组的产量会由于照明的变化而发生变化。但结果是，两组的产量都大为增加，而且增加数量几乎相等。由此得出结论，照明度与生产率之间并无直接关系，工厂照明灯光只是影响员工产量的因素之一。两组产量都得到提高的原因，是被测试人员对测试发生了兴趣。

第二阶段：继电器装配室试验（1927～1928 年）。

此项试验的目的是发现各种工作条件变动对生产率的影响。研究人员将装配继电器的 6 名女工从原来的集体中分离出来，成立单独小组，同时改变原来的工资支付办法，以小组为单位计酬，撤销工头监督，工作休息时间免费供应咖啡，缩短工作时间，实行每周 5 日工作制，等等。结果发现工人的产量增加了。接着，又逐渐取消这些待遇，恢复原来的工作条件，这 6 名女工的生产率并没有因此而下降，反而仍在上升。这一试验是在工作中分期改善工作条件，如改进材料的供应方式、增加工间休息、供应午餐和茶点、缩短工作时间、实行集体计件工资制等，这些条件的变化刚开始使女工的产量上升，但过了一年半，工人的产量仍维持在较高水平，这说明这些因素对劳动生产率的提高影响也不大。据此梅奥推测，督导方法的改变，会改善员工的态度，从而使产量提高。这成为霍桑试验的一个转折点。

第三阶段：大规模访谈（1928～1931 年）。

研究人员在上述试验的基础上进一步在全公司范围内进行访问和调查，梅奥用两年多的时间对公司 2 万多名员工进行了调查，被访问者可以就自己感兴趣的问题自由发表意见。结果发现，任何一位员工的工作成绩都要受到周围环境的影响，即每个人的工作成绩不仅取决于个人自身，还取决于群体成员。影响生产力的最重要因素是工作中发展起来的人际关系，而不是待遇和工作环境。

第四阶段：接线板接线工作室试验（1931～1932 年）。

为了搞清楚社会因素对激发工人积极性的影响，研究人员选择了由 14 名工人组成的生产小组进行观察试验。这个小组以集体产量计算工资，根据组内人员的情况，完全有可能超过他们原来的实际产量，可是，研究人员进行了为期 5 个月的统计，小组产量仍维持在一定水平上，经过观察，研究人员发现小组内存在着一种默契：往往不到下班时间，大家已经歇手；当有人超过日产量时，别人就会暗示他停止工作或放慢工作进度；不应向上司告密同事中发生的事情；等等。梅奥等由此得出结论：实际生产中，存在一种“非正式组织”，并决定每个人的工作效率。

这一阶段有许多重要发现：①大部分成员都自行限制产量，工人一般只完成工作定额的一部分，原因是怕公司再提高工作定额，也怕因此造成一部分工人失业，他们这样做就保护了工作速度较慢的同事。②工人对不同级别的上级持不同的态度，上级的级别越高，工人对他们越尊敬，同时对他们的顾忌心理也越强。③工作成员中存在小的派系，每个派系都有自己的行为规则，每个派系成员都要遵守这些规范，如有违反就会受到惩罚。

试验结果表明：人们的生产效率不仅受到物理的、生理的因素的影响，而且同工人的心理、态度、动机，同群体中的人际关系以及领导者与被领导者的关系密切程度相关。这与科学管理只重视物质条件，忽视社会环境、心理因素对工人生产效率影响的观点相比，是一个很大的进步。梅奥在 1933 年出版的《工业文明中的人的问题》一书中，对霍桑试验的结果进行了总结，其主要结论如下。

（1）工人是社会人，而不是经济人，工人是复杂的社会系统成员。人们的行为并不单纯出自追求金钱的动机，除此之外还有社会方面的、心理方面的需要，即追求人与人之间的友情、安全感、归属感和受人尊敬等，而后者更为重要。管理者若能设身处地地关心下属，注意进行感情上的沟通，那么工人的劳动生产率将会有较大程度的提高。

（2）企业中存在非正式组织。这种非正式组织的作用在于维护其成员的共同利益，使之免受其内部其他成员的疏忽或外部人员的干涉所造成的损失。非正式组织中有自己的核心人物和领袖，有大家共同遵守的观念、价值标准、行为准则和道德规范等。非正式组织以其特有的感情倾向和精神导向，左右着成员的行为。非正式组织不仅存在，而且与正式组织相互依存，对生产率有重大影响。

（3）新的领导能力在于提高工人的满意度。梅奥认为提高生产率的主要途径是提高工人的满意度，而生产条件、工资报酬处于相对次要的位置。职工的满意度越高，其士气就越高，生产效率就越高。高的满意度来源于工人个人需求的有效满足，需求不仅包括物质需求还包括精神需求。

根据霍桑试验，提高劳动生产率的关键在于对工人的更多关心，以使他们对工作感到满意，并愿意去提高效率。这就需要管理者和工人建立良好的合作关系，管理者需要了解怎样才能使工人对工作感到满意。为此，诸多学者从各方面展开了对人的需要、动机、行为、激励以及人性的研究，形成了人际关系的研究热潮。人际关系学家认为工人是有各种各样需求的“社会人”，这比“经济人”的观点有了很大的进步，但他们对人的描述过于一般化、简单化，管理者仍然不知道在特定的情况下应该采取何种行为。为此，就需要从各种角度更加全面和详尽地分析人的工作行为。行为科学就是在这种需求的推动下形成的。这方面最主要的研究是马斯洛的需要层次理论和麦克雷戈的 XY 理论以及赫茨伯格（Frederick Herzberg，1923～2000 年）的双因素理论与弗鲁姆的期望理论等。

三、定量管理理论

定量管理理论产生于第二次世界大战期间，它是以自然科学和技术科学的成果为手段，运用先进的数学方法、计算机技术、系统论、信息论和控制论建立数学模型，对管理领域中的人、财、物和信息资源进行系统的定量分析，以做出最优的规划和决策。定量管理理论的核心是将数学、统计学和计算机应用于管理决策与提高组织效率，它主要包括以下三个分支。

1. 管理科学

管理科学（management science）也称运筹学，第二次世界大战期间，一些英国科学家为解决雷达的合理布置问题通过建立最优分配模型，有效地解决了如何以有限的皇家空军力量来抵抗庞大的德国空军的问题。后来这些研究引起了企业界的关注，特别是当研究人员战后纷纷到企业就职，定量研究方法在企业管理中得到了迅速的发展。

2. 系统分析

“系统分析”这一概念由美国兰德公司于1949年提出。其特点是解决管理问题要从全局出发进行分析和研究，以制定出正确的决策。运用这种方式，管理者的工作是协调自己组织中各个部门的活动，以确保所有相互依存的部门能够在一起工作从而实现组织的目标。此外，管理工作的系统观点还意味着决策和行动。最后，管理者的职责是认识和理解外部各种因素的影响。

3. 作业管理和决策科学化

作业管理（operation management）也称运营管理，包括库存管理、工作安排、计划编制、设备安装和设计、质量控制等方面，常用到预测技术、库存分析、物资供应系统、网络图、质量控制统计技术和项目计划评审技术等定量化方法。决策科学化是指决策要以充足的事实为依据，按照事物的内在联系对大量的资料和数据进行分析与计算，利用计算机技术，遵循科学的程序，进行严密的逻辑推理，从而做出正确的决策。管理信息系统、DSS（decision-making support system，决策支持系统）、ERP（enterprise resource planning，企业资源计划）等的应用为决策科学化提供了可能。

四、权变管理理论

随着科学技术和经济的迅速发展，许多新的管理理论不断涌现，20 世纪 60 年代后，占主导地位的管理思想是权变管理思想，其中包括系统理论（system theory）、权变理论（contingency theory）和过程理论（process theory）等。

1. 系统理论

20 世纪 60～70 年代，从系统的角度分析组织的理论即系统理论得到了迅速的发展。美国学者切斯特·巴纳德（Chester I. Barnard，1886—1961 年）是系统理论的主要代表人物之一。他从 1927 年起担任美国贝尔电话公司总经理，在 1938 年出版了《经理的职能》一书。他从社会组织系统的角度分析了经理人员的职责和任务，探讨了组织形成的原因、正式组织和非正式组织之间的关系等，被认为是现代组织理论的创始人。此外，丹尼尔·卡茨（Daniel Katz）、罗伯特·卡恩（Robert Kahn）和詹姆斯·汤普森（James Thompson）等在 60 年代进一步发展了系统理论。这一理论的要点如下：组织是一个系统，是由相互联系、相互依存的要素构成的。根据需要，系统可以分解为更小的子系统，子系统还可以再分解。对系统的研究可以从研究子系统之间的关系入手。组织是一个开放的系统，是一个和周围环境相互影响、相互作用的系统，组织与环境之间进行着物质、能量和信息的交换。运用系统观点来考察管理的基本职能，可以提高组织的整体效率。

2. 权变理论

权变理论是 20 世纪 60 年代在美国出现的一种管理理论。权变理论认为：组织的管理应根据其所处的内外部环境的变化而变化，世界上没有一成不变的、普遍适用的“最佳的”管理理论和方法。权变管理理论着重考察有关的环境变量与各种管理方式之间的关系。在通常情况下，环境是解释变量，而管理方式是被解释变量。组织所处的环境决定何种管理方式更适合组织。例如，在经济衰退时期，由于企业面临的市场环境是供大于求，集权的组织结构可能更为适合；在经济繁荣时期，由于企业面临的市场环境是供不应求，分权的组织结构可能更为适合。

3. 过程理论

过程理论是在法约尔的一般管理理论基础上发展起来的，该学派将管理看作一个过程，认为管理是由许多相互关联的职能所组成的，通过对这些职能的分析，可归纳出一系列的管理原则，从而形成系统的管理理论。该学派的代表人物是孔茨和奥·唐奈，其代表作是他俩合著的《管理学》一书。

权变管理思想的最大特点是它在继承以前的各种管理思想的基础上，将管理研究的重点转移到了对管理有重大影响的环境因素的研究上，希望通过对环境因素的研究，找到各种管理原则和理论的具体适用场合。权变管理思想是与 20 世纪 70 年代以来经济活动的国际化、组织的大规模化和环境的复杂多变相适应的。

第三节 现代管理丛林

管理理论一直随着环境的变化而不断地推出新的思想和方法，科学管理的提出以科学取代经验，行为管理主张对组织中人的重视，管理科学提供了数量技术和系统解决问题的各种途径，权变管理注意到了环境对管理的影响。进入 20 世纪 80 年代以后，企业的发展呈现出许多新的特点：企业规模的巨型化和超小型化共存，生产技术复杂程度大大提高，产品升级换代周期大幅缩短，知识在经济增长中的作用日益突出，企业与社会的联系更加密切，经济活动国际化趋势越来越明显，等等。现代企业面临的种种管理上的新问题、新思想、新情况和新要求，对管理学说和管理创新的要求也不断提高。进入 20 世纪 90 年代，产生了一些体现时代特征的管理理论，其中最主要的是学习型组织（learning organization）和企业业务流程再造理论（reengineering theory）。

一、学习型组织

学习型组织是 20 世纪 90 年代以来，在传统管理理论和实践基础上发展起来的全新的管理理论，它是由彼得·圣吉（Peter Senge，1947—　）于 1990 年出版的《第五项修炼：学习型组织的艺术与实务》一书中提出的。在书中有这样一段话：“在全球的竞争风潮下，人们日益发觉 21 世纪的成功关键，与 19 世纪和 20 世纪的成功关键有很大的不同。在过去，低廉的天然资源是一个国家经济发展的关键，而传统的管理系统也是被设计用来开发这些资源。然而，这样的时代正离我们而去，发挥人们创造力现在已经成为管理努力的重心。”学习型组织是指具有不断学习、适应和变革能力的组织。当今管理者所面临的最大挑战是变化。管理学大师彼得·德鲁克曾经说过“当今世界，唯一不变的就是变化”。彼得·圣吉认为，为什么在许多团体中，每个成员的智商都在120以上，而整体智商却只有62？为什么1970年名列《财富》杂志“500强企业”排行榜的公司，到20世纪80年代却有1/3已经销声匿迹？原因就在于组织的智障妨碍了组织的学习及成长，使组织被一种看不见的巨大力量所侵蚀甚至吞没。面对全球性的竞争，20世纪90年代最成功的企业将会是“学习型组织”，因为未来唯一持久的竞争优势，就是要有能力比你的竞争对手学习得更快。在此思想的指导下，彼得·圣吉在其著作中提出了整体互动思考方式及建设学习型组织的具体修炼方法。

与传统组织相比，学习型组织的核心是推动所有员工都致力于识别和解决问题，创建学习型组织意味着在领导、结构、授权、沟通和信息共享、文化等方面都要进行改革（图2-2）。

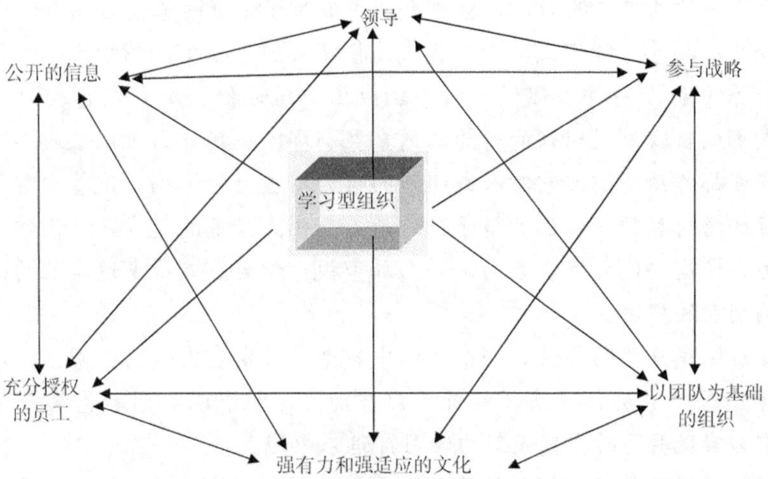

图2-2　学习型组织构成要素的互动网络

学习型组织与传统组织相比，主要有以下六方面差异。

（1）在对待变革的态度上，传统组织认为，只要还管用就不要改变它；而学习型组织认为，如果不变革那就不管用了。

（2）在对待新观点的态度上，传统组织认为，如果不是产生于此时此刻就拒绝它；而学习型组织认为，如果是产生于此时此刻就拒绝它。

（3）在关于谁对创新负责上，传统组织认为，创新是研发部门的事情；而学习型组织认为，创新是组织中每位成员的事情。

（4）传统组织的主要担心是发生错误，而学习型组织的主要担心是不学习不适应。

（5）传统组织认为产品和服务是组织的竞争优势，而学习型组织认为学习能力、知识和专门技术是组织的竞争优势。

（6）在管理者的职责上，传统组织认为，管理者的职责是控制别人；而学习型组织认为，管理者的职责是调动别人、授权别人。

企业是否是一个学习型组织，可以用四条标准来判断：①人们能不能不断检验自己的经验；②人们有没有生产知识；③大家能否分享组织中的知识；④组织中的学习是否和组织的目标息息相关。彼得·圣吉还提出了建立学习型组织的技能，即五项修炼：自我超越、改善心智模式、建立共同愿景、团队学习和系统思考。他认为在学习型组织中，领导者是设计师、仆人和教师，他们负责建立一种组织，能够让其他人不断增进了解复杂性、愿景和改善共同心智模式的能力，也就是领导者要对组织的学习负责。

知识库

五项修炼

第一项修炼：自我超越。“自我超越”的修炼是深刻了解自我的真正愿望，并客观地观察现实，对客观现实做出正确的判断。通过学习型组织不断学习激发实现自己内心深处最想实现的愿望，并全心投入工作，实现创造和超越。它是学习型组织的精神基础。因为组织整体对于学习的意愿与能力，根植于个别成员对于学习的意愿与能力之中。

第二项修炼：改善心智模式。心智模式是根深蒂固于心中，影响人们如何了解这个世界，以及如何采取行动的许多假设、对事物做出价值评价、沉积在自我心灵深处的印象等。心智模式影响自我表现出来的行为，通常在刹那间决定什么可以做或不可以做，这就是心智模式在发挥作用。因此它对人或组织的行为有重大的影响。改善心智模式是人们将组织看成学习的场所和转向自己的镜子，这是心智模式修炼的起步，人们学习发掘内心世界的潜在能力，使这些能力浮在表面，并严加审视。学会有效地表达自己的想法，并以开放的心灵容纳别人的想法。

第三项修炼：建立共同愿景。一个组织中各个成员发自内心的共同目标，在一个团体内即共同愿景。每个成员都有实现目标的内在动力，组织以共同的愿景将大家凝聚在一起，在组织中为实现共同的愿望而努力学习，追求卓越。

第四项修炼：团队学习。团队学习是建立学习型组织的关键。彼得·圣吉认为，未能整体搭配的团队，其成员个人的力量会被抵消或浪费掉。在这些团队中，个人可能格外努力，但是他们的努力未能有效转化为团队的力量。当一个团队能够整体搭配时，就会汇聚出共同的方向，调和个别力量，使力量的抵消或浪费减至最小。整个团队就像凝聚成的激光束，形成强大的合力。

第五项修炼：系统思考。系统思考是一种分析综合系统内外反馈信息、非线性特征和时滞影响的整体动态思考方法。它可以帮助组织以整体的、动态的而不是局部的、静止的观点看问题，因而为建立学习型组织提供了指导思想、原则和技巧。系统思考将前四项修炼融为一个理论与实践的统一体。

二、企业业务流程再造理论

传统的组织结构建立在职能和等级制的基础上，虽然这种模式过去曾经很好地服务企业，但面对知识经济时代的竞争环境，它的反应已经显得缓慢笨拙。业务流程再造对许多传统的组织构造原则提出了挑战，将流程推到管理日程表的前列。通过重新设计流程，可以在流程绩效的改善上取得飞跃，激发和增进企业的竞争力。1993 年，美国的迈克尔·哈默（Michael Hammer）和詹姆斯·钱皮（James Champy）合作出版了《改革公司——企业革命的宣言书》一书，提出了企业业务流程再造理论。

企业业务流程再造是指针对企业业务流程的基本问题进行反思，并对它进行彻底的重新设计，以便在成本、质量、服务和速度等当前衡量企业业绩的这些重要的尺度上取得显著的进展。企业人员在着手再造前，必须先就企业的运作提出一些最基本的问题：为什么我们要干这项工作？为什么我们要这样干？这些基本问题会促使人们去注意在从事他们的业务工作时所因袭的那些规则和前提，结果常常会发现这些规则是过时的、错误的和不适应的。企业业务流程再造不注重事情“现在是”怎样，而是注重事情“应该是”怎样。彻底的重新设计是指要从事物的根本入手，不是对现有的事物做表面的变动，而是把旧的一套抛掉。企业业务流程再造不是指对企业现有的业务工作进行改良、提高或修修补补，而是重建企业的业务流程。“显著的”是指企业业务流程再造不是要在业绩上取得点滴的改善和逐渐的提高，而是要在经营业绩上取得显著的改进。“业务流程”指一系列业务活动，通过这些活动创造出对顾客有价值的产品。企业业务流程再造要求以流程为导向，而在大多数企业中并不是以流程为导向，它们忙于流程中的各项任务，忙于本位工作，重视人事、重视结构，而不是流程。

企业业务流程再造理论的中心思想是“企业已不再需要、也不再适应根据亚当·斯密的劳动分工原理去组织自己的工作，在当前的‘3C’（customer、competition、change，顾客、竞争和变化）世界中，以任务为导向安排工作岗位的做法已属过时，取而代之的是企业应以流程为中心去安排工作”，也就是进行企业业务流程再造。

第四节　中国管理理论演变

一、中国现代管理思想形成的历史背景

中国现代管理思想既不是在一张白纸上设计出来的，也不是在中国传统思想基础上自然生长出来的，更不是单纯从西方直接引进相关的管理理论，而是在极其复杂的历史背景下逐步形成的。深入探究中国历史的发展，中国现代管理思想的产生大致经历了以下几个阶段。

（一）中国官僚资本企业和民族资本企业的管理

中国近代企业管理，主要包括官僚资本企业管理和民族资本企业管理。官僚资本企业主要有三种形式：官办企业、官督商办企业和官商合办企业。官办企业是指晚清，清政府洋务派官僚集团与外国政府和企业合作开办的利用机器生产的新式军事与民用企业。其实，中国真正意义上的企业是从官办企业开始的，当时比较著名的有江南制造总局、福州船政局等企业，这些企业生产的产品主要是军用，其经营管理是封建衙门式的，生产技术主要掌握在外国人手中。后来在洋务运动中，清政府又采取官督商办和官商合办等方式兴办了一大批工矿

企业。官督商办企业是利用私人资本开办工矿企业的主要形式，是由洋务派官僚发起、一些商人出资、政府官僚进行管理的企业。这些企业在李鸿章的庇护下，享有减税、免税等特权，盛行于19世纪70～80年代，大多在甲午战争后破产。官商合办的企业是官方和私人资本联合举办的工矿企业，这些企业实际上由官僚掌管，收益也大部分落到企业当权官僚和他们的亲朋僚属手中。

洋务派兴办的这些现代企业，在中国近代早期工业发展中占有非常重要的地位。官办企业是国家资本主义的基本形式，官商合办企业、官督商办企业是国家资本与私人资本相结合，本身也是资本主义性质的企业。在兴办这些现代企业的过程中，洋务派官僚也积累了丰富的经营管理经验和教训，这对民族资本企业发展有非常好的借鉴意义。

1911年辛亥革命后，一些由官僚军阀控制的官办企业实际上被帝国主义者所控制，但这些企业大多实行的是欧美资本主义的比较规范的企业管理方式。官僚资本与买办资本相互勾结，外国列强在华投资推动了中国封建官僚的买办化。

抗日战争后，官僚资本的发展达到最高峰。以蒋介石、宋子文、孔祥熙、陈立夫四大家族为核心的官僚资本集团，在其当权期间，集中了约200亿美元的巨大财产，垄断了全国的经济命脉。同时这一时期的企业管理方式也有较大的进步，首先是采用了资本主义色彩的雇佣劳动管理方式，制定了较为严格的选用人才标准和实施办法，吸收了熟悉现代管理方法的知识分子参与企业的管理工作。其次是成立企业管理协会，对企业管理进行监督，提出改进管理的方法，建立相应的管理制度。这样，四大家族官僚资本垄断经营的规模越来越大，经营方式也开始向跨行业方向发展。

中国民族资本主义是指在近代形成的民间资本的私人资本主义经济成分。19世纪70年代，随着外国资本主义的刺激和中国资本主义的萌芽，一部分商人、地主和官僚开始投资新式工业，逐步形成了中国的民族资本。中国早期的民族资本主义来源于封建地租和买办收入的转化，资本带有原始积累的性质。应该说中国民族资本主义工业的发展是曲折的，其经营管理也随着不同的时间阶段呈现不同的特点。甲午战争后，民族资本主义取得初步发展，曾出现两次投资高潮，投资方向主要以纺织、面粉、卷烟等轻工业为主，在采矿、水电、航运和铁路、银行等方面也有不少投资。但这些民族资本企业资金少、规模小，大多采取手工作坊的方法，生产效率相对低下。另外，技术、经营管理知识匮乏，难以和外资竞争。

第一次世界大战期间，西方列强忙于战争，同时由于工业品价格上涨和爱国反帝运动的推动，中国民族工业的发展进入“黄金时代”。这一时期在清政府、北洋政府的大力支持下，民族资本的投资开始涉足采矿、钢铁、水泥等重工业，实现了大机器生产，经营管理有了进一步改善。第一次世界大战结束后，列强卷土重来，民族工业陷入萧条阶段。

抗日战争期间，沿海民族工业因迁移、战争破坏和日本侵略者的掠夺，损失极其惨重。民族资本企业的处境十分悲惨，陷于破产边缘。但它们为了在帝国主义和官僚资本主义的双重压迫下生存与发展，在经营管理上开始采用科学的管理方式。例如，加强供销管理，在生产上推行机械化和半机械化生产，加强资本协作和人才培养等科学的管理方式，尽力摆脱封建主义和帝国主义的束缚，建立了许多有中国特色的企业管理制度和方法，形成了中国企业科学管理思想的萌芽。

（二）我国革命根据地公营企业的管理

20 世纪 30 年代土地革命战争时期，中国共产党领导的苏区开始创办小型修械所，被服、兵工、纺织、造纸等工厂，这些都是革命战争和人民生活迫切需要的物资。这些工厂的经营管理大都重视行政管理，由于客观条件的限制，当时工厂里没有严格的生产计划和验收、保管制度。但为了管理，政府也颁布了一些条例来加强苏区工厂的经营管理工作。

抗日战争初期，抗日根据地的工厂大多数实行全部费用向上级主管部门报销，全部产品上交主管部门统一分配的制度，这种制度造成了工厂只重生产、不重经济、不讲成本的状况。根据上述情况，1942 年毛泽东在陕甘宁边区高级干部会议上提出“发展经济，保障供给”的经济工作和财政工作的总方针，并提出改善工厂经营管理的方向。在这一方针的指导下，各工矿企业实行了工厂管理一元化、经济核算制、精简机构、改革工资制度、开展劳动竞赛和奖励创造发明等措施，取得了良好的效果。

解放战争时期，解放区的公营工业有了迅速发展，工厂管理工作也取得了新的进展。主要从以下几个方面对管理工作进行了进一步改善：加强民主管理、普遍实行工厂企业化、贯彻按劳分配的原则、改革工资制度。

总结我国公营企业的发展，可以发现，中国大规模的现代工业是在 1949 年中华人民共和国成立后发展起来的，中华人民共和国成立后相当长时期内，政府管理部门、银行、工厂、商店等几乎一切企事业单位的主要领导和管理工作的干部绝大多数都是从军队与革命根据地来的。因此，中国的现代管理思想不能不受到军队管理和革命根据地公营企业管理的严重影响。要是看不到这一点其实就是不了解中国的国情。而革命根据地公营企业的管理又基本上是根据军队管理的模式，结合地方的特点逐步发展的。

（三）全面学习苏联的管理模式

1953 年开始的发展国民经济的第一个五年计划，使我国进入大规模、有计划的社会主义经济建设时期。这一时期的企业管理主要是全面学习苏联的经验，引进苏联的全套企业管理的制度和方法。实行计划管理，组织均衡生产、建立生产责任制，建立经济核算制度和“各尽所能、按劳分配的等级工资制度”、建立健全企业的管理机构、普遍推行“一长制”。由于这些制度的全面推行，我国国营企业的管理工作基本走上科学管理的轨道，并培养了一批管理干部。

第一个五年计划期间，我国进行了大规模的工业基础建设，在百废待举、多种经济成分并存的条件下，在全国范围内实行了财政经济工作的统一领导和计划管理，实现了财政收支平衡和物价稳定。这一时期国民经济得到迅速发展，人民生活不断改变，社会安定团结，人民奋发向上。这是我国在管理上获得的杰出成就。但是，在这一阶段也出现了一些问题，如不加分析地照抄照搬，没有结合我国的国情，单纯依靠行政命令、忽视民主管理等。

（四）全面探索中国现代管理模式

第一个五年计划期间，为了克服在学习苏联过程中照抄照搬的错误。1956 年 9 月，中共八大决定在企业中实行党委领导下的厂长负责制，以加强党的集体领导。1957 年 3 月，党中央开始在工业企业实行“党委领导下的职工代表大会制”，以调动工人的积极性和保障其主人翁的权利。在 1958 年开始的第二个五年计划期间，鞍钢等企业又创造、总结出“两参、一改、三结合”（工人参加管理，干部参加劳动；改革不合理的规章制度；领导干部、工程技术人员、工人三结合）的经验，并推广到全国。这一系列的改革，对于纠正过去管理工作中的错误，调动职工的积极性和创造性，促进企业生产发展，探索中国企业现代管理模式都起了重要作用。但是，1958 年开始的“大跃进”运动，在企业管理的指导思想上又犯了不尊重客观规律的错误，否定了在第一个五年计划期间建立的适合现代化企业的科学管理制度，造成了国民经济的比例失调和企业管理的混乱。从 1961 年开始，党中央及时纠正错误，采取了一系列措施，对国民经济进行“调整、巩固、充实、提高”，全面总结我国企业管理正反两方面的经验和教训，经过近 3 年的努力，明显提高了企业的管理水平，促进了生产的迅速发展。到 1965 年，我国许多工业部门和企业的技术经济指标都达到历史最高水平。

（五）十年动乱造成了管理的大倒退

从 1966 年开始的“文化大革命”，是我国政治大动乱、经济大倒退的十年。企业管理混乱，以“阶级斗争”代替企业管理，企业管理的规章制度被废弃，管理机构被撤销合并，很多管理干部被下放到车间劳动，一些不懂生产、不懂管理的人被派到管理岗位，完全无视客观规律瞎指挥，使我国企业管理工作遭到了严重的破坏。

（六）社会主义经济管理体制改革

1976 年 10 月，十年动乱结束。1978 年后，我们国家的工作重点转移到社会主义经济建设上。在工业企业管理方面，国家颁布了一系列新的法律和条例，鼓励企业有分析、有选择地学习外国先进的科学管理理论和方法。1984 年 10 月，党的十二届三中全会提出在我国实行经济体制改革，企业改革是其重要内容。我国的企业改革大致可分为三个阶段：第一阶段 1978 年至 1986 年，主要以扩大企业自主权，推行经济责任制和利改税为主要内容。第二阶段是 1987 年至 1991 年，以推行各种责任制，实行所有权和经营权的分离为主要内容。第三阶段是 1992 年以后，主要以理顺产权关系，转换企业经营机制和建立现代企业制度为主要内容。

二、中国现代管理思想发展的特点

改革开放 40 多年的实践说明中国现代管理思想已经发生了深刻的变化，呈现出新的发展趋势。

（一）由国内管理向国际化管理转变

从中国的历史和地缘上看，中国自古以来就是大陆国家，幅员辽阔，人口众多，素以中央王国自居。另外，中国市场容量巨大，工业部门相对比较齐全，加之长期闭关锁国，在企业管理方面也形成了以自我为中心的思维定式。但是 21 世纪中国企业的管理环境已经发生了根本性的变化，随着改革开放的步伐迅速加快，尤其是中国加入 WTO（World Trade Organization，世界贸易组织）以后，经济全球化已经融入中国企业的管理思想，所以中国企业管理的未来一方面要花大力气拓展国内市场，以国内市场的巨大内需作为拉动中国经济健康发展的主要动力；另一方面也要加快转变外贸增长方式，调整出口结构，大力发展服务贸易。目前管理的国际化是经济全球化发展的必然趋势，中国企业要在管理上与国际接轨，就要结合自身的情况加入全球的采购生产系统，打破地区和国界，尽可能多地获得差别利益。要消除管理上的阻隔，形成管理上的共同语言和方法。

（二）由科学管理向信息化管理转变

由科学管理向信息化管理转变对中国许多企业来说已经迫在眉睫，这是由中国管理的特色决定的。我国近些年来在信息产业和产业信息化方面实现了跳跃式发展，我们利用后发优势，逐渐缩小和发达国家在管理方面的差距。信息化管理就是要对原有的工作流程进行分析、改造、重组和调整，使整个工作流程更加合理。当然信息化管理要想在全国普及也是需要一个较长的过程的，但这无疑是发展趋势。

（三）由政府管理向民营化管理转变

民营化管理是指一切经营单位均应按现代企业制度的要求，建立法人治理结构，由法人代表及其聘用的专业人员负责经营决策和管理。政府的官员和有关职能部门不再插手与干涉企业的经营管理，也包括主要企业负责人等干部的任用。民营化是市场化的客观要求和必然结果。对我国的企业来说，私有企业当然是民营化管理，国有企业要实行民营化管理可以有两种思路：第一，国有资产从一切竞争性行业中退出来，政府只保留对少数垄断性行业的控制，通过金融政策、物资储备等宏观手段来调控国民经济。第二，发展混合经济，实行投资主体多元化，对国有企业进行公司制改革，从而实现民营化管理。

（四）由封闭式实体管理向开放式虚拟管理转变

传统的企业或组织一般都是围绕某种或多种产品进行研发、设计、生产、销售等，这属于封闭式的实体管理。然而当市场越来越发达、越来越成熟、越来越完善，市场交易费用越来越低时，企业或组织从市场上取得某种产品或服务比内部生产所花费的费用更低、时间更短、质量更高时，企业或组织当然会越来越专业。在这种情况下，企业或组织理性的选择就是把一切可以外包的业务都外包给更专业的组织去做，因为这样效率更高、成本更低、资源的利用效率也更高。这就需要企业的管理逐渐向开放式虚拟管理转变，而这样的发展结果必将引发一场管理革命。无论是提供最终产品的企业，还是提供中间产品的企业，它们已不再是独立生存或提供某种产品或服务的场所或组织，它们只是全球采购制造、供应网络的一个节点。各个节点之间相互依存，通过互联网等现代通信技术及现代物流系统相互连接。在这样一个网络中，每一个节点都必须具有某种独特的资源或独特的核心能力，否则它就会因无人问津而失去存在的价值。每一个节点的存在都依赖它为其他节点提供服务和创造价值，这样一些节点既相互依存，又互相独立，它们组成一种组织，这种组织称为虚拟组织。随着科学技术的进步，这样的虚拟组织、虚拟公司会越来越多，像耐克公司、美国的汽车制造公司都正在经历虚拟化的过程。可以预言，在未来的发展中，组织的虚拟化将是一种必然的趋势，只是各个组织的虚拟程度和管理方式各不相同。这种虚拟组织的管理将是21世纪摆在中国企业面前的重大管理课题。

➢ 拓展学习

1. 泰勒 F. 科学管理原理[M]. 马风才，译. 北京：机械工业出版社，2007.

2. 哈默 M，钱皮 J. 改革公司——企业革命的宣言书[M]. 胡毓源，徐荻洲，周敦仁，译. 上海：上海译文出版社，1998.

3. 圣吉 P. 第五项修炼：学习型组织的艺术与实践[M]. 张成林，译. 北京：中信出版社，2009.

➢ 思考题

1. 简述中外早期管理思想，并对之进行简要评价。
2. 在我们身边的组织中，你看到了哪些科学管理原则运用的例子？
3. 泰勒的科学管理理论和梅奥的行为管理理论有何区别？

➢ 案例分析

格蒂影像公司的产生与发展

格蒂影像公司（Getty Image，Inc.；www.gettyimages.com）是一家设在西雅图市的专门储存照片的公司，公司的合伙创始人兼 CEO 马克·格蒂通过全面引入基于网络的业务和文化，逐渐将公司转变成一家电子企业，其业务也在不断扩展。

每一个人都有可能有几本影集，里面贴满了照片，这些照片记录下的是难忘的历史的一刻，每当看到它们就会想起过去，因为每张照片都可能是一个故事；当你阅读书籍或杂志时，你有没有想过书中的那些照片和视觉形象是从哪里来的？除非是专门拍摄的照片，它们很可能是来自照片储存企业，这是一些专业化的公司，它们从遍布全世界的职业摄影师手中购买照片，加以分类，然后卖给客户。它们的客户包括造型和设计专业人员、企业以及个人。在以往经济下，为了获得一张满意的照片，人们需要一页一页地翻阅印制精美的照片目录，通常要花费几天甚至几周的时间来寻找。如果他们自己找不到，就不得不付费给形象公司的专门人员从成千上万的照片中为他们寻找。找到的照片除提交给委托方使用以外，还要经过数字化处理，最终返还给照片储存公司保存。马克·格蒂察觉到这是一个机会，即利用互联网的巨大能力就能免除这种低效的、烦人的寻找过程，这种方式就是试图通过电子企业途径改变旧的生意方式并为公司创造稳定的利润。最初的格蒂影像公司就是在这样的背景下产生的。

顾客可以随时随地访问格蒂影像公司的集成网站，采用关键词搜索，就可以迅速搜到一系列的相关图像。顾客可以根据免费的粗糙图像，判断一下其布局是否符合要求，如果满意就可以购买。购买最终图像的过程非常简单，只需输入信用卡号码就可以下载清晰的图像。但是使整个生意过程如此简单的公司发展却不是一件简单的事。

格蒂影像公司是由多个并购公司组成的共同体，所并购的公司绝大多数是原来的竞争对手。公司最初是从两项大规模收购开始的：一家公司是设在伦敦的漂亮宝石影像公司（Tony

Stone Images），另一家是设在西雅图的照片光盘公司（Photo Disc）。但这两家公司的差异实在是太大了。漂亮宝石影像公司是一家传统的照片储存公司，以其精美绝伦的艺术质量闻名；而照片光盘公司是一家刚刚成立的、分销光盘存储图像的新型企业，其渠道是折扣商店和其他类型的零售商。公司合并以后，尽管刚开始时是困难和不愉快的，但最终公司经理们认识到只有通过将两家公司的长处结合在一起，才能有机会创造新的、独特的和具有潜在价值的事业。由于新收购公司的不断加入推动了公司业务的增长，使得新业务的整合过程没有遇到太大的困难。

公司的创新之一是成立了创意银行委员会（idea bank committee）。这是由 10 个人组成的小组，每月会面一次。他们的职责是评估来自公司 2600 名雇员的创意，以决定这些创意是否可行以及如何实施可行的创意。小组没有正式的领导人，他们每月平均处理 40～80 个创意。有些创意是小型的，但也有一些创意对公司产生了巨大影响。例如，根据多次请求，小组说服公司管理当局允许顾客自己选择影像组合并专门定做光盘。目前这项客户化的业务已经占到公司营业收入的 40%。此外，格蒂影像公司还设立了后台制作，那里技术人员两班作业，每 12 小时平均数字化扫描 750 张照片。这支技术团队的运作提高了基本照片的附加价值。例如，他们在照片上标记数字信息，从而顾客可以利用这些信息在自己的计算机上编辑照片以获得更准确的色彩；技术团队还可以通过改变背景的方式将某些特定的选择加入一些照片文件中去。

通过大量的培训、根本性的重组，以及在新技术上的大量投资，格蒂影像公司在视觉内容市场上确立了领导者和创新者的地位。但是，今天的成功并不能确保明天的成功，尤其在基于网络的经济中更是如此。马克和格蒂影像公司的其他管理者认识到他们必须始终聚焦在向顾客提供最完美的形象上。是的，对于公司来说，形象就是一切。

资料来源：罗宾斯 S. 管理学[M]. 7 版. 北京：中国人民大学出版社：2004（有改动）

问题：

1. 作为一家基于网络的企业，科学管理原则适用于格蒂影像公司吗？数量管理方法是否可用？

2. 格蒂影像公司符合学习型组织的特征吗？请简述你的理由。

3. 格蒂影像公司属于何种类型的电子企业？简述你的理由。

4. 这家公司呈现出的哪些特性和管理实践对 21 世纪的企业是重要的？

第三章 信息与信息化管理

本章重点

信息的概念

信息管理过程包括哪些环节

引导案例

“格力造”ERP

珠海格力电器股份有限公司（以下简称“格力电器”），成立于1991年，是一家集研发、生产、销售、服务于一体的国际化家电企业，拥有格力、TOSOT、晶弘三大品牌，主营家用空调、中央空调、空气能热水器、手机、生活电器、冰箱等产品。2015年排名“福布斯全球2000强”第385名，家用电器类全球第一位。而这个成绩的取得与格力电器利用信息化手段息息相关。

一、先合理化再制度化

从1991年开始使用计算机网络辅助管理以来，格力电器在信息化应用方面一直坚持一个方向：服务企业经营目标，提高企业的快速反应能力，提高企业营运效率。

格力电器信息化是从一套管理信息系统开始的。当时企业正在从计划经济下形成的粗放型生产管理向市场经济要求的现代企业经营模式转化，中间涉及企业改革、改组、改制。为适应这一改革潮流，格力电器计算机中心根据企业生产经营的需要，开发了一套管理信息系统，覆盖企业运作的各个方面。这套系统应用效果不错，为企业的腾飞发挥了巨大作用。

随着格力电器飞速发展，这套系统的局限性也逐渐显现。模块化的信息系统已经很难满足要求，由于不同模块的程序是由不同时期的不同人开发的，缺乏总体设计，因此模块间存在资源共享程度差、集成性不好的问题。

1997年，格力电器董事长朱江洪毅然决定实施ERP系统。在对国内和国外十几家ERP软件商调研的基础上，经过流程优化、需求分析、软件演示、综合考评之后，格力电器选择了Baan公司的ERP软件。

二、ERP系统的实施和效益

决定采购一个ERP系统是件相对容易的事情，BPR（business process reengineering，业务流程重组）的实施却充满挑战。一个强有力的领导班子是项目成功的关键。格力电器领导深明其中的道理，他们决定让有权力考核各部门及更改公司业务流程的全面质量管理办公室牵头，由各部门的业务骨干及计算机中心的人员组成项目组，实施完再移交计算机中心，项目组可以根据 ERP 规范的需求，要求其他部门改变管理流程，这为 ERP 系统的顺利实施创造了条件。

格力电器购买了 Baan ERP 系统的所有模块，可处理从财务管理到销售预测、采购、库存管理、制造控制、项目管理、服务与维修、分销和运输等所有业务。

对于实施ERP系统带来的成效，格力电器认为ERP系统不仅提高了企业管理水平，同时也获得了良好的经济效益，这些经济效益包括直接经济效益和间接经济效益两个方面。

1. 直接经济效益

（1）缩短了研制周期，质量显著提高，市场响应的速度明显加快。空调从产品构思到产品下线只需 90 天，产品一次交验合格率从 98.5%提高到 99.8%。

（2）按照应用软件的管理思想和逻辑，对生产计划进行重新设计，优化了生产管理过程，增加了产量，在价格战年年打的情况下，实现主营业务收入每年保持 20%的增长。

2. 间接经济效益

（1）掌握企业现状及将来发展的方向，规范企业的基础管理和运作方式，使企业建立起科学的管理体系和快速反应的企业经营机制。

（2）企业流程重组对企业业务流程进行了优化，进一步完善了企业基础管理工作，大大提高了工作效率，增加了管理工作的深度。

（3）提高了企业的声誉，增强了企业的市场竞争能力和应变能力。

资料来源：https://www.docin.com/p-596578326.html，根据网上资料整理

对企业的生产经营活动过程进行控制，需要管理者掌握能够反映这些活动在时间和空间的运行状况与分布状况的各类信息，信息是管理控制，甚至是一切管理活动的前提。在企业的生产运营活动过程中会产生很多的数据，但信息有别于数据，数据是原始的，只有经过加工处理后才能成为信息。随着信息时代的到来，信息在管理中的作用越来越重要。管理者只有从日常管理中产生的海量数据中获得适时适量的有用信息，才能真正发挥信息在管理中的作用。未来获取有用的信息，管理者需要借助各种信息技术。

第一节　信　　息

一、信息的定义

信息是为了特定的目的产生、传递、交流并应用于人类社会实践活动，包括一切由人类创造的语言、符号和其他物质载体表达与记录的数据、消息、经验和知识。在管理研究中，信息是数据经过加工处理后的结果，为了准确理解信息这一定义，需要比较信息和数据。信息和数据是两个既密切联系又有重要区别的概念。数据是载荷或记录信息的按照一定规则排列组合的物理符号。它可以是数字、文字、图像，也可以是声音或计算机代码。人们对信息的接收始于对数据的接收，对信息的获取只能通过对数据背景和规则的解读。背景是接收者针对特定数据的信息准备，即当接收者了解物理符号序列的规律，并知道每个符号或符号组合公认的指向性目标或含义时，便可获得一组数据载荷的信息，亦即数据转化为信息。信息

可以反映客观事物的规律，从而为管理工作提供依据。例如，企业的销售人员每天都会和客户签订合同、送货、回款，会产生各种发票和单据，这些都是原始的数据，当销售人员将这些数据分类汇总，并进行加工处理后，制成满足不同需要的销售情况报表、销售情况分析资料等，这时数据就变成信息，就可以为管理者的决策提供可靠的依据。信息是数据经过加工处理后得到的结果，信息的生成过程如图 3-1 所示。

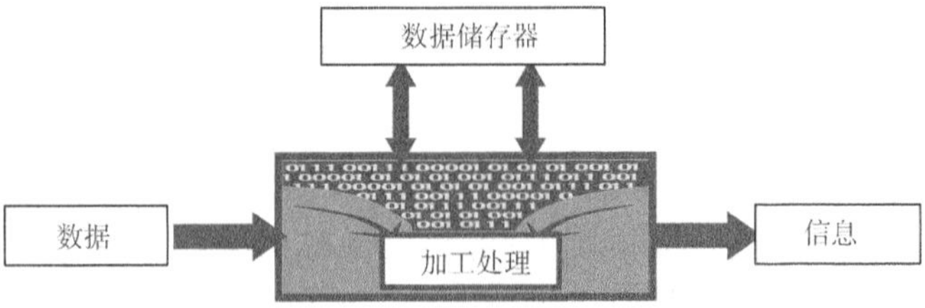

图 3-1 信息的生成过程

信息和数据的区别也不是绝对的，同样的数据，对有些人来说就是数据，对有些人来说就是信息。例如，连锁商店中单个零售店某一顾客的购买情况和购物金额，对于零售店经理来说通过单个顾客交易数据可以得到销售额、货物销售情况等方面的信息。而这些信息对连锁企业的总经理可能产生不了更多的价值，所以这些就被当作数据来处理。同样的数据对零售店的经理和连锁企业的总经理意义是不同的，对于零售店经理有用的信息，对连锁企业的总经理可能就是数据；而对于连锁企业总经理有用的信息，对于零售店经理来说可能就是数据。

二、信息的评估

企业生产经营过程中数据的产生是自然发生的，这些数据放在那如果不被管理者所用，就不会产生任何价值。现在很多组织对信息的重要性认识不够，没有主动收集数据，充分利用数据产生的信息。但是收集和处理数据是要付出成本的，管理者在决定获取数据和信息之前，要对收集数据和信息的成本与信息带来的收益进行利弊权衡，即对所要获取的信息进行评估。

不难看出，信息评估的关键是在信息收集前，对信息所获得的收益和所付出的成本进行估算，即进行成本-收益分析，只有当收益大于成本时，信息的收集才有意义。如果信息的收益很高，但其获取成本更高；或者信息的获取成本低，但收益更低，这两种信息显然是不值得管理者去获取的。

进行成本-收益分析，要从两个方面进行：首先要考察数据收集和信息产生的相关成本，成本可以划分为有形成本和无形成本两部分。有形成本是指可以被精确量化的成本。例如，用于收集信息的系统软硬件的购买成本就是有形成本。无形成本是指很难或不能量化的成本，无形成本是很难准确预测的。例如，因信息收集不及时造成组织业绩下降，进而使公司信誉受损、员工士气不振和因工作变动造成的工作瘫痪等，这些是很难准确评估的。其次要考察利用信息所获得的相关收益，收益是指利用信息而产生的效益，收益也包括有形收益和无形收益两部分。有形收益是指可以准确度量的收益部分，如销售额的上升、成本的下降和劳动生产率的提高等；无形收益很难准确度量，包括信息获取能力的提高、士气大振和服务态度的优化等。

三、信息的特征

（一）管理信息的特征

1. 价值的不确定性

管理信息虽然在不同程度上客观反映了企业经营中在不同时点发生的各种情况，但其信息内容应该是相对确定的，而这些信息有什么意义，对人们有什么启示，对其利用能产生多大价值是不太确定的，具体可表现在三个方面：第一，信息在不同时间的有用性是不同的，同一信息在今天可能价值连城，明天就可能分文不值。第二，同一信息在不同地区的有用性也是不一样的。第三，同一信息对不同企业的有用性也是不一样的。此外，信息价值的不确定性还与使用者的数量有关。

2. 内容的可干扰性

任何对管理产生价值的信息，只有被充分利用才能实现其有用性和价值。其利用的前提是要能感知信息的存在，认识信息的价值，并能够将其传递给适当的管理部门和管理人员。而管理信息内容在被感知、认识和传递的过程中可能会受到不同程度的干扰。这种干扰主要来源于其他信息的存在。人们在感知某些信息的价值时，必然会受到同时存在或出现的其他信息的干扰。另外的干扰是在信息传递的过程中可能会受到信息传播媒体和传播者的态度与能力的扭曲，这些干扰可能导致管理者最终使用的是在信息传播过程中几乎失真的信息。

3. 形式和内容的更替性

作为反映客观事物的符号，管理信息的内容和形式是随着客观世界本身的变化而不断改变的。企业经营活动及其相关要素始终处在不断发展和变化的动态过程中。随着时间的推移，企业的经验和环境会不断呈现新的状态。例如，市场供求的数量和价格水平、消费者的购买能力、企业的市场占有率、企业资金的运用情况等都在不断地变化，从而不断产生并传递出大量新的信息。信息数量的积累、内容和形式的不断更替，对企业的信息收集提出了更高的要求。

（二）有用信息的特征

管理者在信息收集的过程中总是希望寻找到对其有用的信息。对管理者有用的信息应该具备一定的特征。这些特征包括高质量、及时有效和完全，如表 3-1 所示。

表 3-1　有用信息的特征

高质量	及时有效	完全
精确	时间敏感性	范围广泛
清楚	有效性	简洁
有序	当前	详细
媒介	频繁	相关

1. 高质量

质量是有用信息最重要的特征。首先，高质量的信息必须是精确的，如果信息不能精确地反映现状，那么在利用这些信息进行决策和控制时，是收不到良好的效果的。其次，高质量信息的含义和内容对管理者来说必须是清楚的。最后，高质量的信息是排列有序的，能够让管理者清楚地看到信息所要表达的意思。此外，信息传递的媒介对质量也有重要的影响。例如，交给管理者精练的调研报告会比一大摞材料更有说服力。

2. 及时有效

管理工作需要的是及时有效的信息。对于信息的及时性首先要求有时间的敏感性，其次是有效性，这可以帮助组织迅速做出如何应对环境变化的决策。一个准确程度达到100%的情报，如果没有时间敏感性和有效性，其价值还不如一个准确程度只有50%但赢得了时间的情报。及时有效信息的另一个要求是信息要能反映当前的情况。提供给管理者的信息如果不是当前的信息，而是过去的信息，那就是废纸一张。及时有效信息的最后一个要求是要频繁地提供信息给管理者。

3. 完全

信息的完全能帮助管理工作有效完成。首先，要想收集完全的信息，信息收集的范围要广泛，不但要获取当前的信息，还要了解组织的过去和未来。简洁和详细是信息完全的另外两个要求。简洁是指信息应该尽可能以简洁的方式呈送给管理者，同时信息的背景资料要尽可能详细，这样有助于管理者对情况有更深度和广度的了解。此外，收集的信息要与管理工作有较高的相关性，才能帮助管理工作顺利完成。

第二节 信息管理

信息管理的实质在于“管理过程”。了解和掌握信息管理的全过程，可以为有效地开展信息管理工作打下坚实的基础。信息管理的过程主要包括信息需求与信息服务，信息收集与信息加工，信息存储与信息检索，信息传递、信息反馈与信息使用。

一、信息需求与信息服务

信息管理过程是围绕管理者信息需求的产生和满足而形成的闭环系统。这样的系统也称信息管理系统。调查和研究用户及其信息需求是信息管理工作的开始。

在管理实践中，必然会遇到各种各样的问题，解决问题就有信息需求。这种需求是客观存在的，不以人的意志为转移的。当管理者意识到了这种信息需求，并将其表达出来，求助他人或自己动手解决，我们称这种已表达的信息需求为现实信息需求；当管理者没有意识到信息需求，或虽然意识到了但没有表达出来，我们称这种信息需求为潜在信息需求。另外还有一种信息需求，虽然它客观存在，但尚未被认识到，我们称之为未知信息需求。潜在的信息需求和未知的信息需求是经常存在的，如果管理者不能认识到这一问题，就不会产生相应的动机和行为，实际工作中的问题就得不到解决。

信息服务的最终目的是向用户提供他们所需要的信息，以使信息发挥效应，由于对信息的需求不断增加，信息服务处于不断地发展和深化之中。从广义上说，信息服务涵盖整个信息工作内容，包括信息的收集、整理、存储、加工、传递、提供和利用等各个环节。因为信息活动是一个不间断的过程，其各个环节都是密不可分的，信息服务渗透每一个环节之中。

二、信息收集与信息加工

1. 信息收集

信息收集是根据一定的目的，按照一定的原则，按照事先设计的程序，采用科学的方法，通过有关的信息渠道，有计划、有步骤地汇集、提炼信息的工作过程。

为了使信息收集工作顺利进行，保质保量地完成收集信息的任务，我们应该遵循科学的工作流程。一般来说，在进行信息收集之前首先要进行需求分析，需求分析包括确定信息收集的目的、内容，界定信息收集的范围，选择信息收集的系统和工具、方法，最后进行信息收集的实施和结果评价。

信息收集这一环节的工作好坏，对整个信息管理活动的成败将产生决定性的影响，如果收集到的是过时的、不准确的原始信息，其加工处理的信息也不可能是正确的、及时的，把好信息收集这一关，是提高信息管理质量的关键。

在信息收集的过程中，应该遵循及时、准确、全面、重点等基本原则。我们知道，信息具有很强的时效性，因此，对于信息的收集和把握应当坚持及时的原则，我们应当在信息产生之后以最短的时间将信息收集到手，只有这样，信息的使用价值才能最大。信息收集的目的是应用，因此真实可靠的信息是正确决策的重要保证。所以我们要深入实际获得第一手资料，细心分析信息的来源，将假信息、伪信息及早剔除，以保证收集信息的真实性。另外，世界上任何事物都是相互联系和相互作用的，因此在收集信息时也要注意全面系统的原则。目前，信息之多，数不胜数，我们不可能将每一条信息都收集起来，只能是抓住重点，将适用的信息收集起来，而舍弃那些对自己无用或作用不大的信息，只有有针对性、有重点、有选择地收集利用价值大、符合需求的信息，才能提高信息工作的投入产出效益。

确定了需求的信息，并选择了恰当的信息来源以后，就要选择合适的信息收集方法。信息收集的方法很多，如实地观察法、统计资料法、利用计算机网络收集等，究竟采用什么样的方法要根据信息收集的目的、要求、内容、信息源的特征等不同情况而定。例如，在原始信息的调查收集中，可以采用普查、重点调查、典型调查和抽样调查等方法，也可采用现场调查、访问调查和问卷调查等方式。而对已加工信息资料的收集，应从该企业内外两个方面去考察，即企业外部现成的信息资料和来源于企业内部各部门提供的各种数据与信息。另外，随着互联网的迅速发展和广泛应用，如何从网上的大量数据源中获取所需要的信息，是对信息收集工作的新挑战。

2. 信息加工

信息加工是在原始信息的基础上，生产出价值含量高、方便用户利用的新信息，这一过程将使信息增值。只有对信息进行适当的处理，才能产生一种新的、用以指导决策的策略信息或知识。未经加工的原始信息对组织决策的贡献是微弱的，信息只有经过加工，才能发挥其使用价值。

信息加工就是对收集来的信息进行去伪存真、去粗取精、由表及里、由此及彼的加工。信息加工是把收集来的原始信息进行处理使之成为二次信息的活动。一般要善于用创造性的思维，对信息内容进行定性和定量的分析，从中找出本质性和规律性的东西。信息加工如果只局限于情况介绍、数据罗列，这样的工作是徒劳无益的。

信息加工的主要内容包括信息的筛选和判别、信息的分类和排序、信息的分析和研究等。第一步是信息的筛选和判别：在大量的原始信息中，不可避免地存在一些假信息、伪信息，只有通过认真的筛选和判别，才能防止和避免鱼目混珠、真假混杂。第二步是信息的分类和排序：我们收集来的信息是一种初始的、凌乱的、孤立的信息，只有将这些信息进行分类和排序才能存储、检索和使用。第三步是信息的分析和研究：对分类和排序后的信息进行分析比较、研究计算，可以创造出新的信息，使信息具有更高的使用价值。

概括而言，如果说信息的筛选、审核是信息资料的粗加工，信息资源的分类、排序是信息的细加工的话，那么，信息资源的研究则是信息资料的精加工。

传统的信息加工主要是通过人脑进行，随后相继出现了手工设备和计算机。也就是说，进行信息加工一般有手工加工和计算机加工两种方式。采用手工管理方式进行信息加工，不仅烦琐、容易出错，而且其加工过程需要很长一段时间，已经远远不能满足管理决策的需要。计算机、人工智能等技术的不断发展和应用，大大缩短了信息加工时间，满足了管理者的决策需要，同时人们也从烦琐的手工管理方式中解脱出来。

计算机加工就是利用计算机进行数据处理，而且在处理方式上大量采用各种数学模型。这些模型的算法是相当复杂的，常常包含大量的迭代和循环。不过现在已经有许多可以选择的计算机软件，如统计软件、预测软件、数学规划软件、模拟软件等来帮助我们进行这些工作。

三、信息存储与信息检索

信息存储是将信息保存起来，以备将来应用。信息资料的存储可以有效地延长信息资料的寿命，供人们长时间使用，提高信息的使用效率。无论是收集的原始信息还是经过加工获得的信息，为了能够长期保存或为更多人共享，都必须借助一定的介质存储。没有信息的存储，就谈不上信息资源，信息资源的利用就更无从谈起。

存储是为了今后随时应用，能及时提供给用户必要的信息，这就要求存储必须按检索的要求进行。也就是说，存储信息时应充分考虑检索的方便性和高效性，做到存储条理化、分类合理化、检索清楚、取用方便。这样，信息资料的存储就能及时和有效地为经营管理决策提供依据，发挥应有的作用。

信息存储包括物理存储和逻辑组织两个方面。也就是说，信息存储不仅强调存储的设备，更强调存储的思路。信息存储必须考虑两方面的问题：一是存储介质的空间容量问题。信息储存的根本问题是如何通过有效的信息组织高效率地利用有限的存储空间。二是存储信息的利用问题。信息存储的最终目的是人们利用方便，因此，信息存储的关键点在于设法在节约存储空间和提高信息利用率之间寻找平衡点。

信息的存储过程，也就是建立信息库的过程。现在，信息库就是我们常说的数据库。信息存储后形成信息库，人们就可以依据存储的规律，从信息库中随时检索所需要的信息，从而为决策服务。如果没有信息库，信息的交流和流通将受到严重限制。

信息是源源不断地产生和连续不断地流通的。随着时间的流逝，有些信息会老化，失去作用，所以存储的信息要不断地进行更新和剔除才能保持信息的时效性，这项工作就是信息维护。信息维护包括经常更新存储器中的数据，使数据始终保持在合用状态。信息维护的主要目的是保证信息的准确、及时、安全和保密。其主要工作包括三个方面：一是对原文件中的记录或数据项进行修改、增加、删除及存储的调整并增加新的信息；二是对不符合实际的原有信息资料进行修正、充实；三是对确实已经过时、无用的信息予以淘汰和剔除。

在信息存储中还有一个非常重要的问题就是信息的安全性。对信息资料应采用先进的保存技术，争取做到防潮湿、防虫咬、防火灾、防腐蚀。对于电子信息，一方面要注意计算机和网络的安全，必要时可以采用对数据进行加密、设置口令、检查用户权限等手段实现信息的安全性。另一方面要对重要的信息进行备份，以防丢失。

信息检索是对信息的查找和调取工作，它和信息存储是事物的两个方面。如果我们把信息的存储看作信息库的“输入”和“存放”，信息的检索则可视为信息库的“输出”和“使用”。信息检索工作有利于充分利用信息资源，避免重复劳动，有利于缩短获取信息的时间，提高工作效率；信息检索有利于决策者进行科学决策，增加决策的正确性。信息检索过程可以理解为信息检索方法和技术的具体实现。信息检索的基本程序包括确定信息检索的深度和广度、选择检索工具、选定检索的途径和方法、确定检索的策略、评价检索结果等。目前应用比较广泛的检索方法有计算机信息检索和互联网上信息检索。

四、信息传递、反馈与使用

（一）信息传递

信息传递是指通过信息的发送、传递、接收，跨越时间和空间将信息从一方传到另一方的过程。信息传递是信息管理工作的中间环节，即信息的流通环节。信息只有从信息源传递到使用者那里，才能起到应有的作用。因此，它具有十分重要的地位。

在信息传递过程中，要遵循数量多、速度快、质量好、费用省的原则，这四个方面是相互联系、相互制约的矛盾统一体。在信息传递的实际过程中，往往出于多种原因，影响信息的传递效果。为了提高信息传递的有效性，就要解决好以下几个问题：一是减少噪声，二是防止失真，三是克服障碍。在信息传递的过程中，要想克服信息传递的障碍，减少噪声，防止信息发生变异，提高信息传递的效果，应从信源入手，努力提高发出信息的质量；从信道入手，正确选择信道，提高信息传递中的物资技术设备水平；从信宿入手，努力提高信息接收人员的素质。

（二）信息反馈

信息反馈是特定信息传递的最后一个环节，同时也是下一次信息传递的起始环节。信息反馈既是对前次信息传递是否有效及有效程度的检验，也是为下次信息有效传递提供依据和条件。信息传递的目的是发送者要看到接收者采取发送者所希望的正确行动，如果这个目的达不到，则说明信息不灵，发生了故障。为了检查和纠正可能产生的某些偏差，就要借助反馈，即接收者将所传到或所理解的信息再反馈到发送者那里，以供发送者查核。发送者据此再发出信息，以肯定原有的信息传递成功，或指出已发出信息的某些偏差并加以纠正。

管理的关键在于控制。控制的问题说到底就是信息使用的问题。衡量信息管理有效性的关键不在于信息收集、加工、存储、传输等环节，而在于信息输出的实效、精度与数量等能否充分满足管理的要求。因此，探讨信息、反馈和控制的关系对于我们很好地使用信息是大有帮助的。首先，信息、反馈与控制的关系是相当密切的。控制依赖信息，没有信息就没有控制；控制离不开反馈，没有反馈就无法控制。其次，信息反馈与控制的要求包括三个方面：反馈信息要真实准确，信息传递要迅速及时，控制措施要适当有效。

（三）信息使用

信息管理的最终目的是信息的使用，它是信息管理活动的目的，同时也是检索信息工作成效的主要途径。信息使用的重要意义主要体现在三个方面：有利于实现信息的价值，有利于实现信息的增值和共享，有利于提高组织决策的成功率。

信息使用包括两个方面：一是技术问题，二是如何实现价值转换的问题。技术方面主要解决的是如何高速度、高质量地将信息提供到使用者手边。我们在管理中还要努力掌握和运用现代信息技术。信息价值转换是信息使用概念的深化。信息使用的深度大体上可分为三个阶段：第一个阶段是提高效率阶段。这时使用信息技术的主要目的是提高效率，是手工作业机械化。这个阶段可以说信息主要用于业务操作。第二个阶段是及时转化价值阶段。这时已认识到管理的艺术在于驾驭信息，信息的价值要通过转化才能实现。这个阶段可以说信息主要用于管理控制。第三个阶段是寻找机会阶段。每个企业均在信息的汪洋大海中游来游去，机会全凭企业驾驭信息去发现，许多企业因为丢掉了眼前闪过的机会而失败。这个阶段可以说信息主要用于战略决策。

第三节 信息管理应用研究

信息系统是企业信息化管理的基础。管理控制信息系统的构建和运行需要借助相应的信息技术手段，以计算机为载体的信息技术在管理控制信息系统中的运用，反映了企业管理利用信息技术进步的一切成果适应时代进步和市场竞争的要求。

一、信息系统的要素

一般信息系统包括输入、处理、输出、反馈和控制五个基本要素。这五个要素的关系如图 3-2 所示。其中输入是系统所要处理的原始数据；处理是将原始数据加工或转换成有意义的信息的过程；输出是系统对输入信息处理后的结果，系统输出的应为有意义和有用的信息；反馈是指当管理者对输出的结果不太满意或希望得到更好的结果时对输入的调整；控制是对输入、处理、输出和反馈过程进行监视，使这些过程保持运行正常。如果是以计算机为基础的信息系统，除上述五个要素外，还包括硬件、软件和数据库三部分内容。硬件包括主机、显示器和存储器等硬件设备，软件是指各种程序，数据库是组织保存下来的各种数据和信息。

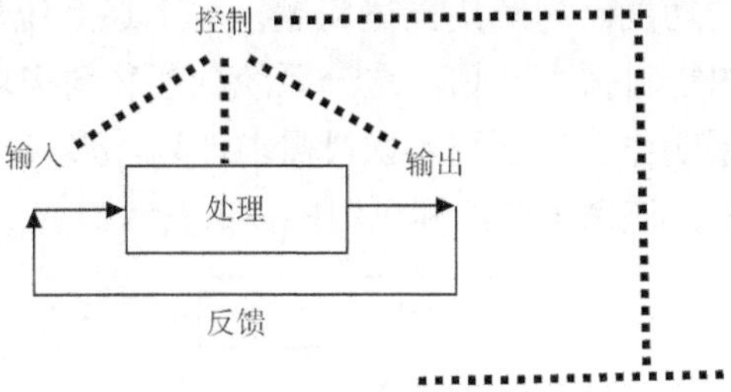

图 3-2 一般信息系统五个要素的关系

二、企业信息化管理的发展

随着计算机的普及和网络的高度发展，企业信息系统越来越电子化、网络化，企业管理也越来越信息化。20 世纪 60～70 年代物料需求计划（material requirement planning，MRP）首先应用到企业管理中，80 年代经过进一步的发展和完善，就有了制造资源计划（manufacturing resource planning，MRP Ⅱ），到 90 年代又提出了企业资源计划。

（一）物料需求计划

在生产实践中，物料需求计划经历了 20 世纪 60 年代开环的物料需求计划和 70 年代闭环的物料需求计划。物料需求计划的基本任务是首先要从最终产品的生产计划中导出相关物料的需求量和需求时间，其次是根据物料的需求时间和生产周期来确定其开始生产与订货的时间。根据这一任务，物料需求计划的基本内容就是编制零件的生产计划和采购计划，即首先要确定主生产计划（master production schedule，MPS），然后根据主生产计划和库存信息确定物料清单（bill of material，BOM）。60 年代开环的物料需求计划的基本构成和逻辑关系如图 3-3 表示。

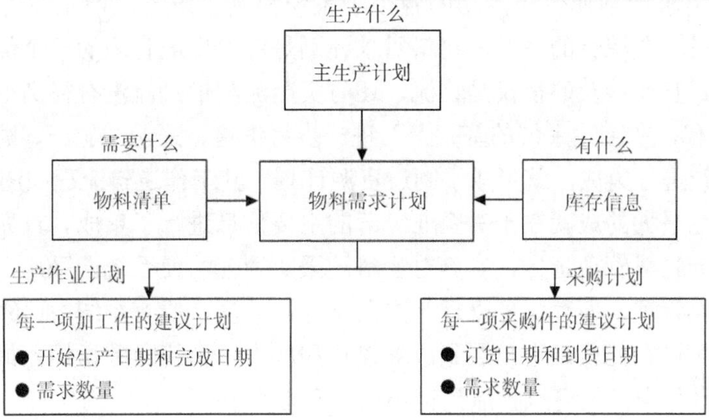

图 3-3 开环物料需求计划的基本构成和逻辑关系

上述系统能够根据有关数据计算出相关物料需求的准确时间和数量，但没有考虑到生产企业现有的生产能力和采购能力的有关约束条件。因此，算出来的物料需求的数量和时间可能因设备与工时的不足而无法满足，或因原料不足而无法满足，同时也缺乏计划实施情况的反馈信息对计划进行调整的功能。为解决上述问题，对上述系统进行了改进，于是在 20 世纪 70 年代就形成了闭环的物料需求计划。这一系统除了物料需求计划外，还将生产能力需求计划、车间作业计划和采购作业计划纳入物料需求计划，形成了一个封闭的系统，是一个完整的生产计划和控制系统。该系统的流程可用图 3-4 表示。

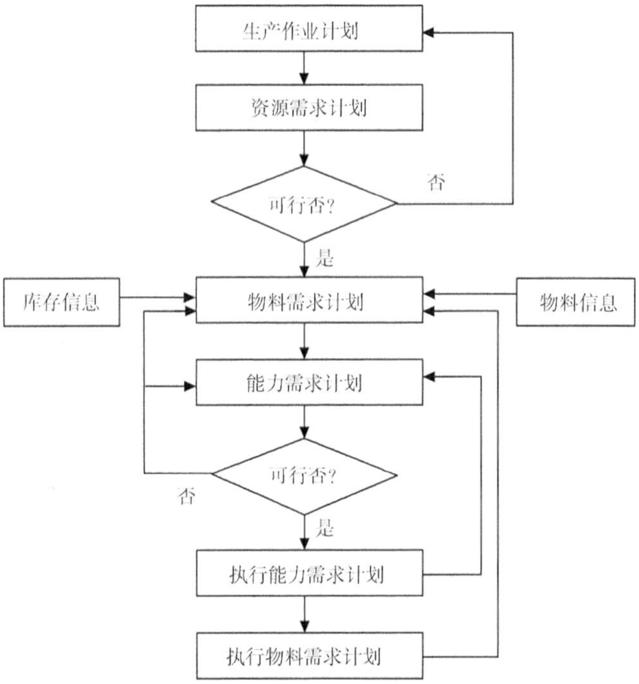

图 3-4 闭环物料需求计划的流程

（二）制造资源计划

闭环的物料需求计划使生产活动的各个子系统得到了统一。但企业管理的对象是人、财、物和信息，是一个综合的系统，物料需求计划是针对生产管理的一个信息系统，但这只是其中的一部分，它所涉及的仅仅是物流，还有资金流和信息流没有得到很好的体现。于是在 20 世纪 80 年代，在上述系统的基础上，进一步将销售、采购、生产、财务、信息、工程技术等各个子系统进行集成，就形成了制造资源计划。其工作逻辑流程如图 3-5 所示。

制造资源计划最大的成就在于对企业经营的主要信息进行了集成。首先，在原来物料需求计划的基础上向物料管理延伸，实施对物料的采购管理，使系统向采购计划、进货计划、供应商账务和档案管理、库存账务管理等方面延伸；其次，原有系统中已经包含物料消耗等大量制造信息，可以在此基础上扩展到成本核算和成本分析等财务指标；最后，依据客户订单制订的主生产计划向前又可以扩展到销售业务管理环节。

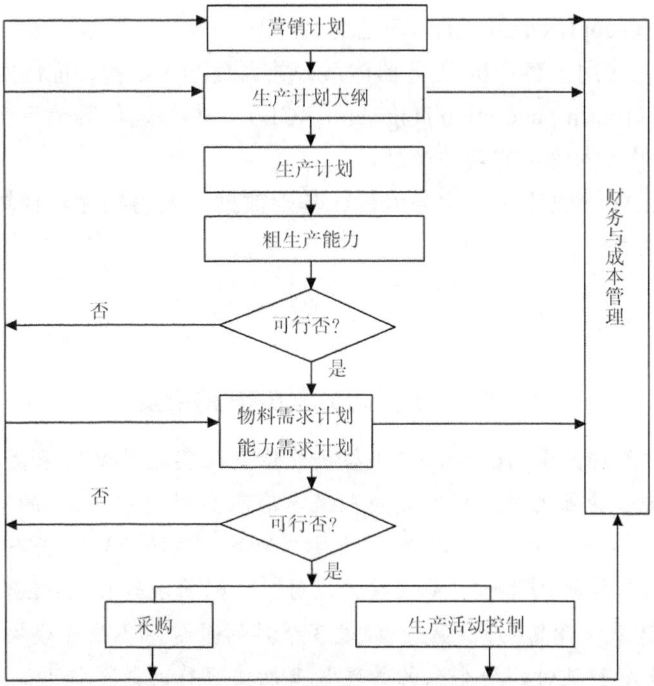

图 3-5　制造资源计划工作逻辑流程

知识库

制造资源计划在徐州工程机械制造厂的成功实施

徐州工程机械制造厂于 1996 年选择了美国四班公司的制造资源计划软件。系统运行后，大大提高了该厂的企业管理水平。第一，规范和完善了企业各项管理制度。第二，实现了企业统一的数据环境，这是企业历史上前所未有的。明确了产品结构物料清单、工艺和计划物料清单之间的差别，为理顺工艺部门和研发部门的数据关系提供了可操作的思想和工具，大大缩短了新产品开发的周期。第三，提高了组织机构设置的合理性，划分出了企业的计划阶段和工作重心。第四，实现了产品零部件管理的物料与构件的计划思路的转变，而在实施制造资源计划之前，企业在这方面的管理是产品零部件的项目型计划方法。同时规范了采购行为和库存管理，企业的生产能力大大提高，产品按时交货率、库存周转时间、库存资金占用等各项指标均得到显著改善。制造资源计划软件通过对企业的产、供、销及人、财、物的规范管理，为企业创造了可观的经济效益。

（三）ERP 系统

到了 20 世纪 90 年代，随着市场竞争的进一步加强，企业竞争的空间和范围进一步扩大，80 年代制造资源计划主要面向企业内部资源全面计划管理的思想逐步被 90 年代的有效利用和管理整体资源的管理思想所替代，于是，在制造资源计划的基础上就发展出了 ERP 系统。

ERP 系统有如下功能。

（1）ERP 是一整套企业管理系统体系标准，其实质是在制造资源计划基础上进一步发展而成的面向供应链（supply chain）的管理思想。

（2）ERP是综合应用了客户机/服务器体系、关系数据库结构、面向对象技术、图形用户界面、第四代语言（fourth-generation language，4GL）、网络通信等信息产业成果，以管理企业整体资源的管理思想为灵魂的软件产品。

（3）ERP是集企业管理理念、业务流程、基础数据、人力物力、计算机硬件和软件于一身的企业资源管理系统。

知识库

国有企业成功实施ERP的要素

在我国，由于各种因素的干扰，中小型企业信息化实施的难度很大，如何才能快速实施ERP、有效地降低企业的风险呢？以厦门叉车有限公司ERP项目的实施为例，从2002年4月正式开始，第一阶段实施了采购、销售、仓库、生产计划、任务管理、车间管理等模块；2005年，第二阶段又开始实施应收、应付、总账管理等模块；2006年1月，厦门叉车有限公司的ERP系统开始全面运行。经过3个月的跟踪，各业务模块流程顺畅，系统运行平稳，数据报表准确及时，给企业的管理带来切实可行的效率提升。总结该公司成功的经验，可以看出成功实施ERP要做到以下几点。

（1）高素质的ERP操作与管理人才队伍是实施的关键。纵观外企的发展和成功的经验，可以看出，外企ERP项目的理念很强，通常在企业筹备阶段就已经组建了ERP团队，并且舍得花高薪聘请有丰富实施经验的项目经理，同时员工队伍文化素质也高，整个项目与企业的成立是同步的；在项目上线后，外企严谨的管理制度也使得ERP各环节涉及的各部门认真地按照流程进行物流和资金流的操作，等等。这些给项目顺利实施提供了有力的保障。而国内企业实施ERP高失败率的一个主要原因是高素质人才的匮乏，因此，在企业内部培养和造就一支正规化、专业化、职业化的ERP人才队伍是当务之急。

（2）科学的ERP系统培训。在中国经济形势持续发展的今天，企业急需大量的优秀ERP人才。但社会上缺乏ERP方面的人才，因此对相关专业人才的ERP系统培训就显得尤为重要。

从开环物料需求计划经过闭环物料需求计划直到制造资源计划，其发展基本上是沿着两个方面延伸：一是资源概念内涵的不断扩大，二是计划闭环的形成。但这种发展均没有突破两个局限：一是资源均限于企业内部，尽管从物料资源扩展到制造资源；二是功能上以优先级计划以及需求和能力平衡的计划为核心，基本上是结构化决策。ERP的发展突破了这两个局限：第一，ERP中的资源计划已不局限在企业内部，而是将供应链内的供应商等外部资源也都看作受控对象被集成进来，因此，ERP是面向供应链管理的。第二，时间被作为资源计划的一部分，且当作最关键的资源被考虑，这是ERP对资源内涵的另一个扩展。

ERP是一个集成系统，它主要包括以下几个模块：生产控制管理模块，包括主生产计划、物料需求计划、能力需求计划、车间控制和制造标准；物流管理模块，包括分销管理、库存控制和采购管理；财务管理模块，包括会计核算（包括总账、应收账、应付账、现金、固定资产、多币制）、财务管理（侧重于财务计划、控制、分析和预测）。

三、信息系统的应用实践

（一）电子数据处理系统

电子数据处理系统（electronic data processing system，EDPS）也称事务处理系统，主要用于运作层面的控制管理，是实现数据处理的计算机化，以提高数据处理的效率为主要目标的系统，它处理的问题高度结构化、功能单一、涉及范围小，如订票系统、会计成本核算系统、库存物资统计系统、员工工资发放系统等。它所提供的信息是企业的实时信息，是对企业状况的直接反映。电子数据处理系统充分地利用了计算机对数据进行快速和大量储存的能力，可以减少业务人员大量重复劳动，适用于各类企业、机关以及个体经营者。电子数据处理系统的结构原理如图 3-6 所示。

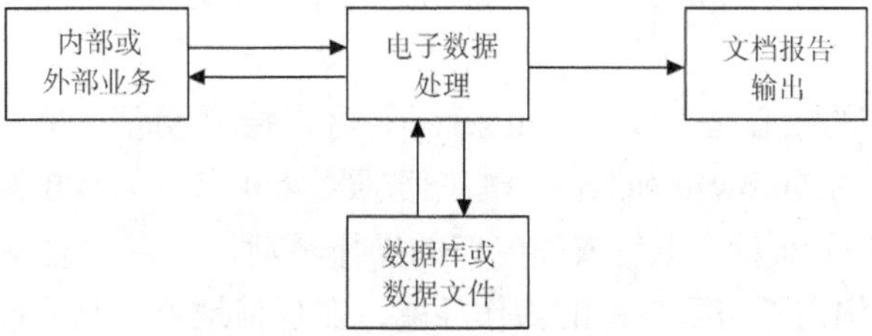

图 3-6　EDPS 的结构原理

从管理层次角度看，电子数据处理系统是处于企业组织管理层次中最底层的、最基础的信息系统，是支持企业作业层日常操作的系统。就一个生产企业而言，其作业层主要有生产、销售、采购、库存、运输、财务、人事等日常事务，相应的电子数据处理系统可称为生产信息子系统、销售信息子系统、采购信息子系统、库存信息子系统、运输信息子系统、财务信息子系统和人事信息子系统。一般的电子数据处理系统基本上都包含数据的输入、处理和输出三大功能，主要完成数据的收集、输入，数据库的管理、查询，基本运算，日常报表的输出等操作。

电子数据处理系统是信息系统的最初形式，管理信息系统（management information system，MIS）就是在电子数据处理系统的基础上发展建立起来的。我们可以将电子数据处理系统看作一个企业的信息生成器，信息就是通过电子数据处理系统自下而上依次到达知识层、管理层和战略层的，可以说，没有电子数据处理系统，就没有企业的管理信息系统。

从系统的观点考虑，电子数据处理系统通常处于企业系统与外界环境的边界位置，起到了连接企业与外界环境的桥梁作用。因此，电子数据处理系统的故障将使企业（如银行、超市、航空订票处等）的工作中断，造成极大的损失。

另外，电子数据处理系统所处理的数据量巨大，是人用手工无法完成的。例如，一个银行营业所白天 8 小时所积累的业务，用手工至少加班 4 小时才能处理完，而现代的计算机只需几分钟就能完成。利用计算机电子数据处理系统，一个人一天可以处理500笔业务，如不用计算机可能要 50 人才能完成。因此，电子数据处理系统已成为现代企业无法离开的系统。

（二）管理信息系统

管理信息系统是一个以人为主导，利用计算机硬件、软件及其他办公设备进行信息的收集、传递、存储、加工、维护和使用的系统。它以企业战略竞优、提高收益和效率为目的，同时支持企业高层决策、中层控制和基层操作。

管理信息系统提供给管理者需要的信息来实现对组织机构的有效管理。管理信息系统涉及三大主要资源：人（people）、科技（technology）和信息（information），管理信息系统不同于其他用来分析组织机构业务活动的信息系统。

一个完整的 MIS 应包括：决策支持系统（decision support system，DSS）、工业控制系统（coordinated control system，CCS）、办公自动化系统（office automation，OA）以及数据库、模型库、方法库、知识库和与上级机关及外界交换信息的接口。其中，特别是办公自动化系统、与上级机关及外界交换信息等都离不开 Intranet（企业内部网）的应用。可以这样说，现代企业管理信息系统不能没有 Intranet，但 Intranet 的建立又必须依赖管理信息系统的体系结构和软硬件环境。

传统管理信息系统的核心是 C/S（client/server，客户端/服务器）架构，而基于互联网的管理信息系统的核心是 B/S（browser/server，浏览器/服务器）架构。B/S 架构比起 C/S 架构有着很大的优越性，传统的管理信息系统依赖专门的操作环境，这意味着操作者的活动空间受到极大限制；而 B/S 架构则不需要专门的操作环境，在任何地方，只要能上网就能够操作管理信息系统，这其中的优劣差别是不言而喻的。

（三）决策支持系统

决策支持系统是辅助决策者通过数据、模型和知识，以人机交互方式进行半结构化或非结构化决策的计算机应用系统。它是管理信息系统向更高一级发展而产生的先进信息管理系统。它为决策者提供分析问题、建立模型、模拟决策过程和方案的环境，调用各种信息资源和分析工具，帮助决策者提高决策水平和质量。

决策支持系统的产生主要是因为传统的管理信息系统没有给企业带来巨大的效益，人在管理中的积极作用也没有得到充分发挥；此外，人们对信息处理规律认识提高，面对不断变化的环境需求，要求更高层次的系统来直接支持决策；还有就是计算机应用技术的发展为决策支持系统提供了物质基础。决策支持系统的概念在 20 世纪 70 年代首先提出，在 80 年代获得了快速发展。

决策按其性质可分为如下三类。

（1）结构化决策。结构化决策，是指对某一决策过程的环境及规则，能用确定的模型或语言描述，以适当的算法产生决策方案，并能从多种方案中选择最优解的决策。

（2）非结构化决策。非结构化决策，是指决策过程复杂，不可能用确定的模型和语言来描述其决策过程，更无所谓最优解的决策。

（3）半结构化决策。半结构化决策，是介于以上二者之间的决策，这类决策可以建立适当的算法产生决策方案，使决策方案得到较优的解。

非结构化决策和半结构化决策一般用于一个组织的中、高管理层，其决策者一方面需要根据经验进行分析判断；另一方面也需要借助计算机为决策提供各种辅助信息，及时做出正确有效的决策。

在决策支持系统中，决策的过程一般分为如下四个步骤。

（1）发现问题并形成决策目标，包括建立决策模型、拟订方案和确定效果度量，这是决策活动的起点。

（2）用概率定量地描述每个方案所产生的各种结局的可能性。

（3）决策人员对各种结局进行定量评价，一般用效用值来定量表示。效用值是有关决策人员根据个人才能、经验、风格以及所处环境条件等因素，对各种结局的价值所做的定量估计。

（4）综合分析各方面信息，以最后决定方案的取舍，有时还要对方案做灵敏度分析，研究原始数据发生变化时对最优解的影响，决定对方案有较大影响的参量范围。

决策往往不可能一次完成，而是一个迭代过程。决策可以借助计算机决策支持系统来完成，即用计算机来辅助确定目标、拟订方案、分析评价以及模拟验证等工作。在此过程中，可用人机交互方式，由决策人员提供各种不同方案的参量并选择方案。

（四）经理信息系统

经理信息系统（executive information system，EIS）也称主管信息系统，是服务组织的高层经理的一类特殊的信息系统。经理信息系统能够使经理得到更快更广泛的信息。经理信息系统首先是一个“组织状况报道系统”，能够迅速、方便、直观（用图形）地提供综合信息，并可以预警与控制“成功关键因素”遇到的问题。经理信息系统还是一个“人际沟通系统”，经理可以通过网络下达命令，提出行动要求，与其他管理者讨论、协商、确定工作分配，进行工作控制和验收等。

经理信息系统是信息系统科学中一个比较新的领域，特别是在我国，经理信息系统的研究和应用尚处于初始阶段。20 世纪 80 年代初期，随着计算机技术的发展和应用软件分析能力的增强，高层经理看到了这样的一种可能性，即从传统上获得那些源自职员的信息转变到可以直接从计算机访问数据和求得分析。根据对美国 16 家企业的调查，有 1/3 的高层经理使用计算机信息系统。如此迅速增长的原因主要是计算机价格的下降以及竞争的日益激烈。同时，高层经理对计算机的使用会促使组织中其他成员对计算机的应用。这时经理信息系统的主要目的是提供给高层经理更加有效的计划和控制信息。每个系统都有关于业务变化情况的重要数据，以便高层经理对竞争对手、客户和目标市场进行分析比较，并且可以在时间上进行跟踪。经理信息系统可以使高层经理及时了解当前的业务状态并对未来的发展趋势进行预测，还可以应用分析模型进行有效的分析。它的具体架构和运行思路如图 3-7 所示。

随着经理信息系统在组织中的不断成功，人们普遍认同了经理信息系统的重要地位，但是经理信息系统到底应该向何处发展？这是一个众多企业家和学者关心的问题。

事实上，在当今日益加剧的竞争压力下，高速发展的技术和不断更新的管理观念给经理信息系统带来了许多新的问题。为了解决那些富有挑战性的组织问题，作为支持高层经理工作的最为有效的信息系统，经理信息系统必须满足以下要求，而这些要求的满足都依赖经理信息系统的不断发展和进步。

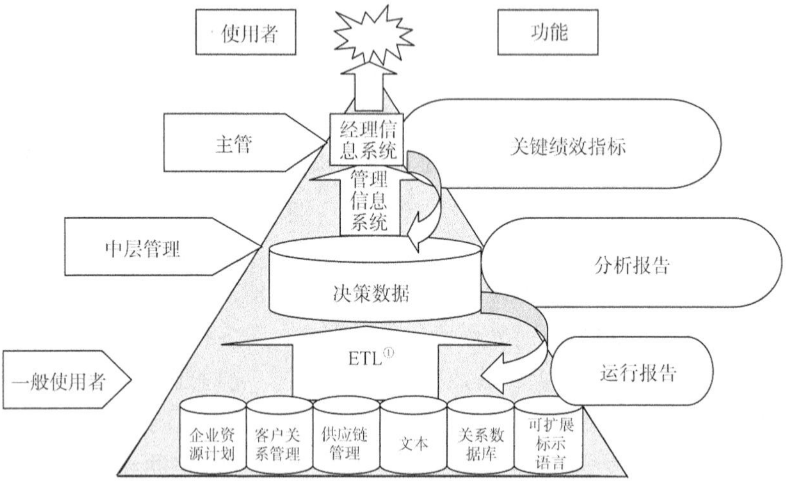

图 3-7 经理信息系统的具体架构和运行思路

1. 数据的外部化与智能化

目前成功实现的经理信息系统在取得内部数据和监测内部状态上已颇有成效，但对外部数据的取得仍十分有限，这与经理信息系统倡导者的初衷存在一定的差距。由于外部环境的复杂多变和外部数据的高度非结构化，在目前阶段的技术水平支持下，对外部的状态监测和数据访问比对内部的状态监测和数据访问更难以实现。事实上，在以往经验的基础上，经理可能不把经理信息系统作为正式的外部信息源，也对此没有较高的期待。高层经理宁愿自己去做大部分的外部信息监测，并且认为其中有一些是只有他们才能看得出的微妙之处。此外，在自动从外界大量的繁杂数据中智能化识别和析取经理需要的信息方面，经理信息系统的能力还很弱。经理信息系统既然是为范围广、结构化差、多变的经理活动提供支持，数据的外部化和智能化是必不可少的。在市场全球化趋势下，组织管理的重心也逐渐外移，经理处理外部信息的比重将不断上升。随着信息技术的发展，新的数据获取与处理技术，如数据仓库（data warehouse）、数据挖掘（data mining）和数据集市（data market）的出现，经理信息系统中数据的外部化和智能化将有所加强。

2. 结构的柔性化和灵活化

变化是当今信息系统所面临的最基本的挑战之一。业务流程重组、竞争者变动、组织联盟、新技术的采用、老旧系统的移植等一系列变化因素正改变着组织的信息技术环境。缺乏柔性的信息系统已成为组织成功的严重障碍。逐步提高组织信息系统的柔性及适应能力已经成为为变化率日益增长的组织提升应变能力的必由之路。柔性是组织在剧变的环境中发展及立于不败之地的不可缺少的能力。柔性的企业需要柔性化的信息系统。EIS 集中于满足高层经理战略决策信息的需求，它侧重于对外部信息与内部信息的提炼以及对高层经理办公业务的辅助，其特点在于根据高层经理的需要和习惯裁剪信息产品形成自己的视

---

① ETL（Extract-Transform-Load）是一种数据仓库技术，用来描述将数据从来源端经过抽取（extract）、转换（transform）、加载（load）至目的端的过程。

图，其处理的信息对象是高度非结构化的。由此可见，经理信息系统的本质决定了对该系统柔性化和灵活化的要求。

3. 系统的协作化和分布化

新时期动态的组织环境和信息技术使得组织向扁平化与集成化发展，出现了许多新的组织结构。这意味着在组织的各项工作中涉及了更多的信息与更大程度的沟通，需要不同于传统的信息系统的支持，这都表明对组织协作和权力分布提供支持的信息系统时代的到来。传统意义上的 EIS 被定义为仅仅供少数高层经理使用的系统，其目前的应用也仅限于组织中的关键人物，由此导致的应用上的非经济性是显而易见的。由此看来，使这种面向少数组织成员的信息系统扩展到其他的知识工作者是十分必要的。许多情况下，只要能使组织成员的工作表现有显著的进步，经理信息系统完全可以扩展到组织的较低层次。经理信息系统开发技术的成熟化将降低成本，从而可以扩大用户层面。在未来扁平化网络化的组织结构中，经理信息系统的协作化和分布化将是必然的趋势。

➢拓展学习

1. 龚国华，龚益鸣. 生产与运营管理——制造业与服务业[M]. 上海：复旦大学出版社，1998.
2. 马费成，宋恩梅. 信息管理学基础[M]. 2 版. 武汉：武汉大学出版社，2011.
3. 企业资源管理研究中心的“AMT ERP 研究小组”报告[R]. http://www.amteam.org.

➢思考题

1. 组织中的信息管理工作通常包括哪些环节？
2. 与物料需求计划相比，制造资源计划有何改进？
3. 与制造资源计划相比，ERP 有什么进步？

➢案例分析

联想集团企业信息化：联想集团 ERP 项目成功实施经验与教训

一、联想集团实施 ERP 简介

联想集团于 1998 年 11 月 9 日正式启动实施 ERP 项目。联想 ERP 项目，采用的是国际知名的 SAP 公司的 R/3 产品。联想集团 ERP 项目组与由 SAP 公司的咨询顾问和德勤公司共同组成的咨询组，从“摸着石头过河”到“铺路架桥，让大部队、正规军、重武器通过”，在联想全体员工的参与下，克服了对项目实施规律与关键要素认识不清、公司的现实需要与未来发展的冲突、团队建设、归属感与员工价值认同等一系列尖锐复杂的矛盾风险，终于达到成功的彼岸。2000 年 1 月 5 日，联想 ERP 正式上线并行，2 月 14 日，新系统独立运行，5 月 8 日，ERP 项目再造成功，联想 ERP 项目正式实施成功。

二、联想实施ERP的原因分析

（1）集团业务高速增长，原有的管理信息系统已经成为公司发展的瓶颈。联想从1984年20万元、11人起家至1997年步入高速发展期，这期间，从1994年到1998年，公司的销售额年平均增长率达到43%以上。联想原来开发的管理信息系统已经不能适应业务高速增长的需求。

（2）国内外竞争加剧，实施ERP是企业提升核心竞争力的需要。

（3）联想的整体战略需要管理信息系统与国际先进水平接轨。按照联想集团规划的目标：联想2000年要完成30亿美元营业额，到2005年要完成100亿美元营业额，进军世界500强。加强企业管理的内部管理，使其尽快实现规范化和现代化，早日与国际先进水平接轨，是实现这一战略目标的唯一途径。

三、成功实施ERP给联想带来什么

联想集团认为：实施ERP项目，大大提升了企业的核心竞争力。

（1）通过ERP的实施，培养了一批具有典型联想精神的人。

（2）从企业经营管理的角度看，对市场反应速度加快，联想ERP系统增强了企业的动态应变能力。

（3）企业运作成本降低。ERP的实施使得联想的业务流程得到优化和集成，减少和避免了因重复环节而造成的损耗。

（4）对风险的控制能力加强。

（5）为集团战略的制定提供服务。

更为重要的是通过ERP的实施为联想搭建了一个符合联想长远发展的信息化平台，联想通过实施ERP系统所形成的企业信息化平台优势正在凸现出来。

四、联想ERP成功的经验教训

（1）必须是真正的“一把手工程”。联想ERP的推进在经过多次挫折后，联想认识到，高层必须从根本上重视项目，这种重视并不是要求高层事事亲力而为，而是要求他们从内心深处关心项目，通过主持例会，参与并直接决策提升全公司对ERP项目的重视和投入。“一把手工程”可概括为三方面：一是出了问题追究各级一把手的责任；二是项目组每一位负责人都有责任；三是领导主持实施的全过程。

（2）业务部门主导。联想认为在企业信息化过程中，把ERP当作一个技术项目来实施是他们最大的误区。信息系统的建设要结合公司业务发展需求做出前瞻性规划，应是企业发展战略和核心竞争力的重要组成部分，但IT（internet technology，互联网技术）人员无法决策流程的规范和优化是否适合业务的需要，不是也不可能是项目推进的主导力量。因此，业务部门应成为项目推进的主导者，要有熟悉全局业务、有决策能力，且有权威性的业务骨干积极参与。

（3）培训、培训、再培训。在ERP系统实施之前，联想对培训的理解是，IT部门给使用者讲讲系统如何操作，是怎么一回事就可以了。其实不然，对于大型信息系统首先要理解它的思想、观念和术语，然后，必须将系统的语言转化过来，讲给业务人员听，让其明白把握什么样的系统配置才是最合理的。

（4）出现问题好好商量解决。联想ERP项目组曾有这样一副对联：不见不散项目组，没完没了ERP，横批是“有话好好说”。联想ERP实施是对项目组成员的精神、意志乃至体力的考验，有效的项目管理和激励方法，是ERP项目能否成功的基本保障。

（5）“十二分”的数据。对信息系统一般有这样的描述：三分技术、七分管理、十二分数据。数据的规范化和标准化是应用系统成功上线的前提。联想的ERP系统包含很多数据，如果这些不在事前准确地处理好。即使系统再好，也不可能起到真正的作用。

（6）梳理、优化、变革。联想通过ERP项目的实施认识到，业务流程重组是对管理基础的变革，是企业需要长期不懈进行的工作。要做好业务流程优化和重组，不经过几次变革是不可能的。当现有的内部管理基础与目标之间有较大距离时，要把现实性放到第一位，通过设定更多的阶段性目标来完成。

五、总结

作为企业管理思想，ERP是一种新型的管理模式；作为一种管理工具，ERP同时又是一套先进的计算机管理系统，它已经为许许多多的企业带来了丰厚的收益。ERP的实施难度非常之大，在国际上，其成功率也不到20%。它的实施对企业的管理基础、领导能力和企业文化都是一场深刻而严峻的考验。综上所述，ERP实施成功与否，技术只是一个工具，其经验与教训重点来自管理方面，关键在于管理者的主导因素。

联想的信息化建设是从1991年开始起步的，持续的信息化应用给联想带来了巨大的经济效益：2000年仅ERP上线的第一个季度，联想的净利润就比1999年同期增长了136%，高于1999年净利润增长幅度近一倍；平均交货时间从1996年的11天，缩短为5.7天；存货周转天数由35天降到19.2天；应收账周转天数由23天缩短为15天；集团多法人结账由原来的30天下降为6天；单一法人结账仅仅只需1天。

联想的信息化建设并不是一蹴而就的，是一个循序渐进、从基础到高端的发展过程，应包含如下过程：构建企业的网络基础设施；实现网络办公；建设企业核心的业务管理和应用系统，这里最有代表性的就是ERP。ERP针对企业经营三个直接增值环节，设计客户关系管理、供应链管理以及产品生命周期管理（product life-cycle management，PLM）。

联想经过多年的实践，理解到企业信息化实质是：通过对先进的管理思想的消化，学习参照最佳行业实践，梳理、优化、再造业务流程，并应用IT技术，规范、集成、共享信息，从而达到提高效率、降低成本、提升客户满意度和企业运作管理水平的目的。

联想成功的经验，为离散集成类企业树立了榜样。在推进企业信息化建设中，既要学习先进经验，又需要量身定制，解决好共性和个性的关系。

资料来源：http://ishare.iask.sina.com.cn/f/iExO1cSxGq.html，根据网上资料整理

问题：

1. 从联想的信息化建设和实施的过程中，你认为企业的信息化建设最重要的是什么？
2. 中国的企业在进行信息化建设和管理中要注意哪些问题？

第四章　管理道德与社会责任

本章重点

道德的概念与内容

改善企业道德行为的途径

引导案例

国内食品安全警钟长鸣

近年来，国内食品行业连续出现一系列食品安全问题。例如：①人造蜂蜜事件：中央电视台曾曝光湖北武汉等地的“人造蜂蜜”事件。据报道，现在蜂蜜造假的手段五花八门，有的是用白糖加水加硫酸进行熬制；有的直接用饴糖、糖浆来冒充蜂蜜；有的利用粮食作物加工成糖浆（果葡糖浆）充当蜂蜜。造假分子还在假蜂蜜中加入增稠剂、甜味剂、防腐剂、香精和色素等化学物质，假蜂蜜几乎没有营养价值可言，而且糖尿病、龋齿、心血管病患者喝了还可能加重病情。正所谓“甜蜜的事业”也变得苦涩。②毒猪油事件：浙江省台州市卫生局（现为台州市卫生健康委员会）执法人员根据有关举报，在某油脂厂内查扣原料油 38 600 千克、成品油 5300 千克。经疾病预防控制中心抽样检测，猪油中酸价和过氧化值严重超标，甚至在样品油中还检出含有剧毒的“六六六”和“滴滴涕”。③瘦肉精中毒：上海市曾发生多起因食用猪内脏、猪肉导致的瘦肉精食物中毒事故，医院就诊人数达 300 多人。瘦肉精学名盐酸克伦特罗，是一种平喘药，添加到饲料里，可提高猪的瘦肉率，现已禁用。如果瘦肉精含量过高，可能出现肌肉震颤、头晕、呕吐、心悸等中毒症状。④“苏丹红”鸭蛋：由河北某禽蛋加工厂生产的一些红心咸鸭蛋在北京被查出含有苏丹红Ⅳ号。北京市食品安全办公室先后检出六种咸鸭蛋含苏丹红，大连等地也陆续发现含苏丹红的红心咸鸭蛋。国际癌症研究机构将苏丹红Ⅳ号列为三类致癌物，其初级代谢产物邻氨基偶氮甲苯和邻甲基苯胺均被列为二类致癌物，对人可能致癌。⑤“嗑药”的多宝鱼：上海市公布了对 30 件冰鲜或鲜活多宝鱼的抽检结果，30 件样品中全部被检出硝基呋喃类代谢物，部分样品还被检出环丙沙星、氯霉素、红霉素等多种禁用鱼药残留，部分样品土霉素超过国家标准限量要求。人体长期大量摄入硝基呋喃类化合物，存在致癌的可能性。⑥陈化粮事件：有媒体报道北京、天津等地相继发现万吨陈化粮，并称这些陈化粮均是“东北米”。长期储存的陈化粮中的油脂会发生氧化，产生对人体有害的醛、酮等物质。储存时间过长的陈化粮，会残留一定量的农药，而且陈化粮会感染黄曲霉菌，继而产生黄曲霉毒素，长期食用会致癌。

资料来源：http://ishare.iask.sina.com.cn/f/19lwVUwrZop.html，http://www.110.com/zhuanti/shipinanquan/anli，根据网上资料整理

企业是市场经济的微观主体，其市场活动的根本目的是追求利润最大化，但是企业又是社会行为者，在进行管理活动时，必然面对不同的利益、不同的人际关系以及不同的社会群体，因此企业在获得生存的前提下，在管理过程中不可避免地涉及道德和社会责任的问题。据调查：65%的美国人认为，20 世纪 70 年代中期到 80 年代，社会道德的总体水平下降了。华尔街的金融丑闻、安然公司的造假账事件，世通、帕玛拉特（Parmalat）公司、荷兰超市连锁集团 Royal Ahold NV、泰科国际有限公司和美国制药商等发生的财务上不道德的行为，以及在中国的山西黑砖窑事件、三鹿奶粉事件和引导案例中提到的食品安全事件等都告诉我们，在管理中确实存在道德问题。企业在追求利润的同时，必须遵守管理道德和担当必要的社会责任。

第一节　管理与道德

一、伦理道德

伦理一般是指一系列指导行为的观念，是从概念角度对道德现象的哲学思考。它不仅包含对人与人、人与社会和人与自然之间关系处理中的行为规范，而且也深刻地蕴含依照一定原则来规范行为的深刻道理。伦理，就是人与人以及人与自然的关系和处理这些关系的规则。在中国文化中，“伦”指人处于其中的共同体及人在这个共同体中的地位。人类最基本的共同体，被表述为天伦与人伦。天伦即家庭血缘关系的共同体，人伦指社会关系的共同体。伦理，是人之所以为人，即单个的人成为一个具有共同体本质的人，如“天地君亲师”为五天伦，君臣、父子、兄弟、夫妻、朋友为五人伦。忠、孝、悌、忍、信为处理人伦的规则。从学术角度来看，人们往往把伦理看作对道德标准的寻求。

人类是一种群居的动物，具有社会性。社会是以一定物质生产为基础而相互联系的人类生活共同体。同时每个人又都有个人的自由意志，人类在社会中利用各自的智力和体力互相协作进行生产活动，在一起生活。但是由于人性的特点，既有善的一面，仁爱和自律；又有恶的一面，自利和贪婪。因此，为了相互协调，共同生产和生活，就必须有共同遵守的行为规范，这就是伦理。伦理最初的自然形态就是风俗习惯，而道德就是在一定风俗习惯下形成的个人品质、气质。德国古典哲学家黑格尔说：“道德是一种伦理上的造诣。”

二、管理道德

管理道德或道德规范，是指规定管理行为是非的惯例或原则的总和。简而言之就是人们判断一件事情对与错的原则和信条。这些原则和信条是企业处理与他人社会关系的指导，也是判断自己行为是否正确或恰当的基础标准。

对管理道德可以从狭义和广义两个方面来理解。狭义的管理道德是管理者的行为准则与规范的总和，是在社会一般道德原则基础上建立起来的特殊的职业道德规范体系，它是通过规范

管理者的行为，以实现、调整管理关系为目的，并在管理关系和谐稳定的前提下进一步实现管理系统的优化，提高管理效益。狭义的管理道德是从企业内部来考察的。广义的管理道德不仅指企业管理者内部行为要符合道德标准，还涉及企业对外部环境和外部利益关系处理时面临的道德选择。本书中的管理道德是从广义的角度来说的。也就是说，一个企业的管理道德取决于其组织环境中的社会道德、职业道德和高层管理人员的个人道德。社会道德是企业道德规范的基础，是企业生存环境的整体价值判断和标准。职业道德是针对不同行业和个人行为的规范与标准。而高层管理人员的个人道德是个体与他人交往时正确与否的判断标准。

有关企业道德的四种观点包括功利观、权利观、公正理论观和社会契约整合理论。

（1）功利观。道德的功利观是指完全按照结果或后果制定道德决策。功利理论通过考察如何为绝大多数人提供最大的利益这种量化的方法来制定道德决策。按照功利主义的观点，一个管理者或许认为，解雇 20%的工人是合理的，因为这将增加工厂的利润，提高留下的80%工人的工作保障，并使股东获得最佳收益。功利主义鼓励效率和生产力，并符合利润最大化目标。但是，它能导致资源的不合理配置，尤其当那些受影响的人缺少代表或没有发言权时更是如此。此外，功利主义还会造成一些利益相关者的权利被忽视。

（2）权利观。权利观是关注尊重和保护个人自由与特权的观点，包括隐私权、思想自由、言论自由、生命与安全以及法律规定的各种权利。这或许应当包括当雇员告发他们的雇主违法时，应当保护雇员言论自由的权利。权利观的积极一面是它能保护个人的基本权利，但它在组织中也有消极的一面：它能够造成一种关注保护个人权利胜过把工作做好的工作气氛，而阻碍生产力和效率的提高。

（3）公正理论观。公正理论观要求管理者公平和公正地贯彻与加强规则，并在此过程中遵守所有的法律法规。管理者可能会应用公正理论观来决定给那些在技能、绩效或职责处于相似水平的员工支付同等级别的薪水，其决策的基础并不是性别、个性、种族或个人爱好等似是而非的差异。实行公正标准也会有得有失。它保护了那些可能缺少代表或无权的利益相关者的利益，但也会助长一种使雇员降低风险承诺、创新和生产率的权利意识。

（4）社会契约整合理论。社会契约整合理论认为应当根据实证因素（是什么）和规范因素（应当是什么）制定道德决策，其基础是两种“契约”的整合：允许企业处理并确定可接受的基本规则的社会一般契约，以及处理社区成员之间可接受的行为方式的一种更为具体的契约。例如，在决定墨西哥华雷斯市一家新建工厂的工人工资时，遵循社会契约整合理论的管理者可能根据该地区当前的工资水平制定决策。这种经营的道德观提倡管理者观察当前各行各业以及各个公司的道德准则，从而确定是什么构成了正确的和错误的决策与行动，因而它与其他三种道德观是不同的。

三、管理道德、社会责任与企业经济利益的博弈分析

企业的社会责任是指企业追求有利于社会的长远目标的义务，而不是经济和法律所要求的义务。也就是说，企业要怎样决策、怎样进行市场行为，才能既有利于经济效益的取得，又可以造福社会，至少不会损害社会利益。

管理道德与社会责任不是企业与生俱来的目标。因为企业行为的根本目的是取得经济利

益，实现利润的最大化。但是由于企业生存在一定的环境中，在追求经济利润最大化的同时，要考虑到社会责任，此时，企业的管理道德就会起作用，道德标准和价值观念就会影响企业取得经济利益的行为和态度。

（一）管理道德与经济利益的博弈

亚当·斯密在《国富论》中对道德做过这样的阐述："由于这些公司的董事们是他人钱财而非自己钱财的管理者，因此很难设想他们会像私人合伙者照看自己钱财一样警觉，所以，这类公司事务的管理中，疏忽和浪费总是或多或少存在的。"在这里，亚当·斯密更多的是从企业管理者自身的角度提出管理过程中涉及的管理道德的风险问题。科托威茨（Y. Kotowitz)指出道德风险存在于下列情况：不确定性和不完全的或有限制的合同使负有责任的行为者不能承担全部损失（或利益），因而他们不承受其行动的全部后果，同样地，也不享受行动的所有好处。由于在经济活动中人们的信息不对称，因此在签合同时总会遇到一些不确定性，使得经济行为者不能对自己的行为负有全部责任，这就是合同的不完全性。

《新帕尔格雷夫经济学大辞典》对道德风险的解释是：从事经济活动的人在最大限度地增进自身效用时做出不利于他人的行动。因此，避免道德风险的关键在于，是否能够将全部后果适当地转嫁给经济行为者。如果能够将利益留给自己，而将损失转嫁给别人，就有可能产生道德风险。从这个角度说，企业的经营活动所带来的经济利益与其管理道德是紧密相连的。管理道德与经济利益之间存在很明确的博弈关系。

从长期来看，企业的管理道德行为不仅与企业的经营活动密切相关，而且还与其经济利益的取得直接关联。企业在权衡管理道德和经济利益时，如果充分考虑谋求长远利益的发展，就会进行讲道德的行动。同样地，对一些中小企业来说，在面对以生产假冒伪劣商品获得暂时的生产还是以质量上乘的产品在市场上为自己明确定位来发展壮大的选择时，毫无疑问，管理道德将对其经营行为提供指导。可以说，企业的道德规范对其经营产生了一定程度的约束作用。

（二）社会责任与经济利益的关系

诺贝尔经济学奖获得者米尔顿·弗里德曼（Milton Friedman）认为，今天大部分的职业经理对股东负责，因此评价他们经济效益的主要标准就是财务收益率。从微观角度理解，企业承担社会责任的行为增加了经营成本，而这些成本最终要转嫁给消费者或者降低成本转移到股东身上。这种观点是一种传统的古典社会责任的观点。在现代，社会对企业的预期发生了变化，企业要获得长期的发展壮大，应该考虑的是长期的资本收益率。企业对社会责任的承诺是不同的，很多的短期行为对企业来说可能会有巨大的经济效益，而社会责任更多地表现在长期利益的取得上，所以对于企业来说就需要考虑牺牲短期利益来换取社会效益的尺度问题。社会责任和利润最大化本身并不矛盾，如果在承担社会责任的同时，又能获得自身的经济利润，这是最为理想的状况。实际上，企业更多的时候是在经济利益和社会责任之间找到平衡点来进行经济活动的。

从实证的角度来考察管理者和企业社会责任的行为对经济绩效的影响更能够提供有力的证据。强生公司的总裁 James Burke 考察了强生、施乐、柯达等公司 1950～1990 年的市值，年增长率高达 11.3%，远远超过同时期道·琼斯工业指数上榜企业年均 6.2%的速度；美国有六种最大、最受欢迎的基金，这些基金的管理者都是乐于承担社会责任的，其基金的回报率也与全部证券基金平均水平相当。

很多研究都表明：企业的社会责任与经济利益之间存在正相关的关系。首先，企业承担对内部员工的责任，会促进员工努力工作，为企业创造更多的价值，这是激励体制的体现。其次，企业对外部社会责任的承担不仅有助于整个社会整体责任感的提高，而且为企业自身长远发展提供了基础，信誉、品牌和企业形象对于企业长期经济利益的取得起到了巨大的促进作用。另外，有研究显示：那些注重社会责任的企业通常经济利益都很好，因为这些企业有能力承担社会责任。成功企业的经济利益和社会责任的冲突相对比较小，企业做大了，它就有能力，也比较愿意考虑企业的长远利益。那么，中小企业或是刚刚建立的企业是不是就不需要承担社会责任了呢？在这一点上，我们认为应相信循环的法则，企业要获得经济效益就必须有道德，要承担社会责任，只有这样，才能实现真正意义上的生存、发展。道德和诚信是企业长远利益的源泉之一。

第二节 管理道德特征及影响因素

一、管理道德的特征

合乎道德的管理具有以下七个特征。

1. 将遵守道德规范看作责任

合乎道德的管理将遵守道德规范视作组织获取利益的手段和责任。在遵守道德规范会带来利益或不遵守道德规范会带来损失的情况下，组织选择遵守道德规范是理所当然的事情；企业社会责任的体现是在遵守道德规范会带来损失或不遵守道德规范会带来利益的情况下，组织仍然会选择遵守道德规范。在企业管理中，承担责任有时意味着要付出额外的成本。

2. 以社会利益为中心

有时，为了社会整体的利益，组织不惜在短期内牺牲自身的利益。例如，在社会危机或民族危机来临的关键时刻，许多企业就可以做到舍小家为大家。“道德的发展阶段表明，道德一开始就是一种调整个人利益与社会利益的行为规范。道德原本的用意在于维护社会共同利益的尊严。实际上，道德的崇尚和价值就在于它是共同利益的维护者。”

3. 重视利益相关者利益

合乎道德的管理尊重所有者以外的利益相关者的利益，善于处理组织与利益相关者的关系，也善于处理管理者与一般员工及一般员工内部的关系。合乎道德的管理者知道，组织与利益相关者是相互依存的。

4. 视人为目的

组织行为的目的是人，德国著名的伦理学家弗里德里希·包尔生说：“所有的技艺根本上都服务于一个共同的目的——人生的完善。”人生的完善包括物质和精神两个方面。肯尼斯·E. 古佩斯特和小约翰·B. 马瑟斯认为："尊重人，把人看作目的而不仅是实现目的的手段，也是企业社会责任概念的核心。"

5. 超越法律

法律是所有社会成员必须共同遵守的最起码的行为规范。一个组织如果奉行"只要遵纪守法就行"的原则，就不大可能去从事那些"应该的""鼓励的"行为，实际上也就等于放弃了对卓越的追求。哈佛大学的琳·夏普·佩尼认为："法律不能激发人们追求卓越，它不是榜样行为的准则，甚至不是良好行为的准则，那么把道德定义为遵守法律的管理者隐含着用平庸的道德规范来指导企业。"组织仅仅遵守法律是不可能激发员工的责任感、使命感的，也不可能赢得顾客、供应者和公众的支持、信赖，因而也就不可能取得非凡的成就。

相反，合乎道德的管理虽不把组织自身的利益放在第一位，但常常能取得卓越的业绩。美国著名企业默克（Merck）公司创始人的儿子，企业家乔治·W.默克说过这样一段话："我们努力记住药品是为人的，而不是为了利润。如果我们记住这一点，利润也就来了，而且总是会来。我们记得越牢，利润就越大。"由此可见，优秀企业的秘诀在于懂得人的价值观和伦理，懂得如何把它们融合到公司战略中。追求卓越实质上就是追求伦理。

6. 自律的特征

有时，社会舆论和内心信念能唤醒人们的良知与羞耻感、内疚感，从而对其行为进行自我调节。

7. 以组织的价值观为行为导向

组织的价值观不是个人价值观的简单叠加和汇总，而是组织所推崇的并为全体成员所认同的价值观。组织的价值观有时可以替代法律来对组织内的某种行为做"对错""应该不应该"的判断。

二、影响管理道德的因素

一个管理者的行为是否合乎道德，是和下列五个因素密切相关的，它们是：道德发展阶段、个人特征、组织结构设计、组织文化和道德问题强度（图 4-1）。

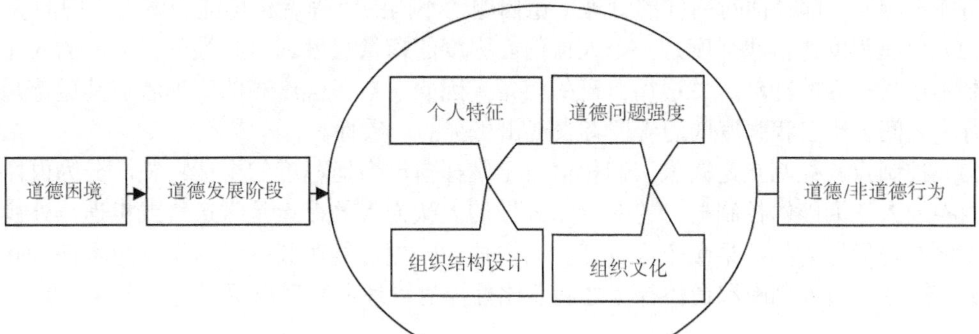

图 4-1 影响道德和非道德行为的因素

（一）道德发展阶段

研究表明，道德发展存在三个层次，每一个层次包含两个阶段。随着每一个阶段的上升，个人的道德判断越来越不依赖外界的影响。这三个层次和六个阶段如图 4-2 所示。

原则层次	6. 遵循自己选择的道德原则，即使它们违背了法律 5. 尊重他人的权利，支持不相关的价值观和权利，不管其是否符合大多数人的意见
惯例层次	4. 通过履行你所赞同的义务来维护传统秩序 3. 做你周围的人所期望的事情
前惯例层次	2. 仅当符合其直接利益时遵守规则 1. 严格遵守规则以避免物质惩罚

图 4-2　道德发展阶段

道德发展的最底层次是前惯例层次。在这个层次上，一个人的是非选择和道德判断只有在其利益受到影响的情况下才会做出。道德发展的第二个层次是惯例层次，在这个层次道德判断的标准是道德价值存在于维护传统的秩序以及满足他人的期望之中。道德发展的最高层次是原则层次，在这个层次上个人做出明确的努力，摆脱他们所属的群体或一般社会的权威，确定自己的道德原则。

通过对道德发展阶段的分析和研究，可以得到如下几个结论。首先，道德发展依次通过六个阶段，逐渐向上移动，一个阶段接着一个阶段，不能跨越。其次，道德水平不保障持续发展，一个人的道德发展可能会停止在任何一个阶段上。最后，大部分成年人的道德发展处于阶段 4 上，他们遵守社会准则和法律，其行为往往是符合道德的。

（二）个人特征

个人特征是指管理者的个人价值观、自我强度和控制点。组织中的每个人都拥有相对稳定的价值观。

（1）个人价值观。个人价值观的形成是在父母、老师、朋友或其他人的影响下结合自身的宗教信仰、受教育情况和生活、工作经历而逐渐形成的。同一组织中的管理者可能会有着明显不同的个人价值观。每个人对待财富、权力、社会、金钱、爱情、人生和社会责任的态度都可能不相同。即使面对同样的管理道德问题，不同的管理者也可能会做出不同的决策。

（2）自我强度。自我强度是一个人自信心强度的衡量尺度。自我强度得分高的人往往能够克制不道德行为的冲动，并遵循自己的信条。因此，自我强度高的管理者在其道德判断和道德行为之间要比自我强度低的管理者表现出更强的一致性。

（3）控制点。控制点是衡量人们相信自己掌握自己命运程度的个性特征，分为内控和外控。内控的人认为能够控制自己的命运，外控的人认为人的命运是靠运气或机遇。外控的人一般不愿对他们行为的后果负个人责任，而内控的人更可能对其行为后果承担责任。此外，内控的管理者在道德判断和道德行为之间要比外控的管理者表现出更强的一致性。

（三）组织结构设计

组织结构设计对管理道德影响巨大，有助于形成管理者的道德行为。首先，明确的规章制度可以减少模糊性，可以有效地预防不道德管理行为的发生。其次，上级的管理行为对个人在道德行为的抉择上具有示范作用。最后，组织的绩效考核评价体系对管理道德起着指挥棒的作用。奖赏或惩罚越集中于具体的目标成果，管理者在实现目标过程中在道德标准上妥协的压力就越大。此外，不同的结构在时间、竞争、成本及施加给雇员的类似压力上也是不同的。压力越大，管理者就越有可能在道德标准上妥协。

（四）组织文化

组织文化的内容和力量也会影响道德行为。高风险承受力、高度控制，并对冲突高度宽容的文化是高道德标准的组织文化。处在这种文化中的管理者，将被鼓励进取和创新，将意识到不道德的行为会被揭露，并对他们认为不现实的或不理想的期望自由地提出公开挑战。

强文化比弱文化对管理者的影响更大。强文化支持高道德标准，它会对管理者在道德行为和非道德行为之间的决策产生非常强烈与积极的影响。例如，波音公司有一种长期强调与顾客、雇员、社区和股东建立合乎道德的商业往来关系的强文化。为了灌输道德的重要性，该公司设计了一系列启发思想的海报。设计这些海报是为了让员工认识到他们个人的决策和行动对公司的形象具有举足轻重的意义。而在一种弱的文化环境中，管理者更可能依赖工作群体和部门准则作为行为指南。

（五）道德问题强度

道德问题强度会直接影响管理者的决策。决定道德问题强度的六个特征是：危害的严重性、对不道德的舆论、危害的可能性、后果的直接性、与受害者的接近程度以及影响的集中性。这些因素决定了道德问题对个人的重要程度。根据这些原则，受到伤害的人越多，认为该行为是不可取的舆论越强，该行为将要造成危害的可能性越大，人们越是能够直接地感到行为后果；观察者感觉与受害者越接近，该行为对受害者的影响越集中，问题强度就越大。当一个道德问题很重要时，我们就更有理由期望管理者采取道德的行为（图 4-3）。

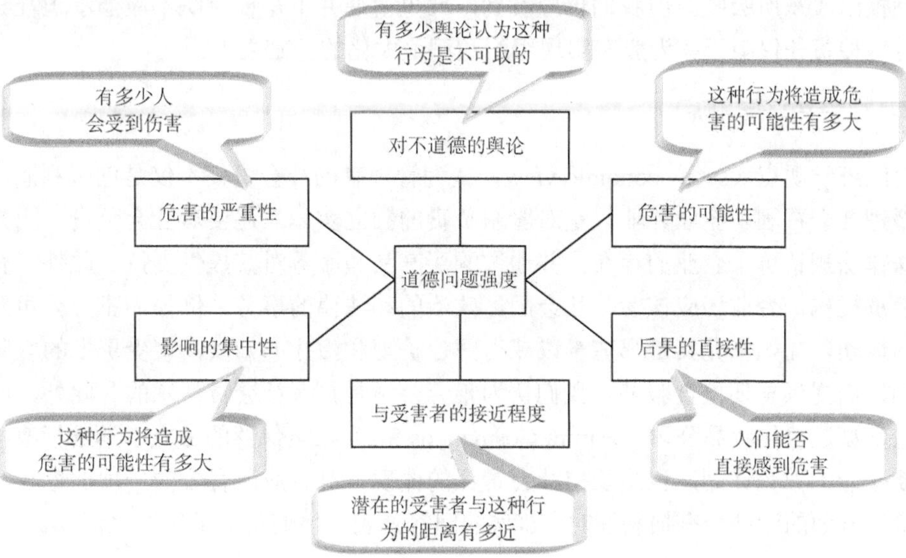

图 4-3　道德问题强度的六个特征

第三节 企业社会责任

组织建立起共享的价值观，作为管理行动的指南，这只是管理者在实施管理工作时所必须面对的各种道德和社会责任问题之一。社会责任和管理道德通常涉及各种错综复杂的问题。首先，在社会责任和道德面对不断变化的环境时，受组织文化影响的管理者会做出相应的反应。其次，管理者在做出决策时，社会责任和管理道德往往会作为重要的考虑因素。例如，雇员关系、慈善事业、定价问题、资源保护、产品质量与安全等，这些都是极为明显的社会责任问题。但有时管理者为了获取更大的经济利益往往会忽视社会责任感。例如，汽车制造商生产庞大而耗油的运动型车辆，因为有顾客希望拥有这样的车辆并愿意为之付出更高的价格，但这类车辆油耗大势必会造成环境的污染，还有可能对那些使用较小节能型汽车的人造成严重的危害。这时企业显然没有更多地考虑社会责任。

一、有关社会责任的两种相反的观点

关于社会责任的观点主要有两种：一种是古典的或纯粹经济学的观点，认为管理者唯一的社会责任便是利润最大化；另一种是社会经济学的立场，主张管理者的责任不仅是创造利润，还包括保护和增进社会福利。

（一）古典观点

古典观点（classical view）主张管理者唯一的社会责任就是利润最大化。诺贝尔奖获得者经济学家米尔顿·弗里德曼认为管理者的主要责任是从股东的最佳利益出发来从事经营活动。他认为股东只关心财务回报这一件事，他还主张不管何时，管理者自作主张将组织资源用于“社会利益”时，都是在增加经营成本。这些成本要么通过高价转嫁给消费者，要么降低股息回报由股东所吸收。但我们也应看到，弗里德曼并不是说组织不应当承担社会责任，但他认为这种责任仅限于在为股东实现组织利润最大化的基础之上。

（二）社会经济学观点

社会经济学观点（socioeconomic view）认为管理者的社会责任不仅是创造利润，还包括保护和增进社会福利。企业并非只是对股东负责的独立实体，还要对社会负责，因为社会通过各种法律法规认可了企业的存在，并通过购买产品和服务对其提供支持。此外，企业组织不仅是经济机构，企业还应该参与社会的、政治的和法律的事务。例如，雅芳公司发起了乳腺癌防治运动，让妇女尤其是那些难以获得医疗护理和治疗的妇女，接受更多的乳腺癌知识教育并为她们提供早期检查服务。我们认为雅芳公司是具有社会责任感的。此外，巴西的化妆品制造商娜透拉化妆品公司（Natura Cosmeticos SA）在圣保罗的公立小学推行改善儿童读写和判断技能的教育计划，也是承担社会责任的体现。对企业所有者的一项调查表明，当开展社会责任方面的活动会有损利润时，68%的回答者表示他们仍会继续这些活动。

二、赞成或反对社会责任的争论

考察有关赞成或反对企业承担社会责任的争论，是理解社会责任对于影响管理者在计划、组织、领导和控制的决策中所起作用的另一途径。赞成或反对企业承担社会责任的具体争论有哪些呢？ 表 4-1 列出了已提出的一些主要观点。

表 4-1　赞成或反对社会责任的争论

赞成的观点	反对的观点
公众期望 公众现在支持企业同时追逐经济的和社会的目标	**违反利润最大化原则** 企业只有在追求其经济利益时，才是在承担社会责任
长期利润 具有社会责任感的公司趋向于取得更稳固的长期利润	**淡化使命** 追求社会目标淡化了企业的基本使命，即经济的生产率
道德义务 企业应当承担社会责任，因为负责任的行为才是企业所要做的正确的事情	**成本** 许多社会责任活动都不能够补偿其成本，必须有人为此买单
公众形象 企业通过追求社会目标可以树立良好的公众形象	**权力过大** 企业已经拥有了大量的权力，追逐社会目标将会使它们的权力更大
更好的环境 企业的参与有助于解决社会难题	**缺乏技能** 企业领导者缺乏处理社会问题的必要技能
减少政府管制 企业社会责任感的加强会导致较少的政府管制	**缺乏明确的责任** 企业与社会性行动之间没有直接的联系责任与权力的平衡
责任与权力的平衡 企业拥有大量的权力，这就要求相应的责任来加以平衡	
股东利益 从长期来看，具有社会责任感将提高企业的股票价格	
资源占有 企业拥有支持公共项目和慈善事业的资源	
预防胜于治疗 企业应在社会问题变得十分严重之前采取措施，以免付出更大的补救代价	

三、企业的价值观

价值观是关于价值的一定信念、倾向、主张和态度的系统观点，是评价人或组织行为善恶的标准和原则。纵观历史的发展，企业的价值观大致经历了四个阶段的发展（图 4-4）。

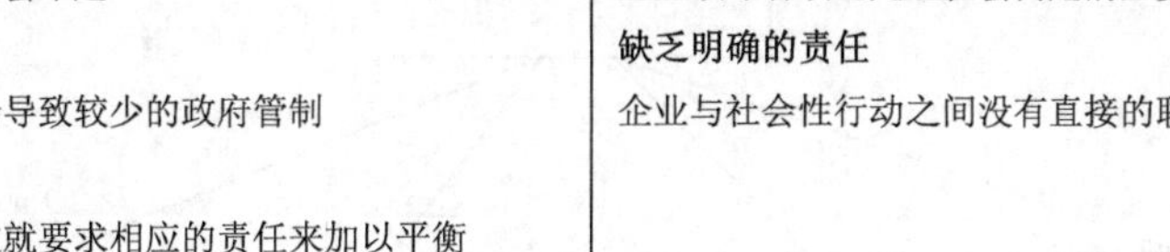

图 4-4　企业价值观的发展

在阶段 1，管理者通过成本最小化和利润最大化来提高股东的利益。这一阶段固然必须遵守所有的法律法规，但管理者并未感到其还需满足其他社会需要的义务。这与社会责任古典观是一致的。在阶段 2，管理者承认他们对雇员的责任，管理者注重人力资源管理，他们希望招聘、保留和激励优秀的员工。为此管理者将改善工作条件、扩大雇员权利、增加工作保障等。在阶段 3，管理者将社会责任扩展到环境中的其他利益相关者，即上游的供应商和下游的顾客。管理者的社会责任包括制定公平的价格、提供高质量的产品和服务、保证产品的安全、维持良好的供应商关系等。他们认为只有通过满足具体环境中其他各种构成的需要，才能实现对股东的责任。在阶段 4，管理者将社会责任扩展到社会整体。他们经营的事业被看作公众财产，对提高公众利益负有责任。承担这样的责任意味着管理者会积极促进社会公正、保护环境、支持社会活动和文化活动。即使这样的活动对利润产生消极的影响，他们也不会改变。

每个优秀的组织都有组织成员共享的价值观，这种共享的价值观是由管理者倡导、推行，全体成员共同实践形成的。它反映了组织赞同什么、信奉什么。共享的组织价值观构成了组织文化并影响组织的运营方式和员工的行为方式。例如，户外运动服饰和器材制造商巴塔哥尼亚公司承诺从产品设计到市场营销再到运输等各个环节都在环保方面做严格要求，同时每年提取利润的 10%支持环保事业，这些举措在每一个领域都影响员工的工作行为和决策。这种共享的企业价值观在组织管理中发挥了巨大的作用。

组织成员共享的价值观至少可以发挥四种主要作用（图 4-5）。

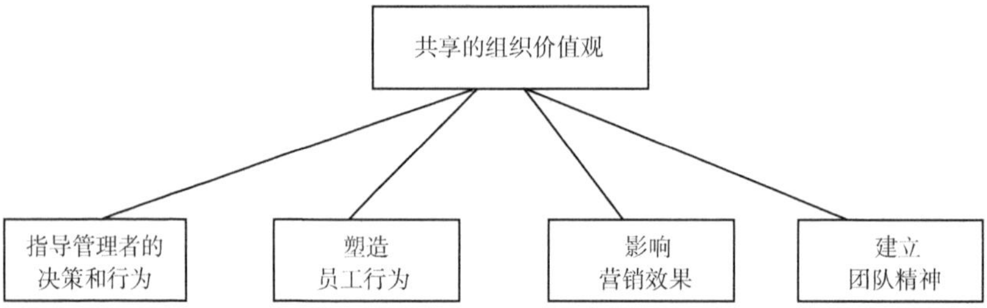

图 4-5 组织成员共享的价值观的作用

首先，共享价值观为管理决策和行动充当指路牌，指导管理者计划、组织、领导和控制组织的各项活动。例如，Tom's of Maine 公司是一家纯天然护肤品的生产商，该公司的《信念宣言》中有这样两条：一条信念向管理者表达了多样化的价值，即观点的多样化、能力的多样化，即“我们相信不同的人给团队带来不同的才能和观点，而一个强大的团队赖以建立的基础正是各种各样的才能”。这一信念为管理员工团队提供了指导。公司的另一条信念会影响到产品的生产，同时对公司管理者的工作提供指导。这一信念是：“我们推崇安全、有效、由天然原料制成的产品。”

共享价值观的第二个作用体现为对员工行为的塑造以及沟通组织对其成员的期望。例如，赫尔曼·米勒（Herman Miller）公司是一家生产办公、家用、医用类家具的企业，公司的价值观是创新和无人媲美的质量、员工参与管理和环境保护的承诺。它的员工无论在世界的哪个角落，在设计、生产和运输家具时都践行着公司的价值观。

共享价值观的第三个作用是影响市场营销的成效。例如，雅芳公司通过对女性最为关心的健康问题——乳腺癌的调查后，承诺向女性提供有关乳腺癌知识的教育。在这一计划的实施过程中，公司在全球超过50万的销售人员通过在其销售点发放小册子来向女性提供这种疾病的知识。雅芳公司的这一活动无疑会拉近与客户的关系并促进销售。雅芳公司将其业务与重要的社会问题相联系的做法大大改善了其营销成效。

共享价值观的第四个作用是在组织中作为建立团队精神的一种途径。当员工接受了公司价值观后，他们会对自己的工作做出更投入的个人承诺并且感到有义务为自己的行动负责。因为共享价值观影响工作的方法，员工会更热情地按照团队方式协作，从而支持他们坚信的价值观。共享的企业价值观不仅可以指导他们的工作方式，还能使他们团结一致，实现共同的目标。

四、改善企业道德行为的途径

（一）挑选道德素质高的员工

每个人处于不同的道德发展阶段并拥有不同的个人价值体系和个性，一个组织的雇员甄选过程，包括面试、测验、背景考察等，员工甄选过程应被视为了解个人道德发展水平、个人价值观、自我强度和控制点的一个机会。员工甄选的过程应当用来剔除那些在道德上不符合要求的求职者。但真正做到这一点并非易事，即使在最好的情况下，一些道德标准有问题的人也可能被录用。

（二）建立道德准则和决策规则

道德准则是表明一个组织期望雇员遵守的基本价值观和道德规则的正式文件。《财富》500 强企业中，有将近 95%的企业都有自己的行为准则。一项对 22 个国家的企业组织进行的调查发现，78%的企业已经正式颁布了自己的道德标准和道德准则。

道德准则应当向雇员表明他们应以什么精神从事工作，以什么样的态度来对待工作，另外，道德准则应当足够宽松，以允许雇员有判断的自由。针对各种道德准则进行的一项调查发现，道德准则的内容可分为三类：①做可靠的组织公民；②不做任何损害组织的不合法或不恰当的事；③为顾客着想。表 4-2 列出了这些类型所包含的各种变量。

表 4-2 企业道德标准的分类

类型 1：做可靠的组织公民	03. 禁止行贿
01. 遵守安全、健康和保障法规	04. 避免有损职责的外界活动
02. 表现出礼貌、尊重、诚实和公平	05. 保守机密
03. 工作场所禁止使用非法药品和含酒精饮料	06. 遵守所有的反托拉斯法和贸易法规
04. 管理好个人财物	07. 遵守所有的会计制度和管制措施
05. 出勤率高和准时	08. 不以公司财产谋私利
06. 听从监督人员的指挥	09. 雇员对公司基金负有个人责任
07. 不说粗话	10. 不宣传虚假和误导信息
08. 穿工作服	11. 决策不受个人得失影响
09. 禁止上班携带武器	类型 3：为顾客着想
类型 2：不做任何损害组织的不合法或不恰当的事	01. 在产品广告中传递真实的信息
01. 合法经营	02. 以你的最大能力履行分派的职责
02. 禁止支付非法用途的报酬	03. 提供最优质的产品和服务

道德准则的制定事实上并不总是能够有效地鼓励组织中的道德行为。对美国企业雇员及

其道德准则的一项调查发现，75%的雇员在过去 12 个月中曾经目睹过不道德的或违法的行为，包括销售欺诈、不安全的工作条件、性骚扰、利益冲突以及破坏环境的行为。处理上述问题，首先，不能孤立地制定和应用道德准则，应不断向雇员传达与组织的道德承诺相关的道德期望和提示。其次，各级管理人员应当支持并不断重申道德准则的重要性，同时还应坚决惩罚违反准则的人。如果管理者认为道德准则很重要，经常重申它的内容，并公开谴责那些违反规则的人，道德准则就能够为公司的道德计划提供一个坚实的基础。最后，组织的道德准则可以围绕表 4-3 所列的 12 个问题进行设计。这些问题可以作为管理者制定决策时处理道德问题的决策规则。

表 4-3 作为决策规则的 12 个问题

序号	问题
01	你准确地确定问题了吗？
02	如果你站在对方的立场上，你将如何确定这一问题？
03	这种情况首次发生时会怎样？
04	作为一个人和作为一个公司的一员，你对谁和对什么事表现忠诚？
05	在制定决策时，你的意图是什么？
06	这一意图和可能的结果相比如何？
07	你的决策或行动可能伤害谁？
08	在你做决策之前，你能和受影响的当事人讨论该问题吗？
09	你能自信你的观点在长时间内将和现在一样有效吗？
10	你的决策或行动能问心无愧地透露给你的上司、CEO、董事会、家庭或整个社会吗？
11	如果你的行动为人所了解，它的潜在影响力是什么？如果被误解，又将是什么？
12	何种情况下，你将被允许有例外？

（三）在道德方面领导员工

高层管理者自身就应该是一个道德高尚的人。道德准则要求高层管理者以身作则，他们的言行应该是员工的表率，如果高层管理者将公司的资源作为己用，扩大他们的费用支出，给予朋友优待，他们等于向全体雇员暗示这些行为是可以接受的。

高层管理者还可通过奖惩机制来影响员工的道德行为。选择谁或什么事作为提薪奖励或晋升的对象，将向雇员传递强有力的信息。提升一个通过不正当方式取得重大成果的经理，将向其他人表明那些不正当行为是可取的。当错误的行为被揭露时，那些希望强调道德行为的管理者必须惩罚做错事的人，并公布事实真相，让组织中每个人看到结果。这就传递了一条信息，即做错事就要付出代价。

高层管理者要勇于承担责任。工作中出现差错是在所难免的事情，但如果出了问题，高层管理者把责任推给下属，不能诚实面对，甚至弄虚作假，试图掩盖事实真相，这一行为是严重违背道德准则的，也势必会在管理中引发极坏的影响。

（四）设定工作目标，进行绩效评估

雇员应该有明确的和现实的目标。如果对雇员的要求是不现实的，即使是明确的目标也

能引起道德问题。在不现实的目标压力下，即使讲道德的雇员也会持“不择手段”的态度。当目标是清楚的、现实的，它会减少雇员的迷惑并使之受到激励而不是惩罚。

绩效评估的关键问题是个人能否实现其工作目标。但当绩效评估只关注经济目标时，结果就会使手段合理化。如果一个组织希望雇员保持高的道德标准，就必须在其绩效评估过程中包括这方面的内容。

（五）对员工进行道德培训

越来越多的组织意识到对员工进行适当道德教育的重要性。它们采取很多积极的措施，像召开研讨会、专题讨论会和开展类似的道德培训项目来提高员工的素质，鼓励其道德行为。道德研究人员估计，超过40%的美国公司提供了某种类型的道德培训。但对这些培训项目并非没有争议，主要的争议是围绕能否真正教授道德而进行的。例如，批评者强调，由于人们在年轻时就形成了自己的价值体系，教授道德的努力是无意义的。而支持者却指出，教授解决道德问题的方法能使道德行为产生实质性的差别，这种培训提高了个人道德发展水平。此外，即使没有取得任何结果，这种道德培训也增强了对经营道德问题的意识。

（六）进行独立的社会审计

害怕被抓住的心理是一种重要的制止非道德行为的方法。按照组织的道德准则评价决策和管理行为的独立的社会审计提高了发现非道德行为的可能性。这种审计可以是一种常规性工作，就像财务审计一样定期实施，也可以是在没有预先通知的情况下随机抽查。为了保证诚实正直，审计员应对公司的董事会负责，并直接将审计结果呈交给董事会。这就赋予了审计员一种权力，同时也能减少那些被审计的组织对审计员施加报复的机会。

（七）提供正式的保护机制

组织应提供正式的保护机制，以保护那些处于道德困境的雇员能按照自己的判断行事而不必担心受到惩戒。组织可以采取道德咨询员的方式。当雇员面对道德困境时，能够向咨询员寻求指导。咨询员可以扮演促成“正确”选择的倡议者角色。还有些组织任命道德官员，由他们设计、指导和修改组织所需的道德计划。此外，组织可以设立一个专门的申诉程序，使雇员能够放心地利用它提出道德问题，或对践踏道德准则者鸣笛示警。

五、企业社会责任的体现

企业社会责任的内涵十分丰富和广泛，除了法律规定的行为规范以外，所有可能影响社会福利的企业行为都应纳入企业的社会责任。

（一）企业的一切经营管理行为应符合道德规范

企业的一切经营管理行为，包括产品制造、产品质量、产品宣传、营销手段、售后服务、企业的内部管理等工作，都应符合道德规范。其中任何一个环节出了问题，都可能对社会造成极其巨大的伤害和影响。例如，虚假广告、产品质量问题等。

（二）做好企业发展的长远规划，为企业、为社会做出自己的贡献

做好企业发展的长远规划，不断增强企业的竞争能力，这样可以为社会提供更多高质量的产品和服务，满足人们不断提高的物质和文化需要。企业发展了不但可以多为国家做贡献，还可以提供更多的就业机会，本企业的员工也可以随着企业的发展而得到全面的提高。

（三）参与社区福利建设

对企业所在地区或其他特定社区的建设进行福利投资，包括医院、幼儿园、学校、老人福利院、公共娱乐设施、图书馆等，对于这些不以赚钱为目的的社区福利机构有钱出钱，有力出力。这一举措将赢得社区民众的拥戴。

（四）积极参与社会慈善事业

对社会教育、疾病防治、福利设施建设以及火灾、地震、水灾等原因导致的一些需要帮助的人，企业应根据自身的情况，及时伸出援助之手，给予他们应有的帮助。这对提高企业的社会效益，进而提高经济效益是大有裨益的。

（五）自觉保护生态环境

企业应在节约能源和降低能源消耗等方面做出努力，尽可能减少由于企业生产对环境造成的破坏。在产品研发等方面尽量做到节能降耗。积极参与对地球荒漠化和全球变暖等问题的研究与治理。

➢ 拓展学习

1. 魏英敏. 新伦理学教程[M]. 北京：北京大学出版社，1993.
2. 罗宾斯 S P. 管理学[M]. 7 版. 北京：中国人民大学出版社，2003.

➢ 思考题

1. 伦理道德的管理学意义是什么？
2. 合乎道德的管理具有哪些特性？
3. 以“三鹿”奶粉事件为例，谈谈企业与社会的关系。
4. 企业的社会责任主要体现在哪些方面？

➢ 案例分析

华帝燃具股份有限公司的企业社会责任

企业社会责任是指企业在所从事的各种活动中，应当对所有利益相关者承担相应的责任，以求在经济方面，更在社会、环境等领域获得可持续发展的能力。企业的“利益相关者”包括员工、客户、供应商、合作伙伴、社会团体、当地的邻近社群以及环境因素等。提

起企业社会责任，不少企业或许“谈虎色变”，认为履行企业社会责任将增加成本、降低竞争力。然而，许多企业已经从实践中体会到履行企业社会责任为企业带来许多好处，如保护品牌形象、避免贸易制裁、提高生产效率、保障股东权益、满足消费者需求、增强企业守法意识等。我们倡导把企业社会责任作为企业经营的战略工具。

企业有实际的企业社会责任行为，而且这些行为符合如下特征。

（1）能够提供行为发生的记录和实据。

（2）有时间上的持续性。

（3）产生了实际的效果和影响力。

（4）行为动机并非出于法律等外部因素的强制而能体现企业的主动性。

（5）不断学习和创新企业社会责任。

（6）反映企业与利益相关者互动实施企业社会责任。

（7）在实践中获得成功，取得了良好的经济、社会和环境效益。

（8）有推广的价值和可操作性。

华帝燃具股份有限公司（以下简称“华帝”）是国内专注于厨卫产品研发、生产及销售的知名企业，致力于成为国内厨卫领导品牌之一。长期以来，公司秉承“诚信、责任、创新、共赢”的创业理念，在华帝股份股东、债权人、职工、供应商、客户、消费者等利益相关方权益保护、环境保护、节能减排、社会公益等方面建立健全社会责任制度，积极履行社会责任，并得到了社会各界的肯定和支持。

一、职工权益保护

公司坚持 “以人为本”的用人理念，通过持续建立、规范人力资源管理体系，创设合理的薪酬及激励机制，以吸引和留住优秀人才。公司严格遵守《中华人民共和国劳动法》《中华人民共和国劳动合同法》等法律法规的规定，通过各项规章制度，明确职工在劳动报酬、工作时间、休息休假、劳动安全卫生、保险福利、职工培训及劳动纪律等方面的权利和义务。

（1）在员工利益保障方面，公司建立了系统的人力资源管理制度以及薪酬绩效体系，赋予员工平等就业权利，禁止因性别、种族、民族、宗教信仰、年龄等在聘用、报酬、培训机会、升迁、解职或退休等方面给予歧视或非公平待遇，并依法给予女职工特殊劳动保护。

（2）在安全生产方面，公司设立了专门的安全生产委员会，负责统一协调与劳动生产相关的所有安全管理事项。

（3）在职业培训方面，公司建立了系统的人力资源培训体系，并按照国家规定提取和使用职业培训经费。

（4）在员工福利方面，公司制定并实施了多项福利待遇。

二、供应商、客户和消费者权益保护

公司秉承诚实守信的商业价值观，通过大力推广企业文化，致力于与供应商、客户及消费者之间建立良好的社会关系，妥善保管供应商、客户和消费者的个人信息，并依法维护其合法权益，为社会提供优质的产品及服务。

（1）公司建立了严格的供应商、经销商考核管理体系，敦促客户和供应商遵守商业道德和社会公德，将符合公司品质标准的产品及服务提供给消费者，并对品质或服务未达到公司要求、拒不改进的客户或供应商取消其代理或供应资格。

（2）作为消费品制造类企业，公司始终将产品质量列为生命线，高度注重产品品质及其安全性。

（3）公司妥善处理供应商、客户和消费者等提出的投诉和建议，提供良好的售后服务。

三、环境保护与可持续发展

环境保护是实现可持续发展的必要条件，公司坚持“保护环境，造福人类，污染预防，持续改进”的环保方针，通过不断改进技术与工艺，强化管理，减少各种废弃物的产生，保证各种污染物达标排放；通过节能降耗，充分实现能源、资源的合理利用；通过加强环境培训，确保每位员工理解在日常工作中对环境的影响因素。

四、公共关系和社会公益事业

（1）公司历来重视双拥工作，与武警中山边防支队结成了多年的军民共建关系，由公司主要领导牵头，每年均组织多次的联欢、慰问活动。并主动接纳退伍武警战士来公司就业，营造良好的拥军氛围。鉴于此，公司被评为“广东省武警边防总队思想政治教育基地”。

（2）积极参与社会公益慈善活动，持续实施华帝“1+2”红领巾助学工程，自 2005 年开始，公司承诺每开设一家专卖店即资助两名孩子完成小学学业。截至 2009 年末，累计共有近 2000 名学龄儿童受益于该工程。2008 年汶川大地震中，公司积极通过广东省慈善总会向灾区人民捐助善款 100 万元。2009 年公司在四川、宁夏、广东等地共捐建 3 所小学、1 个图书室，以自身绵薄之力支持国家教育事业发展。

资料来源：https://wenda.so.com；http://www.docin.com，根据网上资料整理

问题：

1. 企业的社会责任体现在哪些方面？
2. 华帝公司从哪些方面履行了自己的社会责任？你认为还有没有可以改进的地方？
3. 如果未来你成为企业管理者，你将怎样履行企业的社会责任？

第二篇

决策和计划

第五章　决　　策

本章重点

决策概念与原则

决策理论及决策类型

决策的过程及决策的方法

引导案例

巴黎迪士尼为何惨遭滑铁卢

巴黎迪士尼乐园 1992 年 4 月 12 日正式对外开放，作为全球第四个迪士尼乐园，同时也是欧洲最大的文化娱乐度假中心，当时公司对这个项目前景抱有非常乐观的态度，毕竟之前几家迪士尼乐园都非常成功，可事实却十分打脸，第一年就遭遇了前所未有的“爆冷”。俗话说“好的开端是成功的一半”，看来这个端是没开好，直接导致巴黎迪士尼乐园负债累累。截至 2017 年，巴黎迪士尼乐园对外开放 25 年来，有 23 年亏损，亏损额高达 24 亿元人民币，被戏称为“世界上最悲惨的迪士尼乐园”。

这个在美国、中国和日本所向披靡的主题公园为什么在法国遭遇了滑铁卢？究其原因无非有以下几点：第一，时机不合适，因为巴黎迪士尼乐园开园时正赶上欧洲严重的经济衰退期，游客的消费水平远远没有达到预期，然而公司为实现收益，门票和酒店价格全都以收益来确定，并认为价格并非左右光顾的主要原因，但事与愿违；第二，选址失败，迪士尼乐园距巴黎不到 35 公里，加上法国公共交通便利，导致很少有人在此过夜，大部分游客选择一日游，从而减少了园区酒店收入；第三，文化差异，盲目投资，日本迪士尼乐园盈利是因为美国文化在日本经济成长期一直受到欢迎和推广，致使开业至今都吸引着大量当地和到日本旅游的游客，而欧洲传统文化的优越感对具有美国文化代表的迪士尼乐园产生了排斥心理，宣传推广也受到了抵制。比如早餐的问题，“我们听说欧洲人不吃早餐，因此缩小了餐馆的规模，”一位管理人员回忆道，“结果怎样？每个人都要吃早餐，我们不得不努力在仅有 350 个座位的餐馆里为 2500 人提供早餐，排队买早餐的人实在是太多了”。正因为这些原因才使巴黎迪士尼乐园几乎年年亏损，成为史上最尴尬迪士尼乐园。

资料来源：http://www.tripvivid.com/articles/18032，2018-12-12（有改动）。

第一节 决策概述

一、决策内涵

（一）决策的概念

决策贯穿于管理的始终，按照西蒙的观点，管理本身就是决策。正确决策，能提高组织的核心竞争力并取得良好的经济社会效益，然而错误决策则会给企业带来无法估量的损失。所谓决策，学术界并没有一个公认的定义，最简单的观点就是，从两个或两个以上备选方案中选择一个利益最大化的方案的过程。管理学教授里基・格里芬认为，决策是从两个以上的备选方案中选择一个的过程。美国学者亨利・艾伯斯从狭义和广义两个视角给出了决策的定义：狭义决策是在几种行为方式中做出选择，广义决策还包括在做出选择前后必须进行的一切活动。周三多采用了路易斯、古德曼和范特的定义，认为决策是“管理者识别并解决问题的过程，或者管理者利用机会的过程”。这些定义从不同角度界定了决策。本书认为决策就是人们为了实现特定的目标识别并分析问题，然后制订并实施方案从而解决问题并利用机会的过程。对于该定义，可以从以下四方面来理解。

（1）决策的目的是解决问题和利用机会。每个决策都有其明确而具体的目的，既可以是活动方向和内容，也可以是特定方向下的某种活动方式和方法。

（2）决策的主体既可以是管理者，也可以是组织。决策是管理者的一项重要职能，决策主体既可能是管理者单体的个人决策，也可以是某一组织的群体决策。

（3）决策的本质是个多阶段和多步骤的过程。决策是项系统工程，包括识别问题、分析问题、解决问题、执行方案并评估效果等众多环节。

（4）决策的依据是适量信息。信息的数量和质量直接影响决策水平的高低，决策过程中收集信息要进行成本-收益分析，确保信息收集的经济、有效和高质。

（二）决策的特点

决策有其特殊的一面，主要有目的性、可行性、选择性和过程性四个特点。

1. 目的性

任何决策都必须首先确定目标，这不仅是决策的最终目的，而且也是选择方案的依据。决策是为了实现组织在未来某一时间内的特定目标的活动，不考虑目标的决策没有任何意义。

2. 可行性

决策是为了指导未来的行动，而方案的实施需要在一定条件之下协调相关的资源，因此决策方案的选择，不仅要考虑采取某种行动的必要性，也要注意实施条件和资源的限制。合理的决策应该是在外部环境和内部条件有机结合并求得动态平衡的基础上制定的。

3. 选择性

如果只有一个方案也就无所谓决策。决策质量关键取决于选择水平，面对两个或两个以上的备选方案，管理者需要综合各种信息做出选择，没有选择就没有决策。决策时不仅要提出多个备选方案，而且还要提供选择的标准和准则。

4. 过程性

决策是一个过程，是一个不断循环的过程，具有动态性。决策过程至少包括以下阶段：收集信息，提出决策目标；根据目标拟订可行方案；评估各种方案和筛选方案；执行方案和评估效果。

（三）决策的作用

决策在管理中具有更为重要的作用，具体来看，决策的作用体现在以下三方面。

1. 决策是管理工作的核心和关键

在管理的组织职能中，从组织机构的设置到部门职权的划分以及各种人员的选配等方方面面都需要进行决策。在管理的领导职能和控制职能中，就更是处处离不开决策了，在一定程度上讲，各种管理活动实际上就是围绕决策这一核心内容而展开的。

2. 决策关乎组织的生存和发展

决策合理不仅能够提高一个组织的工作效率，同时也能保证组织正确的发展方向，为组织的持续发展奠定良好的基础并提供机遇，反之组织就会遭受损失或面临灾难性后果。

3. 决策是各级管理者的主要职责

管理者不论职位高低都在不同范围、不同层次上进行着不同内容的决策。管理者不但要制订决策的目标和决策备选方案，而且要做出抉择并实施决策，所以可以说管理者的主要职责之一就是在各自的管理领域和层次开展一系列的决策活动。

（四）决策的原则

决策遵循的原则是满意原则，而不是最优原则。对决策者来说，要想使决策达到最优，必须在信息获得、信息分析与整理，以及方案预测等方面满足诸多条件，然而现实中组织处于不断变化的外界环境影响之下，收集到决策所需要的全部信息是困难的，列举出所有可能的行动方案就更加困难，况且人的知识和能力也是有限的。所以，在进行决策时，决策者很难求得最佳方案，而是根据令人满意的准则进行决策（表 5-1）。

表 5-1 最优决策和满意决策

最优决策实现条件	现实情况
容易获得与决策有关的全部信息	决策者很难收集反映情况的全部信息
真实了解全部信息的价值所在	决策者的利用能力也是有限的
制订所有可能的方案	决策者只能制订数量有限的方案
准确预期每个方案在未来的执行结果	决策时所预测的未来状况可能与实际的未来状况有出入
最优原则	满意原则

（五）决策的类型

决策类型多样、分布广泛、层次多样。每个不同类型、不同层次、不同部门的决策均有不同的内容和要求，需要运用不同的决策技术和方法加以处理。因此，有必要对决策进行系统分类，从而从不同角度或者层面更好地认识决策的本质和特征。一般来看，决策通常有表 5-2 所示的类型。

表 5-2　决策的类型

决策划分标准	决策类型	区分
决策的影响范围和重要程度	战略决策	往往由高层做出的宏观性、全局性、方向性和原则性的一种有重大影响的决策
	战术决策	为落实战略决策，实现组织各环节的高度协调和资源的有效配置，针对具体问题而做出的目标明确、问题单一的决策
	业务决策	为提高业务效率以及更好执行战术决策，针对短期目标在日常作业中实行的常规性和技术性的决策
决策主体	个人决策	决策权集中于个人的决策，决策效果受其个人因素的影响较大
	集体决策	决策权由集体共同掌握的决策，群体结构和权力分布对决策效果影响较大
决策问题的重复性	程序化决策	决策的问题是那些经常重复出现、性质非常相近的例行性问题，可按照程序化步骤和常规性方法处理
	非程序化决策	决策处理的是那些偶然发生的、无先例可循的、非常规性问题
决策目标多寡	单目标决策	解决单一问题所进行的较为简单的决策
	多目标决策	解决多项问题所进行的比较复杂的决策
决策环境的可控程度	确定型决策	是指与决策相关的因素都是肯定的、明确的决策。决策者可以在完全确定的情况下选择最优的方案
	风险型决策	决策涉及的条件有些是随机因素，知道有几种方案但每种方案实施后的结果只知道其概率分布，均存在一定风险
	非确定型决策	决策的未来状况难以确定，仅知道各方案的可能结果，但并不知道各结果出现的概率
决策的阶段	初始决策	组织对从事某项活动或从事该项活动的方案所进行的初次抉择
	追踪决策	原来决策执行后所进行的活动方向、行动方案、内容或方式的重新调整
决策主体的地位	高层决策	企业最高层次管理者或管理团队所做的决策
	中层决策	企业中层管理者或管理团队所做的决策
	基层决策	企业基层管理者或管理团队做出的决策

二、决策理论演进

（一）古典决策理论

古典决策理论又称规范决策理论，是基于“经济人”假设提出来的一种理想的决策模型，主要盛行于 20 世纪 50 年代以前。古典决策理论认为，决策问题属于经济范畴，即决策应遵循利益最大化原则，为组织谋求最大的经济利益。

古典决策理论主要有以下四方面的观点。

（1）决策者必须全面掌握有关决策环境的信息情报。

（2）决策者要充分了解有关备选方案的情况。

（3）决策者应建立一个合理的自上而下的执行命令的组织体系。

（4）决策者进行决策的目的始终都是使本组织获取最大的经济利益。

古典决策理论是基于决策者是完全理性的理论假设，认为决策者在充分了解所有相关信息前提下，根据组织目标而做出最佳决策。但是古典决策理论忽视了实际决策过程受到很多非经济因素的影响，造成这种理论很难正确指导实际的决策活动。

（二）行为决策理论

行为决策理论始于20世纪50年代阿莱斯悖论和爱德华兹悖论的提出，是针对完全理性决策观点难以解决的问题进而发展起来的。诺贝尔经济学奖得主赫伯特·A. 西蒙在其著作《管理行为》（1947年）一书中对古典决策理论的“经济人”假设提出挑战，认为理性和经济都无法确切说明管理的决策过程，进而提出了著名的“有限理性”标准和“满意度”原则。后继研究者进一步验证了西蒙观点的科学性，并发现影响决策的因素除了经济因素外，决策者的心理和行为特征，如情感、态度、能力、经验、动机等非经济因素也有重要影响。

行为决策理论主要有以下五方面的内容。

（1）行为决策理论人的理性介于完全理性和完全感性之间，即人的理性是有限的。相对于高度不确定和极其复杂的现实决策环境，人的知识、想象力、分析能力、运算能力等都是有限的。

（2）行为决策理论在识别发现问题中易受知觉上的偏差影响。所谓知觉上的偏差，就是指由于认知能力的限制，决策者仅把部分信息反映出来的问题当作认知对象。决策者在对未来的状况做出判断时，直觉的运用往往多于逻辑分析方法的运用，因此知觉偏差情况极为普遍。

（3）决策受决策时间和可利用资源的限制。即使决策者充分了解和掌握有关决策环境的信息情报，也只能拟订若干备选方案并了解部分方案的情况，决策者选择的理性不是绝对的。

（4）决策者对待风险态度有差异。决策者对待风险的态度对决策质量和效果有较大影响。一般来说，管理者更倾向于接受风险较小的方案，尽管风险较大的方案可能带来较为可观的收益。而且面对收益或损失等不同类型决策，同一决策者往往表现出对待风险的不同态度。

（5）决策者更愿意寻求满意的结果，而不愿费力寻求最佳方案。决策者的这种惰性一般来自以下几种情况：决策者更愿意满足现有的可行方案所带来的收益，而不再发挥积极性进行更深入分析；决策者本身缺乏有关能力和职业素养，在有些情况下，决策者可能出于个人因素而做出选择；评估所有的方案并选择最佳方案，需要时间和金钱的成本，相对于收益这可能不经济或者得不偿失。

行为决策理论重视影响决策的非经济因素，基于有限理性抨击了将决策视为定量方法和固定步骤的片面性。很多学者从具体的非经济因素角度开展了有价值的探索。威廉·大内主张将决策视为一种文化现象。他在对美日两国企业在决策方面的差异所进行的比较研究中发现，东西方文化的差异是导致这种决策差异的一种不容忽视的原因，从而开创了决策的跨文化比较研究。

（三）当代决策理论

继古典决策理论和行为决策理论之后，决策理论有了进一步发展，产生了当代决策理论。其核心内容是：决策贯穿于整个管理过程，决策程序就是整个管理过程。

1944年冯·诺依曼（John von Neumann，1903—1957年）和摩根斯坦（Oskar Morgenstern，1902—1977年）在其划时代巨著《博弈论与经济行为》一书中提出了合作型博弈，而合作型博弈在应用中所暴露出来的局限性，又促进了非合作型博弈——“纳什均衡”（Nash equilibrium）的产生。“纳什均衡”的提出和不断完善，为博弈论广泛应用于经济学、管理学、社会学、政治学、军事科学等领域奠定了坚实的理论基础。20世纪50年代，萨维奇（Leonard Jimmie Savage，1917—1971年）在冯·诺依曼—摩根斯坦的效用理论基础上，从决策角度研究统计分析方法，建立了统计决策理论。同时林德布罗姆（Charles Edward Lindblom）针对理性决策模式的缺点提出了“渐进决策”模式，认为决策是个渐进过程，动荡的社会环境增加了决策的困难。20世纪70年代，“决策分析”这一概念得到较为广泛的应用，决策分析逐渐形成一门科学。随着计算机技术的普及，出现了决策支持系统，在此基础上20世纪80年代初期又发展出了群体决策支持系统，并已经成为现代决策支持系统研究的重要前沿。此外效用理论、博弈论以及决策支持系统的发展为当代决策理论的发展提供了理论依据和技术支持。

当代决策理论认为，组织是一个由决策者个人及其下属、同事等利益相关者所组成的系统。整个决策过程从分析内外部组织环境开始，从而明确组织目标，据此拟订实现该目标的各种可行方案，通过比较和评估这些方案从而选择合适方案，最后实施方案，并追踪检查和控制，以确保预定目标的实现。当代决策理论实现了古典决策理论和行为决策理论的有机结合，所提出的决策准则和程序，既重视决策科学的理论、方法和手段的应用，又重视决策者主动性的发挥，对于保证决策的高质量具有重要指导价值。

知识库

常见的决策模式

（1）L型决策模式。L型决策模式，是领导者对该项事情的决策，完全依据自己对该事情的了解与信息，凭其经验与知识做决策，完全不与相关部属讨论或征询意见。自信满满的领导者，或认为部属没有能力，或不习惯部属参与决策，都喜欢使用这种决策模式。

（2）LI型决策模式。LI型决策模式，领导者面对一项决策时，会选择性地询问员工对一些问题的看法，但并不会让员工知道询问的目的何在，之后自己根据这些得来的信息就做决策了。

（3）LC型决策模式。LC型决策模式，虽然只是与少数几位部属分开讨论，但是因为领导者会提出困难与决策目的说明，这样部属参与程度大概有50%，可算是比较民主的模式，对员工的训练与培育也可以起到一些作用。

（4）LCT型决策模式。LCT型决策模式，领导者在需要做决策的时候，会先召集相关的主管一起开会，先向主管说明决策的目的与困难，并请每一位主管提出各自的看法与决策建议。在会议中，领导者只扮演鼓励发言、引导讨论的角色，让不同的意见激荡出更好的意见，最后领导者综合大家的意见，加上自己深入的思考才做出决策，并向相关提供意见的主管说明最终的决定与原因。

（5）T 型决策模式。T 型决策模式，是一种全员参与的模式，领导者将决策的形成完全交给团队，并全力支持团队最后的决定。

资料来源：http://wiki.mbalib.com/wiki/%E5%86%B3%E7%AD%96%E7%AE%A1%E7%90%86（有改动）

三、决策的过程

决策是一个漫长而复杂的过程，涉及识别问题、分析问题、解决问题三个大的环节。按科学的程序进行决策并不能够保证决策结果是正确的，但决策失误一般都是因为没有按照这一过程进行决策。因此只有系统理解了决策全过程，才能保证决策有可能是正确和有效的，具体来看决策过程主要包括以下环节[①]。

1. 诊断问题（识别机会）

决策是为了解决现实中的问题，因此好的决策者首先须发现真实的问题，必须知道哪里需要采取行动，因此决策过程的第一步是诊断问题或识别机会。识别机会和问题并不简单，因为问题可能埋藏在个人过去的经验、组织复杂的结构或个人和组织因素的某种混合环境之中。因此，管理者必须具有收集和整理信息的能力，尤其特别需要密切关注处在其责任范围内的相关数据与信息，对问题的各种有关因素具有敏感性，一旦实际状况与所预期状况存在较大差异，则说明潜在机会或问题的存在。然后决策者应特别注意要尽可能精确地评估问题和机会，低质量或不精确的信息不仅无助问题的识别反而会使时间白白浪费。同时信息的理解和解释过程也会出现扭曲，从而留下重大事故的隐患。另外，值得注意的是有些影响因素是超出决策者控制范围的。

2. 明确目标

目标体现的是组织预期的结果，而且想要获得的结果的数量和质量都要明确，因为这两个方面都最终指导决策者选择合适的行动路线。目标的衡量方法有很多种，如用货币单位来衡量利润或成本目标，用每人的产出数量来衡量生产率目标，用次品率或废品率来衡量质量目标。

3. 拟订备选方案

一旦机会或问题被正确地识别出来，管理者就要提出达到目标和解决问题的各种方案，这是决策过程的中心环节。对于任何一种行动来说，都有多种可行的方案，拟订备选方案需要创造力和想象力，兼顾效果和可行性两方面因素。在提出备选方案时，管理者必须将试图达到的目标铭记在心，而且要提出尽量多的方案。备选方案既可以是标准的和明显的，也可以是独特的和富有创造性的。

4. 评估和筛选备选方案

管理者应根据现实情况和需求，客观评估每种方案的相对价值和优劣，综合考虑预定的决策标准、方案的成本、收益、不确定性风险，据此对每种方案进行排序。一般来说，方案评估

---

① 周三多. 管理学[M]. 北京：高等教育出版社，2014：82-83.

和选优的价值标准主要包括便于既定目标的完成、最大效益原则、实施可行性以及风险较小。根据决策问题和环境条件常用的选优方法有经验判断法、数学分析法以及实验法三种。

5. 执行方案

方案的有效执行需要足够数量和种类的资源做保障。如果组织内部恰好存在方案执行所需要的资源，那么管理者应设法将这些资源调动起来，并注意不同种类资源的互相搭配，以保证方案的顺利执行。如果组织内部缺乏相应的资源，则要考虑从外部获取资源的可能性、经济性。执行方案过程中还有必要重新评估经营环境是否发生了变化，这对于长期决策非常必要。

另外，方案的执行将不可避免地会对各方造成不同程度的影响，一些人的既得利益可能会受到伤害。而方案的执行需要得到员工的普遍支持，需要调动他们的积极性和主动性。在这种情况下，管理者需要善于做思想工作，还可以拿出相应的补偿方案以消除他们的顾虑，化解方案在执行过程中遇到的阻力。

6. 评估和监督

决策的最后一步是评估效果，看识别的问题是否得到解决。具体来看，对方案执行效果的评估是指将方案实际的执行效果与管理者当初所设立的目标进行比较，看是否出现偏差或者出现了不希望看到的负面效应。如果存在，则要找出产生的原因，并采取相应的矫正措施。如果方案几经修改仍不能达到预期效果，则需要重新审视决策过程，追溯到原来的某个环节，甚至重新开始整个决策。常见的偏差往往出现在以下三个方面：问题识别有误、实施中的人为因素和客观环境变化。

知识库

德鲁克的决策观：决策要求不同意见

一个人如果不考虑可供选择的各种方案，他的思想就是闭塞的。卓有成效的决策者往往不求意见的一致，而十分喜欢听取不同的想法，这正好与一般的教科书中关于决策的原则截然相反。

有效的决策绝对不是在一片欢呼声中做出来的。只有通过对立观点的交锋、不同看法的对话，以及从各种不同的判断标准中做出一种选择之后，管理者才能做出有效的决策。因此，决策的第一条规则就是：在没有不同意见之前，不要做出决策。

据说，艾尔弗雷德·斯隆曾在通用汽车公司高级管理阶层的一次会议上说：“先生们，我想我们大家对这项决定都一致同意，是吗？”在场的人都点头表示同意。于是斯隆接着说：“那么，我建议推迟到下次会议再对这项决定做进一步的讨论，以便我们有时间来提出不同的意见，并对与这项决定有关的各个方面有所了解。”事实证明，斯隆避免了一个错误的决策。

斯隆做决策从来不靠“直觉”。他总是强调必须用事实来检验意见，并切实保证不要从结论开始再回头来找支持这一结论的事实。他知道，正确的决策要求有恰当的不同意见。

美国历史上每一位政绩卓著的总统都有他自己的方法来得到做出有效决策所需的不同

意见。美国国父华盛顿痛恨冲突和争吵并要求其内阁统一，但他为了在重大事件上获得必需的不同看法，就征求汉密尔顿和杰斐逊在这些问题上的看法。

做决策之所以需要有不同的意见，有以下三点理由。

第一，保证决策者不受组织中某个利益体的束缚。每个人都在某些方面对决策者有所要求。每个人都是一个特殊的恳求者——而且往往是十分真诚的——试图使决策有利于他。无论决策者是美国总统还是年轻的工程师，都是这样。

第二，只有有了不同意见才能为一项决策提供各种可供选择的方案。而一项没有其他备选方案的决策，无论它经过了怎样仔细的思考，都是一种赌徒式的孤注一掷。一项决策被证实为错误的可能性是高度存在的——这或者是它一开始就是错误的，或者是情况的变化使得它变成错误的。如果人们在决策过程中仔细考虑了各种备选方案，那么假如原来的决策行不通，就能拿出已经仔细考虑过、研究过的补救方案。如果没有这样的备选方案，当实际情况表明一种决策行不通时，很可能使决策相关方遭受惨重失败。

第三，不同意见是激发想象力所必需的。当人们为问题寻找一种唯一正确的答案时，可能并不需要想象力。经理人在处理具有真正的非确定性的所有事情中——无论所处理的是政治的、经济的、社会的或军事的事务——都需要创造性的答案。而这就意味着需要想象力——领悟和理解新的、不同的方法。第一流的想象力并不是随处可见的，但也并不像普遍认为的那样稀少。但是，想象力需加以挑战和激发，否则将被表面看来正确而实际上却是虚假或不完全的意见所迷惑。

资料来源：德鲁克 P. 管理的实践[M]. 齐若兰，译. 北京：机械工业出版社，2006（有改动）

第二节 决策影响因素

决策对于一个组织来说至关重要，因此决策者在制定组织决策的时候，要充分考虑各种因素。影响决策的因素有时可能会很单一，有时却很复杂。有时是一个因素起作用，有时却是众多因素共同起作用的。决策影响因素主要涉及环境因素、组织自身因素、决策主体因素、决策问题性质以及过去决策和时间的影响。管理者若要管理好一个组织，就必须重视决策这一重要环节，做出较优决策。

一、环境因素

企业是处于社会这个大背景中的实体，企业的生存和发展都不同程度上受到环境的影响。当环境有利于企业的发展时，决策便轻松得多；当环境不利于企业的发展时，决策可能变得异常复杂和困难。环境因素主要包括三个方面：环境的特点、市场的结构和买卖双方的市场地位。

首先，环境的特点影响组织的活动选择。组织决策要面临的环境包括企业经营的微观环境和宏观环境。微观环境是指与企业产、供、销、人、财、物、信息等直接发生关系的客观环境，是决定企业生存和发展的基本环境。决策者应根据环境变化程度、本企业在市场的竞争力和同行的垄断程度以及市场需求进行决策。当环境剧烈变动时，决策者应对决策的方向、内容与形式进行及时的调整。

其次，企业面临的市场结构以及买卖双方的市场地位也会影响到决策。当市场竞争程度激烈时，决策者应密切关注市场动向，推出新产品；当市场需求大时，决策者应提高自身的生产能力和生产条件；当市场需求不足时，决策应根据市场的需求状况改变产品生产；等等。

最后，环境与市场因素的发展趋势和发生概率也对组织的活动选择具有较大影响。环境发展趋势基本上分为两大类：一类是环境威胁，另一类是市场机会。企业的管理者可以利用“环境威胁矩阵图”和“市场机会矩阵图”来加以分析、评价。市场机会矩阵与环境威胁矩阵如图 5-1 所示。

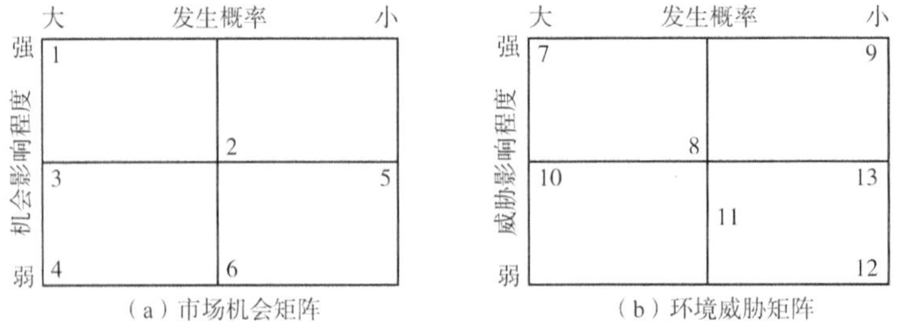

图 5-1 市场机会矩阵与环境威胁矩阵

由图 5-1 中市场机会矩阵可知：1 的机会最好，实现的概率大，对企业具有吸引力；2 的机会也好，但发生的概率小，需要创造条件来实现；3、4 的机会影响弱，但发生的概率大，企业应注意加以利用；5、6 的机会影响弱，发生的概率也小，企业可以不予考虑。同样，由环境威胁矩阵可知：在 7、8 位置处，威胁程度强，发生概率大，企业应特别重视；9 的威胁虽强，但发生的概率小；10 的影响小，但极有可能发生，企业要加以关注；11、12、13 的威胁程度与概率都小，企业可以不予考虑。

案 例 库

“沙格型”汽车昙花一现

1985 年，由马来西亚国营重工业公司和日本三菱汽车公司合资 2.8 亿美元生产的新款汽车“沙格型”隆重推出市场。马来西亚政府视之为马来西亚工业的“光荣产品”，产品在推出后，销售量很快跌至低谷。经济学家经过研究认为，“沙格型”汽车的一切配件都从日本运来，日元升值使它的生产成本急涨，再加上马来西亚本身的经济不景气，所以汽车的销售量很小。此外，最重要的因素是政府在决定引进这种车型时，考虑的是满足国内的需要。因此，技术上未达到先进国家的标准，无法出口。由于在目标市场决策中出现失误，“沙格型”汽车为马来西亚工业带来的好梦，只是昙花一现而已。

资料来源：https://wenku.baidu.com/view/eba05698b14e852458fb57bb.html（有改动）

二、组织自身因素

决策是为组织服务的，同时组织自身也存在促进和制约决策制定的因素。

首先，组织对决策的影响是组织文化带来的影响。在保守型的文化中，决策者趋于保守，他们不会轻易容忍失败，他们的决策旨在维持现状。相反，进取型的决策者则欢迎变化，通过创新宽容地对待失败。因此企业组织的管理人员应该把握其文化特征，同时还应思考从组织决策的角度研究组织文化与决策的关系。一个新决策要求原有的组织文化的配合与协调，而企业组织中原有的文化有它的滞后性，很难马上对新的决策做出反应。所以，组织文化可能成为实施组织决策的阻力；另外，积极地革新组织文化也可能成为实施组织决策的动力。

在进行管理决策和实施一个新决策时，组织内部的新旧文化必须相互适应、相互协调，这样才能为组织决策获得成功提供保证。虽然，决策时要考虑所做出的决策尽量与组织文化相适应，不要破坏企业已有的组织文化。但是，在企业环境发生重大变化，企业的组织文化也需要相应做出重大变化的情况下，企业应考虑自身长远利益，不能为了迎合企业现有的组织文化，而将组织新的决策修订得与现行组织文化标准相一致。因为这有可能损害组织的长远发展。

其次，组织的信息化程度对决策也会产生巨大的影响，影响决策的效率。一个信息化程度较高的组织能够快速获取高质量信息，并通过有限的信息做出较好的决策。

另外，组织对环境的应变能力也影响决策的制定。对一个组织而言，其对环境的应变是有规律可循的，随时间的推移，一个组织的应变能力趋于平稳，形成组织对环境特有的应变模式。

组织文化、组织的信息化程度、组织对环境的应变模式都影响着决策者的决策，有时它们中的一个起作用，有时它们中的一个起主导作用，另两个起辅助作用共同影响决策。因此正确的决策与组织自身有着重要的关系，从另一个方面来说，加强组织自身建设，打造优秀团队也是企业发展壮大的因素。

三、决策主体因素

决策的主体始终是人，而人是最为复杂的决策影响因素，决策的制定很大程度上受到人的影响。决策主体对决策的影响主要分为四个方面，分别为：个人对待风险的态度、个人的能力、个人的价值观和决策群体关系的融洽度。

首先，个人对待风险的态度。可以将决策者对待风险的态度分为三种，即风险喜好型、风险中性与风险厌恶型。不同的决策者对风险的态度，决定了其决策的方式。那些敢于冒风险的决策者，敢于承担责任，能够采取积极果断的行动，因此有可能抓住机会，但也可能遭受一些损失。当决策者属于风险喜好型，决策可能更具改革性，会为企事业单位带来巨大的变动。那些不愿意或者没有能力冒风险的决策者，不敢承担责任，决策可能趋于保守或者很保守，虽然可以避免一些无谓的损失，但也有可能丧失机会。

其次，决策者个人的能力是决策成败的关键。具体看，决策者个人的能力包括对信息的获取能力，对问题的认识能力和沟通能力。决策者的个人能力决定决策的质量，因此组织应当加强上层团体的教育，以便提高决策的质量。东西方的价值观不同，同样东西方的决策者对同一问题的看法不同，这深刻地影响着决策者的决策。在东西方决策者都存在的公司，唯有决策者同心同德时，决策才能够更好地被制定。决策者的能力来源与渊博的知识和丰富的实践经验有关，一个人的知识越渊博、经验越丰富、思想越解放，就越乐于接受新事物、新观念，越容易理解新问题，使之能拟订出更多更合理的备选方案。

再次，决策者个人的价值观也对决策具有重要影响。决策者的知识与经验、战略眼光、民主作风、偏好、个性习惯、责任和权力等都会直接影响决策的过程与结果。另外，决策者是否重视伦理以及采用何种伦理标准也会影响其对待行为或事物的态度，进而影响其决策。

最后，决策群体关系的融洽度。一方面决策是采用群体决策还是个人决策在一定程度要考虑到决策者和群体关系的融洽程度，如果关系紧张，一般来说群体决策效果更好一些。另一方面，即使在群体决策过程中，群体成员之间关系的融洽度也会对决策的效率和质量产生较大影响。在一个成员关系紧张的群体，各方如果都坚持自己利益而不妥协，那么决策的时间将会拉长，效率降低，而且决策过程很有可能会出现人为障碍。在这种情况下，即使被通过的决策也很有可能只是一个折中的方案，不利于根本问题的解决。

四、决策问题性质

当一个企业面临一个对企业来说相对紧急而重要的问题时决策者又该如何决策呢？这是一个影响决策结果的问题，当问题十分紧急的时候，快速解决问题比如何解决问题更重要。相反，当问题不是十分紧急的时候，决策者可以从容应对。当问题十分重要的时候，决策就需要群策群力，而且决策需要十分的慎重。

五、过去决策

在大多数情况下，组织决策不是在一张白纸上进行初始决策，而是对初始决策的完善、调整或改革。组织者过去的决策是目前决策过程的起点。过去选择的方案的实施，不仅伴随着人力、物力、财力等资源的消耗，而且会给管理者心理和情感上带来变化，甚至会伴随着内部状况的改变，带来对外部环境的影响。过去决策所带来的良好效果和记忆必然给未来的决策以有益的借鉴，过去失败的决策必然给未来的决策带来心理的阴影和消极影响。正所谓良性循环和恶性循环。“非零起点”的目前决策不可能不受到过去决策的影响。

过去的决策对目前决策的影响程度，与决策和现任决策者的关系密切程度相关。如果过去的决策是由现任决策者制定的，而决策者通常要对自己的选择及其后果负管理上的责任，那么，决策者一般不愿对组织活动进行重大调整，而倾向于仍将大部分资源投入过去方案的执行中，以证明自己的决策的正确和避免不必要的对自身形象的伤害。相反，如果现任决策者与组织过去的主要决策没有很深的关系，则愿意接受改变。

六、时间

决策是在特定的情况下，将组织的当前情况与组织未来可能的行动联系起来，并旨在解决问题或把握机会的管理活动。这就决定了决策必然受时间的制约，一旦超出了时间的限制，情况发生了变化，再好的决策也不可能达到预期目标。“刻舟求剑”的寓言故事就充分地说明了随着时间的改变、条件的改变，决策也必须变化的道理。

一个方案可能涉及较长的时间，在这段时间里，形势可能发生变化，而初步分析建立在对问题或机会的初步估计上，因此，管理者要不断对方案进行修改和完善，以适应变化了的形势。同时，连续性活动因涉及多阶段控制而需要进行定期的分析和控制。

第三节 决 策 方 法

“工欲善其事，必先利其器。”决策质量既依赖决策者个人的能力和环境条件，同时也受到决策方法的重要影响。根据决策对象和内容，决策方法可以分成两大类：定性决策方法和定量决策方法（表 5-3）。

表 5-3 决策方法

属性	类型	方法
定性决策方法	群体决策方法	头脑风暴法
		名义小组技术
		德尔菲技术
		电子会议
		互动小组
	有关活动方向的决策方法	波士顿矩阵
		政策指导矩阵
定量决策方法	确定型决策方法	盈亏平衡分析法
		线性规划法
	不确定型决策方法	乐观准则
		悲观准则
		乐观系数准则
		机会均等准则
		后悔值准则
	风险型决策方法	期望值法
		决策树法

一、定性决策方法

定性决策方法又称主观决策方法，是指在决策中主要依靠决策者或有关专家的智慧来进行决策的方法，这是一种“软技术”。管理决策者运用社会科学的原理并依据个人的经验和判断能力，采取一些有效的组织形式，充分发挥各自丰富的经验、知识和能力，从对决策对象的本质特征的研究入手，掌握事物的内在联系及其运行规律，对企业的经营管理决策目标、决策方案的拟订以及方案的选择和实施做出判断。这种方法适用于受社会、经济、政治等非计量因素影响较大、所含因素错综复杂、涉及社会心理因素较多以及难以用准确数量表示的综合性问题。这种“软技术”方法是企业决策采用的主要方法，它弥补了“硬”方法对于人的因素、社会因素等难以奏效的缺陷。“硬”“软”两类技术相互配合，取长补短，才能使决策更为有效。定性决策方法有很多种，常用的有经理人员决策法、专家会议法、头脑风暴法、德尔菲法等。

（一）群体决策方法

1. 头脑风暴法

头脑风暴（brain-storming）法的创始人是奥斯本，头脑风暴最早是精神病理学上的用语，针对精神病患者的精神错乱状态而言的，如今转而为无限制地自由联想和讨论，其目的在于产生新观念或激发创新设想。采用头脑风暴法组织群体决策时，要集中有关专家召开专题会议，主持人以明确的方式向所有参与者阐明问题，说明会议的规则，尽力创造融洽轻松的会议气氛。主持人一般不发表意见，以免影响会议的自由气氛，由专家“自由”提出尽可能多的方案。

头脑风暴法的应用应遵守如下原则。

（1）延迟评判原则。对别人提出的任何想法都不能批判、不得阻拦。即使自己认为是幼稚的、错误的，甚至是荒诞离奇的设想，亦不得予以驳斥；同时也不允许自我批判，在心理上调动每个与会者的积极性，彻底防止出现“扼杀性语句”和“自我扼杀语句”。

（2）自由畅想原则。小组讨论要有自由、活跃的气氛，提倡自由奔放、随便思考、任意想象、尽量发挥。主持人应激发与会者提出各种荒诞的想法，使与会者思想放松。每个与会者都要从他人的设想中激励自己，从中得到启示，或补充他人的设想，或将他人的若干设想综合起来提出新的设想，等等。

（3）以量求质原则。头脑风暴法力图集思广益，收集更多可能的意见，不在于科学和有效，越多越好，在环境陌生的情况下，只有意见多，产生好意见的可能性才大，这是获得高质量创造性设想的条件。

（4）综合改善原则。探索取长补短和改进办法。除提出自己的意见外，鼓励与会者对他人已经提出的设想进行补充、改进和综合，强调相互启发、相互补充和相互完善，这是智力激励法成功的标准。

（5）独立思考原则。不许与会者私下交谈，以免干扰别人的思维。与会者不论是该方面的专家、员工，还是其他领域的学者，以及该领域的外行，一律平等；各种设想，不论大小，甚至是最荒诞的设想，记录人员也要认真地将其完整地记录下来。

（6）限时限人原则。小组人数一般为10～15人，最好由不同专业或不同岗位者组成，时间一般控制在60分钟之内。

2. 名义小组技术

名义小组技术，是管理决策中的一种定性分析方法。在集体决策中，如对问题的性质不完全了解且意见分歧严重，则可采用名义小组技术。名义小组技术是指在决策过程中对群体成员的讨论或人际沟通加以限制，但群体成员是独立思考的。像召开传统会议一样，群体成员都出席会议，但群体成员首先进行个体决策。

管理者先选择一些对要解决的问题有研究或者有经验的人作为小组成员，并向他们提供与决策问题相关的信息。小组成员各自先不通气，请他们独立思考，要求每个人尽可能把自己的备选方案和意见写下来。然后再按次序让他们一个接一个地陈述自己的方案和意见。在此基础上，由小组成员对提出的全部备选方案进行投票，根据投票结果，赞成人数最多的备选方案即所要的方案，当然，管理者最后仍有权决定是接受还是拒绝这一方案。

3. 德尔菲法

德尔菲法（Delphi method）是由美国兰德公司于20世纪50年代初发明的，最早用于预测，后来推广应用到决策中来。德尔菲是古希腊传说中的神谕之地，城中有座阿波罗神殿可以预卜未来，因而借用其名。德尔菲法是专家会议法的一种发展，是一种向专家进行调查研究的专家集体判断。它是以匿名方式通过几轮函询征求专家的意见，组织决策小组对每一轮的意见都进行汇总整理，作为参照资料再发给每一个专家，供他们分析判断，提出新的意见。如此反复，专家的意见渐趋一致，做出最终结论。德尔菲法具有以下三个特征。

（1）匿名性。征询和回答是用书信的形式“背靠背”进行的，应答者彼此不知道具体是谁，这就可以避免相互的消极影响。

（2）反馈性。征得的意见经过统计整理，重新反馈给参加应答者。每个人可以知道全体的意见倾向以及持与众不同意见者的理由。每一个应答者都有机会修改自己的见解，而且无损自己的威信。

（3）收敛性。征询意见过程经过几轮（一般为四轮）重复，参加应答者就能够达成基本的共识，甚至比较协调一致的共识。也就是说，统计归纳的结果是收敛的，而不是发散的。

德尔菲法具体实施步骤包括以下五个环节。

（1）拟定决策提纲。先把决策的项目写成几个问题，问题必须提得十分明确，不论谁回答，对问题的理解都不应两样，而且最好只能以具体明确的形式回答。

（2）选定决策专家。选择的专家一般是有名望的或从事该项工作多年的专家，最好包括多方面的有关专家，选定人数一般以20～50人为宜，一些重大问题的决策可选择100人以上。

（3）征询专家意见。向专家邮寄第一次征询表，要求每位专家提出自己决策的意见和依据，并说明是否需要补充资料。

（4）修改决策意见。决策的组织者将第一次决策的结果及资料进行综合整理、归纳，使其条理化，发出第二次征询表，同时将汇总的情况一同寄去，让每位专家看到全体专家的意见倾向，据此对所征询的问题提出修改意见或重新做一次评价。

（5）确定决策结果。征询、修改以及汇总反复进行三四轮，专家的意见就逐步集中和收敛，从而确定出专家趋于一致的决策结果。

这种方法的优点主要是简便易行，具有一定的科学性和实用性，可以避免会议讨论时产生的因害怕权威而随声附和，或固执己见，或因顾虑情面不愿与他人意见冲突等弊端；同时也可以使大家发表的意见较快收敛，参加者也易接受结论，具有一定程度综合意见的客观性。缺点是专家一般时间紧，回答往往比较草率，同时由于预测主要依靠专家，因此，归根到底仍属专家的集体主观判断。此外，在选择合适的专家方面也较困难，征询意见的时间较长，对于需要快速判断的预测难以使用，等等。尽管如此，德尔菲法简便可靠，仍不失为一种人们常用的定性决策方法。

4. 电子会议

最新的定性决策方法是将专家会议法与尖端的电子计算机相结合的电子会议。多达 50 人围坐在一张马蹄形的桌子旁。这张桌子上除了一系列的计算机终端外别无他物。将问题显示给决策参与者，将他们自己的回答打在计算机屏幕上。个人评论和票数统计都投影在会议内的屏幕上。

电子会议的主要优点是匿名、诚实和快速。决策参与者不能透露姓名地打出自己所要表达的任何信息，一敲键盘即显示在屏幕上，使所有人都能看到。它使人们充分地表达他们的想法而不会受到惩罚，它消除了闲聊和讨论偏题，且不必担心打断别人的“讲话”。专家声称电子会议比传统的面对面会议快一半以上。例如，菲尔普斯·道奇矿业公司采用此方法将原来需要几天的年计划会议缩短到 12 小时。

但是，电子会议也有缺点：那些打字快的人使得那些口才好但打字慢的人相形见绌；再者，这一过程缺乏面对面的口头交流所传递的丰富信息。

5. 互动小组

互动小组是最普遍的群体决策形式。它可以是一个既存的群体，组织中的某个职能部门、某个部门中的科室或者某个常设委员会，也可以是一个特意成立的小组，如一个攻关小组、一个特别委员会等。小组成员就某一问题交谈、讨论、争论，达成一致，进一步讨论，最后完成决策。这种方法的一个好处是小组成员间的相互作用有利于产生新主意、新点子，同时有利于促进小组成员的相互理解和沟通。缺点在于政治行为容易起过大作用。

（二）有关活动方向的决策方法

1. 波士顿矩阵

波士顿矩阵［BCG（Boston Consulting Group，波士顿咨询公司）matrix］又称经营单位组合分析法，由美国波士顿咨询公司建立，其基本思想是大部分企业都有两个以上的经营单位，每个经营单位都有相互区别的产品-市场片，企业应根据其市场占有率和市场增长率来确定其活动方向。市场占有率决定了企业的销售量、销售额和营利能力；市场增长率反映了业务增长的速度，影响投资的回收期限。

波士顿矩阵对于企业产品所处的四个象限具有不同的定义和相应的战略对策（图 5-2）。

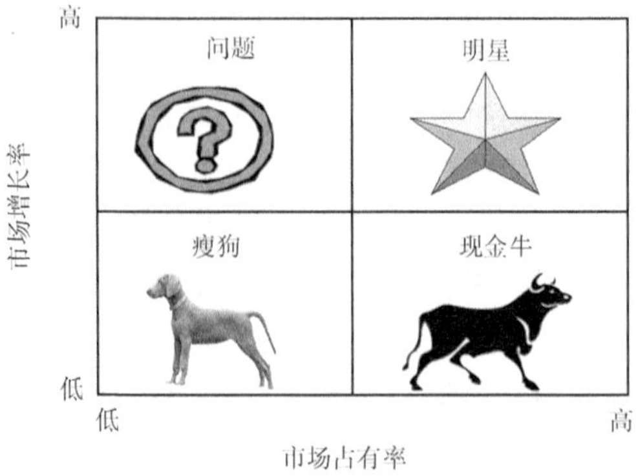

图 5-2　波士顿矩阵分析图

（1）明星产品。它是指处于高增长率、高市场占有率象限内的产品群，这类产品可能成为企业的现金牛产品，需要加大投资以支持其迅速发展。采用的发展战略是：积极扩大经济规模和市场机会，以长远利益为目标，提高市场占有率，加强竞争地位。明星产品的发展战略以及管理与组织最好采用事业部制形式，由对生产技术和销售两方面都很内行的经营者负责。

（2）现金牛产品，又称厚利产品。它是指处于低增长率、高市场占有率象限内的产品群，已进入成熟期。其财务特点是销售量大，产品利润率高、负债比率低，可以为企业提供资金，而且由于增长率低无须增大投资。因而成为企业回收资金，支持其他产品，尤其明星产品投资的后盾。其采用的发展战略是：①把设备投资和其他投资尽量压缩；②采用榨油式方法，争取在短时间内获取更多利润，为其他产品提供资金。对于这一象限内的销售增长率仍有所增长的产品，应进一步进行市场细分，维持现存市场增长率或延缓其下降速度。对于现金牛产品，适合用事业部制进行管理，其经营者最好是市场营销型人物。

（3）问题产品。它是处于高增长率、低市场占有率象限内的产品群。前者说明市场机会大、前景好，而后者则说明在市场营销上存在问题。其财务特点是利润率较低，所需资金不足，负债比率高。例如，在产品生命周期中处于引进期、因种种原因未能开拓市场局面的新产品即属此类产品。对问题产品应采取选择性投资战略。因此，对问题产品的改进与扶持方案一般均列入企业长期计划。对问题产品的管理组织，最好是采取智囊团或项目组织等形式，选拔有规划能力、敢于冒风险、有才干的人负责。

（4）瘦狗产品，也称衰退类产品。它是处在低增长率、低市场占有率象限内的产品群。其财务特点是利润率低，处于保本或亏损状态，负债比率高，无法为企业带来收益。对这类产品应采用撤退战略：首先应减少批量，逐渐撤退，对那些销售增长率和市场占有率均极低的产品应立即淘汰。其次是将剩余资源向其他产品转移。最后是整顿产品系列，最好将瘦狗产品与其他事业部合并，统一管理。

2. 政策指导矩阵

政策指导矩阵（directional policy matrix）方法是荷兰皇家-壳牌公司创立的。政策指导矩阵实质上就是将企业所处的外部环境与内部环境归结在一起，主要是用矩阵来根据市场前景和竞争能力定出各经营单位的位置，对企业所处战略位置做出判断，进而提出指导性战略规划。该方法从市场前景和相对竞争能力两个维度分析企业经营单位的现状与特征，市场前景分为吸引力强、吸引力中等、无吸引力等级，并用营利能力、市场增长率、市场质量和法规形势等因素加以定量化。竞争能力也被划分为强、中、弱三个等级，由市场地位、生产能力、产品研究和开发等因素决定。因此矩阵用九个格子表明企业不同的战略态势，九个战略方格又分成三大战略区间，落入不同的区间需要采取不同的战略方式。

如图 5-3 所示，处于区间 1 的经营单位竞争能力和市场前景都很弱，应采取剥离战略，尽快撤资和放弃该业务；处于区间 2 的经营单位市场吸引力弱且竞争能力不强；处于区间 4 的经营单位吸引力不强且竞争能力较弱，应该看准时机分期放弃这项业务，以便将资金投入营利能力更强的业务；处于区间 3 的经营单位竞争能力较强，但市场前景不容乐观，这些业务不应继续发展，但不能马上放弃，可以利用其较强的营利能力获得更多的资金以支持其他需要扶持的业务单元；处于区间 5 的经营单位市场前景和竞争能力均等，一般在市场上有势均力敌的竞争对手，应时刻警惕该业务的走向；处于区间 6 和 9 的经营单位竞争能力强，市场前景不错，应该确保足够的资源，优先发展，尤其是处于区间 9 的业务单元发展前景广阔；处于区间 7 的经营单位市场前景虽好，但竞争能力弱，要根据企业的资源状况区别对待，有前途的促进发展，其余的淘汰；处于区间 8 的业务单元市场前景虽好，但竞争能力不够强，应该分配更多的资源，以提高其竞争地位。

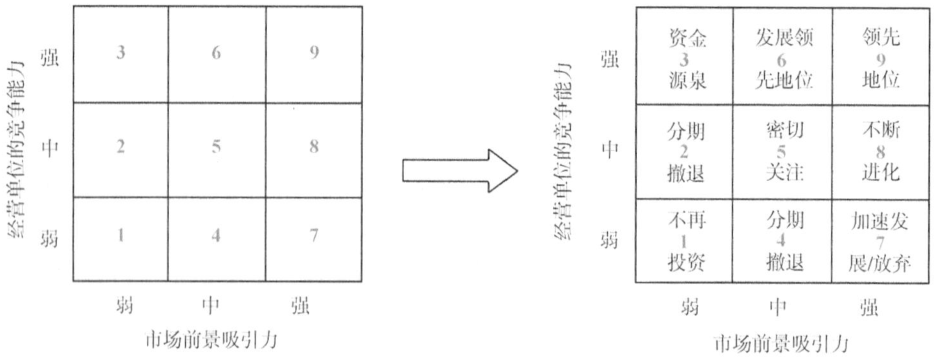

图 5-3 政策指导矩阵

二、定量决策方法

定量决策方法常用于数量化决策，应用数学模型和公式来解决一些决策问题，即运用数学工具、建立反映各种因素及其关系的数学模型，并通过对这种数学模型的计算和求解，选择出最佳的决策方案。对决策问题进行定量分析，可以提高常规决策的时效性和决策的准确性、最优性与可靠性。同时定量决策方法还可以使决策者从常规决策中解脱出来，将注意力集中在关键性、全局性的重大战略决策方面，这又帮助了领导者提高重大战略决策的正确性和可靠性。此外，运用定量决策方法进行决策也是决策方法科学化的重要标志。然而定量决策方法也有其局限性，如有些变量难以定量；数学手段本身深奥难懂；花钱多，不适合一般决策问题；等等。

（一）确定型决策方法

确定型决策问题，即只存在一种确定的自然状态，决策者可依科学的方法做出决策。它必须具备四个条件：①具有决策者希望达到的目标；②客观条件相对稳定；③有两个以上可供选择的方案；④各方案执行的结果是明确的。确定型决策方法一般用于程序化的管理性或业务性的决策。本书重点介绍两种常见的确定型决策方法：盈亏平衡分析法和线性规划法。

1. 盈亏平衡分析法

盈亏平衡分析（break-even analysis）又称保本点分析或本量利分析法，是根据产品的业务量（产量或销量）、成本、利润之间的相互制约关系的综合分析，掌握盈亏变化的临界点（保本点），用来预测利润、控制成本、判断经营状况的一种数学分析方法。盈亏平衡分析法的原理可用图 5-4 说明。在直角坐标系内，横轴表示产量（销售量），纵轴表示费用和销售收入。

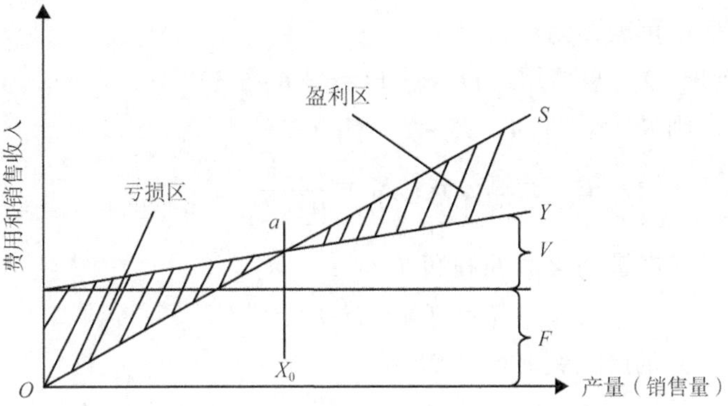

V——变动费用；X——产量；F——固定费用；X_0——盈亏平衡点产量；
Y——总费用；S——销售收入；a——盈亏平衡点

图 5-4　盈亏平衡分析法的原理

根据费用与产量的关系将总费用分成固定费用和变动费用。固定费用是不随产量变化而变化的。它是一个固定的值，如固定资产折旧费用等，在图上是一条与横轴平行的线，变动费用是随产量的变化而变化的，而且是呈正比例变化的，如材料费等，在图上是一条斜线。将固定费用与变动费用相加就是总费用（Y）。销售收入 S 和总费用 Y 的交点 a 称为盈亏平衡点（保本点），此时销售收入恰好等于总费用，即企业处于不亏不盈的保本状态。a 点把这两条线所夹的范围分成两个区域：a 点右边的是盈利区，a 点左边的是亏损区。通过盈亏平衡图可以分析如下问题。

（1）可以判断企业目前的销售量对企业盈利和亏损的影响。当 $X>X_0$ 时，企业在盈利区；当 $X<X_0$ 时，企业在亏损区；当 $X=X_0$ 时，企业保本经营。

（2）可以确定企业的经营安全率。经营安全率是反映企业经营状况的一个指标。其计算公式为

$$\eta=\frac{X-X_0}{X}\times 100\%$$

式中，η 为经营安全率。η 值越大，说明企业对市场的适应能力越强，企业经营状况越好；η 的值越小，说明企业经营的风险越大，经营越差。增加销售量而盈亏平衡点不变，可增大经营安全率。采取措施，降低盈亏平衡点也可以增大经营安全率。一般可根据表 5-4 的标准来判定企业经营安全状况。

表 5-4　企业经营安全状况判断标准　　单位：%

经营安全指标	30 以上	20～30	15～20	10～15	10 以下
经营安全状况	安全	较安全	不太好	要警惕	危险

盈亏平衡分析的中心内容是盈亏平衡点的确定及分析。它的确定就是找出这一点所对应的产量或销售量。计算公式有如下三种。

（1）产量销售量法。产量销售量法即以某一产品的固定费用与变动费用确定盈亏平衡点。此法适用于单一品种生产的决策分析，或虽属多品种生产，但各品种的固定费用可以划分清楚。

令 W——单件产品价格；C_V——单件产品变动费用。

销售收入和总费用可表述为

销售收入：$S=W\cdot X$；总费用：$Y=F+V=F+C_V\cdot X$。

当盈亏平衡时，则 $S=Y$，即 $W\cdot X_0=F+C_V\cdot X$。

盈亏平衡点的产（销）量，计算公式：$X_0=\dfrac{F}{W-C_V}$。

根据此公式，可求产量为 X 时的利润（P）：

$$P=(W-C_V)\cdot X-F$$

也可求利润为 P 时的产（销）量（X）：

$$X=\frac{P+F}{W-C_V}$$

（2）销售额法。销售额法即以某一产品销售额的固定费用与变动费用确定盈亏平衡点。此法适用于多品种生产而每个品种的固定费用又不能划分清楚的情况，计算公式如下：

$$S_0=\frac{F}{1-\dfrac{V}{S}}$$

用销售额法亦可求得或验证盈亏平衡点的产（销）量。

$$X_0=\left[\frac{F}{1-\dfrac{V}{S}}\right]\div W$$

（3）边际利润率法。边际利润率（m）是指边际利润（M）与销售收入之比。而边际利润则是销售收入扣除变动费用后的余额。此法是以某一产品的边际利润率与固定成本的关系来求盈亏平衡点。其又分为以下两种情况。

单一品种生产时盈亏平衡点的计算：

$$S_0=\frac{F}{1-\dfrac{V}{S}}=\frac{F}{M/S}=\frac{F}{m}$$

多品种生产时，先求全部产品综合平均边际利润率，然后用它去除总固定费用。

$$S_0=\frac{F}{\sum M_i/\sum S_i}$$

式中，M_i 为某一产品的边际利润；S_i 为某一产品的销售收入。

现举例说明盈亏平衡分析法的应用。

例：某企业生产 A、B、C 三种产品，有关资料如表 5-5 所示，试计算各种产品的盈亏平衡点销售量。

表 5-5　三种产品资料

品种	计量单位	销售量	单价/元	销售收入/元	变动成本总额/元	固定成本总额/元
A	件	10 000	200	2 000 000	1 400 000	
B	台	120	2 000	240 000	168 000	400 000
C	吨	600	100	60 000	42 000	
合计				2 300 000	1 610 000	400 000

①计算边际利润率。

$$边际利润率=1-\frac{变动成本总额(V)}{销售收入总额(S)}=1-\frac{1\,610\,000}{2\,300\,000}=0.3$$

②计算盈亏平衡销售额。

$$盈亏平衡销售额(S_0)=\frac{固定成本总额(F)}{边际利润率(m)}=\frac{400\,000}{0.3}=1\,333\,333(元)$$

③计算各种产品的盈亏平衡销售额。

$$S_A=1\,333\,333\times\frac{2\,000\,000}{2\,300\,000}=1\,159\,420(元)$$

$$S_B=1\,333\,333\times\frac{240\,000}{2\,300\,000}=139\,130.4(元)$$

$$S_C=1\,333\,333\times\frac{60\,000}{2\,300\,000}=34\,782.6(元)$$

A 产品盈亏平衡点的销售量＝1 159 420÷200＝5797（件）

B 产品盈亏平衡点的销售量＝139 130.4÷2000＝70（台）

C 产品盈亏平衡点的销售量＝34 782.6÷100＝348（吨）

2. 线性规划法

线性规划法是解决多变量最优决策的方法，是在各种相互关联的多变量约束条件下，解决或规划一个对象的线性目标函数最优的问题，即给予一定数量的人力、物力和资源，如何应用而能得到最大经济效益。其中目标函数是决策者要求达到目标的数学表达式，用一个极大或极小值表示。约束条件是指实现目标的能力资源和内部条件的限制因素，用一组等式或不等式来表示。线性规划是决策系统的静态最优化数学规划方法之一，是经营管理决策中的数学手段。线性规划法一般采取以下三个步骤。

首先，建立目标函数。

其次，加上约束条件。在建立目标函数的基础上，附加相关的约束条件。

最后，求解各种待定参数的具体数值。在目标最大的前提下，根据各种待定参数约束条件的具体限制便可找出一组最佳的组合。

例：某企业生产四种产品，其型号、各生产车间设备每日生产能力、每件产品的利润，以及生产各种产品所需要的设备台时数如表 5-6 所示。问如何组织生产使企业的利润最大？

表 5-6 设备台时数

车间	A	B	C	D	生产能力
Ⅰ	8	18	14	20	3600
Ⅱ	2	2	6	80	2400
利润/元	24	40	36	80	

用线性规划求解。

（1）设置决策变量。

设 X_1、X_2、X_3、X_4 分别为四种产品的计划产量，Z 表示利润。

（2）建立目标函数。

$$\max f(Z)=24X_1+40X_2+36X_3+80X_4$$

（3）列约束方程。

$$\begin{cases}8X_1+18X_2+14X_3+20X_4\leqslant 3600\\2X_1+2X_2+6X_3+80X_4\leqslant 2400\\X_j\geqslant 0\ (j=1,\ 2,\ 3,\ 4)\end{cases}$$

（4）求解。

求解过程略，解得 $X_1=400$，$X_2=0$，$X_3=0$，$X_4=20$。

这时目标函数的最佳值为

$$\max f(Z)=24\times 400+80\times 20=11\ 200\text{（元）}$$

即 A 产品生产 400 件，B 产品、C 产品不生产，D 产品生产 20 件，可获得最佳利润为 11 200 元。

（二）不确定型决策方法

不确定型决策的条件与风险型决策基本相同，只是无法测算各种状态出现的概率。这时的决策主要取决于决策者的经验、智能和思维判断。由于决策者面临哪一种自然状态是完全不确定的，因而决策的结果也是完全不确定的，称为不确定型决策。不确定型决策的方法有乐观准则、悲观准则、乐观系数准则、机会均等准则、后悔值准则。

例：某决策问题的收益如表 5-7 所示，试用不确定型决策的方法进行决策。乐观系数 $a=0.8$。

表 5-7 某决策问题的收益 单位：万元

方案	S_1	S_2	S_3	S_4
A_1	50	60	70	80
A_2	40	60	90	100
A_3	70	30	50	60
A_4	20	60	80	90

1. 乐观准则（大中取大）

乐观准则是决策者对客观情况抱乐观态度。它是先找出各种行动方案在各种自然状态下的最大收益值，并选取最大收益中的最大值所对应的行动方案作为决策方案。其决策表如表 5-8 所示。

表 5-8 乐观准则决策表 单位：万元

方案	S_1	S_2	S_3	S_4	最大收益值
A_1	50	60	70	80	80
A_2	40	60	90	100	100
A_3	70	30	50	60	70

续表

方案	S_1	S_2	S_3	S_4	最大收益值
A_4	20	60	80	90	90
最大收益值中的最大收益值					100
所选定的决策方案					A_2

这种方法的特点是，决策者对决策事件未来前景的估计乐观并有成功的把握，因此愿意以承担风险的代价去获得最大收益。

2. 悲观准则（小中取大）

悲观准则与乐观准则正相反，它要先算出各种方案在各种自然状态下可能有的收益值，再找出各种自然状态下的最小收益值，将最小收益值中的最大值对应的方案作为决策方案。悲观准则决策表如表 5-9 所示。

表 5-9 悲观准则决策表 单位：万元

方案	S_1	S_2	S_3	S_4	最小收益值
A_1	50	60	70	80	50
A_2	40	60	90	100	40
A_3	70	30	50	60	30
A_4	20	60	80	90	20
最小收益值中的最大收益值					50
所选定的决策方案					A_1

采用这种方法是非常保守的，决策者唯恐决策失误造成较大的经济损失。因此在进行决策分析时，比较小心谨慎，从最不利的客观条件出发来考虑问题，力求损失最小。

3. 乐观系数准则（折中准则）

乐观系数准则是介于上述两个准则之间的一个准则，将自然状态好和差的概率变成人为地估计一种可能性，对乐观和悲观出现的可能性估计就是乐观系数。决策人根据市场预测和经验判断确定一个乐观系数 a 为主观概率，且 $0 \leqslant a \leqslant 1$，每个方案的估计损益期望值$=a\times$最大损益值$+(1-a)\times$最小损益值。

如上例：$a=0.8$

A_1 方案的损益期望值$=0.8\times80+0.2\times50=74$（万元）

A_2 方案的损益期望值$=0.8\times100+0.2\times40=88$（万元）

A_3 方案的损益期望值$=0.8\times70+0.2\times30=62$（万元）

A_4 方案的损益期望值$=0.8\times90+0.2\times20=76$（万元）

然后根据各个方案估算损益期望值的大小，选择最大值为决策方案，故应选方案 A_2。

乐观系数准则比较接近实际，但乐观系数的决定很关键，常带有决策者的主观性。

4. 机会均等准则（等可能准则）

假定各个自然状态发生的概率相等，计算各个方案的损益期望值，再以损益期望值为决策标准。

如前例：

A_1 方案的损益期望值＝1/4×（50＋60＋70＋80）＝65（万元）

A_2 方案的损益期望值＝1/4×（40＋60＋90＋100）＝72.5（万元）

A_3 方案的损益期望值＝1/4×（70＋30＋50＋60）＝52.5（万元）

A_4 方案的损益期望值＝1/4×（20＋60＋80＋90）＝62.5（万元）

故以损益期望值最大的 A_2 方案为最优方案。

5. 后悔值准则

后悔值准则是因决策的失误造成机会损失而后悔。我们的目的是使折中后悔减少到最低程度，故以各个方案机会损失大小来判定方案的优劣。决策过程是在计算出各个方案在各种自然状态下的后悔值以后，从中选择每个方案的最大后悔值，然后从最大后悔值中选取最小者为决策方案。

决策后悔值＝理想效益值–现实结果值

表 5-10 说明，按后悔值准则决策，应采用方案 A_1。

表 5-10 后悔值准则决策表 单位：万元

方案	收益值				后悔值				最大后悔值
	S_1	S_2	S_3	S_4	S_1	S_2	S_3	S_4	
A_1	50	60	70	80	20	0	20	20	20
A_2	40	60	90	100	30	0	0	0	30
A_3	70	30	50	60	0	30	40	40	40
A_4	20	60	80	90	50	0	10	10	50
最大后悔值中的最小值					20				
应选择的决策方案					A_1				

以上五种方法，作为不确定型决策优选方案的依据，都带有相当程度的随意性，从本例中可以看出，由于决策方法不同，决策的结果是不一样的。因此，在实际工作中，决策方法的选择，主要取决于决策者的知识、经验、观念、综合分析判断能力和魄力。

（三）风险型决策方法

风险型决策也叫随机性决策或概率性决策。它需要具备下列条件：第一，有一个明确的决策目标；第二，存在决策者可以选择的两个以上的可行方案；第三，存在决策者无法控制的两个以上的客观自然状态；第四，不同方案在不同自然状态下的损益值可以计算出来。由于风险型决策自然状态出现的概率不肯定，只能估计出一个概率，所以决策人要承担因估计失误而带来的风险。这种决策方法主要应用于有远期目标的战略决策或随机因素较多的非程序化决策，如投资决策、技术改造决策等。常用的方法有如下两种。

1. 期望值法

首先计算出每个方案的损益期望值，并以此为目标，选择收益最大或最小的方案为最优

方案（表 5-11）。期望值等于各自然状态下损益值与发生概率的乘积之和，计算公式为

$$EMV_{(i)}=\sum V_{ij}\cdot P_j$$

式中，$EMV_{(i)}$ 为第 i 个方案的损益期望值；V_{ij} 为第 i 个方案在第 j 种自然状态下的损益值（$i=1,2,\cdots,n$）；P_j 为自然状态（S_j）的概率值（$j=1,2,\cdots,m$）。

表 5-11　决策矩阵表

方案 A_i	S_1	S_2	…	S_j	…	S_m
	P_1	P_2	…	P_j	…	P_m
A_1	V_{11}	V_{12}	…	V_{1j}	…	V_{1m}
A_2	V_{21}	V_{22}	…	V_{2j}	…	V_{2m}
⋮	⋮	⋮	⋮	⋮	⋮	⋮
A_n	V_{n1}	V_{n2}	…	V_{nj}	…	V_{nm}

例：某冷饮厂夏季生产冰淇淋，每箱成本 50 元，售出价格为 100 元，每箱销售后可获利 50 元，如果当天售不出去，剩余一箱就要损失冷藏保管费 30 元，根据去年夏季日销售量资料（表 5-12）可预测，今年夏季冰淇淋市场需求量与去年同期无大变化。应怎样安排今年的日生产计划，才能使期望利润最大？

表 5-12　去年夏季日销售量资料

日销售量/箱	完成日销售量的天数	概率
100	18	0.2
110	36	0.4
120	27	0.3
130	9	0.1
合计	90	1.0

解：用最大期望收益值作为决策的标准，决策分析步骤如下：

（1）根据去年夏季日销售量资料，确定不同日销售量的概率值。

（2）根据有关数据编制决策矩阵表（表 5-13）。

表 5-13　决策矩阵表　　单位：元

方案 A_i	日销售 100 箱	日销售 110 箱	日销售 120 箱	日销售 130 箱	期望值
	0.2	0.4	0.3	0.1	（$\sum V_{ij}\cdot P_j$）
生产 100 箱	5000	5000	5000	5000	5000
生产 110 箱	4700	5500	5500	5500	5340
生产 120 箱	4400	5200	6000	6000	5360
生产 130 箱	4100	4900	5700	6500	5140
最大期望值［$EMC_{(j)}=MAX(\sum V_{ij}\cdot P_j)$］					5360

表 5-13 中收益值（V_{ij}）的计算方法，以产量 120 箱为例。

日销售量为 100 箱的收益值：$V_{31}=100\times50-20\times30=4400$（元）

日销售量为 110 箱的收益值：$V_{30}=110\times50-10\times30=5200$（元）

日销售量为 120 箱的收益值：$V_{33}=120\times50=6000$（元）

日销售量为 130 箱的收益值：$V_{34}=120\times50=6000$（元）

其余各方案的收益值以此类推。

（3）计算每个备选方案的期望值。仍以日产量 120 箱方案为例，代入公式得

$$\begin{aligned}\text{EMV}&=4400\times0.2+5200\times0.4+6000\times0.3+6000\times0.1\\&=5360\text{（元）}\end{aligned}$$

其余各方案的期望值均以此类推。

（4）比较不同方案的期望值并选择最大值为最优决策。从计算结果看，日产 120 箱方案的期望值最大。故列为最终决策方案。

2. 决策树法

决策树法是以决策损益值为依据，通过计算比较各个方案的损益值，绘制树枝图形，再根据决策目标，利用修枝寻求最优方案的决策方法。该方法最大的优点是能够形象地显示出整个决策问题在不同时间和不同阶段的决策过程，逻辑思维清晰，层次分明，特别是对复杂的多级决策尤为适用。

决策树的结构要素如下。

决策节点：通常用□表示，决策节点是要选择的点，从它引出的分枝即方案分枝，有几条分枝就有几个方案。

状态节点：通常用○表示，状态节点表示一个方案可能获得的损益值。从它引出的分枝即概率分枝，每一条分枝代表一个自然状态。

决策树的结构要素如图 5-5 所示。

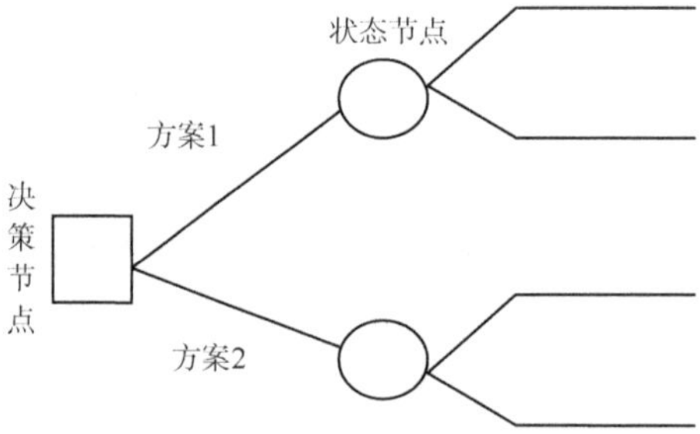

图 5-5 决策树的结构要素

运用决策树决策的步骤如下。

第一，自左向右绘制决策树，并标出数据。

第二，自右向左逐级计算出同一方案在不同自然状态下的损益值，进而计算出方案期望值，并标在节点上。

第三，逐个比较不同方案期望值的大小，然后修枝，并剪去（在舍去的方案枝上画上“//”符号）期望值较小的方案枝，如果是期望损失值，剪去较大的方案枝。

例：某厂为生产某种新产品设计了两种建厂方案：一是建大厂，二是建小厂。建大厂需投资 300 万元，建小厂需投资 160 万元。两方案的经济寿命均为 10 年。估计在 10 年内，前 3 年销路好的概率为 0.7；销路差的概率为 0.3。同时预测投产后，如果前 3 年销路好，后 7

年销路好的概率是 0.9，销路差的概率是 0.1；如果前 3 年销路不好，后 7 年销路也一定不好。在这种情况下，有人又提出第三种方案，即先建小厂，如果前 3 年销路好，再扩建成大厂，这样更有把握。扩建需投资 140 万元。各方案的年损益值如表 5-14 所示，试问应如何决策？

表 5-14 各方案的年损益值

方案	销路好 0.7	销路差 0.3	寿命/年	投资/万元
1. 建大厂	100	−20	10	300
2. 建小厂	40	10	10	160
3. 先建小厂后扩建				140

根据题意，绘出决策树如图 5-6 所示。

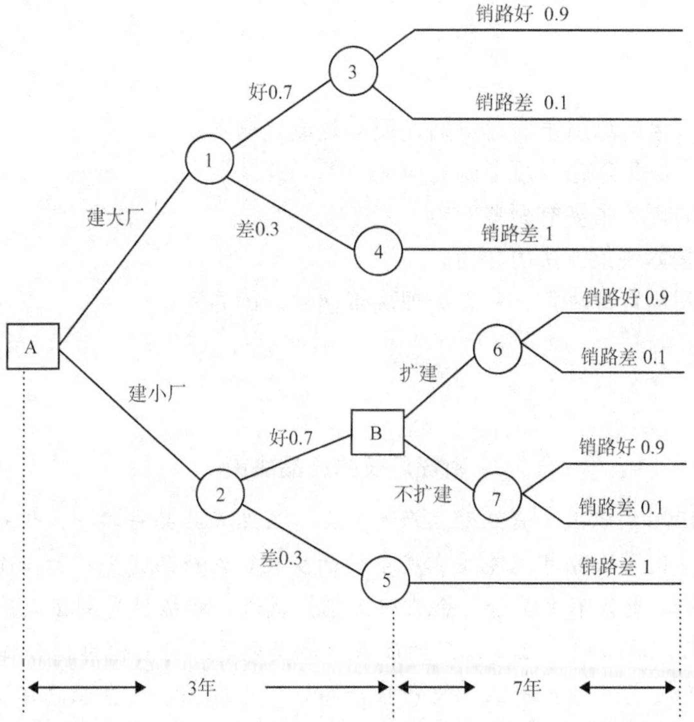

图 5-6 决策树

根据决策树图计算各点期望收益值。先计算后 7 年的，后计算前 3 年的。

点⑥EMV_6＝[0.9×100＋0.1×（－20）]×7－140

＝476（万元）

点⑦EMV_7＝[0.9×40＋0.1×10]×7＝259（万元）

这两点的期望收益值计算出来后，进行比较。由于 $EMV_6 > EMV_7$，故决定选择扩建方案，把不扩建的方案剪掉，并把点⑥的期望收益值移至 B 点。

点③EMV_3＝[0.9×100＋0.1×（－20）]×7＝616（万元）

点④EMV_4＝[1.0×（－20）]×7＝－140（万元）

点⑤$EMV_5=1.0\times10\times7=70$（万元）

点①$EMV_1=0.7\times100\times3+0.7\times616+0.3\times(-20)\times3+0.3\times(-140)-300=281.2$（万元）

点②$EMV_2=0.7\times40\times3+0.7\times476+0.3\times10\times3+0.3\times70-160=287.2$（万元）

因 $EMV_2>EMV_1$，故选择先建小厂后扩建的方案。

➢ 拓展学习

1. 宋福根. 现代企业决策与仿真[M]. 北京：科学出版社，2017.
2. 普劳斯 S. 决策与判断[M]. 施俊琦，王星，译. 北京：人民邮电出版社，2004.
3. 李娟. 决策的基因[M]. 北京：科学出版社，2018.

➢ 思考题

1. 如何理解决策的原则是满意原则，而不是最优原则？
2. 迄今为止，决策理论经历了哪些演变？
3. 决策的影响因素主要有哪些？
4. 比较三种集体决策方法的异同。
5. 比较五种不确定型决策方法在处理决策问题时的异同。

➢ 案例分析

新任厂长的产品决策

某工具厂从1990年以来一直经营生产A产品，虽然产品品种单一，但是市场销路一直很好。后来由于经济政策的暂时调整及客观条件的变化，A产品完全滞销，企业职工连续半年只能拿50%的工资，更谈不上奖金，企业职工怨声载道，积极性受到极大的影响。

新厂长上任后，决心一年改变工厂的面貌。他发现该厂与其他部门合作的环保产品B产品是成功的，于是决定下马A产品，改产B产品。一年过去了，企业总算没有亏损，但日子仍然不好过。

后来市场形势发生了巨大的变化。原来的A产品市场脱销，用户纷纷来函来电希望该厂尽快恢复A产品的生产。与此同时，B产品销路不好。在这种情况下，厂长又回过头来抓A产品，但一时又无法搞上去，无论数量和质量都不能恢复到原来的水平。为此，集团公司领导对该厂厂长很不满意，甚至认为改产是错误的决策，厂长感到很委屈，总是想不通。

资料来源：http://www.docin.com/p-194197545.html（有改动）

问题：

1. 你认为该厂长的决策是否有错误？请你做详细分析。
2. 如果你是该厂厂长，你在决策过程中应如何去做？

第六章　计　　划

本章重点

计划的概念

计划的编制过程

计划的阻力与克服

引导案例

下面是某企业年度工作总结和工作计划的一个通知，从中可以体会企业制订年度工作计划的过程和对制订年度工作计划的重视。

关于做好 2016 年工作总结/2017 年工作计划的通知

总结过去，规划未来，是我们实现企业长远目标的重要手段。现就做好 2016 年工作总结/2017 年工作计划通知如下，请各部门认真执行。

一、参与人员范围

（1）各部门正副职。

（2）各部门正职确定的本部门需要进行工作总结和制订工作计划的人员。

二、时间安排

（1）2016 年 12 月 15 日之前，各部门正职布置并收齐本部门相关人员（包括副职）的工作总结和工作计划草案。

（2）2016 年 12 月 20 日之前，各部门正职根据本部门相关人员所做的工作总结和工作计划，结合自己的思考，撰写本部门工作总结和工作计划草案，并报综合办公室。

（3）2016 年 12 月 22 日之前，公司总经理召开办公会议，根据各部门所报工作计划，结合公司全局和长远考虑，撰写公司 2017 年工作计划，并发给各部门正职。

（4）2016 年 12 月 25 日之前，各部门正职根据公司 2017 年工作计划，相应修改本部门工作计划，并将修改后的工作计划经公司批准后报公司综合办公室备案。

（5）2016 年 12 月 30 日之前，各部门正职将本部门工作计划下发给本部门相关人员，相关人员修改自己的工作计划，并报本部门正职备案。

（6）2017 年 1 月 10 日之前，公司召开 2016 年工作总结/2017 年工作计划述职会议，各部门正职进行述职。

三、工作总结包括的主要内容

（1）2016年初工作计划。

（2）2016年度实际完成的主要工作，要包括相应数据指标情况。

（3）与计划的偏差及原因分析。

（4）其他存在的问题及原因分析。

四、工作计划包括的主要内容

（1）2016年存在问题的对策。

（2）2017年主要工作计划，要包括相应数据指标情况。

ABC公司综合办公室

2016年12月10日

资料来源：编者根据管理咨询经历撰写

企业在制定决策之后，还需要在时间、空间以及主体上进行展开，这个展开的过程就是计划过程，展开而形成的文件就是计划，决策是计划的前提，而计划是决策的逻辑延伸。

第一节 计划概述

“一年之计在于春，一日之计在于晨。”“有原则不乱，有计划不忙，有预算不穷。”这些话语从一定程度上说明了计划的重要性。同时，“计划不如变化快”，也道出了管理者面对计划工作所处的窘境。那么，计划包括哪些内容呢？组织到底需要不需要计划呢？计划对于组织的意义何在呢？

一、计划的概念与内容

在汉语里，“计划”一词既可以理解为合成词，分拆为“计”和“划”两个词，又可以理解为单纯词，作为一个独立的词来理解。

当把“计划”一词分拆为“计”和“划”时，“计”是指“主意、策略”，而“划”可以等同为“画”，是指“用笔或类似笔的东西做出图形”，“计”和“划”合起来的“计划”可以理解为将“计”“划”出来，就是将主意、策略等用笔或类似笔的东西画成图形以形象地展示出来，或者说“计划”是对主意、策略的形象化延展。

当把“计划”作为一个单纯词理解时，又有名词和动词之分。《现代汉语词典》（第7版）对于名词的“计划”给出的定义是“工作或行动以前预先拟定的具体内容和步骤”，而动词的“计划”是指“做计划”。

而在英语里，“计划”对应的词语是“plan”，也有名词和动词之分。《朗文现代英汉双解词典》对名词“plan”给出的解释是“为了实施某项未来的活动，经过深思熟虑而做出的安排”。对动词“plan”给出的解释是“为某事制订一项计划”[①]。

美国管理学教授斯蒂芬·P. 罗宾斯等在其畅销教材《管理学》一书中，对于计划给出了

① 朗文现代英汉双解词典[M]. 北京：现代出版社，香港：朗文出版（远东）有限公司，1993：1058.

如下定义：计划指的是定义组织目标，确定战略以实现这些目标，以及制订方案以整合和协调工作活动。计划同时涉及结果（做什么）和手段（如何做）①。

综合以上关于计划的解释，本书将计划定义为：计划是将组织关于未来的决策在时间、空间和主体责任等方面的逻辑展开，并形成文件，用以指导、协调和整合组织成员的行动，以确保组织决策的实现。

为了便于记忆，我们可以用“5W1H”来概括计划的内容。

what——计划要做什么？明确计划的目标和内容。

why——为什么要制订这样的目标和计划？解释计划的背景和原因。

who——计划由组织的哪个部门哪个岗位去实施？明确计划的责任人员。

where——计划实施的地点在哪里？明确计划的空间方位。

when——计划何时实施？计划在时间上的展开。

how——计划如何实施？明确计划实施所需要的资源和采用的方式、手段。

上述的 5W1H 还可以表述为，计划的内容包括计划的目标和实现目标的行动方案。

二、计划的特征

从计划的定义可以看出，计划具有如下特征。

1. 计划的前瞻性

说到计划，一定是就某件事情对未来做出的安排，包含对未来的预测，以及根据预测所制订的应对方案，因此，计划首先具有前瞻性。

2. 计划的成熟性

计划，尤其是正式计划，都是由责任主体组织相关人员，经过调查分析、反复讨论、深思熟虑而形成的目标和方案，因此，计划的理性远大于感性，是一个成熟的行动路线图。

3. 计划的指导性

计划是在对未来预测基础上制订的行动目标和行动方案，对于相应的组织成员的行动具有很强的指导性。

4. 计划的层次性

计划是由组织不同层次的成员制订的，因此，计划也必然如组织的结构一样，具有层次性的特征。

5. 计划的现实性

计划的目标和实现目标的行动方案，必须符合组织的实际，并与外界环境相匹配，不能脱离现实，应该具有现实性的特征。

---

① 斯蒂芬·P. 罗宾斯，玛丽·库尔特. 管理学[M]. 李原，孙健敏，黄小勇，译. 11 版. 北京：中国人民大学出版社，2012：201.

6. 计划的挑战性

无论是计划的目标还是行动方案中完成目标的时间期限、资源需求等，都必须具有挑战性，才能真正地激励组织成员为了如期完成计划而努力工作。

7. 计划的动态性

计划是在某一时点制订的，而计划的实施却是在时间的延展线上进行的，随着时间的延展，组织内外环境必然发生变化，计划赖以存在的基础也就发生了变化。当变化较大时，组织需对计划做出相应的调整，因此计划不是静止的，而是具有动态性特征。

三、计划的作用

在组织的管理中，计划是管理者的首要职能，对组织平稳健康发展具有重要作用。

1. 为组织提供行动指导

计划是组织的决策在时间、空间和责任主体上的展开，是组织奔向计划目标的路线图，对组织的各级管理人员和组织的各部门员工提供行动指导。一个没有计划的组织，如同盲人骑瞎马，会将组织置于夜半临深池的危险处境。

2. 降低未来的不确定性

为了制订计划，组织的各级管理者就必须系统分析组织外部环境中所面临的威胁和可能的机会，以及组织内部的优势和劣势，并对组织内外环境的变化趋势做出预测，根据预测制订计划方案。因此计划在一定程度上可以降低未来的不确定性，降低组织的风险。

3. 提高组织效率

组织的正式计划为组织的成员做好了分工，并配置了必需的资源，更为重要的是为组织的成员规定了工作的时间节点和工作标准。在统一计划的指导下，组织成员可以协调工作，避免了组织工作的忙乱、窝工和浪费，提高了组织效率。

4. 为绩效评估提供依据

计划规定了组织的目标，以及实现这些目标的时间节点、完成标准等，这为组织评估成员的工作绩效提供了依据。一个没有计划的组织，也就不存在干得好与坏，因为没有绩效评估的依据，这无疑对组织的发展是不利的。

第二节 计划的类型与编制过程

本节对计划的类型进行划分，并对常规计划的层次和制订过程进行分析。

一、计划的类型

计划是对组织的决策在时间和空间上的展开，用于指导组织成员的行动。因此，计划可以按照时间和空间标准进行分类，同时还可以按时空综合、明确性程度以及制定的程序进行相应的划分。

1. 按照时间标准划分的计划

按照时间标准，计划可以分为长期计划、中期计划和短期计划。一般来说，对于一个企业，长期计划是指3年以上的发展规划，用于明确企业的发展战略、发展目标和实现目标的路径，3 年以上的长期计划更适用于大型企业；中期计划是指 1～3 年的发展规划，它比长期计划更贴近现实，计划也可以做得更为详细，对于中小企业来说，3 年规划就能解决企业长期计划的问题；短期计划是指1年以内的工作计划，在任何企业中，年度工作计划是最为重要的，它是对中长期计划的落实，对企业的日常工作具有很强的指导性和约束性。

2. 按照空间标准划分的计划

按照空间标准划分的计划，是指在企业的各个职能系统所制订的计划，包括营销计划、生产计划、研发计划、财务计划、人事计划等。这些职能计划还可以进一步细分到各职能领域的各个部门和各个岗位，后面介绍常规计划时再做详细介绍。

3. 按照时空综合划分的计划

除了按照时间和空间标准进行划分外，还可以将时间、空间结合起来，按照计划的综合性程度，将计划分为战略性计划和战术性计划。战略性计划，从时间上来说要对未来数年具有指导作用，具有长期性；从空间上来说要对组织的所有领域具有指导作用，具有全局性。而战术性计划，从时间上来说一般是短期的，从空间上来说是局部的，仅适用于某一职能领域、某一部门甚或某一岗位。

4. 按照明确性程度划分的计划

计划还可以按照明确性程度划分为具体性计划和指导性计划。具体性计划对于计划的目标、时间节点、责任的分配、资源的配置、部门的协调配合等内容，一般会做出明确而详细的说明，对组织成员的指示性强，约束力也强，具体性计划往往属于短期计划、战术性计划；而指导性计划对于上述内容，往往规定得不够明确，给予了组织成员一定的自由量度的空间，指示性弱、约束力弱，更大程度上是指导性的，指导性计划往往属于长期计划、战略性计划。

5. 按照制订的程序划分的计划

计划还可以按照制订的程序划分，由企业定期组织编制的计划即常规计划，那些为了解决某些具体问题而临时编制的计划即专项计划。

企业临时编制的专项计划，时间不定、内容不定、责任主体不定，在本书中不做讨论，下面重点介绍企业的常规计划。

知识库

"十三五"规划是什么意思

看电视，听新闻，读报纸，浏览网络，我们总是碰到"十三五"规划这个术语，那么，这个"十三五"是什么意思呢?

"十三五"规划全称是"中华人民共和国国民经济和社会发展第十三个五年规划纲要"，是根据《中共中央关于制定国民经济和社会发展第十三个五年规划的建议》编制的，主要阐明国家战略意图，明确经济社会发展宏伟目标、主要任务和重大举措，是市场主体的行为导向，是政府履行职责的重要依据，是全国各族人民的共同愿景。

中华人民共和国成立以后，经过1949年10月到1952年底3年多的经济恢复，我国学习苏联"五年计划"的模式，从1953年开始制定并实施第一个五年计划，其中除了1963～1965年国民经济调整时期外，五年计划（从"十一五"开始改称五年规划）一直延续至今。

第一个五年计划：1953～1957年

第二个五年计划：1958～1962年

第三个五年计划：1966～1970年

第四个五年计划：1971～1975年

第五个五年计划：1976～1980年

第六个五年计划：1981～1985年

第七个五年计划：1986～1990年

第八个五年计划：1991～1995年

第九个五年计划：1996～2000年

第十个五年计划：2001～2005年

第十一个五年规划：2006～2010年

第十二个五年规划：2011～2015年

第十三个五年规划：2016～2020年

中国的实践证明，五年发展规划对我国国民经济和社会健康、快速发展起到了重大作用。

二、常规计划的类型与特征

常规计划是企业实践中都在采用的计划编制方法。由于计划的一个重要特征是其层次性，常规计划同样也是按照企业的层级进行进一步的划分。表6-1所示为常规计划的类型及特征。

表6-1 常规计划的类型及特征

常规计划的类型	计划的特征			
	核心内容	时间期限	空间范围	制订主体
发展战略计划	企业的使命、愿景、长期目标、实现目标的方案	3年以上	企业全局	企业的董事会、高层管理人员、专职规划专家

续表

常规计划的类型	计划的特征			
	核心内容	时间期限	空间范围	制订主体
竞争战略计划	企业的业务单元要根据自己的优劣势确定与竞争对手展开竞争的方案	3年以上	企业某一业务单元（事业部、子公司）	企业的高级管理人员、业务单元的高级管理人员
职能战术计划	是发展战略计划、竞争战略计划在企业各项职能上的分解，并制定相应的全面预算	1～3年	企业的各职能部门，以及企业各业务单元的职能部门	企业的高级管理人员与其职能部门负责人，以及企业业务单元的高级管理人员与其职能部门负责人
一线作业计划	日常营销、生产、研发、财务、人事等的作业程序、工作规则	一部分是一年以内的，一部分程序、规则是长期的	企业各领域一线岗位	企业各职能部门以及企业业务单元各职能部门的负责人

下面针对常规计划的几种类型及其特征展开介绍。

（一）发展战略计划

在常规计划中，发展战略处于组织的最高层，是由企业的董事会和高级管理人员在充分调查研究的基础上制订的。发展战略计划要说明企业的使命是什么，企业未来的愿景是什么，企业的长期目标是什么，企业通过什么样的路径实现其使命、愿景和目标，要在一体化战略、多元化战略、国际化战略等成长路径中做出选择。其还要对成长资源获取的方式做出说明，是自我积累式成长，还是兼并收购、战略联盟、虚拟经营式成长，企业是否需要考虑战略防御：是否需要业务收缩、业务剥离以及清算处置一些业务。这些内容涉及企业全局和长远，对企业的发展具有决定性作用。

制订组织的发展战略计划，首先要对企业的战略环境进行分析，包括外部环境和内部环境。

外部环境分析中又包括宏观环境分析和产业环境分析。

宏观环境分析一般从企业当时所处的政治环境、经济环境、社会环境、技术环境、自然环境等方面进行分析，尤其是分析与企业紧密相关的要素，从中可以提炼出企业发展和竞争可能面临的机会与威胁，为制定企业发展战略和竞争战略提供参考。

产业环境分析主要是分析企业所处产业的竞争强度，首先分析同类企业的竞争状况，其次分析上游供应企业的议价能力、下游顾客的议价能力、替代品对企业定价的限制，以及潜在进入者对企业是否存在威胁等。从产业环境分析中企业可以了解该产业的盈利潜力，如果企业尚未进入这个产业，那么产业环境分析就为企业是否进入此产业提供指导；如果企业已经身处这个产业，那么产业环境分析就为企业是退出、收缩或扩大该产业的决策提供依据。

内部环境分析主要是针对企业的资源和能力进行分析，包括市场资源、技术资源、财务资源、人力资源、物质资源、社会资源等，从而明了企业所拥有的优势和劣势。

在前述外部环境分析和内部环境分析的基础上，结合企业管理者的主观意愿，制订企业的使命、目标和实现目标的战略计划。

（二）竞争战略计划

企业总部层面主要关注企业的发展方向和成长路径，而企业的业务单元层面（实践中又称作事业部、子公司等）首先要制定与竞争对手竞争的战略，以求在竞争中获得竞争优势。美国哈佛大学教授迈克尔·波特（Michael E. Porter，1947— ）认为，企业有三种竞争战略可供选择，即成本领先战略、差异化战略和聚焦战略，归根结底可以归结成两种竞争战略，即成本领先战略和差异化战略。企业的业务单元要么能够以比竞争者更低的价格向顾客提供同样价值的产品和服务，要么以比竞争者高的价格向顾客提供比竞争者更有价值的差异化的产品和服务，顾客因此收获的价值要高于其多付出的价格。

竞争战略计划的制订一般是由企业高级管理者和业务单元层面的高级管理者一起进行的，同样也需要外部环境和内部环境的分析。

此处的外部环境分析，着重分析主要竞争者和顾客市场。主要竞争者分析主要是分析竞争者的优劣势及其战略意图，为企业制定相应的竞争战略提供依据。顾客市场分析着重分析市场的结构、选择目标市场，以及确定市场定位。

内部环境分析着重分析企业的价值链，并对企业价值链条上的每个环节做出判断，判断其更适合哪一种竞争战略。

在前述外部环境分析和内部环境分析的基础上，企业决定是选择差异化竞争战略还是成本领先竞争战略。

竞争战略一旦制定，就会在较长的时期内对该业务单元的各职能领域的日常经营决策起到重要的指导作用。关于竞争战略的详细内容将在下一章阐述。

（三）职能战术计划

企业在制订好发展战略计划和竞争战略计划之后，还要落实到各个职能领域。各职能领域要根据发展战略和竞争战略的要求，分别制订相应的市场营销计划、生产运作计划、研究开发计划、人力资源计划、财务会计计划、管理信息计划等，并根据这些计划的要求制定相应的全面预算，从财务角度确保组织经济效益的实现。这些计划和预算的制定一般是在高级管理人员的参与下，以职能领域的高级主管为主进行的，每项职能计划和预算覆盖的领域一般限于各职能范围，但各职能计划之间还要以发展战略和竞争战略为指针进行协调整合，使各项职能战略与高一层的战略协调一致。职能战术计划既包括与发展战略和竞争战略相一致的长期计划，又包括年度需要实施的年度计划。

（四）一线作业计划

一线作业计划，是由企业的各职能部门以及各业务单元的职能部门编制的，内容涉及日常营销、生产、研发、财务、人事、管理等的作业程序、工作规则。其中对于企业中重复进行的工作活动，企业的职能部门往往将其提炼概括成为作业程序、工作规则等，并以制度的形式在企业内颁布，用于指导组织成员的各项工作。同时，对于企业工作中非重复性的工作活动，企业的职能部门会相应制订工作计划，以指导组织成员工作的开展。

上述四种常规计划，发展战略计划和竞争战略计划更偏于指导性、长期性、全局性和决定性；而职能战术计划和一线作业计划更偏于指示性、短期性、局部性和基础性。一个管理完善的企业，四种常规计划均不可偏废，而应协调管理，最终实现企业的使命和愿景。

三、计划的编制过程

常规计划的编制是企业经营管理中一项重要的活动，每个企业编制常规计划时都有自己的流程，但一般来说它们都会遵循一定的框架进行编制，以确保计划的效果和效率。

同时，常规计划一定要落实为常规预算，各个组织编制常规预算时往往也是按照一定的流程进行的。

（一）常规计划的编制过程

美国管理学教授里基·W. 格里芬在其编著的《管理学》教材中，针对计划的编制过程给出了图 6-1，该图形象地说明了组织编制常规计划的过程①。

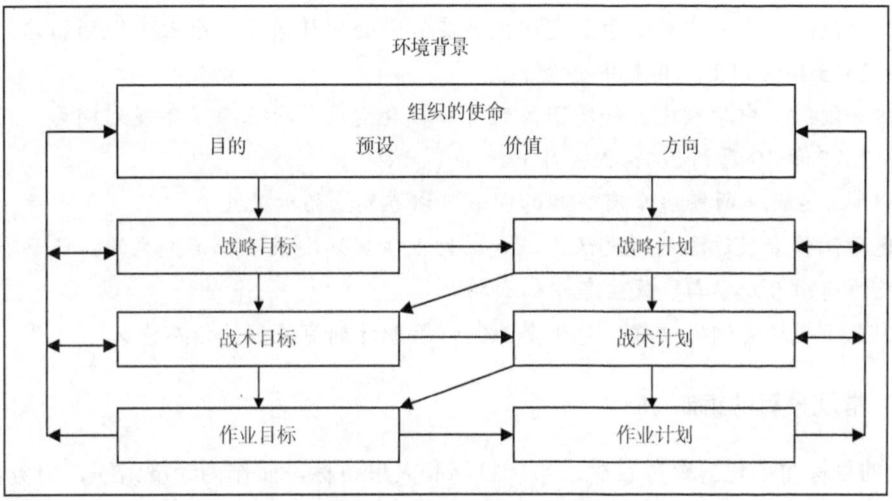

图 6-1　常规计划的编制过程

任何一个组织都是在一定的环境中生存、竞争和发展的，组织的管理者首先要分析所处的外部环境和内部环境，从中搜寻企业的机会和威胁，检视企业的优势和劣势，结合自身的主观愿望，确定企业的使命、价值观、方向和战略目标，并据此确定实现战略目标的战略计划。在战略目标和战略计划的指导下，企业制订相应的战术目标和战术计划，并在战术目标和战术计划的指引下，制订企业的作业目标和作业计划。

可以看出，上述常规计划的制订过程，在组织内部是一个自上而下的过程，也是一个从宏观到微观、抽象到具体、长期到短期的过程。同时，企业在具体制订常规计划时，还可以按照自上而下和自下而上双向交流的方式进行：上级下达常规计划草案，交与下级讨论并征求意见，而后上级对计划草案进行修改，这样形成的常规计划就将上级管理者的宏观视野和基层一线员工的微观实际紧密结合起来，因此既符合实际，又具有前瞻性。

① 里基·W. 格里芬. 管理学[M]. 刘伟，译. 9 版. 北京：中国市场出版社，2008：151.

知识库

“十三五”规划是如何制定出来的

香港中文大学政治与公共行政系讲座教授王绍光，清华大学国情研究院助理教授鄢一龙，对于五年规划的制定过程有过深入调查研究。2015年10月28日，他们在《人民日报》海外版编辑部拥有的微信公众号“侠客岛”上发表文章《“十三五”规划如何出炉》，详细分析了我国编制国家五年规划的过程。

“十三五”规划的编制在“十二五”实施的中期就开始了，历时3年，分为四个阶段，十个步骤。

四个阶段：

第一阶段：“十二五”规划实施情况中期报告（2013年3月到2013年12月）；

第二阶段：基本思路研究（2013年底至2014年底）；

第三阶段：《中共中央关于制定国民经济和社会发展第十三个五年规划的建议》编制并通过（2015年初到十八届五中全会）；

第四阶段：《中华人民共和国国民经济和社会发展第十三个五年规划纲要》正式编制并通过（2015年10月到2016年3月）。

十个步骤在此不再赘述，有兴趣的同学可以在网上检索此文。

前述两位作者经过深入研究认为，我国的五年规划决策不但是民主的，还具有调查研究、广泛协商、大众参与、民主集中四大特征。

我国五年规划的制定过程，对于企业制订长期计划有较好的借鉴意义。

（二）常规预算的编制

企业的目标主要包含财务目标、市场目标和人事目标，而作为经济组织，财务目标无疑是最为重要的目标，也是企业常规计划的财务表现形式，因此，企业的战略计划、战术计划和作业计划，还要转化成为企业的财务预算，以确保企业财务目标的实现。

企业的常规预算一般分为3年预算和年度预算，其间的区别主要在于时间跨度的不同和预算的详略有别。3年预算较为粗略，而年度预算应很详尽。下面重点说明企业编制常规年度预算的过程。

第一，企业的决策层制定年度主要经营指标和发展指标。经营指标主要包括年主营业务收入、主营业务利润、经营净现金流量等，而发展指标主要包括固定资产投资金额。

第二，企业的营销系统根据主营业务收入的要求，制定销售预算，主要包括销售量及其分解、销售回款比率、销售费用预算（如人员推销费用、广告费用、公关费用、促销费用等）。

第三，企业的生产技术系统根据总的经营指标以及销售预算中销售量的预算情况，编制采购预算、生产产量预算、生产标准成本预算等生产系统预算。

第四，企业的财务系统编制财务预算，主要包括融资预算、投资预算，以及财务费用预算等。

第五，企业的人力资源管理系统编制人员成本预算和行政费用预算，以支持销售系统、生产系统和财务系统的运行。

第六，企业的管理层综合协调各职能系统的预算，以确保能够满足企业总的经营预算和发展预算指标。

第三节 计划的阻力与克服

如前文所言，企业的计划工作对企业的发展具有重要作用，但在实际运营中，一些企业仍然没有制订计划的习惯，认为计划工作华而不实，不如先干起来更为重要。对于这种现象，美国管理学教授里基・W. 格里芬在其编著的《管理学》中进行了总结和概括①。

一、计划的阻力

企业制订和实施计划的阻力，既与管理者主观的抵触有关，又与管理者制订计划的科学性有关，还与企业的资源条件约束以及计划执行过程中环境的迅速变化有关。

（一）管理者主观抵触

目标意味着压力，而人的天性是追求轻松、没有心理负担和压力的生活，管理者亦莫能外。管理者本身主观上抵触设定目标和计划无外乎以下几点。

1. 抵触设定目标

企业要设定目标和计划，就需要厘清企业当前所处的内外环境，分析企业过去成长的经验，特别是要对企业未来的竞争环境和发展环境做出预测，对企业的资源进行组织调配，而要完成这一切就需要管理者做大量的调研和抽象思维工作，管理者往往以“空谈莫若实干”为名掩盖其头脑思维的惰性，这种思考的惰性使管理者抵触对目标的设定。

2. 抵触组织变革

如果企业要系统地制订发展目标和计划，往往会涉及组织结构和工作岗位的调整，以及工作地点和工作环境的变化。诸多的不确定性一方面可能触及管理者本身利益的变化；另一方面会对管理者形成心理压力，造成管理者因抵触组织变革而在主观上抵触计划工作。

3. 回避工作责任

企业的目标和计划一旦确定，到了计划的时间节点，组织必然要对目标的完成情况和计划的执行情况进行检查、通报乃至根据完成的情况予以奖惩。个别的管理者为了回避检查和工作责任，也会以各种理由搪塞组织目标和计划的制订工作。

（二）计划体系不科学

管理者主观上抵触计划工作，暴露了管理者的工作态度问题，应该说这种管理者会严重

---

① 里基・W. 格里芬. 管理学[M]. 刘伟，译. 9版. 北京：中国市场出版社，2008：164-167.

阻碍组织的发展，不适合做管理人员。

还有一些管理者虽然主观上积极支持目标制订和计划工作，但却对计划工作较为随性，缺少系统科学的计划编制过程，具体表现在以下两个方面。

1. 目标设定不恰当

设定科学合理、切实可行、激励士气、促进企业健康发展的目标体系和实施计划，需要企业管理者坚定的信念、大量的工作和卓越的概念能力。在实际工作中，企业设定目标时，往往犯如下几个错误。

第一种情况是目标太高不现实。一些不太成熟的管理者在制定目标时，过于夸大人的主观作用，而对资源的约束不够重视或未能深入体察，如果再有好大喜功的心态，往往会制定一些脱离实际、组织成员难以完成的目标，其结果是届时不能如期完成，会挫伤组织的士气，有损管理者的权威。

第二种情况是目标太低不具有激励性。与第一种情况相反，一些管理者对于组织未来的前景过于保守，制定的目标太低，组织成员轻易即可实现，这样的目标就不利于发挥组织成员的积极性，同时组织的资源也不能得到充分的调动和整合，对组织的发展是不利的。

第三种情况是目标偏于定性或定量。企业的一些目标适于以定量化的形式制定，如企业的财务目标（诸如利润额、销售额、销售利润率、资本回报率、总资产回报率等）；而企业的另一些目标较难以定量化，宜定性化表述，如企业员工的成长等。如果管理者制定目标时，偏执于全部定量化或全部定性化，就不利于最终目标的衡量，从而损害目标计划工作的效果。

第四种情况是目标有害于企业健康发展。一些管理者制定目标时，或出于自身利益的考虑，或出于能力的欠缺，制定的一些目标有可能有害于企业的发展。例如，过高的利润率目标，可能伤及企业的产品质量、服务质量乃至员工的正常劳保福利；过高的分红政策，可能妨碍企业未来发展的后劲；等等。

2. 激励机制不恰当

组织要实现目标和计划，还需要恰当的激励机制。实际工作中，管理者往往因为激励机制设定得不恰当，而妨碍了组织目标和计划的实现。

一种情况是组织的目标体系中一些目标不高而获得过高奖励，另一些目标很高却获得过低激励。组织目标体系的背后是组织各个岗位的成员，一个公平的激励体系会促进目标的实现，相反，有失公允的目标激励体系会挫伤组织成员的积极性，不利于组织计划工作的开展。

另一种情况是组织过于关注短期目标的激励，而忽视对长期目标的激励。一般来说年度目标中，企业的利润、利润率等目标属于关注组织短期状况的目标；而顾客满意度、市场占有率、员工满意度等目标属于关注组织长期状况的目标。如果组织的激励机制偏重于组织的短期目标，就会使组织成员偏重于短期目标的实现，因而不利于组织的长远发展。

（三）客观条件的阻力

除了前述因管理者主观态度或主观能力对计划工作形成阻力外，一些客观条件也会形成计划工作的阻力。

1. 资源约束

资源约束特别是财务资源和人力资源的约束往往使管理者难以对未来的工作制订明确的计划，因为考虑到即便制订也因资源的约束而难以实现，许多管理者会放弃计划的制订工作。

资源约束的另一种形式是政府管制，因为政府管制而设定的准入障碍、运营控制等，也会造成管理者放弃制订工作计划，而是采取随机应对的工作策略。

2. 环境变化迅速

一些高新技术行业，如信息技术、生物技术、新材料技术等行业，技术更新换代迅速，使得企业制订计划变得非常困难。另外，竞争激烈的行业，新进入者众多，现有竞争者常有不理智经营行为，也增加了企业制订计划的阻力。

二、阻力的克服

要克服上述计划工作中的阻力，既需要管理者端正工作态度，又需要管理者掌握计划工作的知识和技能，还需要管理者运用辩证思维，于威胁中寻找机会，充分发挥计划职能的作用。

（一）理解目标和计划的作用

一些管理者之所以主观上对计划工作持有抵触情绪，主要根源在于对制定目标和编制计划工作的作用理解得不够。我们回顾管理的概念，管理是组织为了实现个人无法实现的目标，通过各项职能活动，合理分配、协调资源的过程。失去了目标，管理也就无从谈起，可以说目标是管理工作的起点，也是管理工作的归宿。

正如本章第一节所述，目标和计划工作为组织的行动提供了目的地与行动路线图，使组织面对变幻莫测的环境时，能够保持战略定力而不致迷失方向；目标和计划使得组织能够将视野在时间与空间上展开，有利于调动、整合组织内外的各种资源，提高组织的效率；适当的目标体系对组织的成员还具有牵引和激励作用，同时目标还是组织衡量绩效的依据。

（二）充分沟通，全员参与，建立有效的激励机制

充分发挥目标和计划的作用，需要管理者做好目标制定和计划安排的宣传动员工作。

首先，在制定目标和计划的程序上，要遵从自下而上和自上而下相结合的原则。目标和计划既要体现高层管理者的前瞻性视野，又要结合基层一线员工的工作实际，做到立足高远，脚踏实地。只有全体员工充分理解和接受了组织的目标体系与工作计划，才能激发员工实现目标的动力。

其次，要制定有效的激励机制，才能保证目标和计划的实现。在制定激励机制时，一方

面要考虑组织内部在计划时段的激励体系的公平性，就是说组织针对目标和计划期间的工作制定的激励体系中，各项目标的激励强度要公平，避免出现目标过低激励过高或目标过高激励过低的现象；另一方面还要考虑激励机制的历史延续性和激励性，针对目标和计划而制定的激励机制，要与组织过去的激励机制进行比较，原则上不能弱于以往的激励强度，保持激励机制的延续性和激励意义，当然，激励的跳跃性也不宜过大，给以后的目标和计划工作的激励机制的制定带来困难，同时，当组织的激励机制与社会周边组织尤其是类似组织的激励机制进行比较时，要保持本组织激励机制的竞争力。

充分沟通，全员参与，建立有效的激励机制，对于保证目标和计划工作的实施具有重要作用，管理者要掌握这些管理方法和技巧。

（三）实事求是，动态调整，与时俱进

组织的目标和计划工作是在一定的内外条件下制定的，而组织的内外环境在发生着变化，因此组织的目标和计划工作应该根据环境的变化动态调整，不存在一成不变的目标和计划。当然，不能因环境的变化而否定目标和计划的意义，并放弃制定目标和计划。绝对静止和绝对运动的观点对组织健康成长都是有害的。

➢ 拓展学习

1. 冯国超译注. 孙子兵法[M]. 北京：商务印书馆，2013.
2. 水藏玺，吴平新. 年度经营计划制定与管理[M]. 北京：中国经济出版社，2016.
3. 中国政府门户网站：http://www.gov.cn.

➢ 思考题

1. 简述计划的概念、内容、特征和作用。
2. 简述计划的类型。
3. 简述常规计划的类型和特征。
4. 简述常规计划的编制过程。
5. 简述计划工作常见的阻力和克服策略。

➢ 案例分析

李总经理的烦恼

某民营企业集团是一家大型企业集团，业务涉及医疗（口腔、男科、妇产、大健康、养生等）、矿业、房地产、文化传媒等。近几年来，业务发展得蒸蒸日上，销售额每年都以较大幅度增长，但是每年到了年终，总经理召开办公会议时，总会感到烦恼：每年销售额在上升，可利润额在下降。他自己也找过原因，认为主要是销售一遇到阻力，就习惯性地猛打广

告，销售额虽然上去了，但巨额的广告费也花出去了，利润额怎么会不下降呢。

这一年又到了 12 月，这次总经理下决心解决这个烦恼，于是请来了一位经验丰富的企业管理咨询顾问，与班子成员一起商讨解决方案。经过一天的讨论，这位咨询顾问最终给出的建议是：理清公司的发展战略和竞争战略；检讨公司过去的经营行为是否符合公司的发展战略和竞争战略；根据公司的发展战略和竞争战略制订工作计划；根据工作计划编制全面预算；制定计划和预算的考核制度，尤其要强化预算管理的考核制度；全员参与和学习前述活动和文件。

资料来源：编者根据管理咨询经历撰写

问题：

1. 你认为造成李总经理烦恼的主要原因是什么？
2. 你认为这位咨询顾问给出的建议有道理吗？为什么？

第七章 战略管理

本章重点

外部环境分析与内部条件分析的因素

战略选择的方法与程序

战略的实施与控制

引导案例

诺基亚的沉浮

诺基亚公司（Nokia Corporation）是一家总部位于芬兰埃斯波，主要从事移动通信设备生产和相关服务的跨国公司，曾经是全球首屈一指的手机厂商。诺基亚起源于 1865 年弗雷德里克·艾德斯坦（Fredich Idestam）创建的一个木材纸浆厂。到 1967 年时，已经成了一家产业涉及造纸、化工、橡胶、电缆、制药、石油天然气，甚至军事领域的多元化经营的大型公司。20 世纪 90 年代中期，业务繁杂的诺基亚濒临破产，此时管理高层做出一项历史上最重要的战略决策：放弃除手机以外所有的产业。正是这一决策成就了诺基亚在手机产业的辉煌。从 1996 年开始，诺基亚手机连续占据手机市场份额第一的位置长达 14 年。进入智能手机时代以来，iPhone 和 android 系统手机不断冲击诺基亚的霸主地位，而诺基亚只是尽量对其 Symbian 系统进行升级，没有及时创新。2011 年 2 月 11 日，诺基亚宣布与微软合作，采用 Windows phone 系统，此时新的智能手机操作系统已经崛起，诺基亚手机全球销量第一的地位在 2012 年第一季度被三星取代。尽管诺基亚与微软分手之后，改投安卓阵营，并于 2014 年 2 月，发布了首款安卓手机，但其行业中的地位已不入主流了。

2014 年 4 月，诺基亚将设备和服务业务出售给微软退出手机市场。2016 年 5 月，诺基亚将 Nokia 品牌授予 HMD 公司生产手机。2016 年 12 月，HMD 公司发布了两款不支持互联网接入的传统功能性手机（Nokia150 及其双卡版）。2017 年 8 月发布了搭载安卓系统的旗舰手机诺基亚 8；2018 年以来又连续发布 X 系列安卓智能手机。2020 年 3 月，HMD 发布了诺基亚四款手机新品，包括其首款 5G 手机 Nokia 8.3 5G。

诺基亚退出手机市场后致力于移动网络基础设施软件和服务、测绘导航和智能定位、先进技术研发及授权三大支柱业务。其实，从 2012 年 11 月，诺基亚参与欧洲大型科研项目 METIS，就开始筹谋研发 5G 技术，并于 2013 年开始针对 5G 技术进行专利布局。2015 年 4 月，诺基亚用 156 亿欧元收购全球最大电信供应商阿尔卡特朗讯。从中国移动公布的《2019 年核心网支持 5GNSA 功能升级改造设备集中采购单一来源采购信息公告》中可以看到，诺基亚与华为、中兴、爱立信同时中标，在 MME 设备上中标数量分别为 56 套、219 套、22 套和

153 套；在 SAE-GW 设备上分别是 60 套、369 套、21 套和 231 套。

诺基亚 155 年的发展历程，大起大落，几经业务重大调整。曾经濒临破产，但 2020 年全球最具价值 500 大品牌榜排名第 182 位但 2020 福布斯全球企业 2000 强榜第 625 位。从诺基亚的发展历程可以发现，决定企业生死存亡的是在对环境趋势正确判断基础上的战略选择。

资料来源：中国移动公布核心网 5G 大单 华为中兴爱立信诺基亚中标[N]. 证券时报 2019-06-16. https://baijiahao.baidu.com/s?id＝1636459892266524097&wfr＝spider&for＝pc

战略管理是决定一个组织长期绩效的一系列决策和行动，是为实现组织战略目标，在分析组织外部环境和自身条件基础上，提出并选择战略方案，将战略方案付诸实施，并对战略实施效果进行评估和控制的动态管理过程。战略管理过程可分为战略环境分析、战略选择以及战略实施与控制三个阶段。

第一节 战略环境分析

1938 年，美国学者切斯特·巴纳德在其代表性著作《经理的职能》一书中提出组织与环境匹配的观点。组织处于环境之中，受环境影响。组织只有适应环境才能生存与发展。在市场经济条件下，企业从事生产经营活动，就要向市场提供产品和服务、参与市场竞争。“知己知彼，百战不殆”。为了在市场竞争中取得优势，谋求长远发展，必须了解国家政策、顾客消费习惯以及竞争对手情况等外部因素以及企业自身资源和能力等内部条件因素。

一、外部环境分析

外部环境是存在于组织之外，影响和决定组织的生存与发展的各种因素。外部环境分析的目的，是掌握影响企业经营的外部环境状况及其变化趋势，从中发现有利于企业生存发展的机会和不利于企业的威胁。外部环境因素纷繁复杂，并具有层次化的特点。为了清楚且有效地分析外部环境，可以将外部环境划分为宏观环境、行业环境和竞争对手三个层次，如图 7-1 所示。

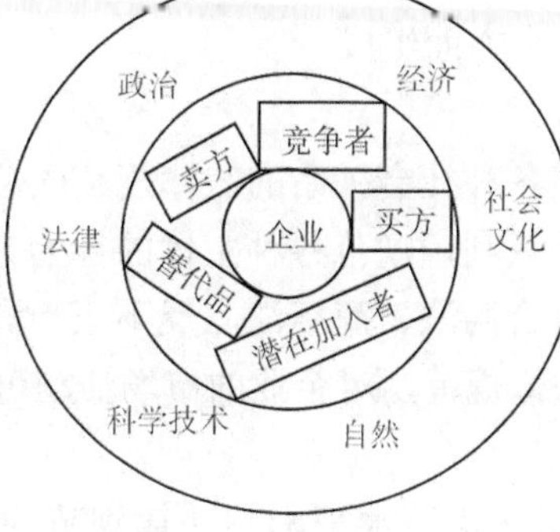

图 7-1 外部环境三个层次

（一）宏观环境分析

宏观环境是指对企业生存发展形成机会或构成威胁的一般环境因素，包括政治环境、法律环境、经济环境、社会文化环境、科学技术环境和自然环境六个方面。

1. 政治环境分析

政治环境，是指制约和影响企业的各种政治要素及其运行所形成的环境系统。其具体包括政治制度和政治体制、政治稳定性、国际关系等因素。

1）政治制度和政治体制

政治制度是在特定社会中，统治阶级通过组织政权以实现其政治统治的原则和方式的总和。其包括国体和政体。国体是国家的历史类型，是国家政权阶级属性的体现，直接体现了国家政权的性质，决定了国家政治活动的方向和公民在国家生活中的地位。政体是国家政权的构成形式，包含政权机关的设立及相互关系。

我国的政治制度包括人民代表大会制度、民族区域自治制度、中国共产党领导的多党合作和政治协商制度。

政治体制可理解为局部的微观的政治制度，是政治制度在政治生活过程中的具体化。它是国家政权组织在行使国家权力过程中所形成的一系列制度，包括政党制度、党政关系制度、社会团体与党政关系制度、人事制度等。

2）政治稳定性

国内政局安定，各种政治团体、政治主张没有激烈矛盾冲突，群众的政治情绪和政治倾向稳定，政治必然促进经济繁荣。人民安居乐业，市场需求增长，也为企业发展创造了机会。政治形势是企业确定发展规模、发展速度的重要依据，也是企业能否引进外资的重要条件。国际政治形势也与企业生产经营活动密切相关。良好的国际和平环境，有利于我国企业走向国际市场，也有利于企业引进资金和技术。

3）国际关系

与特定国家之间的政治关系，参加的国际组织，国际组织内各国家之间的政治关系、主张一致性等，都会影响企业参与国际市场活动的范围、方式选择及成本。

2. 法律环境分析

法律环境是指与企业生产经营活动相关的法律系统及其运行状态。企业的法律环境由法律规范、司法执法和法律意识三个方面组成。

1）法律规范

一个国家的法律体系是调整各种社会关系的法律规范的总和。完善的法律体系能维护良好的社会秩序，保障社会成员的权利，规范各种主体的行为。与企业相关的法律规范主要是经济法，包括公司法、企业法、合同法、商标法、反不正当竞争法等。另外，我国参加的国际组织、签订的协议协定也是法律规范，对企业的市场活动可能产生影响。

2）司法执法

司法执法机关的设置及其司法执法水平影响法律规范的执行。我国司法执法机关有法院、检察院、公安机关以及各种行政执法机关。与企业关系比较密切的行政执法机关有市场监督管理机关、税务机关、技术质量管理机关、物价机关等。

3）法律意识

法律意识包括整个社会的法律意识水平和企业的法律意识。企业的法律意识是企业对法律的认知和评价。企业法律意识最终都会物化为一定的法律行为，并造成一定的行为后果，从而构成企业所处的法律环境的组成部分。

3. 经济环境分析

宏观经济环境主要包括国民经济的总体状况、经济结构特点、政府的经济政策、国际经济形势等。

1）国民经济的总体状况

国民经济发展总体状况主要由国内生产总值及增长速度反映。通常，在宏观经济大发展的情况下，需求增长，市场扩大，居民收入增加，企业发展的机会多，往往也伴随着通货膨胀。相反，在宏观经济低速发展，甚至停滞或倒退的情况下，市场需求不增长甚至降低，企业发展机会少。

2）经济结构特点

经济结构包括产业结构和生产力布局等因素。不同行业及不同地区的发展水平影响企业投资的流向及战略选择。一个地区存在产业集群则此地企业间高度分工合作、生产要素专业化程度高、空间交易成本低。

3）政府的经济政策

政府的经济政策包括财政税收政策、金融货币政策、贸易政策及政府预算等。财政税收政策决定了企业从事经营活动的经济负担。金融货币政策决定企业经营所需的资金获得的难易程度和成本水平。贸易政策及政府预算影响市场需求水平。

4）国际经济形势

随着经济全球化的深入，国际经济形势对企业经营活动的影响越发明显。对于跨国经营的企业来讲，国家与其他国家之间签订的双边和多边贸易协议协定、参加的国际贸易组织，都影响企业经营过程中的税负、支付方式、资金和利润可控性等。

4. 社会文化环境分析

社会文化是人们的价值观、思想、态度及社会行为等的综合体。社会文化坏境包括人口统计因素、人们的宗教信仰、文化传统、风俗习惯、道德观念及生活态度等。

人口统计特征是重要的社会因素，包括人口规模、人口密度、年龄和性别结构、受教育水平、家庭规模和结构、地区分布及流动趋势、民族构成、居民收入水平和结构等。人口统计因素决定市场需求规模、结构和变化趋势。不同国家和地区有不同的文化传统、风俗习惯、道德观念和生活态度。不同的文化传统、习俗和观念会影响人们的消费方式与购买偏好。受教育程度、生活态度、道德观念及宗教信仰的不同，影响人们的消费倾向，也影响对工作的态度，进而影响企业对人力资源的管理及经营方式的选择。

5. 科学技术环境分析

科学技术环境主要包括社会科学技术的整体水平和变化趋势、国家科学技术政策即对科技创新的激励和保护，以及科研体系和科技立法等。社会科技水平体现为科研成果的数量、门类和先进程度。对科技创新的激励和保护政策决定了科研人员的社会地位与人们从事科研工作的积极性。科研体系和科研立法体现国家对科研开发与应用的规范与管理的形式。科技因素对社会经济的影响是重大的，对企业的影响也体现在诸多方面。首先，科学技术的迅速发展促进了产品开发和设备更新，并使产品的生命周期不断缩短。其次，企业发展对科技的依赖性越来越强。另外，科技进步不断加快，对企业人员的素质和管理者的能力也提出更高的要求。科技进步为企业发展带来机会的同时也可能对企业生存构成威胁。新技术、新工艺和新材料的出现对原有技术构成威胁。技术和产品的更新都影响企业的成本、费用和收益，而这些影响的后果有时难以预测和控制，使企业面临决策风险。

6. 自然环境分析

自然环境指企业开展经济活动所面临的各种自然条件因素，包括自然资源、生态环境和地理位置状况。自然资源环境指大气、水源、河流、森林、生物及矿产等。生态环境是非生物因素和生物因素相互制约所形成的依存关系。地理位置状况指企业在空间上所处的地点，是城市还是农村、交通便利与否。自然环境影响企业选址、原材料供应、设备和生产技术的采用以及产品生产及运输成本构成等。

随着经济发展和社会进步，国际社会已将自然和生态环境保护列入日程。污染环境、破坏生态的企业将受到限制和制裁，节能环保型企业更有前途。

（二）行业环境分析

行业是指从事功能相近的产品的生产经营的企业集合。企业所处的行业或即将进入的行业是直接影响企业生产经营活动的外部环境。行业环境分析主要分析行业所处生命周期阶段、行业竞争结构和行业内部结构。

1. 行业所处生命周期阶段

行业生命周期是指从行业出现直到行业完全退出社会经济活动所经历的时间，可分为萌芽阶段、成长阶段、成熟阶段和衰退阶段。

（1）萌芽阶段。萌芽阶段是新兴行业的开始阶段。在这一阶段，顾客不熟悉产品，分销渠道发展不完善，行业成长较慢。企业无法实现规模经济导致成本高，进入壁垒较低。但如果进入行业需要的技术复杂，则形成壁垒难以进入。

（2）成长阶段。成长阶段顾客对产品逐渐熟悉，需求迅速增长。经验曲线和规模经济的效应导致成本降低，产品价格下降，分销渠道也成熟起来。技术壁垒降低，竞争者增加。

（3）成熟阶段。成熟阶段市场成熟，需求增长缓慢或者没有增长，竞争加剧。这时候行业中的企业已经建立起品牌忠诚，实现了低成本运营，进入壁垒提高。进入成熟阶段，争夺市场份额的竞争开始，价格战常常发生，导致利润率下降，企业重视成本降低和建立品牌忠诚。

（4）衰退阶段。衰退阶段需求变成负增长导致产能过剩。竞争惨烈，利润水平降低。一些企业退出竞争，行业逐步萎缩。原因可能是技术替代、社会变革、人口因素等。

2. 行业竞争结构

行业竞争结构采用波特五种力量模型进行分析，如图 7-2 所示。根据美国著名学者迈克尔·波特的观点，五种力量共同作用，决定一个行业的竞争性质和程度，从而决定了行业的最终营利能力。

决定行业竞争激烈程度的五种力量分别是行业中现有企业之间的竞争、潜在加入者的威胁、替代品的威胁、买方的讨价还价能力和卖方的讨价还价能力。一个行业的竞争激烈程度是这五种力量的总和。企业应该分析影响每一股力量强弱的因素。

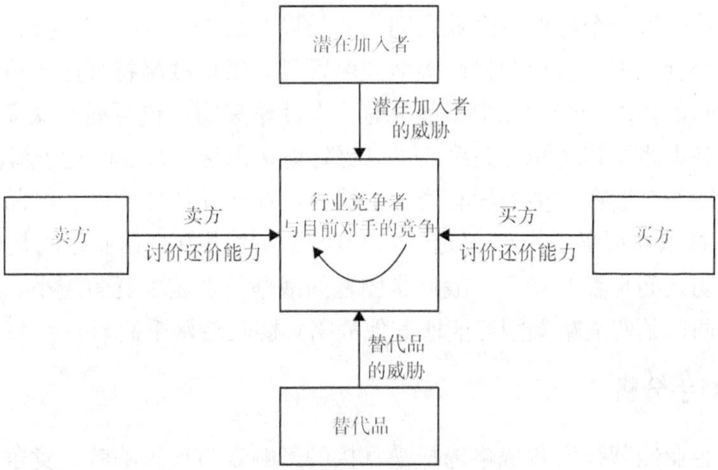

图 7-2 波特五种力量模型

1）现有企业之间的竞争

行业内现有企业之间的竞争一般表现为价格战、广告战、服务战、产品质量及设计的竞争等。行业内企业之间的竞争程度受多种因素影响。一般在以下几种情况下，行业竞争比较激烈：行业中企业数量多且力量均衡、市场增长缓慢、企业之间产品趋同、行业正在经历从分散走向集中、行业退出壁垒高。

2）潜在加入者的威胁

新加入者带来生产能力扩大，必然加剧企业之间的竞争。加入的威胁大小取决于进入障碍及对原有企业反击程度的预期。资金需求量大、现有企业已实现规模经济或学习曲线效应、转换成本高以及现有企业由于独占资源等造成的成本优势，都造成进入障碍。进入障碍越高，潜在加入威胁越小。以往原有企业对新加入者的反击强度，影响潜在加入者对反击行为的预期，预期反击越激烈，加入威胁越小。

3）替代品的威胁

替代品是指与本行业产品具有相同功能的其他产品。替代品功能接近、价格低且所在行业收益较高，则替代品的威胁大。

4）买方的讨价还价能力

买方讨价还价能力强时，可能要求降低产品价格，保证产品质量和优质服务，从而压缩整个行业的利润水平。造成买方讨价还价能力强的有下列因素：买方集中程度高而购买量大，购买的产品占其所有购买量的比重大，产品标准化，转换成本低，买方掌握卖方充分的信息，甚至有后向一体化的能力和倾向。

5）卖方的讨价还价能力

卖方讨价还价能力强时，产品要价高，并且不能保证产品质量和优质服务，从而导致整个行业的生产成本高而且受卖方左右。造成卖方讨价还价能力强的有下列因素：卖方集中程度高而市场由少数厂商控制，本行业不是买方产品，主要用户占的比重不大，无替代产品或转换成本高，卖方有前向一体化的能力和倾向。

3. 行业内部结构

行业内部结构分析一个行业中企业之间的差异以及这些差异与它们在行业中战略地位之间的关系。在一个行业中，执行同样或类似战略而具有类似战略特征的一组企业构成一个战略集团，或称战略群体。一个行业中可能只有一个战略集团，也可能有众多的战略集团。分析行业内各个战略集团及其之间的关系，可以更好地认识这一行业的竞争情况。

同一战略集团的企业在许多方面有类似的选择，如产品线的宽度、产品的档次和价位、目标消费群体、技术和服务、分销渠道等。一个战略集团中的企业之间是最直接的竞争对手，不同战略集团之间也存在竞争。战略集团之间战略差别越大竞争越小。不同战略集团在行业中的地位不同，某些战略集团可能比其他战略集团收益水平高。

（三）竞争对手分析

竞争对手是企业经营行为和战略选择最直接的影响者与被影响者。竞争对手之间是互动关系。企业应该在明确谁是竞争对手的基础上，分析其可能采取的战略行动的实质和成功的可能性，以及各竞争对手对环境变化可能做出的反应，并据此做好应对的准备。波特提出了对竞争对手进行分析的四种诊断要素模型，如图 7-3 所示。四要素分别是竞争对手的长远目标、现行战略、自我假设和能力。

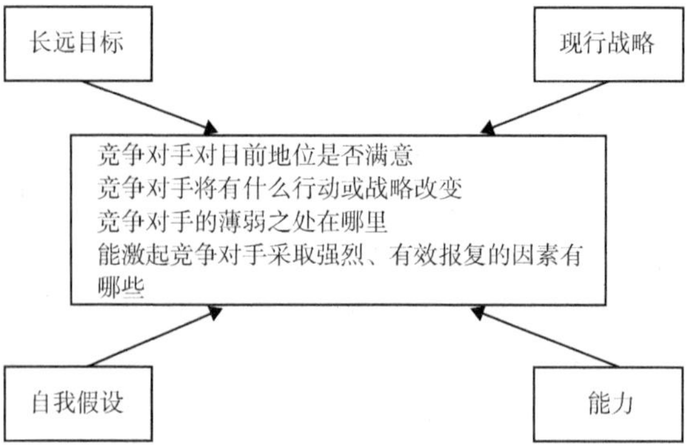

图 7-3 竞争者对手分析四要素模型

1. 长远目标

了解竞争对手的长远目标可以判断对手对目前位置是否满意，由此预测这个对手的战略改变以及其对外部大环境或其他竞争对手的行动可能的反应。例如，一个注重销售额稳步增长的公司和一个注重保持投资收益率的公司，对经济衰退或其他公司扩大市场占有率的反应是不一样的。

2. 现行战略

竞争对手的现行战略分析，就是看它正在做什么，产品及产品线有什么特点、在市场如何分布，营销策略上有无独特之处，重视在哪些要素上的资源投入。

3. 自我假设

竞争对手的假设包括对自己的假设和对行业及其他企业的假设。对自己的假设指导它的行为。例如，自认为是低成本生产者的企业更趋向于采取价格战。对行业及其他企业的假设也指导这个竞争对手的竞争行为及其对其他企业行为的反应方式。竞争对手的假设可以从领导者的公开言论、企业发布的各种信息及其经营行为中去分析。竞争者的假设可能符合实际也可能有偏差和盲点。

4. 能力

竞争对手的长远目标、假设以及现行战略决定了这个对手采取战略行动的可能性、时间性、性质和强度。能力则决定了它行为的最终效果。竞争对手能力分析包括了解其掌握的资源的状况、面临环境变化采取适度反应的能力、企业持久增长的能力等。

二、内部条件分析

内部条件是企业能够控制的因素。对企业内部条件的分析目的是掌握企业的资源、各职能领域能力和核心能力，明确企业的优势和劣势，进而保证制定合适的目标并选择能尽量发挥优势、避开或克服劣势的战略方案，使企业的战略目标得以实现。

（一）资源分析

企业的经济活动必须建立在自身资源的基础之上。资源是企业所拥有或控制的用于生产经营活动的有效要素的总和。从企业资源的内在属性来看，企业资源可以分为人力资源、有形资源和无形资源三大类，如表 7-1 所示。

表 7-1 三类企业资源

资源类型		具体范围
人力资源		员工的数量、年龄、知识、专业、工作态度
有形资源	实物资源	场所、设备及其他实物的数量、质量、分布及先进程度
	财务资源	资产总额、可支配现金量、信用等级
	组织资源	正式的组织结构、计划、控制、协调系统
无形资源	技术资源	专利、商业秘密、质量标准、与科研机构的关系
	声誉资源	商标、品牌、商誉、与各利益相关群体的关系

1. 人力资源

人力资源是一种特殊的资源，包括人才和劳动力。人力资源分析不但要分析人员的数量、年龄、学历、专业技术等级、知识结构和技能等容易辨识和评估的因素，也要分析其他对企业经营活动效率或成果有重大影响的因素，如员工的团队协作能力、对企业的忠诚、奉献精神、士气、主人翁意识、创新精神等。

2. 有形资源

有形资源是容易识别与评估的可见的、能量化的资源，包括厂房厂址、生产设备设施、工具、原材料、产品以及产品和服务销售设施，正式的组织机构、报告系统等。有形资源可控性强，价值和作用比较确定。

3. 无形资源

无形资源是根植于企业之中，但是不可见或者难以量化的资源。这些资源通常以某种独特的形式存在，包括商标品牌的知名度、美誉度，顾客的忠诚度，与供应商、债权人、管理机构等牢固的信任与合作关系等。

（二）能力分析

企业的能力是指企业所拥有的利用和整合企业资源实现企业经营目的所需要的知识、方法、技巧与经验等。企业的能力决定企业资源的利用水平和企业的发展潜力。能力分析可以在企业生产经营活动所必需的各职能领域的能力和核心能力两个层次进行。

1. 各职能领域能力分析

从职能视角，企业的能力可分为财务能力、营销能力、生产运营能力、人力资源能力和组织管理能力。

1）财务能力分析

企业财务能力可以通过对主要财务比率进行横向和纵向比较分析来判断。横向比较是计算本企业有关财务比率，并与同行业中竞争对手进行比较或与同行业的平均财务比率进行比较。横向比较可以了解企业相对于竞争对手或行业一般水平的财务状况和经营成果。纵向比较是将计算得到的财务比率同本企业过去的或未来预测的财务比率相比较。纵向比较可以测定企业财务状况和经营成果在一个时期内的变动趋势。财务比率分析评价体系主要由五大指标构成，即收益性、安全性、流动性、成长性和生产性指标。

2）营销能力分析

企业营销能力的强弱通常从产品竞争能力和营销活动能力两个方面分析判断。产品竞争能力反映为企业各种产品或服务的形象、市场覆盖率、市场占有率、市场扩大率等。营销活动能力体现在分销渠道的规模及对其控制的程度、销售人员素质及业务能力培养、销售计划的完成率、获取有效的市场信息等方面。

3）生产运营能力分析

企业的生产运营是将投入品转变为产品或服务的一系列活动。生产运营能力体现为这一系列活动的有效运行。其具体包括：整个生产系统的设计、设施的布置和利用情况、设施的技术有效性及利用能力、设备的效率及成本收益比；原材料的成本和可利用度、存货控制系统和存货周转、产品附加值和利润率；生产计划及完成情况；产品和技术创新能力等。

4）人力资源能力分析

人力资源能力主要体现在人力资源管理部门。其包括与行业内的竞争者相比员工关系成本、员工技能与士气、人事政策的效率和效果、激励制度的有效性、职位标准和职务手册及员工的胜任程度等。

5）组织管理能力分析

企业的一切活动都是组织的活动，组织是实现目标的工具，是进行有效管理的手段。良好的组织应该符合以下基本原则：目标明确、组织有效、统一指挥、责权对等、分工合理、协作明确、信息畅通、有效沟通、管理层次与管理幅度有机结合、有利于人才成长和合理使用、有良好的组织气氛。

2. 核心能力分析

1990 年，普拉哈拉德（C. K. Prahalad，1941—2010）和哈默发表了《公司的核心能力》一文。之后学术界和企业界掀起研究核心能力的热潮。普拉哈拉德和哈默将核心能力定义为“组织中的积累性学识，特别是关于如何协调不同的生产技能和有机结合多种技术流派的学识”。其要点是，首先，核心能力的载体是企业整体而不是某个部门；其次，核心能力是企业过去成长过程中积累而形成的，不是市场交易而来；最后，核心能力是多种技术和技能的协调与有机结合，不是分散的技术和技能。经过学者大量研究，逐步形成了被普遍认同的核心能力的四个判断标准：一是有价值，即能为顾客带来价值；二是稀缺，只有少数企业具备这种能力；三是难以模仿；四是不可替代。

三、战略分析工具

（一）价值链分析法

价值链分析法是由迈克尔·波特提出的。他将企业的生产经营活动看作一个创造价值的过程，企业所从事的各种活动的集合体就构成价值链。一个价值链由价值活动和边际利润两部分组成，如图 7-4 所示。

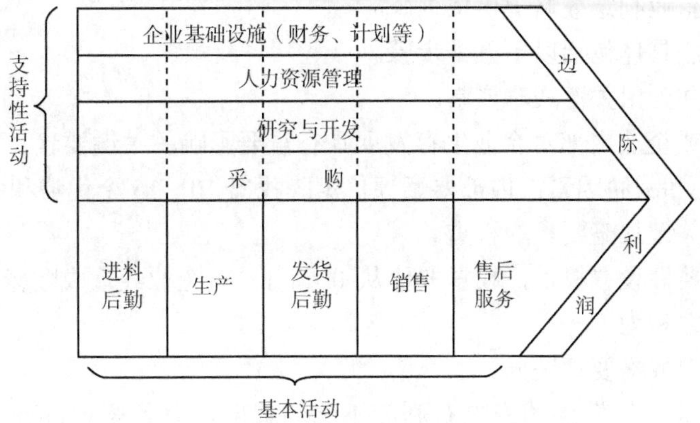

图 7-4 价值链模型

价值链中的价值活动分为两大类，即基本活动和支持性活动。基本活动指从原材料输入到生产加工成产品，再到产品销售出去并提供售后服务的一系列活动。支持性活动是提供生产要素投入、技术、人力资源以及公司范围内的各种职能来支持主体活动的活动。

1. 基本活动

基本活动分为进料后勤、生产、发货后勤、销售、售后服务五个依次衔接的活动。其中进料后勤包括收货、储藏、原材料的整理分发、运输车辆调度以及退货等具体活动。生产包括加工、装配、包装、产品检验、机器维修等将生产要素转变成最终产品的活动。发货后勤包括产品收集、入库、订单处理、发货等活动。销售活动包括分销渠道的选择、促销、与销售渠道的关系处理等。售后服务指为提高或保持产品价值而提供的各种服务，如安装、维修、零配件供应等。

2. 支持性活动

支持性活动包括企业投入的采购、技术开发、人力资源管理和企业基础设施。其中采购、技术开发和人力资源管理活动既支持整个价值链的活动又分别与每项具体的主要活动有着密切的联系。企业基础设施即企业的基础管理活动，支持整个价值链的运行，而不分别与每项基本活动发生直接的关系。

在企业构造价值链时，需要根据利用价值链分析的目的将每项活动合理分解。分解后的每项子活动要有自己的经济内容。企业应将可以充分说明企业竞争优势或劣势的子活动单列出来，供分析使用。企业通过价值链的分析可以明确哪些活动是创造价值的主要活动。价值可以由单项活动产生，也可以来源于不同活动之间的协调。通过现有价值链的分析，也可以找到优化活动或活动之间协调以创造高价值的机会。

（二）战略要素评价法

战略要素评价法分为外部要素评价（external factor evaluation，EFE）矩阵分析法和内部要素评价（internal factor evaluation，IFE）矩阵分析法两种。外部要素评价矩阵用来分析外部环境中对企业具有重要影响的关键因素，包括机会和威胁。内部要素评价矩阵用来分析决定企业实力的关键因素，包括优势和劣势。通过分析评估内外环境中关键要素对企业的影响方向和影响程度，为企业制定战略提供依据。

战略要素评价法具体包括以下五个步骤。

第一步，识别并列出关键战略要素。

选择外部环境或企业内部对企业生存发展具有重要影响的关键要素。外部要素评价矩阵选择 10～15 个机会和威胁因素；内部要素评价矩阵找出 10～15 个优势和劣势要素。

第二步，确定关键战略要素的权重。

根据要素的重要性设置权重，权重取值从 0 到 1。对企业经营成败影响越大的要素权重越大，并使权重值之和为 1。

第三步，对关键战略要素评分。

按照要素对企业生存发展的影响有利和不利的程度，对各要素进行评分。分值范围为 1～4。1 分和 2 分是威胁或劣势要素，1 分代表该要素对企业的影响非常不利，2 分表示该要素对企业的影响一般不利。3 分和 4 分是机会或优势要素，3 分表示该要素对企业具有一般程度的有利影响，4 分代表该要素对企业有非常有利的影响。

第四步，计算加权评分值。

将各要素的权重及其评分值相乘，就得到该要素的加权评分值。

第五步，计算综合评分。

将所有要素的加权评分值的分加总，就得出外部环境中威胁和机会要素或内部条件中的优势和劣势要素的影响的综合评分。综合评分值为1～4，中间值为2.5。综合评分越接近4，说明外部环境越有利即机会多；或企业优势越明显即企业实力强。综合评分越接近 1，说明外部环境越不利即威胁大；或企业劣势越明显即企业实力弱。如果综合评分值为 2.5，表明外部环境中的有利影响与不利影响均衡；或者企业的优势和劣势互相抵消。

权重的设置和评分的确定一般可以由管理者协商或采用专家意见法。表 7-2 提供了某酒店内部要素评价表。在决定企业内部条件的关键要素中，服务质量影响最大，权重为 0.15。利润水平这一要素影响最小，权重只有 0.04。品牌声誉和设施设备两个要素的评分分别为 4 分和 3 分，表明该酒店在这两个要素上具有优势，而品牌声誉方面的优势更突出。创新能力要素的评分是 1，说明该酒店创新能力很差，是个明显的弱点。该酒店的综合评价值为 2.96，高于 2.5 的中间值，说明其内部条件较好，企业实力较强。

表 7-2 某酒店内部要素评价表

序号	关键内部要素	权重	评分	加权评分
1	管理者能力	0.13	4	0.52
2	服务质量	0.15	4	0.60
3	服务产品品种	0.11	3	0.33
4	组织结构	0.10	2	0.20
5	员工素质	0.09	3	0.27
6	品牌声誉	0.08	4	0.32
7	创新能力	0.07	1	0.07
8	设施设备	0.07	3	0.21
9	企业文化	0.06	2	0.12
10	营销系统	0.05	2	0.10
11	资金实力	0.05	2	0.10
12	利润水平	0.04	3	0.12
综合评价值		1		2.96

（三）SWOT 分析矩阵

SWOT（strengths、weaknesses、opportunities、threats）分析矩阵，其中 S 代表企业的优势或强项；W 代表企业的劣势或弱点；O 代表外部环境中存在的机会或有利因素；T 代表外部环境中的威胁或不利因素。SWOT 分析矩阵是进行企业外部环境和内部条件分析，从而确定企业自身的优势和劣势以及外部环境中的机会和威胁，二者结合，寻找利用外部机会避免威胁，发挥企业优势、回避或克服企业弱点的可行战略的一种分析工具。进行 SWOT 分析一般步骤如下。

第一步，进行企业外部环境分析，找出机会（O）和威胁（T）因素。

机会是外部环境中对企业有重大影响的有利因素。例如，客户群的扩大趋势，市场进入壁垒降低，市场需求增长强劲，等等。威胁是对企业有不利影响的重要因素。例如，实力强大的竞争对手的进入，顾客需求的减少，市场的萎缩，外汇和贸易政策的不利变动，等等。

第二步，进行内部条件分析，找出企业的优势（S）和劣势（W）因素。

优势是企业自身具备或拥有的优于同行中其他企业的资源或能力，如掌握独特的技术、良好的信誉、完善的信息管理系统、充足的资金等。劣势是企业自身存在的弱点，如缺乏营销经验、员工素质和技术能力差、产品质量难以保障等。

第三步，绘制 SWOT 矩阵。

以外部环境为纵轴，分别列出机会和威胁因素。以内部条件为横轴，列出优势和劣势因素。形成一个包括优势－机会（SO）组合、劣势－机会（WO）组合、优势－威胁（ST）组合和劣势－威胁（WT）组合四个象限的二维矩阵。

第四步，进行内外因素匹配，列出组合战略。

将外部因素中的机会和威胁因素与内部条件中的优势和劣势因素进行匹配，从中发现可行的战略方案线索，设计出不同组合的战略方案。如外部机会因素中的国家对外贸易的促进政策（O_1）与企业充足的财力（S_1）组合就提供了扩大产品出口这一战略线索，促使企业提出国际化经营的战略方案。通过产品出口进行的国际化经营就成为 SO 组合这一象限的战略方案（S_1O_1）；当环境中出现新需求（O_2）的机会，企业有健全的渠道（S_2）优势，两者结合就会生成新产品开发（S_2O_2）这一战略线索，利用现有渠道优势可以迅速把新产品推送到市场，满足新的需求。一个象限可以匹配出多个战略方案。将所有方案分别列入相应的象限，一个企业的 SWOT 矩阵图就完成了（图 7-5）。

	优势（S） S_1 财力充足 S_2 渠道健全 S_3 …	劣势（W） W_1 产品质量差 W_2 缺乏技术 W_3 …
机会（O） O_1 出口制度 O_2 新需求 O_3…	SO 组合 方案 1：国外市场开发（S_1O_1） 方案 2：新产品开发（S_2O_2）	WO 组合 方案 3：引进技术 （$W_1W_2O_2$）
威胁（T） T_1 供应商不可靠 T_2 竞争者增加	ST 组合 方案 4：后向一体化（S_1T_1） 方案 5：多角化（$S_1T_1T_2$）	WT 组合 方案 6：收缩（W_1T_1） 方案 7：放弃（$W_1W_2T_2$）

图 7-5 SWOT 分析矩阵

知识库

资源基础理论

1984 年，沃纳菲尔特（Wernerfelt）“企业的资源基础论”的发表代表资源基础理论

(resource-based view，RBV)的诞生。资源基础理论为，企业是各种资源的集合体。由于各种不同的原因，企业拥有的资源各不相同，具有异质性，这种异质性决定了企业竞争力的差异。资源基础理论认为战略管理的任务就是找出、发展和配置与众不同的关键资源，以谋求最大化的经营回报。

美国专家杰恩·巴尼(Jay B. Barney)在1991年发表的《企业资源与可持续竞争优势》(*Firm Resources and Sustained Competitive Advantage*)一文中明确指出，超额利润在一定程度上可以通过VRIN资源来获得。其中，V(valuable)即有价值的资源，是企业构想和执行企业战略、提高效率和效能的基础。R(rare)即稀缺的资源，资源即便再有价值，一旦为大部分企业所拥有，也不能带来竞争优势。I(imperfectly imitable)即无法仿制的资源，一般需同时具备以下三点特征：历史条件独特，起因模糊，以及具有社会负责性。N(non-substitutable)即难以替代的资源，不能够存在一种既可复制又不稀缺的替代品。

1994年，巴尼对其理论进行了调整，提出VRIO分析框架，即价值(value)问题、稀缺性(rareness)问题、可模仿性(imitability)问题和组织(organization)问题。该框架的核心思想是：可持续竞争优势不能仅在高机会、低威胁的环境中通过经营业务来创造。可持续竞争优势还依赖独特的资源和能力，企业可把这些资源和能力应用于环境竞争中。VRIO是对企业内部资源与能力的分析工具，由四个问题构成：其一，价值问题。企业的资源和能力能使企业对环境威胁与机会做出反应吗？其二，稀缺性问题。有多少竞争企业已拥有某种有价值的资源和能力？其三，可模仿性问题。不具备这种资源和能力的企业在取得它时与已经拥有它的企业相比较处于劣势吗？其四，组织问题。一个企业的组织能充分利用其资源和能力的竞争潜力吗？

巴尼认为VRIO分析框架也有其局限性：首先，如果维持企业竞争优势的环境发生剧变，特别是那些环境以不可预测方式迅速变化，企业就难以维持竞争优势，只能转而寻求创新。其次，VRIO分析框架降低了管理的影响。按照资源可模仿性原则，企业绩效更多是来源于资源长期投资积累，管理人员创造持续竞争优势的能力有限。最后，资源基础观点分析的单位是企业内部资源，分析企业资源的价值性、稀缺性和不可模仿性的数据也相对难以获取。资源基础观告诉我们，对企业可持续优势的认知，不是通过简单分析环境机遇和威胁就可以获得。“管理人员必须从企业内部寻求有价值的、稀缺性的、模仿成本高的资源，然后由组织开发利用这些资源”。

资料来源：作者根据相关资料整理

第二节 战略选择

战略按其影响的范围及内容可分为企业总体战略、经营单位战略和职能战略。总体战略确定企业整个经营范围和企业资源在不同经营单位之间的分配事项。经营单位战略确定一个经营单位在其所在的行业如何竞争。职能战略涉及各职能部门的活动。职能战略主要是为保障经营单位战略而确定，服从经营单位战略的需要，不作为战略管理的重点内容。本节只介绍总体战略和经营单位战略。

一、总体战略

总体战略可依据不同的标准分为多种类型。如根据制定战略时的基础规模及变化趋势，可以将总体战略分为发展战略、稳定战略和收缩战略；按战略所要涉及的业务经营领域，可将总体战略分为单一经营战略、纵向一体化战略和多元化战略；按照战略涉及的地域范围，可将总体战略分为本地战略和国际化经营战略。本地战略只在特定区域内，不跨越国界，不作为重点内容。

（一）发展战略、稳定战略和收缩战略

1. 发展战略

企业发展战略又称增长战略，是企业寻求在现有经营规模基础上取得增长，即越做越大。发展战略是企业采用最广泛的战略。企业的快速发展表明企业经营的成功和企业管理者的有效性与功绩，并能提高企业收益能力和管理者的成就感以及收益。但是，发展战略也有风险。管理学大师彼得·德鲁克曾警告说，发展就是一种冒险。短期内过快地发展可能导致效率下降，从长期来看可能是非常有害的。正确的道路应该是不断完善，发展应是“做了正确的事情”的结果。

2. 稳定战略

稳定战略不是不发展或不增长，而是稳定地、非快速地发展，所以稳定战略也称稳定发展战略。实行稳定发展战略的企业以基本相同的产品或服务来满足它的顾客。企业继续寻求与过去相同或相近的目标，或期望平稳地增长。企业选择稳定战略的原因可能是管理者认为过去的战略行之有效不愿改变而承担风险，环境稳定没有明显的发展机会或企业的资源和能力不足以支撑企业快速发展。

3. 收缩战略

收缩战略也称防御战略，它不寻求企业规模的扩张而是缩减。其具体又分为收获战略、调整战略、放弃战略。收获战略是减少企业在某一领域内的投资，目的是削减费用支出和改善企业总的现金流量。调整战略是企业通过采取更换管理人员、实行决策集中化等措施或行动以扭转企业财务欠佳的状况或应对外部环境中的不利因素，如经济衰退、工资、原材料成本升高等。放弃战略是指卖掉企业的一个主要部门，如一条生产线或一个经营单位。

4. 混合战略

混合战略是企业将前述三种战略配合起来使用，通过组合这几种战略形成一个有机的整体。一般战略组合有两种形式：一是顺序组合，二是同时组合。顺序组合是指按照战略方案实施的先后顺序，依次运用各种战略，如实施一个时期发展战略之后改为采用稳定战略。同时组合是在同一时期内同时运用几种相关战略，一般是一个企业有多个业务或多个经营单位时，某个业务单位实行发展战略而其他经营单位实行稳定战略或收缩战略。

（二）单一经营战略、纵向一体化战略和多元化战略

1. 单一经营战略

单一经营战略也叫专业化经营战略，是指企业将绝大部分的经营活动集中于一个业务或

行业进行经营的战略。专业化经营战略的优点是经营活动较为简单，能集中企业的资源于单一的经营领域，便于积累经验，提高资源利用效率。这一战略的风险是企业的生存发展对特定行业依赖性强，行业一旦波动或衰退对企业经营的影响大。

2. 纵向一体化战略

纵向一体化战略是企业在上下游关系的两个业务上展开经营活动的战略，如企业经营矿山并拥有钢铁厂。纵向一体化战略的优点是能获得两个业务带来的收益。而且，纵向一体化经营可以使上下游业务相互协调，降低成本，或加强企业对原料和市场的控制。纵向一体化战略的风险是涉及领域多则需要较大投资而且经营复杂；纵向一体化经营的企业业务相互牵连，可能阻碍创新，使企业难以脱离这些行业。

3. 多元化战略

多元化又称多样化或多角化。多元化战略分为相关多元化战略和非相关多元化战略两种。相关多元化战略是企业同时经营在价值链上有战略匹配关系的不同的业务领域。价值链上的战略匹配体现在不同业务之间在技术、生产、营销或管理等职能领域的共享，从而降低成本，增加收益。非相关多元化战略是企业同时经营在产品或服务、技术或市场上都大不相同的业务。非相关多元化的优点是可以从多个领域从事经营，利用环境中的多种机会获得更多收益并且分担经营风险。多元化经营的缺点是需要大量投资和各种资源，管理和协调复杂而困难，导致资源利用效率不高。所以企业应采取合理程度的多元化。

（三）国际化经营战略

国际化经营战略是企业跨越国家边界从事经营活动的战略。自从我国对外经济开放，大量国际知名企业进入中国市场。我国的企业也越来越多地走出去，进入外国市场展开国际化经营。世界范围的国际化经营从 20 世纪 50 年代开始，已经成了不可阻挡的趋势。

1. 国际化经营的特征

企业的国际化经营扩展了经营空间，可以更充分地发挥企业在生产、技术、商誉等方面的优势，并可以利用比较优势以较低成本获得国内外多种资源，提高经济效益和积累更多优势。然而，国际化经营也要面对更复杂的环境，竞争更加激烈，对企业的资源和管理能力要求更高，风险也更大。

2. 国际化战略的类型

国际化经营中企业会面临两个选择，就是在国际化经营中倾向于利用全球整合优势还是利用地方响应优势。选择全球方案的企业极力地在全球所有目标市场国家采用标准化的产品和营销策略，以充分利用规模经济效应获得成本优势，即全球化战略。选择地方响应方案的企业强调根据目标市场国家和地区的差异来确定组织与产品，以满足当地的顾客需求，即多地化战略。还有一种战略是采用整合全球化的效率和地方响应的资源配置方式与管理模式，就是跨国化战略。跨国化战略力图同时取得全球化战略的效率和多地化战略的地方响应能力，在全球范围内实现资源和组织的最优配置。例如，企业把研发和财务职能设置在科技发达的美国，把制造工厂设置在低工资的亚洲国家，而营销功能则根据市场国家具体情况分别设置。

3. 进入国际市场的方式

所谓进入国际市场的方式，就是指企业使其产品、技术、工艺、管理及其他资源进入国外市场的一种规范化的部署。企业进入国际市场的方式可分为三类：出口进入方式、合同进入方式和投资进入方式。出口进入方式指企业在母国生产产品，然后运往目标市场国家。生产企业可以自己在国外设置销售机构，也可以利用国内或国外的经销商或代理商向国外销售产品。合同进入方式是国际化经营企业通过签订合同的形式向目标市场国家转让技术、工艺、品牌或提供服务等。投资进入方式涉及国际经营企业对目标市场国的企业或经营单位拥有所有权的问题。不同的进入方式需要投入的企业资源不同，风险和收益也有区别。在选择进入国际市场的方式时既要考虑到国内外市场的环境特点，也要考虑产品自身的特点及企业的能力。

二、经营单位战略

经营单位战略主要涉及在给定的一个业务或行业内，经营单位如何在竞争中取得优势的问题，即竞争战略。迈克尔·波特提出了三种通用的竞争战略，或称为一般竞争战略、基本竞争战略。它们是低成本战略、差异化战略和集中化战略。

（一）低成本战略

1. 低成本战略的含义

低成本战略又称成本领先战略，是指企业通过有效途径降低成本，使本企业全部成本低于竞争对手的成本，甚至达到同行业成本最低，从而获得竞争优势的一种战略。实行低成本战略的企业要积极建立大规模的、高效率的设施；努力降低经营成本；严密控制成本开支和间接费用；追求研究开发、服务、销售、广告及各部门的成本最小化。虽然为了同竞争对手抗衡，企业在产品质量、服务和其他方面的管理也不容忽视，但降低成本则是贯穿整个战略的主题。

2. 低成本战略的优势

低成本战略使企业处于低成本的地位，在与竞争对手价格竞争中处于优势。在价格降到竞争对手已经不能盈利时，本企业还能盈利。在强有力的购买者要求降价或供应商抬高原材料价格时，因为成本处于低位，可以有较大的灵活性。低成本对于行业的潜在加入者也是进入障碍，进入行业就面临成本劣势使欲进入者望而却步。在面对替代品的竞争时，低成本企业也比其他企业处于更有利的地位。

3. 低成本战略的风险

低成本战略是企业与同行企业竞争中获得竞争优势的基本途径。这一战略存在风险，需要关注。首先，技术的更新可能使低成本优势丧失。低成本的来源主要是规模经济、学习曲线效应、设备技术效率及直接和间接费用的节约。随着科学技术的飞速发展及其对生产经营的巨大影响，以往取得的成本优势可能因技术的更新换代很快丧失，掌握先进技术的企业会后来居上。其次，企业专注于降低成本可能丧失对外界环境变化的敏感性从而失去市场。社会环境、顾客的需求和消费偏好会发生变化，消费者对价格的敏感性降低而对产品特色更加关注，低成本优势就不再是竞争取胜的关键。

（二）差异化战略

1. 差异化战略的含义

所谓差异化战略是指企业向顾客提供的产品或服务与其他竞争者相比独具特色、别具一格，从而使企业建立其独特竞争优势的一种战略。这一战略的核心是取得某种对顾客有价值的独特性，如特殊的产品性能、超高的产品质量、突出的品牌形象、高标准的服务、特殊的消费体验等。追求差异优势的企业可以提供比竞争对手更能满足顾客需求的产品或服务，从而使顾客愿意支付更高的价格，获得超过行业平均水平的收益。差异化战略也要考虑成本控制，使产品价格在顾客可接受的范围之内，但是这一战略的核心是创造更符合顾客需要的特色。

2. 差异化战略的优势

差异化战略使企业提供的产品或服务具有独特性，给顾客带来其他竞争者不能给予的满足，从而建立顾客对本企业产品或服务的忠诚，形成竞争壁垒。其他企业很难对企业形成威胁，对于行业的潜在进入者也构成难以跨越的障碍。企业产品或服务具有独特性，替代品难以替代，顾客别无选择，对价格的敏感性低，所以面对替代品生产者和顾客时压力小，可以定高价获得高额利润。面临原材料涨价时，因为利润水平较高，可以有比竞争对手更大的消化能力。

3. 差异化战略的风险

差异化战略建立独特优势的同时也存在一些风险和弱点。首先，差异化往往伴随高成本。要树立差别优势必须创造与其他企业产品或服务的区别，而且这些区别要对顾客有价值、有吸引力，需要在产品开发、技术工艺更新改造、营销创新等某些领域大量投入。成本的增加导致产品或服务要高定价。高价会让部分顾客走开。其次，独特性是把双刃剑。某些特色吸引一些顾客的同时对另一些顾客却没有吸引力，导致独特的产品或服务的市场规模形成局限。顾客变得越来越精明时，创造有价值的差异变得越来越困难。另外，差异优势会因为竞争对手的模仿而消失，当行业成熟、技术普及的时候这一现象非常普遍。

（三）集中化战略

1. 集中化战略的含义

集中化战略又称重点集中战略，是指将企业的经营活动集中于某一特定的购买群体、产品线的某一部分或某一地域性市场，通过为小市场的购买者提供比竞争对手更好、更有效的服务来建立竞争优势的一种战略。集中化战略的核心是将注意力集中于整体市场的一个狭窄部分而非整个市场。

集中化战略的企业既可以通过差异化战略服务某一细分市场，也可以通过低成本战略服务特定细分市场。即集中化战略可以分为差异集中化战略和成本集中化战略。

2. 集中化战略的优势

采用集中化战略是企业在特定细分市场上实施低成本或差异化战略，所以，低成本战略和差异化战略的优势与风险在集中化战略中也能体现。此外，由于集中化战略避开了在大市场内与竞争对手的直接竞争，所以，对于一些力量还不足以与实力雄厚的大公司抗衡的中小企业来说，集中化战略可以增强它们相对的竞争优势。因而该战略对中小企业具有重要意义。对于大企业来说，采取集中化战略也能避免与竞争对手直面冲突，使企业处于一个竞争的缓冲地带。

3. 集中化战略的风险

除了面临和在整个行业实行低成本战略与差异化战略的企业同样的风险，实施集中化战略的企业还具有自身特定的风险。首先，竞争对手可能会进入企业选定的细分市场，并采取更集中化的战略而使本已狭小的市场被分割，收益更加有限。其次，狭窄的小市场中的顾客需求特点可能消失而与大市场趋同，企业的优势就会消失。最后，行业中有吸引力的细分市场会吸引大企业和大量其他企业进入，瓜分市场，挤压利润。

三、战略评价和选择的方法

一个企业的战略应该是对多个可供选择的战略方案进行评价，从中选择最有利于达到战略目标的方案。选择战略方案的依据应该是战略和企业内外部环境的一致性。理想的战略方案应该能够利用外部市场的机会并回避不利因素的影响；也能发挥企业自身的优势并对弱点进行改进。企业选择战略时，可以借助以下战略评价与选择工具。

（一）汤姆森和斯特克兰方法

这一方法是汤姆森（A.Thompson）和斯特克兰（A.J.Strickland）二人在完善波士顿公司的增长率－市场占有率矩阵方法基础上提出的。它用市场增长率和竞争地位作为决定企业战略的两个参数。市场增长率高低分为市场增长缓慢和迅速两种情况，竞争地位分为强和弱两种情况。市场增长情况作为纵轴，竞争地位作为横轴，形成一个四象限的二维矩阵。每个象限内的可选战略方案按其吸引力顺序排列，形成鉴别战略簇，如图 7-6 所示。

象限Ⅰ中的企业所在市场增长迅速且竞争地位强，处于优越的战略地位。因此，最合理的战略首先是集中经营现有产品或服务，进行必要投资以继续处于领导地位。其次，在企业财力充足、具备相关资源时，还可考虑实行纵向一体化战略。另外，在如此有利的情况下，企业进行多元化发展既可充分发挥现有优势，又可以分散风险。

象限Ⅱ中的企业所在市场增长迅速但竞争地位弱。推荐的战略首先是集中现有产品与服务，但需要企业能克服弱点或找到有利的市场空隙提升市场地位。其次，如果企业资源和能力不足以成功实施集中战略，则可选择横向一体化或合并。如果上述战略方案都不可行，则可选择放弃战略，甚至清算企业。

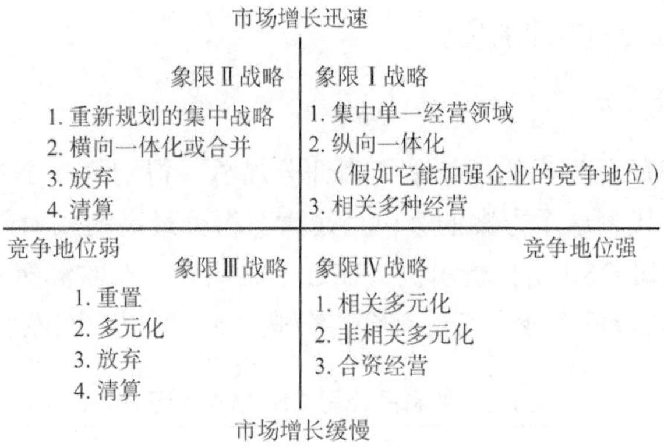

图 7-6 鉴别战略簇

象限Ⅲ中的企业处于市场增长缓慢、竞争地位又弱的状况。企业虚弱而市场又不景气，可选择的战略依次为：将资源转移到可发展的项目上的重置战略、分散风险的多元化战略、放弃或清算战略。

象限Ⅳ中的企业所处行业市场增长缓慢但企业竞争实力强。企业应选择利用现有实力找到更宽广的发展空间。依次可选择的战略是相关多元化、非相关多元化、合资经营。

（二）定量战略计划矩阵

定量战略计划矩阵（quantitative strategic planning matrix，QSPM）是定量评价多个备选方案，从中选择最佳方案的工具。这一工具是对每一个战略方案都进行综合评分，评分的依据是这个战略方案在考虑到内外部环境中的每一个关键因素时是否有吸引力，即这一战略与每一个因素的匹配程度评分。根据每一个因素的重要性和评分，算出体现每个战略方案适合程度的综合分值，从中选出最优方案。建立 QSPM 的步骤如下。

1. 制表

将内部要素分析和外部关键要素分析中的关键因素与权重作为矩阵的左起第一、二两列。所有备选方案名称或代号平行关键因素和权重列于表头并各分为两栏。一栏标为 AS（attractiveness score），代表吸引力评分，另一栏标为 TAS（total attractiveness score），代表加权吸引力评分。

2. 备选方案吸引力评分

为每一个方案对每一关键要素的吸引力逐一评分，填在每个备选方案 AS 列相应位置上。分值最低为 1，最高为 4。分值为 1 表明对于这一要素而言，这个方案没有吸引力；分值为 2 表明对于这一要素而言，这个方案有一些吸引力；分值 3 表明对于这一要素而言，这个方案有相当的吸引力；分值 4 表明对于这一要素而言，这个方案很有吸引力。评分可以采用专家小组讨论的形式得出。

3. 计算加权吸引力评分

将每一关键要素的权重与其每一备选方案的吸引力评分相乘，得出加权吸引力评分并填写在每个备选方案TAS列相对应的位置。

4. 计算吸引力综合得分

将每个战略方案在每个要素的加权吸引力评分加总，得到每一个备选方案的吸引力综合得分。综合得分越高，代表这个方案的吸引力越大，得分最高的成为最佳方案。

表7-3是某食品公司QSPM分析示例。在这个案例中，在欧洲建立合资企业方案的综合评分为5.3，在亚洲建立合资企业方案的综合得分是4.5。所以，在欧洲建立合资企业更优。

表7-3 某食品公司QSPM分析示例

关键因素		权重	备选战略			
			在欧洲建立合资企业		在亚洲建立合资企业	
			AS	TAS	AS	TAS
机会	1. 欧洲的统一	0.10	4	0.40	2	0.20
	2. 消费者在选购商品时更加重视健康因素	0.15	4	0.60	3	0.45
	3. 亚洲自由市场经济的上升	0.10	2	0.20	4	0.40
	4. 对汤料的需求每年增长10%	0.15	3	0.45	4	0.60
	5. 北美自由贸易协定	0.05	—	—	—	—
威胁	1. 对食品的需求每年仅增长1%	0.10	3	0.30	4	0.40
	2. ConAgra's Banquet电视食品以27.4%的市场份额领先	0.05	—	—	—	—
	3. 不稳定的亚洲经济	0.10	4	0.40	1	0.10
	4. 罐头盒不能被生物降解	0.05	—	—	—	—
	5. 美元的贬值	0.15	4	0.60	2	0.30
优势	1. 盈利增长30%	0.10	4	0.40	2	0.20
	2. 新的北美分公司	0.10	—	—	—	—
	3. 成功的新健康汤料	0.10	4	0.40	2	0.20
	4. Swanson电视食品的市场份额已增长至25.1%	0.05	4	0.20	3	0.15
	5. 所有管理人员奖金的1/5是基于公司的整体业绩	0.05	—	—	—	—
	6. 生产能力利用率从60%提高到80%	0.15	3	0.45	4	0.60
劣势	1. Pepperidge农场的销售额下降了7%	0.05	—	—	—	—
	2. 企业重组花去3.02亿美元	0.05	—	—	—	—
	3. 公司在欧洲的经营正在亏损	0.15	2	0.30	3	0.45
	4. 公司国际化经营进展缓慢	0.15	4	0.60	3	0.45
	5. 税前盈利率为8.4%，仅为产业平均水平的一半	0.05	—	—	—	—
总计		2.00		5.30		4.50

第三节 战略实施与控制

一、战略实施的重要性

企业一旦选择了战略方案，战略管理活动的重点就从战略选择阶段转移到战略实施阶段。战略实施是将战略方案转变为具体行动，并最终实现企业战略目标的过程。战略的制定和战略的实施过程是密不可分的，只有将合适的战略正确地付诸行动，企业才能真正获得成功。美国管理学者托马斯·波诺玛（Thomas V. Bonoma）说：“一个合适的战略如果缺乏有效的实施会导致整个战略失败。然而，有效的战略实施不仅可以保证一个合适的战略成功，而且可以挽救一个不合适的战略或者减少它对企业造成的损害。”由此可见其对战略实施的重视。他还提出一个反映战略制定与战略实施关系的模型，如图 7-7 所示。

		战略制定	
		合适 ←→ 不合适	
战略实施	有效 ↕	成功	挽救或及时放弃
	无效	麻烦	失败

图 7-7 战略制定与战略实施关系的模型

二、战略实施的性质及常见问题

（一）战略实施的性质

管理者应该非常重视战略实施。然而，战略实施并不是件轻而易举的事。它涉及大量的实际资源配置，需要管理者的高超能力，也耗费较长的工作时间。弗雷德·R. 戴维指出，尽管战略制定和战略实施之间存在密切而复杂的关系，但两者之间又有着根本性的区别。战略制定和战略实施两者的区别在于：①战略制定是在行动之前部署力量，战略实施是在行动中管理和运用力量；②战略制定注重效能，战略实施注重效率；③战略制定主要是一种思维过程，战略实施主要是一种行动过程；④战略制定需要有好的直觉与分析技能，战略实施需要有特殊的激励与领导技能；⑤战略制定只需对几个人进行协调，战略实施则要对众多人进行协调。

不同企业在战略制定的思想和方法上并不存在很大差别。但是，战略实施在不同类型、不同规模的企业间却有相当大的差别。战略实施需要建立或调整组织机构、在不同的部门间调换领导人、改变企业的营销策略等。这些活动在不同行业和不同性质的组织中是大不相同的。

（二）战略实施中常见的问题

战略制定和选择过程主要是高层管理人员参与，而战略实施过程需要包括从高层管理人员到基层作业人员所有人的参与。因此，战略实施与战略制定和选择相比，涉及的具体问题会更多。美国学者亚历山大对 93 位企业经理的调查发现，一半以上的被调查者认为实施战略过程中通常会遇到如下一些问题：①实施总要比计划需要更长的时间；②出现没有预料到的主要问题；③各项活动之间不能有效地协调；④管理中出现种种干扰因素使管理者重心偏离；⑤职工和管理者执行战略的能力不足；⑥不可控的外部环境因素发生不利变化；⑦职能部门的管理人员领导指挥不当；⑧基层人员缺乏相应的培训和指导；⑨实施中的关键活动和主要任务不明确；⑩管理信息系统对企业的内外活动不能有效地监控。

如何才能有效地实施一项战略？实践证明，只有当企业的各种因素与战略相互适应和相互匹配时战略实施才更有可能成功。这些因素包括企业的资源、组织结构、企业的领导风格以及企业文化等。

三、战略实施的过程

（一）战略实施的阶段

一个企业将其战略转化为战略行动的过程包括四个相互联系的重要阶段：战略发动阶段、战略计划阶段、战略实施阶段和战略实施的控制与评价阶段。

1. 战略发动阶段

战略实施是将战略方案转化为战略行动，这需要各个部门各个层次的全体员工具体执行。战略实施的第一个阶段就是要调动员工参与战略实施的主动性和积极性，使员工意识到为实现战略目标完成相应的工作是自己不可推卸的责任。为此，企业领导者应采取以下行动：①在员工中大力宣传企业的战略思想和战略目标，使员工充分理解和接受战略方案；②对员工进行技术培训，提高员工整体素质，满足战略实施需要；③分析战略方案的优势和风险，与员工的切身利益相结合，提出避免风险的设想，树立实现战略目标的信心；④对因观念和能力问题阻碍战略实施的管理人员进行调整与撤换。

2. 战略计划阶段

战略方案是比较概括和抽象的长期构思，需要在实施过程中通过计划职能来加以具体化，包括战略目标的分解和具体措施、策略的制定。其使各部门在各阶段有明确职责和任务，并最大限度地具体化，变成可操作的具体业务。为了保证战略目标的实现，一方面必须将目标层层分解、展开，落实到基层；另一方面下级单位要根据自己的目标提出保证措施。

3. 战略实施阶段

战略实施阶段就是战略计划具体执行操作的阶段。这一阶段与许多因素有关，如领导作用的发挥、资源的配置、组织机构、控制与激励制度、信息管理系统等。以上因素使战略方案的内容融入企业日常的生产经营活动中，成为制度化的工作内容。

归纳起来，实施既定战略一般有下列几种模式。

（1）指挥型。指挥型模式的特点是高层管理者将重点放在战略的制定，一旦制定出满意的战略就强制下级人员去执行。这种模式在内外环境较稳定、集权体制、战略与现行运作系统较为适合的小企业比较适用。

（2）变革型。变革型模式更重视战略的有效实施问题，在实施战略过程中研究、设计和不断完善战略实施的计划系统、组织结构、信息系统和控制系统。为增加战略成功的机会，不惜采取一系列重大的改革和调整措施。这种模式适用于外部环境变化比较大的企业。由于制定战略时许多未来因素的变化难以预料，制订的战略方案和实施计划较为粗放，战略的成功依赖细致的实施操作弥补战略方案的不足。

（3）合作型。合作型模式的特点是最高决策者在战略方案制订过程中充当协调员的角色，将战略方案所涉及的任务分解到其他高层管理者身上，让每个成员承担责任。而在这个过程中，充分发扬民主，在发掘集体智慧基础上形成较为一致的意见。这样人们执行战略的自觉性和积极性高，提高了战略实施的有效性。这种模式适合企业内部民主、人际关系融洽、向心力强的组织。

（4）文化型。采用文化型模式的企业高层提出企业发展的总方向设想，发动和鼓励企业全体员工去设计自己的战略实施具体方案。这种模式是运用企业文化的手段，向员工灌输战略思想，建立共同的价值观和行为准则，使员工在共同的文化基础上参与战略的实施活动。这需要企业的员工广泛参与，所以要求员工素质高，企业有文化建设的基础和组织结构的保障。

（5）增长型。增长型模式与其他模式的区别在于它不是自上而下制定和实施战略，而是高层决策者只提出有限个量化指标后，把制定具体战略的权力下放给企业的下级管理人员，并采取措施激励他们的主动性和创造性。只要提出的方案论证为可行，就会得到高层决策者批准。

4. 战略实施的控制与评价阶段

战略的实施是在变化的内外部环境中进行的。战略实施活动受复杂环境因素的影响，会遇到各种问题和出现一些偏差。因此，应加强对执行战略过程中的控制和评价，针对问题不断修改、完善战略方案，才能适应环境的变化。这一阶段主要是建立控制系统、评估偏差、进行纠正，以确保战略目标的顺利实现。

（二）战略实施计划

战略实施计划包括战略目标分解和战略实施计划编制两方面工作。

1. 战略目标分解

战略目标一般是宏观、定性和指导性的。为了提高实施效果，战略管理者应该将战略目标转化成具体、定量化和可操作的目标。这需要在准确理解战略目标的基础上，按照组织层级、时间序列、管理职能进行分解或者细化，构建一个层级化、序列化和系统化的战略实施目标体系。为了保证目标体系的实现，需将目标、考核和激励有效地结合起来。

2. 战略实施计划编制

战略目标分解是将战略实施的任务和完成任务的时间分配给各单位以便于进行评价与控制。为加强对战略实施的过程管理，需要根据分解的目标编制实施目标的一系列计划，构建战略实施的计划体系，并根据计划体系展开管理活动。计划体系包括中间计划、行动方案、工作程序、预算及应急计划等内容。

（三）战略实施与组织结构

战略实施由企业所有人员来完成。这就要求企业的组织工作将实现企业目标所必需的活动进行分类，并对每一类活动任命负责人，使其拥有从事相应工作的权力；进而规定各类活动之间的关系。这些内容就构成了企业的组织结构。因此，有效地实施战略，需要建立适合所选战略的组织机构。

1. 战略与组织结构的关系

对于战略与组织结构的关系，美国学者钱德勒（Alfred D. Chandler，1918—2007 年）在研究了 70 家公司的发展历史后得出这样的结论：组织结构服从于战略，公司的战略改变会导致组织结构的改变。当企业采取数量扩大战略，即在一个地区内扩大企业产品或服务的数量时，组织结构比较简单，往往只是设立一个执行生产或销售功能的办公室。当企业将产品或服务生产和销售扩散到其他地区，即采用地区扩散战略时，企业会形成总部与部门的组织结构。各部门是设置在不同地区职能相同的经营单位。当企业实行纵向一体化战略时，企业中出现了中心办公室和多部门的组织结构。各部门在加工和销售等生产过程中存在相互依赖的内在关系。采用多元化战略的企业会形成总公司本部与事业部相结合，各事业部之间基本不存在工艺性等方面的一体化联系的组织结构。

钱德勒的研究反映出，企业随着环境变化对其战略进行调整，组织结构随着战略的调整而改变。而且，因为组织结构调整受惯性的影响需要一定时间，组织结构的变化常常慢于战略的改变，体现了战略的先导性与组织结构的滞后性。

2. 组织结构的设计

组织结构设计是管理学中一个古老的问题。没有一种组织能适用所有的情况，最适宜的组织结构主要取决于企业的战略目标和战略。而且，组织结构也受企业规模和所处的发展阶段、所面临的环境情况，以及企业所采用的技术等因素的影响。所以，组织结构设计应随机制宜。小规模企业的组织结构一般比大规模企业简单，随着企业的发展，组织结构通常会经历简单结构到职能型结构再到多部门型结构，而发展到一定阶段时会采用矩阵结构。稳定的环境中组织多采用界限分明、工作程序精确、职责关系固定和等级制度严密的机械结构，而在动荡的环境中的组织则倾向于采用有机结构。管理层次的数目会随着技术复杂程度的提高而增加，采用单件或连续性生产方式的企业中有机系统占优势，采用大量生产方式的企业中机械系统占优势。

组织结构中专业化、集权化和规范化特征对成功实施低成本战略起重要作用，而当职能型组织结构中的决策权下放时，有利于差异化战略的实施。国际化经营战略中实施多地战略的企业注重产品或服务适应当地国家市场，地理区域性结构有利于满足各地的文化差异。全球化战略向各个国家市场提供标准化产品，追求和强调规模经济与范围经济效应，产品分区性结构适合全球化战略的实施。实施跨国战略的组织结构必须具备集权化和分权化、集合和分化、制度化和非制度化的灵活机动。

3. 战略与组织结构的调整

战略的重要特性之一便是它的适应性。它强调企业组织运用已占有的资源和可能占有的资源去适应外部环境与内在条件的变化，这需要随着战略的变化对组织结构进行调整。为了组织结构调整工作有效开展，首先需要寻找和确定对战略实施起关键作用的活动；其次，将战略实施活动划分成若干单元并明确各个单元的责权利；最后，通过等级层次和相互沟通来协调各个活动单元的战略关系。

（四）战略实施与资源配置

如果没有相应的资源保障，战略不可能实现。企业资源是战略方案转化为行为的前提条件和物质保证。在战略实施过程中，必须对所属的资源进行优化配置，以保证战略的实施。资源应首先满足获得产业关键成功因素和完成关键任务的需要。要把握任务时序上的缓急配置资源。企业一般采用预算的方法配置资金资源，根据各单位、各项目对整个战略的重要性设置资金配置的优先权。人力资源配置的重要内容是考虑特定战略对人力资源的需求，招聘、培训员工，建立人才及技能储备，注意整个队伍的综合力量搭配和权衡。

战略的制定是基于企业的资源，而战略的目标也包括不断积累和扩大企业的资源。当拥有了新的资源之后，企业会制定新的战略。上述过程就是战略与资源的动态组合过程。

（五）战略实施与领导

战略管理是整个企业参与的管理过程。战略管理是企业高层管理者的主要职责，无论战略制定、战略选择或战略实施，都离不开企业高层管理者的领导。领导者的推动和促进力量是保证战略实施成功的关键因素。不同的战略对最高领导者的素质、领导风格和行为的要求也不相同。

1. 领导者与战略的匹配

领导者的能力与所选的战略相匹配，才能保证战略实施的成功，实现战略目标。领导者和战略的匹配包括领导者能力与战略类型的匹配和经理班子中每个人能力的互相匹配。

每个企业的战略，都需要领导者具有特定的能力。稳定战略与快速扩张战略对领导者的能力和领导类型要求是不同的。根据领导者在能动性、成就压力、思维方式、社交和服从性等方面的特点，可以将领导者划分成开拓型、征服型、冷静型、行政型、理财型和交际型等类型。开拓型领导适合在发展战略中发挥作用，而在稳定战略和收缩战略中很难发挥积极作用。交际型领导则比较适合稳定战略和收缩战略的实施。在选择与战略相匹配的领导者时，也要考虑企业的发展阶段。一个企业的不同经营单位采用不同的战略时，需要分别配备相应的领导者。

在战略实施中，完全依靠一个领导者很难满足战略的要求，还需要发挥经理班子的集体作用，因为一个管理者很难具备战略实施需要的全部素质和能力。一个各有所长、能力互补的经理班子，具备实施战略所需的全部才能，才能确保战略的顺利实施。而且，一个合理的经理班子可以集中大家的智慧，群策群力，有利于领导者能力的发挥。

2. 领导者在战略实施中的任务

在战略实施过程中，领导者主要需完成以下任务。

（1）激励和指导中层与基层管理者。

（2）开发和挖掘人力资本。

（3）培育和维持企业的核心竞争力。

（4）培育支持战略的企业文化。

另外，领导者或高层管理者也需要激励。对高层管理者的激励制度应鼓励管理者的创新精神和长期行为。

（六）战略实施与企业文化

企业战略的实施离不开企业文化环境。与战略相匹配的企业文化会促进战略实施，而与战略不匹配的企业文化则会阻碍战略的实施与企业发展。在很多情况下，文化会成为企业成败的关键因素，建设优秀的企业文化本身就是战略。企业文化的核心是员工共享的价值观，是企业战略的基础。可以说，有什么样的文化就有什么样的战略。企业文化的导向功能、凝聚功能、约束功能和激励功能决定了其在战略实施中的重要作用。

通常情况下，与战略相比较，企业文化更具有刚性和连续性的特点，形成后较难改变。为了实施适应环境变化而制定的新战略，管理者应当重视和保存原有文化中那些支持新战略的方面，对不再适应的方面进行变革，以保证战略实施获得成功。

四、战略控制

战略控制是战略管理的最后一步，是对战略实施的过程进行监督，及时纠正偏差，以确保战略目标的实现。在实际工作中，各种原因导致战略实施的结果偏离预定的战略目标，这些原因可能是制定战略时依据的外部环境和内部条件发生了变化或者战略方案本身存在缺陷，也可能是实施不当。

（一）控制的层次

劳瑞格（P. Lorange）等认为在企业中有三种类型的控制：战略控制、战术控制和作业控制。战略控制是指涉及企业同外部环境关系的基本战略方向的控制，它从企业总体考虑，着重于长期业绩和企业内部各种各样的活动保持整体的平衡，是企业总体一级管理者进行控制活动的重点；战术控制主要处理战略实施过程中的局部问题，着重于维持和改进经营单位的竞争地位，是事业部一级控制的重点；作业控制则涉及具体和企业近期活动，如日常的产品质量控制，主要在职能部门中由基层管理者进行。

（二）战略控制的过程

战略控制的过程可以分为四个步骤：设定绩效标准、衡量实际绩效、偏差评估以及采取纠正措施或权变计划。

1. 设定绩效标准

企业可以根据预期的目标或计划制定出应当实现的战略绩效标准，作为控制的参照系。战略控制要评价的绩效指标选择应与企业战略目标保持一致，应能反映企业内部的各种组织关系、企业变化和发展、企业的竞争地位及其在行业中的地位，如市场占有率、投资收益率等。

2. 衡量实际绩效

通过一定的测量方式、手段，检测企业的实际绩效，这需要管理者收集和处理数据加以判断。同时，战略管理者应随时监测环境变化时所产生的信号。

3. 偏差评估

将实际实现的绩效与计划的绩效标准进行比较，确定两者之间的差距，并分析差距形成的原因。即使没有差异，也要根据环境的变化预估其可能的影响。

4. 采取纠正措施或权变计划

在战略实施过程中，根据存在的偏差及偏差产生的原因，设计并采取纠正偏差的措施，保证战略的圆满实施。如没有可行的纠偏措施，或环境变化导致原标准已不再具有合理性，则采用权变计划。

（三）战略控制方法

为了实施有效的控制，在战略控制系统中可以使用多种控制方法，介绍如下。

1. 预算

预算是一种以财务指标或数量指标表示的有关预期成果或要求的文件。预算准备完了之后，企业内部的会计部门做好各项开支记录，定期做出报表，比较预算与实际支出的差额。

2. 审计

审计是通过客观地获得对经济活动和有关事件进行论断的依据，弄清所得论断与标准之间的符合程度，并将结论报告给相关人员作为采取纠正措施的依据。

3. 统计分析

统计分析是指通过收集反映企业活动的各种数据，进行统计分析形成统计资料，显示实际与标准的差别程度，作为采取纠正措施的依据。

4. 专题报告与分析

根据企业领导的要求，由专门的人员对特定的问题进行调查研究，在深入分析的基础上形成报告，揭示比统计资料和会计资料分析更深层的问题及产生的原因。

5. 个人现场观察

个人现场观察是指企业各级领导深入生产经营现场，进行直接观察。有经验的领导者经常到生产或办公现场观察，能得到许多有用的信息。

➢ 拓展学习

1. 中国政府门户网站：http://www.gov.cn/.
2. 最高人民法院：http://www.court.gov.cn/.
3. 国家统计局：http://www.stats.gov.cn.
4. 中国人民银行：http://www.pbc.gov.cn.
5. 中华人民共和国海关总署：http://www.customs.gov.cn/.

6. 中华人民共和国国家发展和改革委员会：http://www.ndrc.gov.cn.
7. 商务部：http://www.mofcom.gov.cn/.
8. 中华人民共和国工业和信息化部：http://www.miit.gov.cn.
9. 深圳证券交易所：http://www.szse.cn/.
10. 上海证券交易所：http://www.sse.com.cn/.
11. 巨潮资讯网：http://www.cninfo.com.cn/.
12. 各行业网站，如中国家用电器协会：http://www.cheaa.org.
13. Wind 资讯.
14. 各企业网站.

➢思考题

1. 试利用波特五种力量模型分析手机行业。
2. 什么是核心竞争力？
3. 分析比较三种通用竞争战略的优点和缺点。
4. 分析国际化经营企业进入国际市场的方式及其优缺点。

➢案例分析

韩国汽车怎样打入美国市场

美国是世界上最大的小轿车市场，而且是世界利润最高的轿车市场。据分析，日本汽车制造商的利润大部分来自北美市场。不难想象，各国汽车制造商都想打入美国市场。但在过去的几年中，进入美国的汽车商中只有韩国的现代汽车取得显著的成功。分析原因有如下三个有利因素。

（1）时机有利。当前世界贸易保护主义盛行，但国与国之间的经济发展不平衡，对一个国家的贸易壁垒可能成为其他国家打入市场的绝好机会。由于日本对美国的汽车出口受到所谓“自愿配额”的限制，出口数量停留在每年 230 万辆上，日本采取了向高档车转移的方针，逐步提高售价。美国的三大汽车商出于最优利润的考虑，也采取了保持销量、提高售价的做法。这就使得低档小型的经济型轿车的市场出现了缺口。这给韩国汽车提供了打入美国市场的机会。

（2）币值有利。韩元对美元是稳定的，比价基本不变。美元对日元大幅度贬值，韩元对日元也就相对贬值，这就使韩国汽车的美元成本大大低于日本汽车的美元成本。

（3）员工素质有利。美国轿车工业趋向于“夕阳工业”，三大美国汽车商相继关闭多条生产线、解雇工人，新一代有才华的青年都不愿去汽车业谋职，使得工人年龄相对较大，素质相对下降。而韩国的汽车工业正处于上升时期，汽车工人社会地位很高，汽车厂可毫不费力地招到最优秀、最能干的工人，而其工资只是美国汽车工人的 1/10。韩国汽车工人的平均年龄只有 27 岁，比日本的 34 岁还要年轻 7 岁。

在自己的产品上，现代汽车采用的并不是当代最先进的汽车技术，而是 20 世纪 80 年代初日本三菱汽车公司的技术。这一技术在美国市场上已有 5 年历史，产品可靠、耐用、标准化程度高，维修非常方便。与之形成对照的日本铃木汽车，采用的是当代最新技术生产的马达，油耗量是轿车问世以来最低的，但其维修难度相应上升，产品成本也相应偏高，而其可靠性、耐久性还是一个问号。

在产品的价格上，现代汽车采用了快速渗透定价策略，比同等级的日本车定价约低 1000 美元，被美国汽车界评为“日本技术，韩国价格”。现代汽车在产品的开发与生产过程中联合，但在销售环节上独立，保证 100%销售控制的市场运作方法。

在渠道上，现代汽车选择了先出口加拿大、后打入美国的迂回路线。加拿大市场与美国市场极为相似，世界主要汽车厂商均在加拿大销售汽车。加拿大市场比美国市场小得多，有问题易于发现，也易于及时解决，代价也小得多。现代汽车采取了“少而精”的网点策略，在全美只建立了总共 200 个经销点，使每个经销点都有较高的销售量，保证了经销商有厚利可图。

现代汽车充分考虑了政治因素，将零部件的采购纳入整个经营战略中统一考虑，尽可能地采用美国零部件，以保证其产品有较高的“美国成分”。而在加拿大，现代汽车中的“加拿大成分”也是进口车中最高的。现代汽车集团总经理说，我们必须考虑双向贸易。

资料来源：http://wenku.baidu.com/view/c67da01e6bd97f192279e97f.html（有改动）

问题：

1. 韩国现代汽车采用的是什么类型的竞争战略和国际化战略？
2. 试对影响韩国现代汽车战略选择的因素进行分析。

第三篇

组　织

第八章　组织结构与工作设计

本章重点

组织结构和组织设计的概念

组织结构设计的影响因素

常见的组织结构设计模式

引导案例

海尔组织结构的演变

中国正从传统工业化时代向信息化时代过渡，从经济发展以规模扩张为主过渡为以效率提高为主。在这样的时代大背景下，海尔的组织结构演进也是显而易见的。

第一阶段，从20世纪80年代建厂到1998年，我国处于初级产品生产阶段，产品功能和质量日益受到消费者的重视。海尔领导层提出质量立企的发展思路，在组织结构上选择科层制；在管理手段上选择科学管理；在内部运营上以管控为主，如著名的OEC（overall every control and clear，全方位优化管理法）；在企业战略上选择名牌战略，将海尔打造成为中国知名品牌；在关系资本上，选择技术合作，以引进第一条四星级生产线为代表。

第二阶段，从1999年到2005年，伴随着外部环境的改变，以及顾客需求、企业家远见的推动，海尔在组织结构上进行变革，开始颠覆科层制，实行倒三角的组织结构，以市场需求为起点；逐步建立内部市场化的管理方式；在内部高度控制的基础上，逐步推动企业内部的自运转机制，如跳闸机制；战略上选择国际化战略，进军国际市场；在关系资本上进行兼并扩张，如著名的吃掉休克鱼理论。

第三阶段，从2006年到2012年，海尔成长为大企业，如何减少大企业病的危害，促进企业的持续发展成为关键问题。海尔通过组织结构扁平化转变以降低大企业病的危害，减少沟通成本；采用人单合一的管理方式，加大市场需求的引导力度；企业内部的自运转体系逐步走上正轨；企业采取全球化品牌战略，打造民族品牌；在关系资本上采取跨界合作，与越来越多不同行业的企业合作，如阿里巴巴、宝钢等。

第四阶段，从2013年至今，商业模式正从分工式向分布式发展，制造模式正从大规模制造向大规模定制发展，消费模式正从产品经济向体验经济发展。海尔组织变革的基本特点就是企业平台化、员工创客化、用户个性化。颠覆成网络化的企业后，海尔主要有三类人：第一类人是平台主，为创业提供最合适的土壤、水分、养料。第二类人是小微主，重点是自主找寻机会创业。第三类人是创客，所有员工都应该成为小微公司中的创客。企业从原来制造产品的加速器，变成孵化创客的加速器。为了做好这些，海尔将人财物三权都让渡给小微企业，强调自创业、自组织、自驱动。在管理模式上，将原来的职能部门变为两大平台，即共享平台和驱动平台。共享平台包括人力、法务等共享服务功能，以保证小微公司活而不乱；驱动平台是帮助小微企业明确商业路径，给它们创造一个可以发现和解决问题的恒温生态环境。

资料来源：王水莲，刘莎莎.海尔集团商业模式演进案例研究："因时而变"的企业[J].科学学与科学技术管理，2016（4）：70-78.

邹习文. 海尔倒金字塔管理模式的实践与理论研究[D]. 合肥：中国科学技术大学，2011：29-36.

段超. 互联网时代基于顾客价值的企业组织结构变革案例研究及应用[D]. 西安：西安外国语大学，2018：22-24.

孙中元，庄文静. 海尔"人人创客"怎样实现? [J]. 中外管理，2015（12）：35-37.

组织结构是现代组织理论研究领域的一项重要内容。在确定组织使命、组织愿景和组织目标之后，组织面临的一个重要挑战，就是如何将这些存在于管理者头脑和意识中的精神诉求，通过物质化的结构得以表现和执行。如果说上一章在力求设计组织"头脑"的话，本章则重在构建实现"头脑"意识的"躯干"。本章承接上一章内容，重点介绍组织结构基本理论、组织结构设计模式以及工作设计的一般思路。

第一节 组织结构概述

组织是由若干要素组成的实现特定目标的动态复杂系统。组织的社会影响和市场地位不是取决于组织规模，而是取决于各种组织要素的组合方式。要素结构（组织结构）得当，组织运转就会正常。反之，组织预期的绩效就很难实现。"乌合之众"再多也不会形成战斗力，具有此类特征组织的竞争能力也令人怀疑。

一、组织结构研究的视角

组织结构要适应环境变化。随着组织内外环境的变化和对组织管理研究的深入，人们对组织结构的认识也在发生变化。从组织结构研究的视角来看，组织结构的研究可以从产业组织经济学视角、传统企业管理学视角和群体生态学视角三个方面进行。

（1）产业组织经济学视角。产业组织经济学的研究对象是各产业内厂商之间的关系，主要研究厂商、产业和市场为什么以现有的一定形式组织起来，这样的组织形式和结构如何影响市场的运行与绩效。在产业组织经济学研究中，"产业"是指生产同一类产品（或提供同一类服务）的生产者（厂商）的集合。"同一类产品（或服务）"是指具有可替代性的产品（或服务）。因此，从产业组织经济学视角来看，组织结构就是指产业内部的各企业形成的相互关系形式。

（2）传统企业管理学视角。传统企业管理学是研究在特定环境下的企业管理活动的基本规律和一般方法的科学，研究的对象是特定环境下的企业活动。假设企业的环境相对简单稳定，环境是一个常量，企业管理职能，诸如计划、组织、指挥、协调和控制，主要针对企业内部领域。从这一视角出发，组织结构就是指企业内部的组织结构。从传统企业管理学的视角研究组织结构经历了以下几个阶段：第一，古典组织结构理论。其主要代表有：泰勒的职能工长制、计划职能和执行职能分开、例外原则；法约尔提出的企业经营活动的类别和管理的五项职能以及一些基本原则；韦伯的理想的科层组织结构体系。第二，行为科学的管理组织结构理论。该流派认识到组织中的非正式组织，强调组织结构设计要考虑员工需要和特点，承认劳动分工的作用，但同时认识到其负面作用。其代表人物有梅奥、巴纳德等。第三，指导组织中人们的活动和关系，经过计划的正式的政策、程序和控制方法。例如，卡斯特和罗森茨韦克认为组织是开放的系统，组织系统本身由许多分系统组成。权变理论学派的管理组织结构理论是权变管理思想在企业管理组织结构方面应用的体现。他们认为没有放之四海皆准的、最优的管理组织结构，不同的企业以及同一企业在不同发展阶段，都应根据具体的环境因素、内部条件来建立相适应的管理组织结构。其代表人物有琼·伍德沃德、伯恩斯和斯托克、保罗·劳伦斯和杰伊·体奇。亨利·明茨伯格 1979 年出版的《组织的结构》借鉴了各学派的理论与观点，包括古典组织理论、行为科学理论、系统和权变的思想，全面地对组织结构进行了综合研究。

（3）群体生态学视角。进入 21 世纪以来，以技术和知识为驱动的竞合经济发展成为时代特征。动态复杂的环境本身对组织工作提出了严峻挑战，组织边界开放化，组织与外部环境的渗透度提高，人们必须改变对组织结构的认识，并对现实生活中的组织结构形式做出重大调整。越来越多的管理学者认为，组织结构的研究不仅是一个内部管理结构的问题，也不仅是单个企业组织的问题，应超越内部边界，从一个更为广阔的视角加以考虑。从群体生态学视角来看，企业组织结构不仅包括企业内部的组织结构，也包含企业与其他企业形成的合作群体之间的结构关系，企业内部的组织结构与企业间的组织关系共同构成企业组织结构。

二、组织结构和组织结构设计的概念

（一）组织结构的概念

关于组织结构的概念，国内外学者从不同角度做了论述。

约瑟夫·M. 普蒂和海因茨·韦利奇在《管理学精要》中认为，组织结构是指职权和职责的关系、工作以及工人分组，一般而言，组织结构是为了协调组织中不同成员的活动而形成的一个框架机制。

卡斯特和罗森茨韦克在《组织与管理——系统方法与权变方法》中认为，组织结构是一个组织内各构成部分或各个部分间所确立的关系的形式。其具体包括：正式关系与职责的形式；向组织各个部门或个人分派任务和各种活动的方式；协调各个分离的活动和任务的方式；组织中权力、地位和等级关系；指导组织中人们的活动和关系的经过计划的正式的政策、程序和控制方法。

罗宾斯在《管理学》中将组织结构描述为组织的框架体系。就像人类由骨架确定体形一样，组织也是由结构来决定其形状。组织结构可以被分解为三种成分：复杂性、正规化和集权化。复杂性指的是组织分化的程度，与组织分工、纵向层级、组织单位的地理分布密切相关。正规化是指组织依靠规则和程序引导员工行为的程度，组织使用的规则条例越多，其组织结构就越正规化。集权化考虑决策制定权力的分布，主要取决于决策的数量、重要程度在上下级人员之间的分配。在《组织行为学》中，罗宾斯进一步将组织结构明确为对于工作任务如何进行分工、分组和协调合作。管理者在进行组织结构设计时，必须考虑六个关键因素：工作专门化、部门化、命令链、控制跨度、集权与分权、正规化。

卡什等学者在《创建信息时代的组织：结构、控制与信息技术》中指出，组织结构是组织中的角色、关系和成员间的协调程序所形成的模式。

国内学者中，邹再华在《现代组织管理学》中认为，所谓组织结构是一个组织内各构成要素和各构成要素之间所确立的关系形式，或者说，是一个组织内各要素的排列组合方式。内部的差异性和持久性的关系被人们认为是组织结构。

杨文士在《管理学》中认为，组织结构就是表明组织各部分排列顺序、空间位置、聚散状态、联系方式，以及各要素之间相互关系的一种模式，它是执行管理和经济模式的体制。

吴培良在《工业企业组织设计》中将企业组织结构定义为，企业全体职工为实现企业目标而进行分工协作，在职务范围、责任、权力方面所形成的结构体系。组织结构的本质是职工的分工协作体系；设计组织结构的目的是实现企业的目标；组织结构的内涵是人们在职、责、权方面的结构体系。这个结构体系的内容主要包括职能结构（完成企业目标所需的各项业务工作及其比例和关系）、层次结构、部门结构、职权结构。

周三多认为组织结构是指组织的基本架构，是对完成组织目标的人员、工作、技术和信息所做的制度性安排①。

徐炜在其博士论文《21 世纪新环境下企业组织结构研究》中认为，企业组织结构是指企业内部各构成要素所确立的关系与企业之间所确立的关系总和。具体来讲，企业组织结构是由治理结构、管理组织结构、生产运作组织结构和企业间组织结构四个子系统组成的有机整体。治理结构是企业治理组织的构成要素及所确立的关系总和，是企业组织结构的构成子系统。管理组织结构是指企业管理组织构成要素及所确立的关系总和。生产运作组织结构是指企业生产运作组织构成要素及所确立的关系总和。企业间组织结构就是指企业间组织构成要素及所确立的相互关系总和，它是企业整个经营生态系统的构成部分。

在本章中，我们主要从管理学视角对组织结构进行界定，重点研究组织内部各构成要素之间的关系形式，同时充分考虑在动态复杂的环境中，组织与组织之间所构建的新型结构，如战略联盟、虚拟组织等形式。

（二）组织结构设计的概念

组织结构的设计就是对组织结构的构成要素和它们之间的联系方式进行设计，它是根据组织目标和组织活动的特点，划分管理层次、确定组织系统、选择合理的组织结构形式的过程。组织结构设计的直接成果是组织系统图、职务说明书和组织手册。组织系统图是用图形的形式表示组织内的职权关系和主要职能，其垂直形态显示组织权力和责任的关联体系，确定了由上到下的指挥链以及链上每一级的权责关系，这种关系具有明确的方向性和连续性；

① 周三多. 管理学[M]. 4 版. 北京：高等教育出版社，2014：132.

水平形态显示分工和部门化的结果，确定了每一部门的基本职能、每一位主管的控制幅度、部门划分的标准以及各部门之间的关系（图 8-1）。职务说明书主要说明职位的名称、主要的职能、具体职责、工作环境、任职资格、与其他职位的关系等。组织手册是职位说明书和组织系统图的综合。图 8-1 中的方框表示各种管理职务或相应的部门。通过直线将各方框连接，清晰地描述了组织内正式职位系统的决策层级和联系网络，同时也标明各种管理职务或各个部门在组织结构中的地位以及它们之间的相互关系。

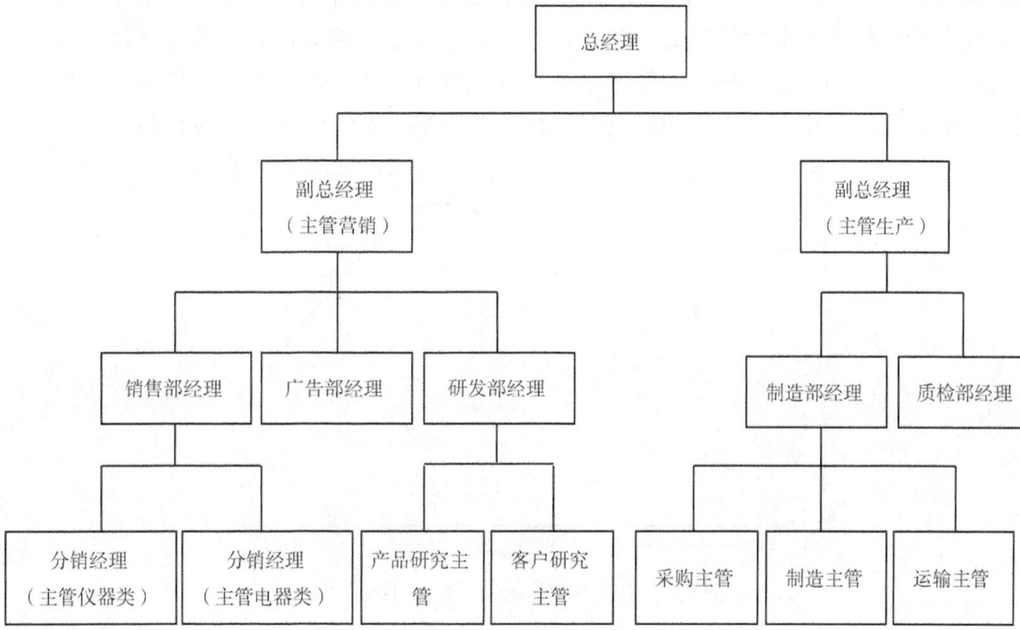

图 8-1　组织系统图

资料来源：周三多. 管理学[M]. 北京：高等教育出版社，2014：143

三、组织结构设计的要素

组织结构设计要考虑一些基本问题，包括工作专业化，部门化，指挥链，管理幅度和组织层级，集权、分权和授权，规范化。

（一）工作专业化

工作专业化的实质是：一个人不是完成一项工作的全部，而是先将工作分解成若干步骤，每一步骤由一个人单独完成，即分工。亚当·斯密在《国富论》中以别针工厂为例，认为劳动生产力的增进，以及劳动过程中的熟练程度、技巧和判断力的高低都同分工紧密相关。一个工人在没有受过业务训练并且不熟悉机器操作的情况下，一天或许一枚别针也造不出来，最多也不会超过 20 枚别针。而将整个工作分成若干工序，一个人负责其中一项或者两三项，这样可以将一天的产量提高到每人 4800 枚。也就是说，如果工人独自工作完成全部工序，无法完成他们适当分工之后所做工作量的 1/240。科学管理的一个重大贡献，就是不仅强调生产技术的分工，而且主张组织结构的分工和管理职能的分工。泰勒所主张的计划与执行分离、计划室与车间分离、职能工长制，都是以分工为出发点。

由分工形成的工作专业化之所以能够带来生产效率的提高，主要是因为：第一，工作专业化提高了员工的工作熟练程度；第二，工作专业化减少了员工在不同工作之间的转移，避免了工作转移的时间损失和效率下降的影响。同时，工作专业化分工将复杂任务分解为几项简单的工作，使得工作的难度下降，减少了企业在员工身上的培训投资。工作简化形成的员工可替代程度的增加，也有利于企业降低对员工的依赖程度，降低寻找合适员工的难度，控制薪酬支出。20 世纪四五十年代，很多企业都将工作专业化作为提高生产力的不竭源泉。工作专业化在给组织带来益处的同时，也存在一些显著问题。例如，员工长期从事一项简单工作，可能会导致劳动热情下降、缺勤率上升、离职率提高等，最终影响到组织的发展。这种情况下，扩大而不是缩小工作活动的范围，将会提高组织的运作效率（图 8-2）。

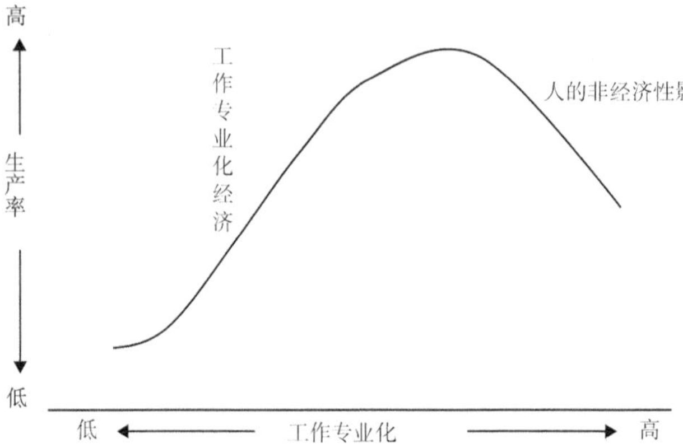

图 8-2　工作专业化的经济性和不经济性

资料来源：罗宾斯 S P. 组织行为学精要[M]. 郑晓明，译. 北京：机械工业出版社，2000：277

（二）部门化

部门是指承担一定管理职能的组织单元，是在进行组织分析基础上的聚类过程。组织部门划分的导向包括以下方面：按职能划分、按产品划分、按地区划分、按工艺流程划分、按顾客划分、按设备划分、按人数划分、按工作时间划分等。

（1）按职能划分。按职能划分部门是很多组织普遍采用的一种方法。它是以工作任务性质为基础来划分部门，具有同类性质的任务组成一个部门。例如，将一个制造企业划分为采购部、财务部、生产部、市场部、研发部、人力资源部等。当然，在基本部门内部还可以进一步细分派生部门。例如，人力资源部包括薪酬、招聘、培训等专业领域，可以设立对应的职能部门。细分部门的前提是基本职能部门的管理人员认为管理幅度过大，影响到了管理质量和效率。这种职能划分方法的主要优点在于：同类专家集中在一起，能够提高工作效率。问题在于部门本位意识，不利于从整体看待公司问题，出现“隧道视野”。

（2）按产品划分。按产品划分部门是将同一产品或产品系列的有关活动归并到一个部门进行独立经营。在产品部门内部可以设立不同的职能部门。这种部门划分法特别适合多角化经营的公司。例如一家家用电器公司，可以按照其所经营的产品类别来进行部门划分，设计彩电部门、洗衣机部门、小型厨具部门等。在每个部门内部，都可以拥有自己独立的职能部门。例如，每个电器部门内部又可划分出生产、销售、财务等职能部门。这种部门划分的优点是在多种产品经营的公司，再小的产品也会有人关注，提高员工对产品的熟知度，提高产品绩效的稳定性，同时培养和锻炼管理者的管理才能。问题在于部门意识和对企业有限资源的争夺，产品部门的管理者需要做大量的协调工作。

（3）按地区划分。按地区划分部门是将某个区域的业务组织起来，组建一个部门，委托一位管理者进行管理。例如，某公司根据公司业务的分布范围，将公司业务分为大中华地区、北美地区、欧洲地区几个业务部门。与按产品划分部门一样，地区部门内部可以设置不同的职能部门用于支持地区业务的开展。这种部门划分方法的优点是，有利于地域分布广泛的业务运作，改善地区内部的业务协调，培养和锻炼管理人员。问题在于出现地区本位主义，地区间的协调困难。

（4）按工艺流程划分。按工艺流程划分部门是将完成任务的过程分为若干前后衔接的阶段，以此来组织部门的划分。这种方法特别适合某些连续性生产型企业。例如，铝试管的生产过程首先是金属被铸造成巨大的胚料；然后被锻压成铝管；再把铝管做成体积各异、形状不同的试管；然后把这些试管切割、清洗；最后产品进入检验、包装、运输。生产主要由五个部门组成：铸造部、锻压部、制管部、成品部、检验包装运输部。这种划分充分发挥了专业技术的作用。问题在于部门间的依赖程度过高，一个环节出现问题就会打断整个生产流程的进行，出现“多米诺骨牌”效应。同时，也不利于培养多面手。

（5）按顾客划分。按顾客划分部门是根据顾客的类型来进行部门化。例如，一家装饰设计公司将其部门分为消费者装饰设计部和组织装饰设计部。这种部门划分充分考虑了顾客需求的差异，有利于提高顾客的满意程度。这种划分部门的方法 20 世纪 90 年代以来，受到越来越多组织的关注和喜爱。

（6）按设备划分。按设备划分是组织依据设备类型划分不同部门。例如，医院有放射科、超声波室等。这种划分有利于发挥设备效益，发挥专业技术人员特长。

（7）按人数划分。按人数划分部门是最原始的一种划分方法。例如，小学的班、组划分等。这种划分只考虑人力，在劳动密集型的企业基层应用较多。

（8）按工作时间划分。按工作时间划分部门是根据员工的工作时间来组织生产。例如，很多医院、交通、工业组织就按早、中、晚班来组织员工，划分班次。

从以上分析可以看出，每种方法都有自身的特点，管理者在工作中要根据实际情况来选择。实际上，仅仅按照一种划分标准来进行组织分工的情况很少见，在很多情况下，常常采用以上几种方法的组合来进行组织部门划分。

（三）指挥链

指挥链又叫层次链，是一种不间断的权力路径，从组织最高层扩展到基层，既是权力线，又是信息通道。指挥链的设计更强调直线职权，即直线主管人员所拥有的指挥权。与直线职权相对应的职权是参谋职权和职能职权。参谋职权是参谋人员所拥有的辅助性职权，包括咨询建议等；职能职权是由参谋或某部门主管人员所拥有的原属直线主管的那部分权力。传统意义上，指挥链的运转离不开管理者权威和统一指挥原则的支持，建立高效指挥链是保证组织秩序的基本要求。随着信息技术和团队组织的发展，员工授权程度提高，在团队中每个个体都是平等地做出自己的贡献，传统意义上的管理者正在消失，指挥链的重要性也在下降。

（四）管理幅度和组织层级

管理幅度就是指一个管理者可以直接有效地管理下级的人数。组织层级是指从最高管理层次到基层具体工作人员之间所表现出来的层次。一般情况下，组织层级与组织规模成正向关系，组织规模越大，组织工作就越复杂，组织层级就越多；组织层级与管理幅度成反方向关系，在组织人数一定的情况下，管理幅度越大，组织层级就越少。组织根据主管人员与下属的能力、面对问题的种类、工作任务的协调难度、计划的完善程度、工作地点的相近性、组织沟通渠道状况、组织环境的多变程度、管理者所处的管理层次等设计不同的管理幅度。一般情况下，管理幅度小有利于加强控制，但是管理层次和管理成本将会上升，层层信息扭曲和过滤导致组织信息沟通不畅等问题也十分明显。当前随着信息技术的发展和员工素质的提高，增大管理幅度成为一种趋势。

（五）集权、分权和授权

任何组织都涉及职权的行使问题。职权是职务范围内的权力，是组织通过一定的程序授予特定职位的。职权与组织内的职位相关，而与担任该职位管理的个人特性无关。职权分为三种形式，即直线职权、参谋职权和职能职权。直线职权是指给予一位管理者指挥其下属工作的权力；参谋职权是指管理者拥有某种特定的建议权或审核权，可以评价直线方面的活动情况，进而提出建议或提供服务；职能职权是指参谋人员或某部门的主管人员所拥有的原属直线主管的那部分权力。

不同组织对权力分配的偏好是不同的。有些组织表现出高度的分权化倾向，向员工授权，强调员工的自我管理和参与管理；有些组织表现出高度的集权化倾向，组织的高层管理者做出绝大部分决策，员工只是听从上级的指挥和命令。衡量集权与分权的标志主要有以下几个方面：决策的数量；决策的范围；决策的重要性；决策的审核。下级决策的数量越多，决策的影响范围越大，决策的重要程度越高，决策所需上级审核的程度越低，组织分权化程度越高。反之，组织分权化程度就低。集权有利于在动态环境中快速做出决策，维护组织秩序等；但是集权化程度过高不利于员工自主性的增强和个人才智的发挥。分权有利于员工接近顾客，直面问题，充分强调员工的主体意识和责任意识。影响组织分权的主要因素有：组织规模的大小、政策统一性的要求、员工的数量与素质、组织可控性的高低、组织所处的发展阶段等。当前，为了适应高度动态的环境，分权成为组织的一种基本趋势，这与使组织更加灵活和主动地做出反应的管理思想是一致的。

授权是组织运作的关键，它是以人为对象将完成某项工作所必需的权力授给部属人员。关于授权与分权，需要注意的几个问题是：第一，权力来源不同。分权来源于最高层级，来源于组织设计、法律或者正式规章制度；授权来源于上一层级的管理者，具有相对性，同时其授予权力要小于授权人自身权力范围。第二，时限不同。分权设立后一般在组织存续期间是相对稳定的；授权一般具有短期性的特点，针对某些情况，给予下属超越法定职权的权力，事件结束授权即结束，具有一事一权、事毕交权的特点。第三，责任范围不同。分权中的权力所有人就职位赋予的权力负责，在自身权力范围内具有决策权，并对其负全部责任；授权中权力造成的后果不仅要由被授权人负责，还会延伸到授权人。

（六）规范化

规范化是指组织工作过程中所体现出来的制度化、程序化、标准化的程度。组织规范化可以增进人们对工作一致性的预期，但是影响员工灵活处理现实问题的范围选择。在高度规范化的组织，有非常明确的职务说明书，有复杂详细的组织规章制度，有明确的工作流程，有高强度的组织文化、管理伦理及行为准则等。在规范化低的组织中，组织规章只是做出原则性的指导，组织文化的影响力也比较弱，员工对问题的个人裁量权增加。

四、组织结构设计的影响因素

组织结构设计的要素组合形式直接决定了组织结构的具体形式。不同的组织结构形式具有不同的组织功能，适应不同的管理情境。一般情况下，组织结构有两种极端形态：机械式组织和有机式组织。实际生活中的真实组织形式介于这两者之间。机械式组织的特点是：僵化的部门制，高度正规化，有限的信息网络和明确的指挥链，集权化。有机式组织的特点是：结构扁平，工作多运用多功能、跨级别的团队，组织正规化程度较低，信息自由流动（包括横向的、纵向的双向沟通），分权化。组织在两个极端构成的连续谱中选择适合自身的结构形式，要考虑以下几个重要因素的影响：组织环境、组织战略、组织技术、组织规模、企业的演进历程等。

（一）组织环境

组织环境包括组织的宏观环境、产业环境和微观环境。根据环境的变化和复杂程度，组织环境可以分为四种：稳定简单的环境、稳定复杂的环境、动态简单的环境、动态复杂的环境。变化程度描述环境要素的变化频率，复杂程度描述环境要素的多少和差异程度。低不确定环境（稳定简单的环境）和中等偏低不确定性环境（稳定复杂的环境）下，组织更倾向于采取机械式组织，中等偏高不确定性环境（动态简单的环境）和高不确定环境（动态复杂的环境）下，组织更倾向于采取有机式组织。

知识库

IT 对组织结构的影响

进入 20 世纪下半叶，以信息技术为先导的高科技技术迅速发展，企业技术环境展现出信息化、数字化和网络化的发展趋势。新技术的应用改变了人们传统的对组织边界明确、可控的认识，不能再用内部活动、内部职能、内部流程、内部人员的依据来界定组织边界。信息技术的发展也改变了组织的时空模式。传统意义上的组织存在于一定的地理空间和时间尺度内，现在出现了电子化企业和电子化空间。电子化企业以基于企业内联网和国际互联网的结构，使企业内部、企业和供应商之间，以及企业和客户之间的交流与业务，都在电子化的层面上完成。组织要主动洞察和利用信息技术所带来的机会，通过组织本身的变革促进发展。信息技术对组织行为产生的影响突出表现在以下几个方面。

第一，组织结构市场化。传统时代，由于产品短缺和顾客所能掌握的信息有限，因此顾客在与组织的交易中处于不利地位。目前，绝大多数商品供过于求，信息技术的发展使顾客可以在全球范围内寻找交易伙伴。按照托马斯·弗里德曼在《世界是平的》一书中的观点，全球化已经跨越国家主导和公司主导的阶段，进入个人主导的 3.0 版本。这些都使顾客主权更加突出，企业要有效利用信息技术充分了解顾客需求，同时在结构设置上突出顾客价值创造部门的地位，加强组织的顾客导向。

第二，组织结构扁平化。传统组织结构的设计强调质量成本，表现在管理上就是加强控制，组织结构呈现高度层级化倾向。信息技术条件下，速度和时间也成为形成竞争优势的来源，"快者胜，慢者亡"。组织必须抛弃那些阻碍快速行动的官僚机制，减少上传下达的中间管理层次，以高效廉价的计算机局域网代替，促进组织结构扁平化，使信息传递更加顺畅，资源整合更加快捷，形成整体合力。

第三，组织结构趋向分权。信息技术的发展使决策民主化成为现实。以前只存在于高层头脑中的信息，现在通过信息手段可以让更多的人在同一时间接触，使企业过去高度集中的决策中心组织变为分散的多中心决策组织。这种决策模式使高度集权化的结构必然被跨部门、跨职能的多功能型的组织单元替代。这种由共同利益驱动的决策过程，使员工的参与感和决策能力大大提高，发挥了员工的主观能动性，从而提高了整个企业的决策能力。

第四，组织结构网络化。企业为了获得更多的市场机会，必须强调组织内部的个体、群体和部门之间，以及它们与组织环境的关键成分之间的相互依赖性。信息网络技术的普及和推广带来了交易成本的显著降低与管理效率的极大提高，使得组织突破传统的界限壁垒，进行各种信息交流，共享信息资源，使得严格的等级制形式的命令链和界限明显的组织边界被网络化结构所取代。任何组织都不可能长期拥有所有关键性资源，企业之间存在天然的相互依赖关系。借助互联网，几个各具优势的企业可以联合起来，相互支持，互为补充，建立全球的动态协作关系来弥补战略资源缺口，保持自身的活力和市场竞争力。

（二）组织战略

按照钱德勒的观点，组织结构取决于组织战略。组织所执行的战略不同，必然要求有不同的组织结构。例如，创新战略强调组织的市场创新和技术的非连续跳跃式进步，利用有机结构的组织设计能够激发人的活性，充分发掘和利用人的洞察性、自主性、创造性，实现创新的战略构想；成本领先战略强调对成本的关注，利用机械式组织的设计思想，设立严密的规范和制度，加强组织监督，达到成本控制的目的。

（三）组织技术

组织技术可以定义为在将投入转换为产出的过程中所使用的装备、方法和设施。技术以多种方法影响着组织中的人，进而影响组织结构的形式。例如，琼·伍德沃德将企业的技术体系分为单件小批生产、大批量生产和连续加工生产。她指出，企业的产品和市场决定着企业技术的复杂程度，这些技术体制对管理层级的数量、管理幅度及管理结构等产生重要影响。组织的成功取决于技术和这种技术结构之间的匹配程度。随着单件生产到连续性生产技术复杂程度的提高，管理强度和管理复杂性提高，管理层级数目和管理人员占总人数的比例显著增长，然而直接劳动与间接劳动的比例下降。大批量生产相对于另外两种方式，规范化程度、集权化程度、沟通方式等要求更高。

（四）组织规模

大量的研究事实证明，组织结构和组织规模存在密切联系。一般来讲，组织规模扩大，为了有效地进行控制，防止管理上的混乱，管理层次就会增加，部门和职务的数量扩大，分权程度及技术和职能专业化的程度提高，规范化程度提升。然而，结构和规模之间并非简单的线性关系。相反，规模对结构的影响呈递减的趋势。因为一定规模基础上的组织结构机械性已经很强，再增加一部分员工对组织结构的影响力已经不大。

（五）企业的演进历程

企业组织结构与企业的演进历史相对应，企业经历了古典企业、现代企业和后现代企业，企业结构也经历了古典企业组织结构、现代企业组织结构和后现代企业组织结构的演变。

古典企业的特点是单人业主制或合伙制；上层是所有者兼经营者，甚至直接参加生产劳动，基本没有中间管理层；企业往往只从事单一产品或服务的生产、供应，并在一个地区经营。相应地，企业组织结构也比较简单，直线式组织结构形式居于主导地位。

现代企业组织结构的基本特点是管理层级制，是企业经营职能水平分化与垂直分化的结果。高层管理人员则从内部的生产和分配具体活动中抽身出来，负责取代市场而为企业未来的生产和分配调配资源，并且协调和监督中层管理人员。相应地，出现了一些基本的组织结构形式和它们的一些“变种”，或“变种混合而成的模型形式”。如矩阵结构、超事业部结构等。

后现代观点认为，组织是一个过程性的演化体系。今天的组织，组织内部活动突破组织界限，组织与环境的界限越来越模糊，组织的核心生产活动具有虚拟性的特点，战略联盟、虚拟组织等大行其道。

知识库

组织结构与员工行为

组织结构会影响员工行为。一般来讲，员工满意度和分权化、大的管理幅度等具有有机结构特征的组织结构相关。然而，组织结构和员工行为之间的关系非常复杂，必须充分考虑员工的个体差异。例如，工作专业化有利于提高劳动效率，但对那些接受良好教育和具有创新精神的员工来说，工作专业化可能是导致工作满意度下降的一个原因。他们渴望扩展工作技能，寻求更多的新鲜感和刺激。同样，我们不能说所有的员工都喜欢挑战性的工作，有些员工希望一辈子都从事重复性的工作，对他们来说，挑战和学习只能带来焦虑。对于组织的规范化程度，我们也要考虑个体差异。有些员工希望在工作过程中能够得到明确的工作指导，任务和过程的不确定性对他们来说是一种痛苦；而有些员工自主性很强，他们希望管理者明确组织目标，自己寻求达成目标的途径。因此，在管理者进行组织结构设计时，必须充分考虑员工的能力、经历、知识、态度、个性等。

第二节　组织结构设计模式

现实生活中的组织结构多种多样，每一种组织结构都有其存在的依据。下面介绍几种典型的组织结构设计模式。

一、直线式组织结构

对于处于创建和发展阶段的小型企业来说，直线式结构是最常见的一种组织结构设计形式。这种组织结构的基本特点是结构简单，没有详尽的专业分工，部门化程度很低，管理幅度大，权力集中，正规化程度较低。组织中每一位管理者对其直接下属有直接职权；组织中每一个人只能向一位直接上级报告；管理者在其管辖的范围内，有绝对的职权或完全的职权。直线式组织结构如图 8-3 所示。

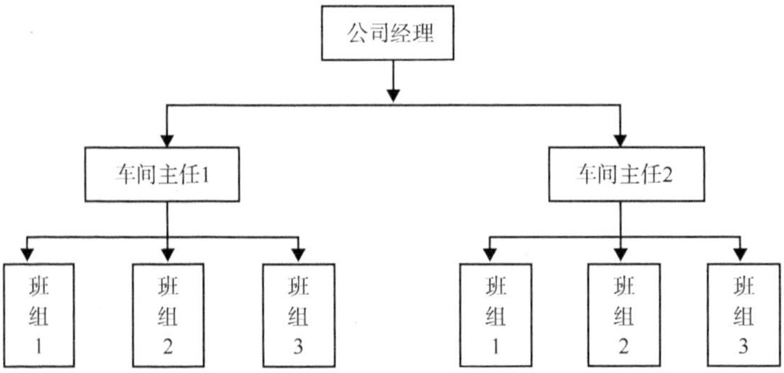

图 8-3　直线式组织结构

直线式组织结构的优点是：管理结构简单，管理费用低，命令统一，决策迅速，责任明确，指挥灵活，上下级关系清楚，维护纪律和秩序比较容易。直线式组织结构的缺点是：管理工作简单粗放，成员之间和组织之间横向联系差，需要企业领导精明能干，具有多种管理专业知识和生产技能的知识。直线式是最古老的一种企业管理组织形式，适用于规模不大、人员不多、生产管理比较简单的情况。

二、职能式组织结构

职能式由科学管理的奠基人泰勒首先提出，他在相关文献中首次提出了职能工长职。这种组织结构的特点是在各级行政领导之下设立管理职能部门，按职能分工的专业化职能机构可以在自己业务范围内向下级下达命令和指示，下级要听从上级职能部门的指挥。职能式组织结构如图 8-4 所示。

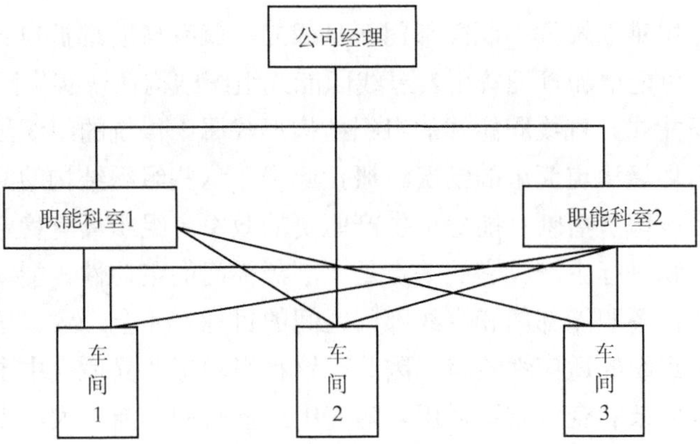

图 8-4　职能式组织结构

这种组织结构的优点是：管理工作分工较细，适应组织活动较为复杂的要求；将同类专家配置在同一职能部门内，能够实现规模经济，使人事与机器的重复设置降到最低限度，员工有机会与同事进行交流；发挥专家的专业特长，减轻了上层管理者的负担，使他们有可能从琐碎的管理事务中抽身，集中注意力以承担自己的职责，解决企业中更为重要的问题；对底层管理人员的能力、经验要求不高，有利于节约成本。问题在于：出现了多头领导，职责与职权不明确，妨碍了组织的统一指挥原则；各职能机构往往从本单位的业务出发考虑工作，本位意识影响了部门间的联系和对组织整体问题的思考；过度强调员工的专业性，影响了组织通才的培养。采取此类结构的组织必须具有高度的综合平衡能力，否则会带来混乱。

三、直线职能式组织结构

直线职能式是在直线式的基础上增加了职能部门。即在直线式组织统一指挥的原则下，增加了参谋机构。在这种组织结构形式下，各级行政主管有指挥和决策权，职能部门不具有命令指挥权。只有在行政主管授予其相应的指挥权时，职能人员才有一定的指挥职能。直线职能式组织结构如图 8-5 所示。

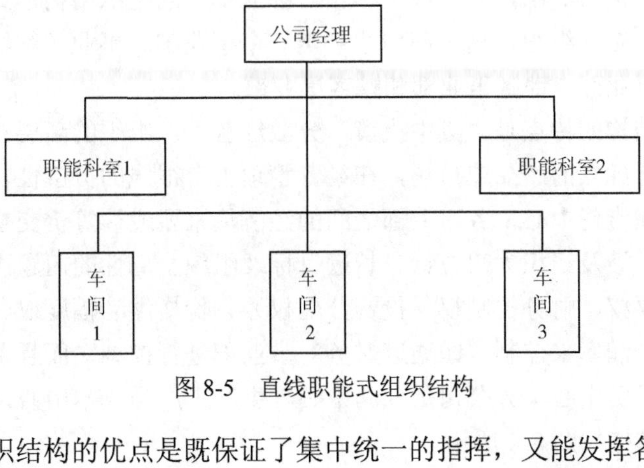

图 8-5　直线职能式组织结构

直线职能式组织结构的优点是既保证了集中统一的指挥，又能发挥各种专家业务管理的作用。直线职能式组织结构的缺点有：各职能单位信息的横向沟通不畅，工作易重复，造成效率不高；如何平衡授权程度成为一项挑战，授权过大容易干扰直线指挥命令系统，授权过小职能部门的专业作用难以发挥；职能部门一旦成立，就有自动维护自身存在的动力，对环境变化的反应迟钝；可能增加管理费用。直线职能式组织结构在现实生活中应用广泛。

以上直线式、职能式、直线职能式的组织结构形式属于传统的组织结构形式，适合组织规模相对较小、组织环境稳定简单的情况。概括起来，这些组织结构的共同优点是：体现了集中领导；分工严密；职责清晰；能保证生产职责的效率；组织具有稳定性；有利于企业内部统一调动人、财、物进行生产。它的缺点是：下级部门的主动性、能动性受到限制；各部门之间横向联系不够；各职能部门和直线部门之间的目标不完全一致。这就使企业领导的协调工作量太大，整个组织的适应性较差。因此，这种组织形式只适合中小型企业，对于产品种类很多、经营决策复杂的企业则不适用。随着组织规模的不断扩大，组织环境日趋动态和复杂，传统的高度集权的组织结构形式已经很难适应要求，这种组织结构的缺陷日益明显。特别是随着组织一体化、多元化、全球化战略的实施，大型企业和跨国公司的出现，组织结构的集权化设计必然影响信息在组织内部的沟通，影响组织的市场响应能力和竞争优势。如何在传统集权化结构设计的基础上进行组织结构的创新，实现集权和分权之间的平衡设计成为组织结构研究的热点。

四、事业部制组织结构

19 世纪末 20 世纪初，席卷美国的制造业兼并浪潮造就了大型工业企业，然而第一次世界大战后的经济衰退导致市场需求量的大幅度下降，这些大企业出现了严重的存货危机。为了摆脱危机，在寻求其他解决途径的同时，组织结构的创新也成为重要选择之一。1921 年，通用汽车公司新任总裁斯隆创立了事业部制组织结构，因此事业部制组织结构又称“斯隆模型”。除通用汽车公司外，杜邦公司也被认为是事业部制组织结构的先驱者。美国杜邦公司利用事业部制组织结构的优势，开发并控制了合成橡胶、尿素、乙烯、尼龙、的确良、塑料等产品市场，并参与了原子弹的制造，逐渐成为世界一流的大公司。

事业部制组织结构又称 M 型结构，是指以某个产品、地区或顾客为依据，将相关的研究开发、采购、生产、销售等部门整合成一个相对独立单位的组织结构形式。从理论上说，只有相当于一个完整的企业组织，这个部门才算是一个事业部。事业部制组织结构主要有三种基本类型，即产品事业部、地区事业部和顾客事业部。

事业部制组织结构的特点是“集中决策，分散经营”。组织的高层领导下面设立各事业部，各事业部有各自独立的产品或市场，在经营管理上有很强的自主性，实行独立核算。每个事业部都成为利润责任中心，各事业部之间的经济往来要遵循等价交换的原则，按照市场价格来结算。同时，涉及组织大政方针、长远目标及组织全局性的问题决策则集中在总部。总公司只保留了人事权、财务控制权（投资分配权）、价格浮动幅度权、监督权，总部对分部主要是通过投资利润率来控制，即通过财务对事业部进行控制，而且主要是长期计划。于是形成了总公司是投资中心，分公司是利润中心，生产工厂是成本中心，既有集中，又有分散。事业部制组织结构如图 8-6 所示。

事业部制组织结构的优点是：通过实行分权管理，改善了决策效果，能较好地调动经营管理人员的积极性；事业部以利润责任为核心，有利于协调事业部内部之间的关系，关注市场需求，调整产品结构，保证公司获得稳定的利润；权力下放，高层领导能从日常经营事务中解脱出来，集中精力研究企业战略，有利于企业的长远发展；事业部门独立生产经营活动，能为公司不断培养出高级管理人才。事业部制组织结构也存在明显的缺点：如每个事业部内部机构设立重叠，造成人员和资源的浪费，增加了组织的费用开支；各个事业部独立经营、自负盈亏，导致本位主义突出，加大了对资源的争夺力度，不利于各事业部之间的支援配合；分权程度过大，可能出现架空领导现象，使组织对事业部的管理失控。

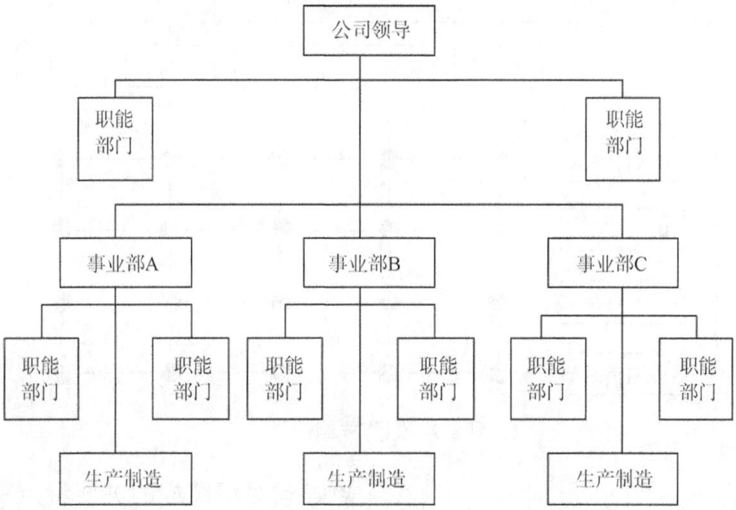

图 8-6 事业部制组织结构

为了更好地发挥事业部制组织结构的作用，组织在进行事业部的设计时要具备以下条件：具备专业化原则划分的条件，并能确保其独立性，以便承担利润责任；事业部间相互依存，不硬性拼凑，只有这样才能相互促进、相辅相成；保持事业部之间适度竞争；公司有管理事业部的经济机制，尽量避免单纯使用行政手段；具有良好的外部环境，有利于组织分权和事业部的实施。事业部制组织结构特别适合规模大、产品或提供的服务种类繁多、地域分散的组织。

事业部制组织结构还有两个变种——模拟事业部和超级事业部。模拟事业部是事业部和直线职能式结合的产物。模拟事业部往往没有独立的外部市场，按照内部价格进行利润核算，但具有自己独立的管理层。超级事业部是适应组织规模超大型化的特点，为了防止管理幅度过大影响管理效果，在原有事业部的基础上再增加一层管理机构的形式，是管理体制在分权基础上的适当集中。

五、矩阵式组织结构

矩阵式组织结构是美国在 20 世纪 50 年代创立的一种新型组织结构，被洛克希德飞机公司、休斯飞机公司率先采用。其最早应用于国防工业企业，随后向其他行业和国家推广传播。

企业同时按多个维度（通常是两个）组织其业务活动，就会形成矩阵结构。矩阵结构有两维矩阵结构和多维矩阵结构（主要是三维）。两维矩阵结构是最常见的矩阵结构形式，是在组织原来纵向管理系统的基础上，再建立一套为完成某项任务而设立的横向管理系统，将按职能划分的部门与按项目划分的小组结合起来。矩阵式组织结构如图 8-7 所示。多维结构是事业部结构和矩阵结构的混合，实质上是在事业部结构中引入矩阵结构而成立的立体组织结构，如图 8-8 所示。美国的道科宁化学工业公司 1967 年建立的管理结构被认为是多维结构的典型。这种结构包括三个方面的管理系统：按产品划分的事业部，即产品利润中心；按职能划分的专业参谋机构，即专业成本中心；按地区划分的专门机构，即地区利润中心。

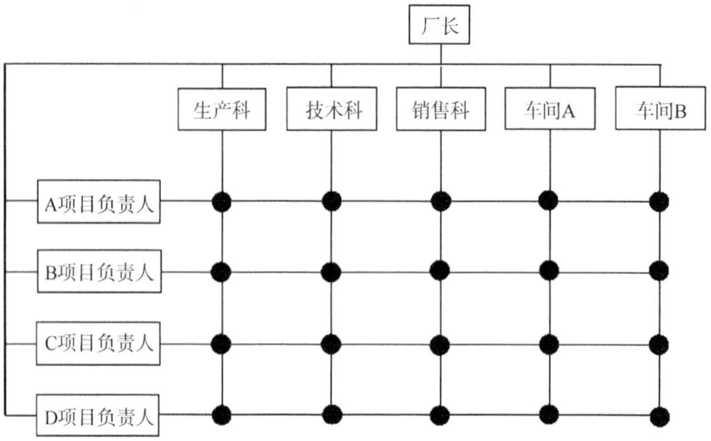

图 8-7 矩阵式组织结构

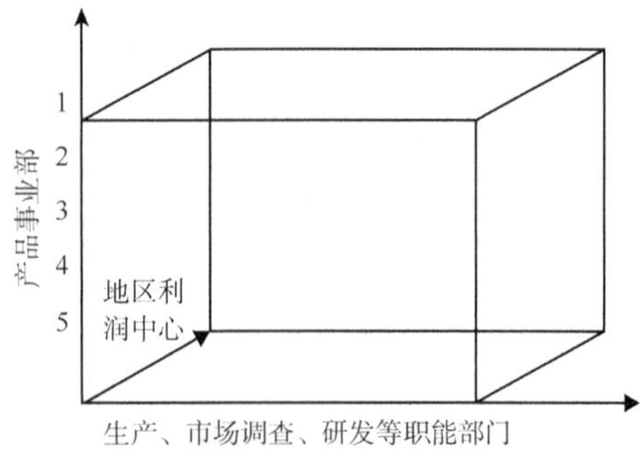

图 8-8 多维立体矩阵结构

矩阵式组织结构的突出特点是以工作小组或任务小组为基础，小组成员人数不多，具有不同背景、不同技能、不同知识，分别来自不同部门；通过工作小组将完成项目任务所需的各种人才集合起来，任务完成以后就解散。在某一小组内，人员也不固定，需要谁谁就进来，任务完成后就可以离开。所以一个人可以同时参加几个工作小组。员工在组织中的发展不再完全取决于所属的部门，而取决于员工有没有学习的能力，通过提高知识和技能来参加各项任务小组，实现自己的职业发展。因此，矩阵式组织结构又称“非长期固定性组织”。

矩阵式组织结构的这些特点使得组织围绕某个项目可以迅速地集中资源优势，以较高的效率完成任务，及时地对外部环境做出反应；一个人可以参加多个任务小组，提高了人员的利用效率；由于职能人员直接参与项目，而且在重大问题上具有发言权，增加了责任感，激发了工作热情；有利于促进职能部门之间的横向联系，在一定程度上是对部门本位主义的遏制。矩阵式组织结构的突出问题就在于，多头领导导致的责任不清和小组存在的暂时性导致的员工身份认同问题。矩阵式组织结构适用于以下条件：组织内部的不同领域之间存在某种共享的资源压力；市场对组织存在多重要求，如既要保证产品质量，又要求产品的更新速度；组织环境稳定性差、复杂性强，组织内部各部门之间的依存度高；组织规模中等，过小的规模没有必要，过大的规模因为关系复杂而难以应用。

以上的事业部制和矩阵式属于现代组织结构形式。从单线性、单层次的组织思想发展到多层次、多维的系统组织思想，有效地将组织中的横向系统和纵向系统结合起来，实现了集权和分权的有效平衡。然而，随着信息技术的发展，企业核心能力、企业竞合、商业生态系统等理念的出现，目前组织的活动超出了现代管理学所设定的组织边界和范围。组织结构设计的目的是力求使组织能突破自身条件的限制，利用外部资源较快地适应和满足市场需求，使企业从事其核心的业务。这些组织形式介于市场与一体化企业两个极端之间，它的突出特点是建立在日益细密分工基础上的日趋紧密的协作，使市场与企业组织的经济性得以融合。

六、团队结构

为了完成某一特定的任务，人们从组织的不同领域抽调出一些具有不同的教育背景、技能和知识的人，组成一个团队。罗宾斯根据功能的不同将团队分为三种类型：一是问题解决型团队，主要是针对如何改进工作程序和工作方法互相交换看法，提出解决问题的建议，由于往往没有权力采取行动，在调动员工积极性方面稍显不足。二是自我管理型团队，承担控制工作节奏、决定工作任务分配、安排工间休息等责任，甚至可以挑选成员及相互进行绩效评估，承担上级所有的责任，是一种真正自我管理的团队。三是跨职能团队，这种团队由来自同一等级、不同工作领域的员工组成，以完成共同的任务。

团队已成为目前组织工作活动中流行的一种方式。团队结构既可以应用于某个特定的项目组织方式，成为传统职能结构的补充形式，也可以成为整个组织的结构方式。团队的人数一般不多，团队成员没有上下级之分，只有工作任务分工的区别。团队领导人的首要职责是使目标明确化，并使每个成员的角色明确化。每个成员之间都应该对彼此的职务相互了解并洞察团队的整体任务，对整个团队的产出和成绩负责，而不是只对自己的工作负责。

这种结构打破了部门间的界限，组织中原属高层管理人员行使的权力被下放到团队成员手中。团队成员通过共同的工作努力，在成员之间形成高度的协同作用，从而实现高于个人绩效累加的团队绩效。团队和传统工作群体的最大区别在于，团队成员之间的高度互补以及团队成员之间的高度协同，进而达到个人绩效总和无法达到的团队绩效。但是，团队不是解决组织问题的灵丹妙药，管理者应该对它有正确预期。对于高层管理者和创新性的任务等领域或工作，团队结构是较佳的选择，而对绝大多数作业工作来说，团队应该只是一种补充。

七、扁平化组织结构

缩减规模不是企业管理中的新现象，但现在除了降低成本，还有其他重要原因。这些原因主要包括以下三个方面：信息技术在企业管理中的广泛应用，在某种程度上减少了对中层管理的需要；减少企业的管理层次有利于提高信息的传递效率，提高员工的工作满意度；组织变革的最重要原因是顾客的重要性得到越来越多的强调，更多的人相信通过扁平化组织结构能为顾客提供更好的服务。

所谓扁平化组织结构，就是减少在组织的决策层和操作层之间的中间管理，以便组织尽最大可能将决策权延至最远的底层，增强组织的信息沟通效果和市场响应能力，从而提高企业的效率。组织扁平化不只是简单地减少中间管理层，它特别强调：用系统论的观点思考问题，将企业视为一个有机整体，突破部门主义和本位主义，打破各部门、各子公司之间信息、资源互不相连接的孤岛；增加影响力，管理者突破传统的职权影响，构建学习能力，提高个人素质，构建基于知识、品质、魅力等的综合影响力；强调灵活指挥，并且将指挥职能更多地演变为协调职能；强调分权。

扁平化组织结构的优势在于：节省了组织的管理成本；缩短了纵向的信息传播渠道，有利于减少信息失真度；保证了组织上下层之间的不断沟通，有利于信息在组织内部的迅速传播；有利于实现决策民主化；有利于促进下级的成长；组织的上下级互动必然激荡出巨大的组织内部能量。扁平化组织结构的问题主要体现在：各级管理人员的负担过重，精力分散；对员工和管理者要求较高，员工应具有自主、自发意识，管理者的管理水平和素质应较高。为了更好地达到扁平化管理的初衷，组织必须加强愿景管理、团队管理、顾客关系管理和学习能力管理。

八、网络化结构

网络化结构是由个人、部门和企业在组织节点之间的跨边界的资源整合过程中所形成的多边联系，通过互利和交互的方式形成分工协作系统，实现共同追求的目标。网络化结构的特征有两个：密集的多边联系和充分合作。网络化结构根据构成节点的性质不同，可以分为内部网络结构与外部网络结构两种。内部网络结构是从企业内部的角度看，由若干独立的、彼此有一定纵横联系的组织单元组成的网络，网络成员之间具有高度的自主化。外部网络结构表现为企业与其外部环境中的其他企业建立起合作关系的网络。盖勇等在《人力资源战略与组织结构设计》（山东人民大学出版社，2003：397）中列举了四种网络关系：内部网络、垂直网络、市场间网络和机会网络。内部网络强调在内部打破纵向的管理层级界限和横向的部门界限，使得信息能在组织内部顺利沟通，形成一个扁平、部门界限不明显的网络体。垂直网络是在特定行业中由位于价值链不同环节的企业共同组成的企业网络型组织。垂直网络中网络成员之间不一定具有资本关系和行政隶属关系，组织间的合作主要通过契约“关系”网络来进行协调。具有这种新结构的公司根据它们在价值链上独有的核心能力界定业务范围，通过战略联合和外包来获取补充资源。市场间网络是指由不同行业的组织所形成的网络，各方之间保持长期和紧密的关系，如日本的财团体制。机会网络是围绕顾客组织的企业群，群体的核心是专门从事市场信息收集和整理与分类的企业，在企业和顾客之间架起桥梁。如亚马逊、e-Bay 等。近 20 年来，相继有多种企业网络形式发展出来，与新经济联系较为密切的是虚拟企业（组织）、战略联盟、供应链协调、外包构成的企业网络、企业集团和企业集群等。

九、外包、企业集群、战略联盟和虚拟组织

传统的外包是大企业将某些零部件的生产承包给中小企业生产所形成的结构关系。一般情况下，大企业在外包结构中处于主导地位，中小企业在一定程度上对大企业存在依赖并接受大企业的控制。现代外包强调为了发挥企业的竞争优势，整合外部资源，将原来属于企业内部的一部分职能，通过契约的形式交由外部独立的生产商和服务提供商来完成。现代外包

由于企业间有效的功能分工，有利于降低企业的运营成本，简化管理结构，发挥资源优势，培育和发展企业的核心能力。

企业集群是指在特定区域中，具有竞争与合作关系，且在地理上集中，有交互关联性的企业、专业化供应商、服务供应商、金融机构、相关产业的厂商及其他相关机构等组成的群体。企业集群作为企业间组织结构的一种形式，具有典型的地域性、同业性、合作互利性特点。企业集群由于所具有的外部经济和集聚效应能够有效地降低企业的生产和交易成本，并且地域上的邻近也有利于企业发展长期互利的合作关系。

战略联盟是为达成特定的战略目标，以彼此之间的信任为基础，通过协议、契约而结成的利益共享、风险共担的一种企业联合体，是一种非股权的企业间组织结构。战略联盟的实质是企业之间的长期协定，联盟中的各个企业是独立的，仍保持着自己的经营自主权。战略联盟的企业在某些方面合作的同时，也不排除企业之间在其他方面的竞争。战略联盟的伙伴企业一般具有对等的实力，合作伙伴拥有特殊竞争优势并愿意与对方分享，它们拥有一个共同的长期战略目标，并围绕这一战略目标建立取长补短、优势互补的合作。

虚拟组织是为实现某一经营目标，依靠信息技术网络组成的功能形态虚拟化的合作企业的联合体。虚拟组织是网络化结构和发达的信息网络基础与信息网络技术结合运用的结果。虚拟组织强调网络化结构中的成员贡献自己的核心能力，参与分担成本、共享技能以及进入市场的通路，每个合作伙伴的命运都依赖其他合作者。虚拟组织不再单纯强调个体企业的单打独斗，而是强调商业生态链上的价值创造最大化。虚拟组织成员间的关系往往是契约关系，组织的主管人员主要是通过计算机网络联系的方式，加强和成员之间的协调与联系。虚拟组织具有强大的灵活性，企业可以借助其他企业的力量在空间和时间上超越边界，迅速抓住转瞬即逝的机会。虚拟组织结构如图 8-9 所示，图中的线条代表了企业间通过信息技术实现的联系。

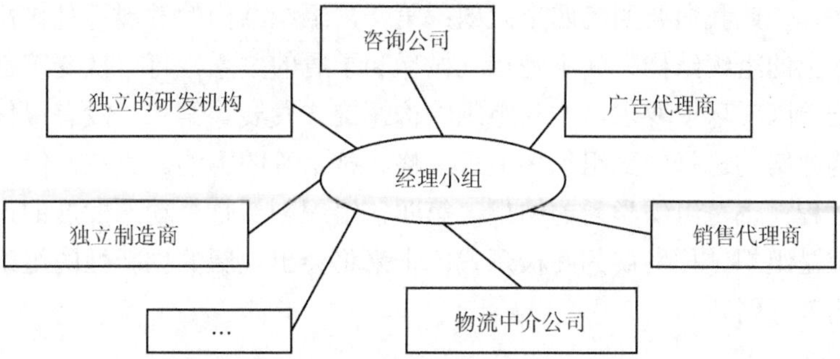

图 8-9　虚拟组织结构

以上的团队结构、扁平化组织结构、网络化结构都属于创新性的组织结构形式。随着人类进入信息经济时代及企业对竞争优势和核心能力的高度关注，组织结构的设计不再依据传统的职能分工，而是转向价值的流动和创造。在高度动态复杂的环境中，企业将通过网络化结构在更为广阔的范围内整合资源。基于信息技术高度发展的网络化结构重构了人们对组织结构的认识。随着网络化结构的普及及人们对其研究和理解程度的提高，传统的组织概念将会重新受到人们的审视。

知识库

基于流程型的组织

从流程的视角看待组织，组织应被看作一个由相互联系的所有流程组成的整体，企业的业务是以流程的方式进行组织实施。企业每一流程承担着不同的职责和活动，同时又和前后流程相联系一起构成企业的核心流程，通过核心流程与企业的任务和目标相连接。

基于流程的企业组织维度是以流程为主导、职能为辅助、团队为组织活动单元的三维组织结构。组织以流程维度为主干，每一流程由若干个子流程组成，流程中的基本活动单元是团队，团队拥有高度的自我管理权限；围绕流程设计必要的职能服务中心，为基于流程团队和业务流程的有效进行提供辅助；建立企业的信息技术平台，确保团队之间、业务流程之间以及业务流程与职能服务中心之间的整合和协同工作。同时，在流程设计中，组织保留了核心流程，对非核心流程进行删减。当然删减流程本身并不意味着企业不需要这项业务，可能是将与这项流程对应的业务进行了外包或和其他企业形成了联盟等，这导致跨越传统组织边界的网络化结构。网络企业的许多业务流程分散在各个成员企业之中，在持续的业务流程再造的基础上，网络企业通过其独有的流程来协调控制各分散的流程，以便整个网络企业成为一个有机的整体，利用外部的资源，为企业获得和分享互补的能力等提供了有效机制。

综合前面的论述，从传统组织结构到现代组织结构，一直发展到当前以信息技术为基础、以网络化为特征的创新性组织结构，反映了组织结构从高度官僚稳定向柔性有机发展，从注重组织内部的要素组合向跨越组织边界整合社会资源发展，组织结构的复杂性和多样性明显增加。当然，在此我们要明确四个问题：第一，组织结构的发展不是排斥性发展，而是扬弃性发展。以上的组织结构之间不是相互排斥和矛盾的关系，每一次变革都是在吸取原有结构优势的基础上因应环境要求，推动组织结构螺旋式发展。第二，没有最优化的组织结构模式，组织结构方案的选择受到组织环境、战略、技术等的影响。第三，组织结构的发展既是自然选择的过程，也是组织学习的结果。第四，组织创新是个动态发展的过程，网络化结构不会也不应该是组织结构发展的终极形式，未来将会出现新的创新性的组织结构对当前的创新性组织结构进行创新。

第三节 工 作 设 计

任何组织都是为一定目标而存在的，组织将其要达成的目标分解成工作任务，然后将相关的任务组合到一起形成工作。工作设计是否合理，不仅影响从事这项工作的人的个人感觉，而且影响其工作绩效，从而影响整个组织的绩效。技术、竞争、成本压力是驱动组织工作设计的重要力量。每个组织都应该在充分考虑战略、流程、组织结构的前提下，科学认真地做好本组织的工作设计。

一、工作设计的概念

工作设计是为了有效地达到组织目标，合理有效地处理人与工作的关系，对与满足工作者个人需要有关的工作内容、工作职能和工作关系进行的特别处理。工作设计的目的就是明确工作内容和方法，明确能够满足技术上和组织上所要求的工作与员工的社会和个人方面所要求工作之间的关系，就是在满足组织效率的同时，最大限度地满足员工成长和福利的要求。

工作设计和工作分析是不同的工作。工作分析是全面了解一项职务的管理活动，也是对该项职务的工作内容和职务规范（任职资格）的描述与研究的过程，即确定职务说明和职务规范的系统过程。因此，工作分析侧重于对现有岗位的客观描述，而工作设计是对现有岗位的认定、修改和对新岗位的设计；工作分析是一个后继性的工作，所关心的是工作的有效性，工作设计是创建性的工作，将不同的工作有机组合成组织。工作分析也可以为工作设计提供验证，通过工作分析可以发现工作设计中的问题，从而对原有工作设计进行调整、修改，即工作再设计。组织新的工作设计所导致的是新的工作体系取代旧的工作体系，其实质是一场组织变革。

工作设计至少有以下几个方面的积极作用：改变了工人和职务之间的基本关系；减少单调重复工作的不良效应，重新赋予工作以乐趣，提升员工工作的积极性；有利于改善人际关系；有利于人的身心健康；有利于建立整体性的工作系统。

二、工作设计的思路

工作设计的具体思路有很多形式，下面介绍四种有代表性的思路。

工程趋向的工作设计来源于工业工程和科学管理。在早期科学管理思想影响下，强调工作任务的简单化、标准化和专业化；强调劳动分工细化。工作效率是工程趋向的工作设计的主要目标；科学管理、工作简化、时间动作研究是这个趋向的理论源泉；员工懒惰，从工作中寻求物质回报是其基本假设；工作专业化是重要手段。这种工作设计思路将工作分解为许多简单的高度专业化的操作单元，可以最大限度地提高员工的操作效率；对员工的技术要求低，既可以利用廉价的劳动力，也可以节省培训费用和有利于员工在不同岗位之间轮换；具有标准化的工序和操作规程，便于管理部门对员工的生产数量和质量进行控制。缺点是：员工的不满和厌烦情绪所造成的旷工或辞职；不利于员工培养和发展；劳动力灵活性低。

工效学趋向也就是人机系统趋向，以人们如何加工信息、基本的生物和生理活动如何影响人的感知过程与身体活动为基础。其目的是改善人与工作任务的适应性，在保证提高绩效的同时降低从事这项工作的人的疲劳程度和压力，主要关注人与机器的适应和匹配。从工效学的角度来看，如果一项工作设计得好，工作绩效的可靠性就会提高，而且，从事这项工作的人在工作中应该感到更少的疲劳、压力、心理负荷，会觉得工作更加有趣。

生物学趋向是以生物研究结论为基础，主要关注人们如何对工作环境中感受到的物理条件做出反应。其目的是减少工人的生理压力和紧张感，提高工人的舒适度。这个趋向关注的是从事工作的人身体的舒服和健康程度，以及工作环境的物理特性，如工作场所的隐私、照明、空气质量、噪声、空间等。

随着人际关系理论的兴起，管理方式从科学管理时代的重物转向重人，工作设计思想向人本化方向迈进。心理学趋向以心理学研究为基础，关注人们如何看待他所从事的工作、工作的意义、工作在组织中的作用等。其目的是改善工作满意度，提高工作动机和工作的投入程度，最终提高工作绩效。工作生活质量成为工作设计中的重要考虑。工作生活质量体现了职工与工作中各个方面之间的关系好坏，反映了职工的生理与心理需要在工作中得到满足的程度。在工作设计中应注意考虑的工作生活质量要素包括工作的挑战性和吸引力，工作的自主性与自由度，工作的多样化与丰富化，合理的工作负荷与节奏，安全舒适的工作环境，工作中个人需要的满足，上下左右之间的良好工作关系，等等。工作扩大化、工作轮换、工作特征模型都属于心理学趋向的工作设计范畴。

知识库

工作特征模型

海克曼和欧海姆提出的工作特征模型认为，工作内容本身对员工具有一种内在的激励效果，因此受到内在激励的员工会有优异的工作业绩，进而具有好的心理感受；而这种好的心理感受会使员工继续保持优秀的业绩水平，于是形成一种良性循环。这一工作特征模型中包括四个关键部分：核心工作维度、关键心理状态、员工成长需要强度、个人和工作结果。核心工作维度影响关键心理状态，关键心理状态影响个人和工作结果，员工成长需要强度对核心工作维度与关键心理状态及关键心理状态与个人和工作结果之间的联系产生影响。工作特征模型如图 8-10 所示。

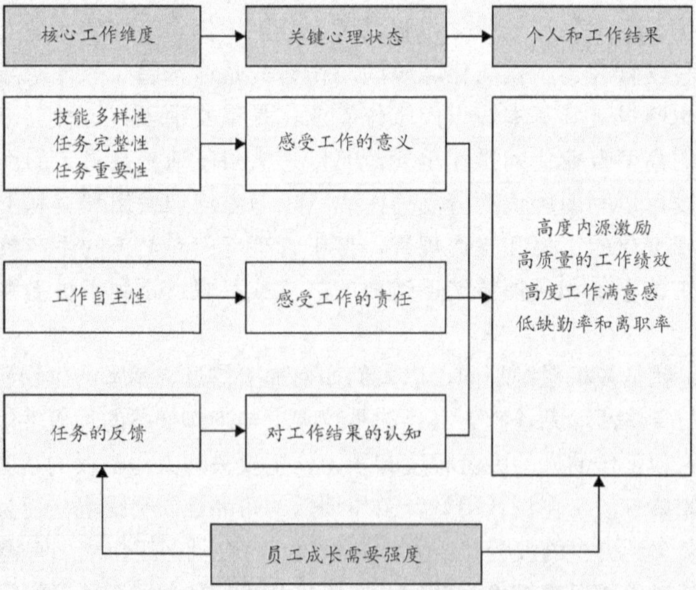

图 8-10 工作特征模型

核心工作维度包括：第一，技能多样性，完成这项工作所必需的技能数量；第二，任务完整性，整个工作是否由一个人完成，程度有多大；第三，任务重要性，这项工作对其他人生活的重要性；第四，工作自主性，从事这项工作的人以自己喜欢的方式完成工作的自由程度；第五，任务的反馈，关于工作绩效的信息，可以从工作本身获得（如观察产品），也可以通过同事或上司获得。

三种关键的心理状态包括：第一，感受工作的意义，也就是让工作者认为自己所从事的工作是重要的、有价值的、值得投入的。这与工作自身所具有的特点密切相关，也就是说当工作具有技能多样性、任务完整性和任务重要性的时候，员工更能感觉到工作的意义。第二，感受工作的责任，即指个人在工作中所承担的责任与义务。责任性与工作自主性密切相关，取决于工作者在工作中的自由性、独立性以及能自行做出决定的程度。第三，对工作结果的认知，与工作反馈性密切相关。

个人和工作结果主要是员工表现出高度内源激励、高质量的工作绩效、高度工作满意度，低缺勤率和离职率。

20 世纪六七十年代开始兴起的社会技术系统观点，已经把工作小组而不是个人作为分析单元。进入 20 世纪 90 年代以来，由于强调团队的作用，以团队为分析单元的工作设计成为主要潮流，自我管理、参与管理、目标的承诺、群体信任、组织气氛、工作流程等因素是工作设计必须考虑的。总之，工作设计的发展趋势是从物的设计到人的设计，从硬件的设计到软件的设计，从个人特征的设计到团队特征和组织气氛的设计。

三、工作方案设计

基于不同的设计思路，会出现不同的设计方案。在这些设计思路上，出现了几种典型的工作设计方案。

（一）工作专业化

工作专业化设计是工作设计最基本的一种设计方案。然而，随着员工素质的提高和对社会、工作的重新认识，过度的工作专业化已经成为提升组织绩效和员工能动性的瓶颈。工作专业化带来的高效率有可能被员工的不满和烦躁情绪所造成的旷工和辞职所抵消。

（二）工作轮换

工作轮换是为减轻对工作的厌烦感而将员工从一个岗位换到另一个岗位。这样并不改变工作设计本身，只是使员工定期从一个工作转到另一个工作。例如，一个员工原先从事汽车左轮胎的安装，现在让他从事汽车右轮胎的安装。这种工作设计带来的明显好处是：员工到一个新的工作岗位，往往具有新鲜感，保持员工工作兴趣；采用这种方式促进员工掌握多种技能，增加了工作任务分配的灵活性，如派人顶替缺勤的员工、向瓶颈环节多增派人员等；增强员工对不同工作的认同，更容易形成换位思考和从整体角度看待组织问题；有利于员工在轮换中找到适合自己的岗位。这种设计方案的问题是：需要支付一定的培训费用，成本较高；轮换初期员工对新工作要有一个适应过程，导致效率下降；不是所有工作都具备轮换的条件，轮换只限于少量工作，范围有限；员工每经历一次轮换都意味着原有关系的调整或中止，面临环境和组织关系的重新适应。

（三）工作扩大化

理论上讲，工作扩大化包括横向工作扩大和纵向工作扩大。实际生活中，工作扩大化更多是指工作的横向扩大，即增加每个人工作任务的种类，从而使员工能够完成一项完整工作的大部分程序，这样他们更能理解自己工作的意义，从而提高工作积极性。例如，一个员工从只从事汽车轮胎的安装任务发展到既装轮胎又安装车门。工作扩大化通常需要员工有较多的技能和技艺，这对提高员工钻研业务的积极性，使其从中获得一种精神上的满足也是有极大帮助的。但对某些员工来说，他们可能认为在原有讨厌的工作上又加上了一份其他讨厌的工作。

（四）工作丰富化

工作丰富化是指工作的纵向扩大，即给予员工更多的责任，更多参与决策和管理的机会。其理论基础是赫茨伯格的双因素理论，即保健因素的改进可能降低不满足感，但不会产生满足感；能使员工感到满足的是与工作本身和工作内容相关的激励因素。

实现工作丰富化，要具备以下条件：第一，要增加对生产、质量、工作的计划性和连续性等方面的责任。第二，要赋予员工一定的工作自主权和自由度。责任和职权应该对等，只有员工享有承担责任的权利时，工作对员工才有重要意义。第三，加强反馈，将有关员工工作绩效的数据及时地反馈给员工。反馈本身就是一种工作激励。第四，通过提高员工的责任心和决策的自主权，来提高其工作的成就感。第五，进行考核。报酬和奖励应基于绩效的实现程度而不是资历。第六，加强培训。为员工提供学习机会，促使员工成长和具有行使权利及承担责任的知识与能力。第七，激发员工的成就意识。

当员工绩效降低是因为激励不足，不存在其他容易改进的方法，保健因子充足，工作本身具备激励潜力，工作丰富化在技术和经济上可行，员工愿意接受时，组织就可以考虑实施工作丰富化，以此来提高员工的满意度和组织绩效。根据理论原则和企业的成功经验，工作丰富化可考虑以下五个方面活动。

第一，组合任务。管理者应该将现存零散的任务组合起来，形成一种新的较大的工作单元，这种措施能增加技能多样性和任务统一性。

第二，建构自然工作单元。建构自然工作单元意味着尽可能将工作构成一个完整和有意义的整体，这种措施有利于提高员工的主人翁意识，视自己的工作是重要的和有意义的。可以根据地理位置、产品线、顾客等来划分。

第三，建立顾客关系。建立顾客关系意味着使员工与使用者直接发生联系，以便增加技能的多样性、自主性和反馈性。

第四，纵向拓展工作。纵向拓展是赋予员工责任感和原属管理人员的工作控制权，以增加自主性。

第五，公开信息反馈渠道。公开信息反馈渠道意味着尽可能给予员工更多的有关工作及其结果的信息，以便让员工了解他们的绩效水平是否提高、降低或保持在同一水准。理想的情况是绩效反馈应该由员工直接适时地从工作中获取，而不是由管理人员定期反馈。

四、工作空间设计

员工工作是在一定的空间中开展的。工作空间设计是否合理会影响到员工的身心健康和工作绩效。因此，在工作空间设计时要充分考虑人机工程、心理学、生理学、美学等原理，为员工提供一个良好的空间环境。一般来说，要考虑工作空间的隐私、照明、空气质量、噪声、颜色等。

隐私关心的是视觉和言语隐私以及进入办公室的方便程度。开放的或平面化的办公室不如传统的封闭的办公室更容易保持隐私。开放的办公室相对于有独立空间的办公室来说，对员工的隐私保护差一些。但开放的办公室增加了员工之间的互动和监督，使每个人都必须将精力放到自己的工作上。

照明是空间设计中另一个非常重要的因素。在昏暗的照明空间中，人非常容易感到压抑和疲倦。这不仅影响工作效率，甚至关系到工作安全。人们对自然光比对人造光有本能的偏爱。自然光包含所有的色彩，会让人觉得比人造光更温暖、更明亮。

现代办公场所很多都是密封的，通过空调系统来提供新鲜空气。空调综合征就是非常明显的例子。空调室内室外温差过大和空气不易流通，导致长期在此类环境中工作的人容易出现各种疾病。随着办公室里现代化设备的增加，空气中的化学物质也增加了。在这种环境里，人们容易得一种所谓的“病态写字楼综合征”。因此，更需要关注和改善工作空间的空气质量，加强通风，保持室内空气清新。

噪声使人难以集中注意力，并且对人的生理、心理产生负面影响。组织可以通过安装吸音顶棚、墙壁或地板来降低噪声。

研究表明，红色能激发人的主动性和积极性，能给人以力量，使人感到温暖，令人自信，有助于提高工作效率。橙色有助于减轻疲劳感，给人以希望。黄色能兴奋大脑，提高智力。绿色使人平和、镇静，使人赏心悦目。蓝色使人感到安全和放松，有助于让人向外界敞开心扉，对控制感情和情绪具有很大的影响，有助于情绪的稳定。紫罗兰色有利于减轻焦虑不安的情绪和恐怖感，有利于消除仇恨和敌意。深蓝色可使人变得敏锐而灵巧。组织应充分利用颜色对人的影响，有效地安排空间设计。

五、时间方案设计

由于职场领域中双职工家庭的增加、人们休闲意识的增强、信息技术的进步等因素的出现，工作中的时间设计成为人们关注的焦点。员工工作时间设计除了正常的工作时间形式（例如，在中国每周工作 5 天，每天 8 小时，每周工作 40 小时）外，组织还可以考虑其他的工作时间安排，以便能够使员工上下班方便，提高组织在人才市场上的竞争力，有利于解决员工工作家庭生活之间的矛盾。一般来说，时间设计方案主要有以下几种。

（一）弹性时间制

所谓弹性时间制，就是指在完成规定的工作任务或固定的工作时间长度的前提下，员工可以自由选择工作的具体时间安排，以代替统一固定的上下班时间的制度。核心工作时间是指每天某几个小时所有员工必须到班的时间，弹性时间是指员工可以在这部分时间内自由选定上下班的时间。例如，办公室开放时间为早晨 6 时到下午 6 时，核心工作时间为上午 9 时到下午 3 时。在核心工作时间内，所有员工都要求来到工作岗位，但在这个核心区段前后的弹性时间内，员工可以任选其中的 3 个小时工作。实行弹性工作制，能让员工自己管理上班时间，给员工带来的好处是显而易见的。一方面，适度的工作弹性，可以使员工灵活地处理个人生活和工作之间的关系，同时可以按照自己的方式和节奏进行工作；另一方面，由于员工感到个人的权益得到了尊重，满足了社交和尊重等高层次的需要，因而产生责任感，提高了工作满意度和士气。

（二）压缩工作时间制

压缩工作时间制是指以少于 5 天的工作时间完成 5 天标准工作周应完成的工作任务。员工可以将一个星期内的工作压缩在两三天内完成，剩余时间由自己处理。压缩工作时间制只是改变了每个员工每天的工作小时数，每周工作总小时数仍然不变。其结果是延长了每天的工作时间和减少了每周工作的天数。它促使企业更灵活地匹配工时安排与工作需要，从而可以更有效地利用人力资源；而员工则可借助灵活的时间安排，更好地兼顾工作和家庭责任。最终不论是雇主、雇员还是整个社会均从中受益。

（三）工作分享制

工作分享制是由两个或更多的员工一起负责一项工作，共同完成每周40小时的工作时间。这种方法能够解决与常规性工作相关的一些问题，并满足兼职员工的需要。例如，甲、乙二人分享一个岗位，每人每天分别工作 4 小时，或者每人每周分别工作两天半，使就业机会增加一倍。同理，也可以让三个人分享两个岗位，或者四个人分享三个岗位等。常见的工作分享形式有：平均工作分享制，关键工作分享制，选择工作分享制，每日交接工作分享制，每周交接工作分享制，共享工作分享制。

（四）时间购买计划

时间购买计划是一种以年为单位进行工作时间分割的工作分享形式。在加拿大，企业员工可以自愿加入政府支持的“四一工作计划”，每工作四年，即可休假一年。在工作的四年中，员工每月只领取工资的 80%，另外 20%存入银行为其开设的专门账户，这部分延付工资加上利息成为第五年的收入来源。加拿大政府为鼓励员工加入该计划，对其存入银行的 20%工资实行免税政策，并通过法律保障参加该计划的员工，在休假一年后能够回到原公司的原岗位上工作。

（五）提前退休或过渡性退休

提前退休是让接近退休年龄的人自愿提前退出工作的一种方式。英国在 1977 年开始实施

“工作让渡计划”，即自愿退休计划，让失业人员接替提前退休人员让出的工作岗位，同时对自愿提前退休人员给予适当的补偿。过渡性退休是让接近退休年龄的员工逐年减少工作时间，直至正式退休。美国大约600家大公司有类似的工作安排。

（六）简单工作轮岗制

如果组织存在冗员，可以采用简单工作轮岗制，即让该组织职工按一定的比例轮流待岗休假，待岗休假期间只拿基本工资或基本生活费。待岗休假的职工可以到其他企业做临时工或合同工，也可以休息和学习。处于相对平稳期的企业根据企业实际情况可以灵活实行简单工作轮岗制。

➢ 拓展学习

1. 钱德勒 A D. 战略与结构：美国工商企业成长的若干篇章[M]. 昆明：云南人民出版社，2002.
2. 陈向澜. 理性与管理——论韦伯的管理哲学及其影响[M]. 长春：吉林人民出版社，2006.
3. 汉纳 D. 组织设计：如何构建高效能团队[M]. 戴维，译. 北京：中国青年出版社，2014.
4. 许玉林. 组织设计与管理——博学21世纪人力资源管理丛书[M]. 上海：复旦大学出版社，2005.

➢ 思考题

1. 组织结构设计的影响因素有哪些？
2. 组织结构设计的要素主要包括哪些？机械式组织和有机式组织各自的特点是什么？
3. 组织部门化的形式有哪些？
4. 组织结构设计有哪些基本方案？
5. 工程趋向、工效学趋向、生物学趋向、心理学趋向等在工作设计中的核心假设是什么？

➢ 案例分析

杜邦公司的成长和结构进化

杜邦公司于1802年在美国特拉华州创立，初期以制造黑火药为主，现在已经成长为一家以科研为基础的全球性企业，产品和服务涉及农业、营养、电子、通信、安全与保护、家居与建筑、交通和服装等众多领域。该公司业务遍及全球70多个国家和地区，有雇员79 000人。在200多年的发展历程中，杜邦公司通过产权变革、技术创新、管理创新等促进了公司的可持续发展。组织结构创新是贯穿杜邦公司200多年发展历程的一项重要变革，杜邦公司的很多组织结构方式被其他公司认同和采用。

一、单人决策结构

整个19世纪，杜邦公司规模不大，经营产品比较单一，基本上是火药；公司产品质量竞争者难以超越，市场变化不甚复杂。杜邦公司基本上是单人决策式经营，这一点在亨利身上体现得最为明显。他军人出身，利用铁腕统治公司，有人称之为“恺撒型”管理。公司的所有主要决策和许多细微决策都要由他亲自制定，他周游全国，监督公司的好几百家经销商。这与“将军”的非凡精力也是分不开的。直到72岁时，亨利仍不要秘书的帮助。任职期间，他亲自写的信不下25万封。19世纪末，亨利的侄子尤今承袭这种家长式的管理方式，由于经验不足，公司陷入危机之中。

二、集团式管理结构

为了度过危机，杜邦公司的管理继任者改变了原有的单枪匹马的管理方式，设计了一种集团式经营的管理体制。杜邦公司成为美国第一家将单人决策机构改为集团式经营的公司。公司在最高决策机构董事会之下建立了执行委员会，是公司的最高管理机构，董事长兼任执行委员会主席。在董事会闭会期间，大部分权力由执行委员会行使。此外，杜邦公司建立了预测、长期规划、预算编制和资源分配等管理方式。在管理职能分工的基础上，建立了制造、销售、采购、基本建设投资和运输等职能部门。在这些职能部门之上，是一个高度集中的总办事处，控制销售、采购、制造、人事等工作。20世纪初，杜邦公司生产的五种炸药占当时全国总产量的64%～74%，生产的无烟军用火药则占100%。第一次世界大战中，协约国军队40%的火药来自杜邦公司。公司的资产到1918年增加到3亿美元。

三、多分部结构

杜邦公司在第一次世界大战中的大幅扩张和多角化经营，使得原有组织结构缺乏弹性的问题得以暴露。尤其是1920年夏到1922年春，市场需求突然下降，使许多企业出现了所谓的存货危机。杜邦公司经过研究，创立了一个多分部的组织机构。在执行委员会下，按各产品种类设立分部，并在各分部设立会计、供应、生产、销售、运输等职能处。各分部是独立核算单位，分部的经理可以独立自主地统管所属部门的采购、生产和销售。总部高层管理人员在大量财务和管理人员的帮助下，监督这些多功能的分部，用利润指标加以控制，使它们的产品流量与波动需求相适应。新分权化的组织使杜邦公司很快成为一个具有效能的集团，经营领域进一步扩大，并且相继推出一系列重要的新产品，迅速发展成为合成橡胶、尼龙、塑料等产品的世界霸主。这种企业组织结构成为大公司沿用至今的主流组织结构。

四、“三头马车式”结构

杜邦公司以前实施的执行委员会和多分部式改革是力求在集权与分权之间找到一个平衡点。20世纪60年代以后，在面临众多专利到期和强敌挑战的背景下，杜邦公司提出“三头马车式”结构。1962年，公司的第十一任总经理科普兰上任。除了不断完善和调整公司原设的组织机构外，1967年底，科普兰将总经理一职史无前例地让给了非杜邦家族的马可，财务委员会议议长也由别人担任，自己专任董事长一职，从而形成了一个“三头马车式”的体制。1971年，科普兰又让出了董事长的职务。60年代后杜邦公司的成功，不能说与新体制无关，因为企业组织机构的设置适应了企业在不同时期各方面的需要。科普兰说：“‘三头马车式’的集团体制，是今后经营世界性大规模企业不得不采取的安全设施。”

五、网络性组织结构

鉴于经济全球化、知识经济网络化、数字化的特点，杜邦公司从“模块”的角度对企业重新审视。模块组合强调各模块相对独立地运作于各自的市场，根据各自市场来自竞争者、顾客等方面的变化进行调整，而企业其他各部分可以无须调整。近年来，杜邦公司大力进行营销机制的改革，完成了“模块组合”改组，将原有的五个公司经营业务部门外加石油和天然气营销业务部门，划分为直接运作于市场的20个规模较小的经营业务部门。组织结构变革的结果是管理组织结构正在变“扁”变“瘦”，综合性管理部门的地位和作用更加突出，形成网络性的组织结构。

资料来源：高顿财税. 杜邦：转型与自我塑造[J]. 中国外资，2015（11）：62-67.

楼园. 企业组织结构进化研究[D]. 北京：北京工业大学，2006：134-136 .

问题：

1. 杜邦公司组织结构变革的历史说明了什么问题？
2. 什么是网络化结构？它的特点是什么？
3. 你认为未来组织结构的发展趋势是什么？为什么？

第九章　人力资源管理

本章重点

人员招聘的常见方式

人员培训的主要类型

人员考评的主要方法

引导案例

2014年阿里巴巴上市前致投资者的一封信

阿里巴巴是一家真正相信并践行使命驱动的公司。15年来，我们固执地坚守了“让天下没有难做的生意”这一使命，帮助中小企业解决生存、成长和发展的问题，我们与成千上万的小企业一起靠理想、靠努力、靠市场成就了更好的自己。未来我们将一如既往与客户共同努力，成为一家生存102年，也就是横跨三个世纪的公司。

很多年前，我们公司的创始人就渴望成立一家由中国人创办，但是属于全世界、属于这个时代的公司。过去10多年，我们一直以中国因为我们发生了什么变化来衡量我们的成就感，未来，我们将会以世界因为阿里巴巴发生了什么正向变化来衡量我们是否真正的成功。这会是巨大的挑战，但更会是一个难得的福报。这要求我们每一天都做到最好，但是更重要的是，需要我们坚持长期的投入、规划和完美的执行。

我在很多场合指出，阿里巴巴信奉“客户第一，员工第二，股东第三”的经营管理思想。很多投资者初次听见这个观点可能很难理解。我在这里向您表明：阿里巴巴只有坚持“客户第一”，为客户创造持久的价值才有可能为股东创造价值。在新经济时代，让客户满意的最主要因素是我们的员工，没有勤奋、快乐、激情、敬业和富有才华能力的员工，给客户创造价值就是一句空话。没有满意的员工队伍就不可能有满意的客户，没有满意的客户绝对不可能有满意的股东。

要运营好一个阿里巴巴这样大而复杂的生态系统绝对不能依靠一两个创始人或管理层，不论他们多么有能力，我们必须借助一个机制并选拔更多在各自领域出类拔萃并有共同信念的人。

资料来源：https://www.sohu.com/a/227722940_468676

组织结构设计为贯彻组织“意识”构建了“躯干”。“躯干”本身不会自动达成组织使命，组织中的人力资源是驱动“躯干”实现组织“意识”的基本动力。在知识经济时代，组织的成败实际上取决于对人的认识和管理。识才、求才、知才、用才、育才是组织中的每个管理者必备的素质。本章承接上一章内容，介绍人力资源管理的基本理念、员工招募和甄选、员工培训、考评激励等内容。

第一节　人力资源管理的基本理念

资源从字面上讲，是指资财的来源。经济学家通常将为了创造物质财富而投入生产过程的一切要素称为资源。在农业经济时代，土地是最重要的资源；在工业经济时代，资本和机器是最重要的资源；在知识经济时代，人是最重要的资源。社会越发展，人力资源对推动社会进步和组织发展越具有举足轻重的意义。

一、人力资源的内涵与特点

人力资源，又称劳动资源或劳动力资源，是某种范围内人口总体所具有的劳动能力的总和，存在于人的自然生命体中，以人口作为存在的基础。从应用形态看，其包括智力、体力、知识、技能；从微观角度看，其是一个组织所雇用的人员。

从某个特定组织看，人力资源数量取决于组织所拥有的员工数量，分为实际人力资源和潜在人力资源。实际人力资源是组织所直接拥有和控制的员工总数，包括固定员工和其他员工。从这个角度讲，组织既要注重固定员工作用的发挥，也要注重临时员工或与组织有密切联系的外部咨询公司人员的利用，树立“不求为我所有，但求为我所用”的用人观念。潜在人力资源指现在不被组织直接利用，但组织可以通过各种方式加以开发利用的资源。行业的人力资源状况、组织所在地人力资源状况、组织自身的人力资源政策和计划等，都对组织潜在人力资源数量产生影响。

人力资源作为一种劳动能力依附员工个体而存在，同其他资源比较有其特殊的特点，具体表现在如下方面。

（一）人力资源是能动性资源

能动性是人力资源的首要特征，是与其他一切资源最根本的区别。人力资源的能动性主要体现在两个方面：首先，在构成生产力的三要素中，劳动对象和劳动手段都是一种“死”的资源，劳动者是一种“活”的资源，始终处于利用和改造自然的主动地位。其次，人是有情绪倾向的一种动物，个人的能力发挥及其程度受很多因素影响，受员工个人意志支配。在不同的管理风格和环境下，员工积极性的发挥程度存在很大差别。因此，在进行人力资源管理时，必须充分考虑人的需要，实现组织人力资源的最佳配置，激发人的工作潜能。

（二）人力资源是特殊的资本性资源

人力资源是社会、组织和个人投资的产物，其质量高低主要取决于投资程度。另外，人力资源也是在一定时期内可以源源不断地带来收益的资源，它一旦形成，能够在适当的时期内为投资者带来收益。但是，人力资源又不同于一般资本，对一般实物资本普遍适用的收益递减规律，不完全适用于人力资源。在现代社会的经济发展中，呈现的是人力资本收益递增规律。这使得当代经济的增长应当主要归因于人力资源。

（三）人力资源是再生性资源

资源分为可再生资源和不可再生资源两大类。人力资源是一种可再生资源。人力资源的再生性，主要基于人口的再生产和劳动力的再生产，通过人口总体内个体的不断更替和“劳动力耗费—劳动力生产—劳动力再次耗费—劳动力再次生产”的过程得以实现。

（四）人力资源是高增值性资源

人力资源的增值性直接体现在数量增值和质量增值两个方面，并最终体现在对组织效益的贡献上。数量增值表现在人口或员工的数量增长上。在目前的社会发展阶段，生活和医疗水平的提高，使人力资源数量的发展不再是一个棘手的社会问题。人力资源的质量已成为组织生存和发展的决定性因素。人力资源的智力价值所带来的投资收益，远远高于其他形态资本的投资收益率，高素质人才成为组织争抢的对象。据美国经济学家舒尔茨对美国 1929～1957 年经济增长中人力资源投资贡献的测算，其比例高达 33%。组织提高人力资源质量的有效手段就是加大人力资源开发力度，提高对人力资源的投入水平，使员工的知识水平、职业道德、专业技能、身心素质得到全面发展。

（五）人力资源具有明显的时效性

人力资源作为劳动能力资源具有自身的周期，可以从三个层面表现出来：生命周期、劳动周期、知识周期。人力资源的生命周期就是人从出生到死亡的整个过程。人只有具有生命条件才可能具备劳动能力，超越人的生命周期就谈不上劳动能力，也谈不上人力资源。人力资源的劳动周期主要指处在法定劳动年龄内的劳动人口。法定劳动年龄是一个人一生中劳动能力最旺盛的时期，是个人为社会和组织创造财富的最佳周期。人力资源的知识周期主要是指一个人所学的相关知识和理论，从适应社会工作需要到被社会淘汰所经历的时间。人的知识像其他资本性物品一样存在损耗，随着越来越多的新知识不断涌现，一些以前价值巨大的知识技巧可能会逐步被淘汰。因此，员工要抓住有限的时间战略窗口，创造最大的组织财富和个人财富；另外还要不断地进行知识更新，提高自身的人力资源价值。

（六）人力资源的智力继承性

人力资源的智力继承性是指人力资源具有一定主动学习的本能，并将自己的知识创造建立在组织知识基础之上。人类社会之所以能从落后的原始社会发展到现在，是和人类社会知识的创造、传播、共享、继承密切相关的。随着知识经济时代的到来，组织已经成为知识创造和知识传播的一个中心，学习成为每个成员的基本责任。组织强调知识成果在组织成员间的传播和共享，并且不断地对已有知识进行有效归纳，使其成为组织新成员快速进入和认识组织的跳板，以及更多组织知识创造的源泉。

（七）人力资源具有组合性

组合性是人力资源的重要特点，可能出现 1+1 大于 2 的情况，也可能出现 1+1 小于 2 的情况。前者称为人力资源互补性组合，后者称为损耗性组合。管理人员在考虑组织人力资源问题时，不应该单独地考虑个体最优，而应该考虑整体最优，考虑如何有效配置员工，从而发挥所有员工的潜能。

（八）人力资源是生物性和社会性的统一

人作为生物体，具有和其他生物体一样的特性，诸如生老病死等。同时人力资源也具有社会性，社会性是人的本质。人力资源所具有的社会性表现在以下几个方面：首先，人力资源的素质是在社会中形成的。其次，蕴藏于人体内部的人力资源，具有随社会生产方式变化而变化的特点。再次，人力资源是在社会分工体系中实现其劳动能力并创造价值的。最后，人力资源的开发利用程度决定于社会生产方式，尤其是经济技术发展水平。

二、人力资源管理概述

人力资源管理主要是研究如何发挥人力资源最大功效，促进组织绩效得以实现和提升。人力资源管理正日益受到组织管理人员的高度重视。

（一）人力资源管理的概念

人力资源管理是指为了完成组织管理工作和总体目标，影响员工的行为、态度和绩效的各种组织管理政策、实践及制度安排。人力资源管理的基本功能包括以下五个方面。

（1）获取。获取主要指如何确定组织的员工需求，并将合适的人员吸引到组织中来。获取是组织人力资源管理的前提和基础。

（2）整合。整合主要指通过对不同文化背景和价值观念的员工的指导，使其能够接受组织价值观念，加强他们对组织的认同与责任感，并身体力行。组织人力资源整合既包括对进入组织的新员工加强入职导向管理，使其从“社会人”变成“组织人”；又包括对现有员工不断地进行价值观整合，使其个人价值理念和认识能够与组织发展同步，成为组织变革的拥护者和促进者，而非组织发展的障碍。

（3）保持和激励。保持和激励主要指向员工提供其所需的工作环境，加强薪酬管理及奖惩激励，增加其满意感，使其安心和积极工作。保持和激励是发挥员工才干的重要手段。

（4）控制和调整。控制和调整主要指建立各种绩效管理指标，加强对员工的素质、行为及工作成果评价，并依据考核情况做出奖惩、升迁、解雇等决策；同时搞好绩效沟通，改善后期绩效成果。控制和调整是优化员工队伍的主要途径。

（5）开发。开发主要指对职工实施培训，并给他们提供发展机会，明确自己的长、短处与今后的发展方向和道路。开发既是组织应该承担的责任，也是促进组织成长的不竭动力。

以上五种基本功能相辅相成、彼此配合，都是以职务分析为基础与核心的。

（二）人力资源管理的基本原理

人力资源管理的基本原理是组织实施人力资源管理的基本原则和思路。深刻认识人力资源管理的基本原理，是做好人力资源管理的基本前提。

1. 投资增值原理

投资增值原理是指对人力资源的投资可以使人力资源增值。人力资源的增值表现为人力资源在数量和质量两个方面的变动，劳动者在劳动能力方面的提高是投资增值的核心体现，教育和保健投资是投资的重点领域。

2. 人力资源管理的系统原理

人力资源管理的系统观认为，人力资源管理的过程是一个管理系统，由若干相互独立又相互联系的子系统构成。例如，招聘工作不是孤立存在的，招聘新员工的水平关系到人员培训的内容、培训时间、培训费用。作为组织的高层领导，应将人力资源管理作为一个系统，决策时要考虑各子系统之间的相互影响。

3. 人力资源管理的激励强化原理

人在工作中是否有积极性，或积极性多高，对于能力的发挥至关重要。人力资源管理的任务不是以获得人力资源为目标，而是在获得人力资源之后，通过各种开发管理手段，合理利用人力资源，提高人力资源利用效率。

4. 人力资源管理的成本-效益原理

没有效益的管理是不成功的管理。加强人力资源开发与管理，为组织战略目标服务，通常有多个方案，采取哪个方案要进行成本-效益的比较分析。在成本-效益分析中，要考虑全面成本和全面效益。

5. 人性尊严原理

员工是有尊严的社会个体。他们加入一个组织，不管在这个组织中扮演什么样的角色，占据什么样的组织职位，在人格上都是完全平等的。组织只有平等地对待员工，才能唤起员工对组织的忠诚，提高组织凝聚力，激发员工的工作激情。

6. 人力资源管理的权变原理

在管理学中，该理论有两种基本观点：一种是普适观，另一种是权变观。管理的理论可以借鉴，但由于管理对象和管理环境不同，人力资源管理的政策应加以变通，具体情况具体分析，强调灵活变通。人力资源管理的对象是具有个体意识和能动表现的“人”，这就更强调管理的权变性。人力资源管理要因时制宜、因地制宜、因人而异。

知识库

传统人事管理与现代人力资源管理的区别

一、管理地位不同：从功能性部门到战略伙伴

传统的人事部门以职能为导向，认为自己只是做人事工作。现代人力资源管理强调更

好地服务组织内部的其他部门，人力资源管理部门必须使用和它们一样的语言，强调业务导向。传统的人事管理属于功能性部门，强调各项功能的执行及其效率。现代人力资源管理除承担传统的人力资源管理的基础业务之外，如薪酬发放、文件处理等，还必须扮演战略性伙伴角色，完成具有前瞻性的人力资源规划、员工开发、职业发展等任务。现代人力资源管理强调要前瞻性地参与到组织战略的制定环节，协调好和其他部门的关系，形成“整体增长性组织”。

二、管理的观念不同：从成本费用到资本投资

传统人事管理将人视为一种成本，将人当作一种“工具”，将花费在员工身上的成本简单等同于费用，考虑如何最大限度地加以控制和降低，尽量减少支付给员工的工资，减少各种培训开发投资等。现代人力资源管理把人作为一种“资源”，注重产出和开发。也就是说，传统的人事管理单纯强调使用，而现代人力资源管理强调用育并举。随着知识经济时代的到来，有些学者认为，21世纪的管理哲学是“只有真正解放了被管理者，才能最终解放管理者自己”。

三、管理的模式不同：从被动反应到主动开发

传统的人事管理在组织任何制度上的变革，都是由组织CEO或高层主管提出要求，人力资源部门根据上级的指示做被动的调整。而现代人力资源管理强调，在快速变动的环境下，人力资源管理部门要主动发现问题所在，提出创新可行的构思。同时，主动协助其他部门，设法让组织成员接受改变，成为支持员工顺利、愉快工作的后盾。

现代人力资源管理认为，工作绩效=f（能力×激励），即工作绩效是能力（一个人能够做什么）和激励（他想要做什么的积极性）乘积的函数。人力资源管理围绕二元目标开展活动，呈现出区别于传统人事管理的两个重要特征：建立起科学严谨的员工培训体系和多维交叉的员工激励体系。

四、管理的重心不同：从事到人

传统人事管理的特点是以“事”为中心，只见“事”，不见“人”，其管理的形式和目的是“控制人”。它不承认人在管理中的中心地位，认为人是机器设备的附属物。现代人力资源管理以“人”为核心，管理的根本出发点是“着眼于人”，重在人与事的系统优化。“垃圾是放错了地方的金子”。组织在考虑工作需要的同时，应充分考虑员工个人特点、兴趣、特长、性格、技能、发展要求等，将合适的人放在合适的工作位置上，有效激发员工工作热情，使组织需要和员工需要都能得到满足。

五、管理的责任者不同：从人事部门到所有人员

传统人事管理是某一职能部门单独使用的手段，似乎与其他职能部门的关系不大。现代人力资源管理却与此截然不同，承担人力资源管理职能成为组织所有成员的责任。高层领导者的管理理念，决定了组织的人力资源管理导向，并直接影响投入人力资源领域的资源数量，承担人力资源管理的战略责任；人力资源管理部门作为专业的职能部门，要依据组织意图设计各种人力资源政策，并为其他部门提供专业支持，承担人力资源管理的职能责任；其他部门的管理人员是自己部门人力资源管理的第一责任者，承担人力资源管理的领导责任；作为广大一般员工，要以主人翁的姿态管理自身，对自身人力资源的形成和作

用发挥承担个体责任。所以，我们反对人力资源管理上的职能分割、部门所有，赞成人力资源管理上职能和人员的整体优化。

第二节 人员招募和选拔

人员招募和选拔是组织为获得所需要的人力资源所采取的活动。人员招募以工作分析形成的职务说明书为基础，以科学的人力资源规划为依据，以招聘为手段，选拔合适人员填充到组织所需的岗位上。

一、工作分析

（一）工作分析的概念和内容

工作分析又称职务分析，是全面了解一项职务的管理活动，是对该项职务的工作内容和职务规范（任职资格）的描述与研究的过程。工作分析的结果是职务说明书，主要包括职务说明和职务规范。职务说明明确了对“事”的要求，职务规范明确了对“人”的要求。一份职务说明书所涉及的主要因素有如下方面。

职位标识：职位编号、名称、类别、所属部门、直接上级、所辖下级等。

职位概要：设置这一职位的目的。

履行职责：主要应负的责任，每一项责任的具体内容、要达到的目的。

业绩标准：业绩衡量标准，如何衡量每一项责任的完成情况。

工作关系：报告对象、监督对象、合作对象，外部交往，职位关系。

使用设备：使用的主要设备。

工作环境和工作条件：时间、地点（室内、室外）、噪声、危险等。

任职资格：任职资格要求，具备何种条件的人适合这一职位。

工作分析在整个人力资源管理工作中处于基础地位。组织的人力资源管理工作都离不开工作分析的支持。科学的工作分析是开展以下工作的依据：选拔和任用合格的人员；制订有效的人事预测方案和人事计划；设计积极的人员培训和开发方案；提供考核、升职和作业的标准；建立先进、合理的工作定额和报酬制度；改善工作设计和环境；加强职业咨询和职业指导；等等。

（二）工作分析的方法

工作分析的方法多种多样，每种方法都有自身的优缺点。下面介绍几种常用的方法。

1. 观察法

观察法是工作分析人员实地查看员工的实际操作情况，予以记录、分析、归纳，并整理为适用的文字资料的方法。其根据观察的特点不同可以有直接观察、阶段观察、工作表演。观察法的优点是所获得的信息比较客观和真实。缺点是观察法要求观察者有一定的洞察力，能够关注到工作的关键之处和细微环节。同时观察法很难了解人的心理活动，不适用于工作周期长和主要是脑力劳动的工作。观察法对那些相对稳定的、程序化较强的、周期较短的、较多通过身体动作完成的工作更适合。

2. 面谈法

面谈法是由分析人员分别访问工作人员本人或其他人员，以了解工作内容和人员要求的方法。根据面谈过程中是否有明确的面谈提纲，可以将面谈法分为结构面谈和非结构面谈。为了让面谈能够顺利进行，工作分析人员在面谈过程中应该营造一种良好的气氛，使工作者感到轻松愉快。面谈中可以启发和引导，但应避免发表个人看法和观点。同时，要注意做好面谈记录，以备日后研究。

面谈法较为灵活，能够在面谈过程中进行追踪发问，更容易获得深层次资料和信息。问题是这种方法所需的时间和人力较多，繁多的非标准化资料也给分析阶段带来了困难。尤其是分析人员和被调查者之间相互不配合与信任程度低时，将导致工作信息失真。

3. 问卷调查法

问卷调查法是一种应用非常普遍的职务分析方法。其基本过程是设计并分发问卷给选定的员工，要求其在一定的期限内填写，以获取有关的信息。问卷主要有两种：一种是内容具有普遍性，适合各种职务分析；另一种是专门为特定的工作职务设计的。问卷还可以分成职务定向和人员定向两种。职务定向问卷比较强调工作本身的条件和结果；人员定向问卷则集中于了解员工的工作行为。

问卷调查法总体费用低，速度快；被调查者可以在工作之余填写，不致影响正常工作；调查范围广，可用于多种目的、多样用途的职务分析；调查样本量可以很大，适用于需要对很多工作者进行调查的情况；调查的资料可以数量化，由计算机进行数据处理。问卷调查法的不足是需要花费大量的人力和时间进行问卷设计；可控性差；被调查者可能不积极配合，不认真填写，从而影响调查的质量。问卷法的成败至少取决于以下三个因素：一是问卷的设计能否包括关键问题；二是各个问题的设计是否适当、贴切，被调查者是否可以在要求的范围内正确地给出相当标准的答案；三是如果答卷无强制性，则问卷会不会因太详尽而影响回收率。

4. 工作日志法

工作日志法是为了了解员工实际工作的内容、责任、权利、人际关系及工作负荷，而要求员工坚持记工作日记，然后经过归纳提炼，获得所需工作信息的一种职务信息获取方法。优点是所获得信息的可靠性很高，适用于获取有关工作职责、工作内容、工作关系、劳动强度等方面的信息，所需费用也较低。缺点是使用范围较小，不适用于工作循环周期较长、工作状态不稳定的职位，且信息整理量大，归纳工作烦琐。

5. 工作实践法

工作实践法是指工作分析人员亲自从事所研究的工作，由此掌握工作要求的第一手资料。用这种方法可以了解工作的实际任务以及在体力、环境、社会等方面的要求，适用于短期内可以掌握的工作。但对于需要大量训练和危险的工作，这种方法不适用。

6. 材料分析法

尽管组织的类型和运营的领域存在很大差别，但是组织管理的本质是相通的。材料分析法就是尽量利用现有的资料，以便对每种工作的任务、责任、权利、工作负荷、任职资格等有一个大致的了解，为进一步调查奠定基础。

知识库

工作分析的程序

第一，准备阶段。这个阶段的重点任务是建立工作分析小组，明确工作分析的总目标、总任务、对象，制订出工作分析的基本方案，并且和相关部门与人员建立良好的工作关系。

第二，信息收集阶段。工作分析人员要广泛收集组织的相关资料，包括组织系统图、工作流程图、组织原有的职务分析资料等。由于不同层次的信息提供者提供的信息存在不同程度的差别，工作分析人员应站在公正的立场听取不同的信息，不要事先存有偏见。同时，工作分析人员还要根据将要收集的信息类型，选择和确定合理的信息收集方法，如调查法、访谈法等。

第三，分析阶段。该阶段包括信息的整理、分析、综合三个相关活动，是整个工作分析过程的核心部分。工作分析人员要剔除无效的信息，做到去粗存精、去伪存真。

第四，描述阶段。职务说明书是员工工作高度提炼的结果，绝不是任务的简单列举和罗列，要力求达到清晰、具体、简明的要求。在职务说明书的描写过程中，要明确工作分析针对的是工作而不是人，中心问题是职位。

第五，运用阶段。职务说明书初稿形成之后，要在一定范围内进行讨论，然后形成试用稿。在试用之前应在整个组织范围内进行广泛的宣传和培训，让每个人对自己的职责有明确的了解。在试行过程中，工作分析人员还要持续追踪，收集职务说明书存在的问题和不足。只有把试行过程中暴露出来的问题有效解决后，职务说明书才能作为定稿纳入组织正式制度中去。

二、人力资源规划

人力资源规划的本质是计划，是根据企业发展战略和环境的要求，确定为完成任务和满足需求而提供人员的途径与方法。在制订人力资源规划时要使组织和个人利益协调一致，双方需要得到满足。

组织人力资源规划涉及人力资源管理的各个方面，包括总体规划和业务规划。总体规划明确了组织人力资源管理的总目标、总政策、实施步骤和总体预算安排。业务规划是总体规划的展开与具体化，保证总体规划目标的实现，包括人员招聘补充计划、人员配置使用计划、人员晋升发展计划、人员培训开发计划、绩效管理计划、薪资计划、退休计划等。

组织实施人力资源规划的过程可以按以下次序展开。

（一）收集相关信息资料

制订组织的人力资源规划的前提是对总体发展战略和环境的了解，组织在此基础上做出科学判断，做到趋利避害，扬长避短。需要收集的主要资料有：组织战略资料、组织环境资料、组织结构资料、人员结构资料（如人力资源数量、类别素质、结构等）、人员流动资料（如离职率、新进率、净流动率）、人员择业资料等。

（二）人力资源需求预测

人力资源需求预测是企业为实现既定目标而对未来所需员工的数量和种类的估算。组织的人力资源需求分为现实人力资源需求、未来人力资源需求、未来流失人力资源需求。组织外部因素、内部人力及非人力因素，都会引起对人力资源需求的变化。可以通过德尔菲法、比率分析、现状规划法、回归分析等对人力资源的需求状况做出预测。

（三）人力资源供给预测

人力资源的供给来源分为内部供给和外部供给，这两种供给来源各有利弊。内部供给的突出优点是：候选人对企业更了解认同，能够快速适应环境，所需培训少；企业对候选人了解，减少人员筛选失误；招聘成本低；提高员工对企业的认同，激励员工努力工作；组织在员工身上的投资得到回报。然而，内部供给往往导致：组织内部近亲繁殖，关系复杂；观念守旧，不易创新；职位空缺缺口较大时难以满足；对那些没有得到任命和提拔的人造成打击。

外部供给的优点也非常明显：如人员来源有较为广泛的选择余地；外来人员所带来的新思想、新思维可以防止组织老化；被引进者一般具有一定的理论知识和实践经验。外部供给的问题在于：组织和应聘者之间熟知度低，需要一段较长的时间了解适应；招聘成本较高；过多的“空降部队”对组织内部人员来说也是一种打击，让组织内部人员看不到发展的空间。

组织可以通过档案资料分析、管理人员接替图、马尔科夫分析等方式来预测和确定人力资源的供给能力。

（四）制订人力资源供求平衡计划和具体措施

人力资源供求之间存在两种情况：平衡和不平衡。人力资源供给与需求的不平衡有三种类型，即人力资源不足、人力资源过剩和两者兼而有之的结构性失衡。对于人力资源的不平衡，不一定必须选择招聘和解聘，组织可以考虑多种计划和措施来实现目的。例如，对于供小于求，企业可以选择平行岗位调动、原岗培训提高效率、调动员工积极性、延长工作时间、加大劳动强度、工作重新设计提高效率、改进工艺和产品设计、提前生产、雇用临时工、对外招聘等。对供大于求，组织可以选择的措施有：人员压缩（自然减员和雇用冻结、提前退休赎买、暂时解雇）、新职介绍服务、工作分享、降低工资、人员轮训等。

（五）人力资源规划控制

人力资源规划是个闭环的过程。组织要加强对规划的控制，为连续性的组织发展提供支持。人力资源规划控制可以从两个层面进行：整体性控制和操作性控制。整体性控制强调人力资源规划与企业战略计划的一致性程度，操作性控制强调人力资源各项活动是否按规划进行。

三、人员招聘

招聘直接关系到组织后续队伍的连续性，是组织发展的基石。当组织出现新职位，现有职位人员不符合条件，现有职位空缺时，组织就面临招聘压力。

人员招聘是组织发现并吸引个人填补组织空缺工作岗位的过程，即寻找、吸引那些有能力、有兴趣的人员到本组织任职，并从中选出合适人员予以录用的过程。

组织由于所选拔的对象和采用的选拔方案不同，所遵循的招聘程序也会存在巨大差别。但在一般情况下，都会涉及以下几个方面：部门用人申请，即由用人单位根据组织战略和工作需要提出用人申请；形成招聘计划，即人力资源部门将所收集的申请材料进行归纳整理，结合组织的定员情况和实际需要形成招聘计划；主管人员批准，即由有批准权限的人对招聘计划进行审查和批准；发布招聘信息，即通过各种渠道将组织的用人信息进行广泛发布，吸引潜在求职者的注意；初选和复选，即由用人部门、人力资源管理部门对应聘者进行各种考查和测试；体检和背景调查，即对组织拟录用人员进行更为广泛的调查，确认岗位的匹配性；录用批准、通知和报到上岗。

人员招聘和选拔是一项挑战性非常强的工作。人员选拔可以有很多方法，如内部选拔可以考虑内部提升、内部调用等，外部选拔可以考虑申请表、面试、人才评价中心等。下面介绍几种常用的人员选拔方案。

（一）申请表

申请表可以由应聘者自己制作，然后发送给招聘组织，也可以由招聘组织统一设计，由应聘者填写上交，两者各有利弊。组织统一设计的申请表涵括组织所需要的信息，格式统一规范，便于收集整理和分析。应聘者自己设计的申请表虽然内容和版式差距大，不利于整理分析，但可以反映出应聘者的个人特色。组织一般使用申请书进行初步选拔。在审查申请书时要关注有无前后矛盾，应聘者的基本素质是否符合组织的岗位要求，有无职务中断等情况。对于发现的疑点，应在其他后续选拔方法中加以重点考察。

（二）面试

面试是通过主试与被试双方面对面的观察、交谈等双向沟通方式，了解应聘者素质状况、能力特征及求职应聘动机的一种人员考选技术。其主要内容包括语言内容倾听、面部表情的观察、身体动作的观察。面谈以观察和谈话为主要工具，具有时间持续性、内容不固定性、双向沟通性等特点。面试的显著优点是：适应性强；可以进行双向沟通；有人情味；可以多渠道地获得应聘者的有关信息。缺点是：时间较长，费用比较高；可能存在各种偏见；测试的有效性和可靠性不甚确定。为了提高面试的效度，组织要做好充分的面试准备。例如，选择具有丰富经验的面试考官，选择对比度较强的结构面试，详细审阅申请表的内容，选择具有良好环境的面试场所，等等。在面试阶段，要做好面试导入，建立和维持友善气氛；根据面试的目的决定提问的范围和问题；提问的方式要多元化，避免简单的封闭式问题；关注应聘者的肢体语言；控制面谈过程，让应聘者有足够的机会说话；将客观和推断分开，避免偏见和定型的失误，避免容貌效应，提防晕轮效应；仔细记录，记下事实、印象和其他有关资料等。

（三）笔试

笔试法的优点是一次能够出十几道乃至上百道试题，考试的取样较多，对知识、技能和能力考核的信度与效度都较高，可以大规模地进行分析，因此花费时间少、效率高，应聘者的心理压力较小，较易发挥水平，成绩评定比较客观。笔试法的缺点主要表现在不能全面地考查应聘者的工作态度、品德修养，以及组织管理能力、口头表达能力和操作技能等。

（四）心理测试

心理测试就是通过一系列的科学方法，来测量应聘者的智力水平和个性方面差异的一种科学方法，包括性格测试、兴趣测试等。心理测试是心理学研究的一种方法，但现在许多领域中都应用这种方法，在企业招聘中应用的范围尤其广泛。例如，价值测评、职业兴趣测评、智力测评、情商测评等。常用的手段有自陈式测评、投射测评（如墨渍图、主体统觉测试、笔记测试、句子完成式量表等）。心理测试的优点是迅速、比较科学、可以比较。心理测试的原则是：要对个人的隐私加以保护；心理测试以前，要先做好预备工作，包括要统一地讲出测试指导语；要准备好测试材料；要能够熟练地掌握测试的具体实施手续；要尽可能使每一次测试的条件相同。

（五）情境模拟

情境模拟就是指根据应聘者可能担任的职务，编制一套与该职务实际情况相似的测试项目，将应聘者安排在模拟的、逼真的工作环境中，要求应聘者处理可能出现的各种问题，用多种方法来测评其心理素质、潜在能力的一系列方法。这种方法信度高、效度高、预测性强，但是花费时间较长，费用比较高，要有专家指导，一般局限于高层次的管理人员或特殊的专门人员。常见的方法有无领导小组讨论、工作抽样、角色扮演、即席发言等。无领导小组讨论，是指由多个应聘者组成一个临时小组，但不指定特定组织者，小组成员身份平等，要依据给定的某个问题，在规定时间内充分进行讨论，并最终得出统一的结论。评分者（主考官）会依据每个应聘者在讨论过程中的行为表现，为应聘者在各个维度上进行评分。工作抽样就是创造一个小型的工作环境，让应聘者通过实际完成各种任务来展示他们是否具备工作所需才能。

四、人员录用

在对人员做出评价之后就要做出录用决策。人员录用决策可以有三种模式：补偿模式、多切点模式和跨栏模式。补偿模式是在录用时，应聘者某些指标的高分可以替代另一些指标的低分；多切点模式要求应聘者达到所有指标的最低程度，否则某些指标的分值再高也不能弥补某些指标分值较低的缺陷；跨栏模式需要应聘者参加多阶段测试，只有在每次测试中都能通过，才能进入下一个阶段的挑选和评判。

选拔人员在确定录用人选后，要及时发出录用通知。对那些没有被录用的人员，如果在招聘声明中没有明确一定时间后没有联系视为应聘者落选，都应该给予回复。辞谢通知应当委婉客气。同时，对没有被录用的人员，组织要建立资料库。当组织面临职位空缺时，可以优先考虑联系和录用这些人。

第三节 员工培训和开发

按照员工对自己的工作所具备的能力和意愿的维度可以将组织中的人员分为四类：一是既没意愿又无能力，对这种人要剥离；二是有能力无意愿，对这种人要引导激励；三是有意愿没能力，对这种人要培训和开发；四是既有意愿又有能力，对这种人要大力培养。在知识创造财富的年代，培训和开发既是组织发展的驱动器，又是大多数员工对组织的期望。

一、培训和开发的概念与目标

培训和开发是指组织为了使员工获得或改进与工作有关的知识、技能、动机、态度和行为所做的有计划的、系统性的各种努力，通过这些努力可以有效地提高员工的工作绩效，并帮助员工对组织的战略目标做出贡献。对于组织中可以改进目前工作的人、有能力掌握另一门技能并在培训后有可能轮换到其他岗位上的人、有潜能并在掌握不同技能后可以安排到更高层次上的人，组织都要加大培训和开发力度。

组织对员工的培训和开发是基于多元目标的。大多数组织通过培训和开发活动追求以下一个或几个目标：育道德、建观点、传知识、培能力。对于组织内部的不同人员要分清层次，做好技术技能、人际技能和概念技能的培养。

二、培训和开发程序

培训和开发活动本身具有规律性，组织要遵循以下程序开展培训和开发工作。

第一，做好培训需求分析。培训需求分析可以从组织分析、任务分析、人员分析的角度进行。组织分析决定组织中哪里需要培训，要考察组织战略、组织流程、组织环境等；任务分析决定培训内容应该是什么，要分析个人工作的业绩评价标准，要完成的任务，成功完成任务所需的知识、技术、行为和态度；人员分析决定谁应该接受培训和他们需要什么培训，可以通过业绩评估、收集和分析关键事件、进行培训需求调查等手段来实现。

第二，明确培训目标。培训目标是对某一个或少数几个培训需求要点的细化，它反映组织对该培训和开发项目的基本意图与期望。良好的培训目标是确定培训内容和方法的基本依据，是对培训效果评估的基本依据，有利于受训者集中精力完成学习任务。培训目标可以从作业表现、环境条件、评价指标三个方面设计。

第三，设计培训方案。良好的培训方案内容应该包括培训方法、培训内容、培训时间、培训地点等。组织培训主要针对成人员工进行，培训方案的设计必须对此给予充分考虑。按照诺尔斯的观点，成人学习和儿童学习是不同的，成人需要知道为什么学习，有进行自我指导的要求，具有丰富的工作知识和经验，带着一定问题参加学习，受外部和内部激励而学习，因此，应提倡培训中的相互启发和合作指导，将受训者的经验作为范例和应用材料，根据受训者的兴趣和能力进行指导，方案设计有利于立即应用培训内容，以问题为中心而不是以培训主题为中心。

第四，培训实施。培训实施要加强组织力度，尽可能严格按照计划开展工作。

第五，培训效果转移。它是指将在培训过程中获得的技能推广到实际的工作环境中，并且始终保持这种获得技能的过程。这就要求除了选择好受训者和设计科学的培训方案之外，还要建立转换环境，培养转化氛围，获得管理者和同事的支持，提供技能执行机会和技术支持。

第六，培训评估。培训评估是指系统地收集有关人力资源开发项目的描述性和评判性信息的过程，通过运用不同测量工具来评价培训目标的达成度，以此判断培训的有效性，并为未来举办类似培训活动提供参考。其目的是为选择、购买、评价和调整各种培训项目，提供科学的决策依据。培训评估可以依据柯特帕特里克模型，从反应、学习、行为、结果几个层次进行。反应就是测量受训者对培训活动各方面的评价，学习就是测量受训者掌握知识的程度，行为就是观察受训者知识的外部推广，结果就是衡量培训所带来的个人和组织绩效的提升。

三、培训和开发方案设计

培训方案有很多形式，如在职培训常用的实地工作培训、学徒培训、工作轮换等，非在职培训使用的讲授、视听教学、案例分析方法、敏感性训练等。下面选择几种加以介绍。

（一）讲座法

讲座法是指培训者用语言表达、传授内容给受训者的方法。这种学习的沟通主要是单向的，即从培训者到听众。讲座法一直是受欢迎的培训方法。优点是成本低，短时间传递大量信息。但缺少受训者的参与、反馈，缺少与工作实际环境的密切联系。为克服这些问题，讲座法常常会附加问答、讨论和案例研究。

（二）案例研究

案例研究是描述雇员或某组织如何处理棘手事件，要求受训者分析评价他们所采取的行动，指出正确的行为，并提出其他可能的处理方式。案例分析一般按照展示案例材料、分组讨论、发表见解、案例报告的次序展开。培训者在案例分析中起指导推动的作用，观察学员行为，掌握讨论进度，及时加以引导，确保不偏离主题。

（三）商业游戏

商业游戏要求受训者收集信息并对其进行分析，然后做出决策。商业游戏主要用于管理技能的开发。游戏采用团队方式，有助于营造有凝聚力的团队。对有些群体（如高级执行人员），游戏相对于演示法如课堂指导，是一种更有意义的培训活动（因为游戏很真实）。

（四）角色扮演

角色扮演是给受训者提供有关背景信息，并让受训者扮演分配给他们的角色。为了使角色扮演更有效，在角色扮演之前，向受训者说明活动目的是非常关键的，使他们感到活动更有意义，更愿意去学习。同时，培训者还需要说明角色扮演的方法、各种角色的情况及活动的时间安排。在活动期间培训者要监管活动时间、受训者的感情投入程度，以及各小组的关注焦点。在角色扮演结束时可以进行提问。提问可以帮助受训者理解这次活动经历，并互相探讨各自的认识。

（五）行为示范

行为示范是指向受训者提供一个演示关键行为的模型，然后给他们提供实践这些关键行为的机会。行为示范一般包括四个关键环节：明确关键行为、设计示范演示、提供实践机会、促使培训成果转化。行为示范更适用于学习某种技能或行为，而不太适用于事实信息的学习。

（六）团队培训

团队培训是指通过协调在一起工作的这些人的绩效从而实现共同目标。常见的有交叉培训、协作培训、团队领导技能培训。交叉培训指让团队成员熟悉并实践所有人的工作，以便在有人暂时或永远离开团队后，其他成员可介入并取代他的位置。协作培训指对团队进行的如何确保信息共享和承担决策责任的培训，以实现团队绩效的最大化。团队领导技能培训指团队管理者或辅导人员接受的培训，包括培训管理者如何解决团队内部冲突，帮助团队协调各项活动或其他技能。

随着信息技术的发展，组织越来越多地开始将高新技术融入培训方案，形成了很多基于高新技术的培训新形式。例如，远程培训、多媒体培训、计算机辅助培训、网络培训等。

第四节　员工绩效管理和薪酬支付

员工绩效水平的高低直接影响组织绩效水平。每个组织通过员工绩效管理在激励员工的同时，为组织的人员任用、薪酬发放、培训开发、工作设计等提供科学依据。

一、绩效、绩效考评、绩效管理

（一）绩效

绩效是指人们在具体工作中所取得的成绩。换句话说，就是组织成员对组织的贡献，或对组织所具有的价值。绩效是人们行为的后果，是目标的完成程度，是客观存在的，而不是观念中的东西。绩效具有以下三个显著特征。

多因性，即多因素，包括人的主观因素和客观因素。绩效可用一个函数表示：$P=f(S, O, M, E)$。其中，S 表示技能；O 表示机会；M 表示激励；E 表示环境。

多维性，即多指标。例如，工人的考核有产量指标还有出勤率、团结合作情况、产品质量、原材料消耗、员工态度等。

动态性，即可变性。工作绩效不是一成不变的，作为管理者不可因一件事或一次考核对一个人下结论。主要是因为人力资源本身的特点（动态性）和个体有主观性（愿不愿意）。

因此，绩效是工作过程中的有效成果，是企业对成员最终期望的达到程度。

（二）绩效考评

绩效考评就是运用科学的考核标准和方法，对员工进行定期不定期的评价，全面了解员工情况，发现其不足并提出改进措施，改善员工组织行为，促进企业目标实现。员工绩效考评要从员工工作成绩的数量和质量两个方面，对员工在工作中的优缺点进行系统的描述，并且将有关结果信息反馈给个人和有关部门。

绩效考评按不同的分类标准，有不同的分类结果。按绩效考核的性质分，有定性考核和定量考核；按考核的主体分，有上级考核、自我考核、同级考核、顾客考核、下级考核等；按考核内容分，有品质基础性考核、行为基础性考核、能力基础性考核、效果基础性考核、综合性考核等。

（三）绩效管理

绩效管理是一个持续交流的过程，意味着企业与员工就与绩效相关的问题的持续双向沟通。绩效管理的本质不是管理者寻找批评员工的机会，而是找到问题所在及改进的契机。持续沟通、高度合作、互促互进是绩效管理的本质。

具体来说，绩效管理通常包括如下环节。

（1）针对整个企业订立发展目标，并将企业整体目标分解到各部门及每一位员工，各自订立相应的绩效考评指标和标准。同时，在时间维度上将全年的目标分解到月、日。

（2）以绩效考评指标为指导，监控实现目标的员工能力、实现目标的条件。

（3）定期实施绩效考评，检查完成目标的绩效。

（4）根据考评的结果分析为什么会有这样的结果，反馈信息给员工本人以及其他相关人员，并采取相应的措施，以确保下一阶段每个人都有更好的表现。

绩效管理同绩效考评既有联系又有区别。绩效考评是孤立的、静态的，而绩效管理则是联系的、发展的。绩效考评是绩效管理的一个阶段。在企业里，我们想做的和应该做的实际上是绩效管理而不仅仅是绩效考评，只通过绩效考评不可能达到管理目标。对于那些仅仅做了绩效考评就期待实现企业目标的经理人来说，出现问题是难免的。目前组织的绩效管理开始由员工控制向员工发展、绩效评价到绩效改善、秋后算账到全程管理、依赖监督到自我管理的方向发展。

知识库

绩效管理在企业中的作用

一、绩效管理具有明显的战略功能

战略目标的实施必然通过组织体系落实到每个人头上，通过发挥组织中人的作用来实现目标。绩效管理具有明确的导向性，它以企业战略目标的分解为依据，是企业战略目标实现的一种辅助手段。通过有效的目标分解和逐步逐层地落实，帮助企业实现预定的战略目标。绩效管理的贡献就在于它对组织最终目标的关注，使企业战略、岗位、员工融为一体，促使组织成员的努力从单纯的忙碌向有效的方向转变。

二、绩效管理具有明确的管理功能

绩效的管理功能突出表现在：明确组织工作标准(评什么)、提供考核手段(怎么评)、考核结果的科学运用。例如，绩效考核是人员任用的依据，只有了解人的能力特长、工作状况等才能知人善任；绩效考核是人员培训的依据，只有通过考核才能了解个人的优势劣势、了解工作差距，为培训对象的选择和培训需求的确定提供帮助；绩效考核对企业人员调配、职务晋升、薪酬确定等都会产生较大的影响。

三、绩效管理具有强烈的激励功能

考核的激励功能一方面表现在考核本身就是一种有效的激励手段。员工有一种了解自己工作成绩的需要，这不仅是为了寻求个人的心理满足感，通过考核还可以有利于员工认识自己的不足，发现自己的潜力并且在工作中充分发挥这种潜力。考核激励功能的另一方面是绩效考核要奖优罚劣，改善调整员工行为，激发员工积极性，使员工积极主动地完成组织目标。

二、绩效考核体系的设计

绩效考核体系的设计是绩效考核和管理中的一项重要内容，企业要考虑评价者的选择信息来源、员工考评内容、考评标准、评价的周期、考评方法的基本问题。

（一）评价者的选择及信息来源

在员工工作绩效考核体系的设计过程中，首先要考虑的是选择谁作为执行评价的主体。对评价者的选择要满足以下要求：第一，评价者应该有足够长的时间和足够多的机会观察员工的工作情况。第二，评价者有能力将观察结果转化为有用的评价信息，并且能够消除绩效考核系统可能出现的偏差。第三，评价者有责任提供真实的员工业绩评价结果。因此，可能对员工工作绩效进行评价的候选人有以下几种类型：上级考核下属，下级人员考核上级人员，专门工作小组成员考核或同事间相互考核，外部人员对内部人员进行考核，员工自我考核，多方人员（360°）共同考核。

（二）员工考评内容

企业在确定考评主体后，还要考虑针对特定的考核对象，考核什么内容、设立哪些指标、达到什么程度。员工考评可以基于员工特性、员工行为和工作结果。因此，考评的内容可以分为品德、态度行为(勤)、能力、业绩。有人说德才兼备是贤臣、圣人，可遇不可求；有才无德是奸臣、小人，要控制使用；有德无才是忠臣、贤人，可交付事情而非事业；无德无才是庸臣、庸人，无可用之处。企业在进行员工考核时，应从以上几个方面考虑。

“德”的主要内容包括思想政治、工作作风、社会道德及职业道德水平等方面。古今中外，德的考核始终是首要因素，尤其对执掌权力的各级领导，更应重视对“德”的考核。

“勤”是指员工的积极性和工作中的表现，包括出勤、纪律性、干劲、责任心、主动性等，积极性决定人的能力发挥程度。只有将积极性和能力结合起来考核，才能发现员工的潜力。

“能”是指员工从事工作的能力，包括体能、学识、智能等内容。能力是绩效考核的重点和难点。

“绩”是指员工的工作效率及效果，包括员工完成工作的数量、质量、成本费用，以及为企业做出的其他贡献。绩效是企业对员工的最终期望，当然作为考核的基本内容。

（三）考评标准

考评标准说明的是工作要达到的程度，只有将要项和标准相结合才能完整解释工作的要求情况。考评标准具有以下特征：标准是针对工作而不是针对工作者确定的，不管谁来执行该工作均应达到此标准；标准是可以达到的；标准为人所知，消除不必要的神秘感；标准要尽可能具体明确，而且可以衡量；标准有时间限制。

（四）评价的周期

所谓考评的周期，就是指多长时间进行一次考评，这与考评的目的和被考评职位有关。如果考评的目的主要是奖惩，那么自然就应该使考评的周期与奖惩的周期保持一致；如果考评是为了续签聘用协议，则考评周期应与企业制定的员工聘用周期一致。员工业绩考核的周期长短应该受到以下几个因素的影响。第一，根据奖金发放的周期长短来决定员工绩效考核的周期。第二，根据工作任务的完成周期来决定业绩考核的周期。第三，根据员工工作的性质来决定业绩考核的周期。对于基层的员工评价周期就可以相对短一些，对于管理人员和专业技术人员考核的周期就应该相对长一些。第四，对工作结果及时进行评价和反馈，有利于及时地改进工作，避免将问题一起积攒到年底来处理。第五，管理人员的数量，如果每个管理人员负责考核的员工数量比较多，可以采取离散的形式进行员工绩效考核。

（五）考评方法

以下介绍六种具体的考评方法。

1. 排序法

排序法是指通过比较，按员工绩效的相对优劣程度，确定每个人的等级或名次，排出全体员工的考评顺序。排序法包括简单排序、交替排序、对偶比较、范例对比等。总体上操作比较简单，最主要的缺点是员工之间差别的程度并无很好的衡量尺度。此外，如果被排列的人数太多，这一排序结果往往缺乏实用性。

2. 评定量表法

评定量表法是绩效考评中常用的一种方法。根据工作分析，将被考评岗位的工作内容划分为相互独立的几个模块，在每个模块中用明确的语言描述完成该模块工作需要达到的工作标准。同时，将标准分为几个等级选项，如“优、良、合格、不合格”等，考评人根据被考评人的实际工作表现，对每个模块的完成情况进行评估。总成绩便为该员工的考评成绩。由于其简易性，这一方法使用得最普遍。评定量表法有其明显的缺陷。首先，这一方法常常将不同的特征或要素组合在一起，而考核人只能选择一个方格来画钩。其次，在这些等级表中，有时使用的说明性文字容易致使不同考核者产生不同的理解。

3. 关键事件法

关键事件法又称考评日志或绩效记录，记载与工作绩效密切相关的事项，归纳整理做出结论。需要注意的是，平常记录的是与工作密切相关的有关素材而非主管人员评语。按照关键性事件考核方法，经理应对员工表现中最令人赞许和最令人难以承受的行为进行书面记录。当一个员工与工作有关的"关键事件"发生时，经理便将其记载下来。每个员工的关键性事件清单在整个考核期限内始终予以保留。当关键性事件法和其他一些方法同时使用时，就可以更充分地说明为什么一个员工被给予一个特定的考核评定。关键事件法也有其不利的方面。首先，对于什么属于关键事件，并非在所有的经理人员那里都具有相同的定义。其次，每天或每周记下对每个员工的表现评价会很耗时间。此外，它可能使员工过分关注他们的上司到底写了些什么，并因此而恐惧经理的"小黑本"。

4. 行为锚定法

行为锚定法结合了关键事件法和评定量表法的优点。绩效考评者用多个条目组成的连续带对员工进行评估，但得分点是员工在工作中的实际行为表现的实例，而非一般性的描述或个性特点。

5. 评语法

评语法是指由考评人撰写一段评语来对被考评人进行评价的一种方法。评语的内容包括被考评人的工作业绩、工作表现、优缺点和须努力的方向。评语法在我国应用得非常广泛。由于该考评方法主观性强，最好不要单独使用。

6. 目标考评法

目标考评法是根据被考评人完成工作目标的情况来进行考核的一种绩效考评方法。在开始工作之前，考评人和被考评人应该对需要完成的工作内容、时间期限、考评的标准达成一致。在时间期限结束时，考评人根据被考评人的工作状况及原先制定的考评标准来进行考评。目标管理考核制度以三个假定为根据。第一，让员工与管理者共同制定目标，可增强员工对企业的认同感和工作积极性。第二，各种目标清楚和准确，员工就会更好地工作以实现理想的结果。第三，工作表现的各种目标是可衡量的，并且应该直接针对各种结果。

三、绩效考核的组织与实施

科学的绩效考核和管理必须遵照一定的程序，并且在实施过程中尽量避免一些常见的问题。绩效考核和管理既有纵向性的程序，又有横向性的程序。

1. 纵向程序

绩效考核的纵向程序即按组织层级进行考评。具体操作如下：首先是基层考核，重点是员工个人的工作行为及业绩；其次是中层考核，在对中层干部个人考评之外，部门绩效也是管理人员最后考评结果的调整因素；最后是高层考核，重点是对经营效果方面的总体指标进行考核，如销售额、利润额、资产的保值增值情况等。

2. 横向程序

绩效考核的横向程序即按考评工作的先后顺序进行。第一，制订绩效计划。绩效计划是绩效管理的开始。为了保证绩效考核顺利进行，必须制订绩效计划。第二，持续不断的沟通。沟通是一切管理所必不可少的重要手段，在绩效计划确定之后，企业应让所有员工都对计划有全面的了解和认识。第三，信息的收集和绩效评估。作为考核基础的信息必须真实、可靠、有效。经理要注意观察员工的行为表现并做记录。绩效评估一般在一定的考核周期后举行。绩效评估既可以进行横向比较也可以进行纵向比较。第四，绩效结果的反馈及绩效改进计划的拟订。绩效考评本身不是目的，而是一种手段。在绩效评估结束后，全面审视企业绩效管理的政策、方法，加强绩效结果的反馈及绩效改进计划的制订，不断提高企业的绩效管理水平，实施绩效结果反馈的重要手段是绩效面谈和沟通。

四、员工薪酬

员工薪酬是组织对员工所做的贡献，包括实现的绩效、付出的努力、时间、学识、技能、经验等给予的回报和答谢。广义上讲，员工薪酬包括经济类薪酬和非经济类薪酬。经济类薪酬主要有工资、奖金、津贴、福利。非经济类薪酬是指员工获得的成就感、满足感等。影响组织薪酬支付的因素很多，通常分为两类：外在因素包括劳动力市场供求与竞争、地区行业特点、当地生活水平、政策法规；内在因素包括经营状况与财务实力、管理哲学与组织文化、具体岗位特点（职务和技术水平的高低、工作时间长短、工作的危险性）等。

（一）工资

工资是以货币形式支付给员工的劳动报酬，是薪酬系统的主要组成部分。主要的工资形式有如下六种。

（1）结构工资。结构工资是将员工工资划分成若干组成部分，构成动态性的工资结构模式，用“工资分解”的方式，确定和发挥各部分工资各自不同的功能。一般由基础工资、岗位工资、工龄工资、效益工资组成。

（2）岗位技能工资。岗位技能工资是一种以劳动技能、劳动责任、劳动强度、劳动条件等基本劳动要素为评价依据，以岗位或职务工资和技能工资为主要内容，根据劳动者的实际劳动质量和数量确定报酬的多元组合的工资类型，体现了按劳取酬的原则，使劳酬挂钩。

（3）岗位工资。岗位工资是首先对职务本身的价值做出客观的评估，然后根据这种评估的结果赋予担任这一职务的从业人员与其职务价值相当的工资的一种工资制度。这种工资体系建立在职务评价基础上。

（4）技术等级工资。技术等级工资是主要根据技术复杂程度以及劳动熟练程度划分等级和规定相应的工资标准，然后根据雇员所达到的技术水平评定技术等级和工资标准的一种等级工资制度。技术等级工资制度由工资等级表、工资标准表和技术等级标准等要素组成，适用于技术复杂程度高、工人劳动熟练程度差别大的工作。

（5）绩效工资。绩效工资指根据员工近期绩效，使工资与绩效直接挂钩。激励效果明显，但容易助长员工的短期行为。

（6）年薪。年薪是指以企业会计年度为时间单位计发的工资收入，主要用于公司经理、企业高级职员的收入发放，又称经营者年薪制。年薪由基薪和风险收入两部分构成。风险收入一般以公历年作为计发的时间单位，基薪采取分月预付的方式，最后根据当年考核情况，年终统一结算，超出应得年薪而预支的部分退回。

知识库

宽带薪酬和股权计划

随着组织结构的调整和人们对工资激励认识的加深，组织也在尝试一些新的工资变革形式。最突出的有两个：宽带薪酬和股权计划。

宽带薪酬或者薪酬宽带是适应组织扁平化、流程再造、团队导向等组织变革趋势的结果，是对传统垂直型薪酬结构的一种改进或替代。宽带薪酬结构就是指对多个薪酬等级以及薪酬变动范围进行重新组合，从而变成只有相对较少的薪酬等级以及相应的较宽薪酬变动范围。一种典型的宽带薪酬结构可能只有不超过四个等级的薪酬级别，每个薪酬等级的最高值与最低值之间的区间变动比率则可能达到 200%～300%。而在传统薪酬结构中，这种薪酬区间的变动比率通常只有40%～50%。这种结构有利于引导员工重视个人技能的增长和能力的提高，有利于职位的轮换，能密切配合劳动力市场上的供求变化，有利于管理人员以及人力资源专业人员的角色转变。股权计划是为了发挥薪酬的长期激励作用，减少委托-代理带来的信息失衡和败德现象，激励员工的长期努力采取的一种措施。

股权计划包括很多形式，如管理层收购（management buy-outs，MBO）、员工持股计划（employee stock ownership plans，ESOP）、股票期权（executive stock options，ESO）、股票升值权（stock appreciation rights，SARs）、限制股票、延期股票发行等。

（二）奖金

奖金是一种补充性薪酬形式，它是对雇员超额劳动或者增收节支的一种报酬形式。其主要特点是：较强的针对性和灵活性，较强的激励功能，明显的差别性、不稳定性。奖金的分类形式多种多样。例如基于分配的基础，奖金可以有现金利润分享、收益分享、目标分享；基于分配的对象，奖金可以有个人层面的奖励、部门层面的奖励、企业层面的奖励；基于奖金的综合性，可以有单项奖、综合奖等。组织在奖金的实施上一定要有合理的奖励条件；有适当的奖金标准；有奖励依据；能及时兑现；在强调物质计奖的同时，不能忽视员工协作关系的加强，防止奖励福利化、工资化、职务化、人情化和平均化。

（三）福利

对组织雇员而言，广义的福利包括三个层次：首先，作为一个合法的国家公民，有权享受政府提供的文化、教育、卫生、社会保障等公共福利和公共服务；其次，作为组织的成员，可以享受由组织兴办的各种集体福利；最后，还可以享受到工资以外的，组织为雇员个人及其家庭所提供的实物和服务等福利形式。狭义的雇员福利是组织为满足劳动者的生活需要，在工资收入之外，向雇员本人及其家属提供的货币、实物及一些服务形式。

集体福利是组织举办或者通过社会服务机构举办的、供雇员集体享用的福利性设施和服务，是主要的雇员福利形式。其主要内容包括住宅（或住宅补贴）、集体生活设施和服务、享受休假、旅游待遇等。个人福利主要是指由雇员福利基金开支的、以货币形式直接支付给雇员的个人福利补贴，是雇员福利的非主要形式。现在一些组织正在进行福利创新的尝试，诸如创建“一揽子”薪酬福利计划（不再将薪酬与福利管理分成互不搭界的两项管理工作，而是成为一个有机的组成部分）、“自助餐式”的福利等。

第五节　员工职业生涯发展

一、职业生涯

职业生涯有广义和狭义之分，广义的职业生涯是指从职业能力的获得、职业兴趣的培养、选择职业、就职，直至最后完全退出职业劳动这样一个完整的职业发展过程，由出生之始到完全结束职业工作为止。狭义的职业生涯是指一个人一生之中的工作任职经历或历程，包括从事何种职业工作、职业发展的阶段、由一种职业向另一种职业的转换等具体内容。始于工作之前的专门的职业学习和训练，终于完全结束或退出职业工作。目前随着竞争的加剧和员工流动意愿的加强，很难再看到一个组织承诺对员工的终生雇用和员工对组织的终生托付，员工对职业生涯承担更多的责任，跨越不同的组织边界寻找最有利于自己发展的职业机会，培养自己的职业能力，这是典型的“无边界职业生涯”。职业锚、职业生涯阶段、职业发展通路是职业生涯中的重要内容。

（一）职业锚

埃德加·H. 施恩教授认为，职业锚是个人早期职业发展过程中逐步确立的职业定位，由个人进入早期工作情境后通过学习得到的实际工作经验决定，并与自身动机、需要、价值观、才干相符合，达到自我满足和补偿的一种稳定的职业定位。约翰·霍兰德将职业锚分为六种类型：现实型的人是通过找出目的，设置具体的目标和任务来对待生活的；智力型的人是通过智力的运用和对思想、文字以及信息符号等的操纵来处理和应付生活的；社交型的人是利用处理人际关系的技巧和对他人的兴趣才能完成好任务；常规型的人选择为社会和习俗所赞成的目标与工作来作为自己的目标与任务；创业型的人选择那些能使人表达出高度的活力、干劲、激情、冒险精神的目标与任务；艺术型的人是那些利用感情、直觉、情绪和想象力创造出艺术形象或产品的人。

雇员能否实现自己所渴望的锚位，并非完全取决于个人，组织是否提供其职业发展的顺畅通道和资源是决定性因素。

（二）职业生涯阶段

萨柏、金斯伯格、格林豪斯等专家都从不同角度提出了职业阶段理论。其中最为人熟知的是埃德加·H. 施恩提出的职业生涯阶段理论。其主要内容包括如下方面。

（1）成长、幻想、探索期。0～21 岁的人处于该阶段。主要任务是发展和发现自己的需要与兴趣，发展和发现自己的能力与才干，为进行实际的职业选择打好基础。角色是学生、职业工作的候选人、申请者。

（2）进入工作世界。16～25 岁的人处于该阶段。主要任务是进入劳动力市场，谋取可能的第一项工作，成为一个组织成员。角色是应聘者、新学员。

（3）基础培训。16～25 岁的人处于该阶段。此时主要任务是了解、熟悉组织，接受组织文化，融入工作群体，尽快取得组织成员资格，成为一名有效的成员。要担当实习生、新手的角色。

（4）早期职业的正式成员资格。17～30 岁的人处于该阶段。面临的主要任务是承担责任，发展和展示自己的技能与专长，为提升或进入其他领域的横向职业成长打基础；重估当初追求的职业，决定是否留在这个组织或职业中，或者寻找一种更好的配合。

（5）职业中期。该阶段年龄一般在 25 岁以上。主要任务是选定一项专业或进入管理部门；保持持续竞争力；承担较大责任，确立自己的地位。

（6）职业中期危险阶段。35～45 岁的人处于该阶段。主要任务为现实地估价自己的进步、职业抱负及个人前途；就接受现状或者争取看得见的前途做出具体选择。缺乏明确的组织认同和贡献区、现实和抱负不一致、职业工作转折下滑、中年生理及心理上的危机、生命运行任务最繁重等都构成了挑战。

（7）职业后期。从 40 岁以后直到退休，此时的职业任务是成为一名良师，学会发挥影响，指导、指挥别人，对他人承担责任；扩大、发展、深化技能，或者提高才干，以担负更大范围、更重大的责任；学会接受权力、责任、地位的下降；学会接受和发展新的角色；评估自己的职业生涯，着手退休。

（8）离开组织或职业——退休。要保持一种认同感，适应角色、生活方式和生活标准的急剧变化；保持一种自我价值观，运用自己积累的经验和智慧对他人进行传帮带。

（三）职业发展通路

传统职业途径是员工在组织里，从一个特定的工作到下一个工作纵向向上发展的一条途径，特别强调职务上的迁升。每一个当前的工作是下一个较高层工作的必要准备。最大优点是它一直向前，道路被清晰地展示出来，而且员工知道自己向前发展的特定工作序列。然而，如今传统途径因为经营走向和劳动力变化而出现了缺陷。

横向运动是指跨越职能边界的调动，这种运动有助于扩展个人的专业技术知识与经历，为进一步深入精通某一专业打下较宽广的基础，为将来担当企业总体管理人做准备。

双重职业途径最初被开发出来是用于解决有关受过技术培训且并不期望在组织中通过正常升迁程序调到管理部门的员工的问题。双重职业途径认为，技术专家能够而且应该允许将其技能贡献给公司而不必成为管理者。

网状职业途径包括纵向的工作序列和一系列横向上的机会。网状职业途径承认在某些层次的经验的可替换性，及晋升到较高层之前需要拓宽本层次的经历。这条途径比传统职业途径更现实地代表了员工在组织中的发展机会。这种纵向和横向选择，减少了通路堵塞的可能性。缺点是向员工解释其职业可能采取的特定路线会比较困难。

二、职业生涯设计

职业生涯设计是指一个人对一生的各阶段所从事的工作、职务或职业发展道路进行设计和规划。它包括选择什么职业，在什么组织和地方从事这个职业，在这个职业队伍中担任什么角色，在个人一生的各发展阶段的职业变更以及设计接受的各种教育和训练。有效的职业设计必须考虑特长原则和可行原则，充分考虑个人自身的因素、所在组织所提供的发展条件的因素以及社会环境对职业生涯的影响。

职业生涯设计以个人为主。员工可以利用“橱窗技术”进行自我评价，确定职业定位和发展目标，然后详细分解目标，制订可操作的短期目标与相应的教育或培训计划，最后还要根据个人需要和现实的不断变化，对职业生涯目标与计划进行评估和调整。组织在员工职业生涯设计中要积极给予帮助，如加强职业咨询，就公司和员工个人的发展目标与员工进行沟通，分析员工的潜能和技能发展情况，协助员工确立生涯发展目标和行动计划，为员工创造学习和提高的环境，协助员工解决培训和教育问题等。

三、职业管理

职业管理是组织根据工作目标、工作内容以及各岗位个人的具体特点，对人员所从事的工作进行有效的安排、调整和培训，促使人员努力工作，最大限度地发挥其能力的全过程管理。

职业设计和职业管理是两个相对独立主体的活动。职业设计是以个人为中心的活动，职业管理是以组织为中心的活动。同时，个人的职业设计和组织的职业管理也是同一问题的两个方面，职业设计和职业管理是动态的配合过程。职业设计是为了使个人在职业生活中感到满意、快乐和成功，这将促使个人继续努力工作，表现出组织所需要的工作行为；职业管理表现为引导和影响职业设计的过程。

组织职业管理有效性的关键是组织需要和个人需要的结合，重点是发现有管理潜质的苗子。在职业生涯管理过程中，要考虑员工个性和岗位的匹配，员工自我事务管理、家庭生活管理和职业管理的平衡，强调基于心理契约而非合同契约，制订科学有效的职业成长计划。从理论上讲，企业有责任发展每一位员工，但由于条件限制，要分清主次，领导层和技术骨干往往成为关注的重点。

第六节　跨文化人力资源管理

随着全球化的日益深入，公司在全球范围内配置资源和形成价值网络，这必然带来跨文化管理问题。组织必须调整自己的人力资源政策和实践以适应这种要求。

一、跨文化人力资源管理的内涵

（一）文化和组织文化

广义上的文化指人类在社会历史发展过程中所创造的物质财富和精神财富的总和，更特指精神财富。组织文化是文化生态中的一个领域，指组织在长期的生存和发展中所形成的，为本组织所特有的，且为组织中多数成员共同遵循的最高目标、价值标准、基本信念和行为规范等的总和及其在组织活动中的反应。组织文化具有明显的导向作用，将组织成员的行为动机引导到组织目标上来；规范作用，使组织成员的行为趋于和谐、一致，并符合组织目标的需要；凝聚作用，使组织成员对组织产生强烈的认同感，与组织同甘苦共命运；激励作用，通过满足感、成就感和荣誉感使组织成员个人行为与组织利益相一致。

（二）跨文化差异

跨文化差异，指的是不同群体或组织的文化差异。它包括以下三个层次：第一层次，双方母国（或民族）文化背景差异，这是跨文化差异的宏观层次。研究通常是以国家或地区为单位，因而具有典型性和鲜明性。这一层次的文化差异还包括母国地区、母国城市的文化背景差异。文化背景的差异对所有的组织主体和人员个体都会产生广泛、深刻与长远的影响。第二层次，双方母公司自身特有的“公司文化”风格差异。这是跨文化差异的中观层次，这一点在通过兼并收购而重组的企业中特别明显。企业总部的运作对其子公司的企业文化会产生较大影响，海外的子公司也向总部输入文化。第三层次，个体文化差异。这是跨文化差异的微观层次，企业管理者要洞察每个人身上的文化差异，并且审慎分析，对症下药。

例如，美国和中国在很多方面存在文化差异。在自我观念上，美国强调个人主义，崇尚能力，提倡先有个体，然后有整体；中国强调服从，个体在集体中定位，提倡先有整体才有个体，以“从众”为判断标准，克制自己的个性表现。在行为观念上，美国强调竞争意识，追求效率、敢于冒险、不断变革；中国强调安定和稳定，尊重秩序、循规蹈矩、因循守旧。在年龄观念上，美国主张“能者为师”，能力是决定个人影响的关键因素；中国强调“长者治理”，资历和年龄还发挥着重要影响。在人际关系观念上，美国人情关系淡薄，强调规则和制度；中国人注重人与人之间的关系，强调“和为贵”。在忠诚观念上，美国以自我利益最大化为中心，没有稳定的忠诚团体；中国以感情为基础，强调“士为知己者死”。在思维方式上，美国习惯逻辑思维，管理方法主张数量化、程序化、制度化；中国习惯形象思维，习惯用直觉和经验的方法进行管理。

（三）人力资源跨文化管理

由于文化差异的存在，在管理中经常出现各种问题。例如，企业从事跨国或跨地区的经营活动时，为实现其本土化的目标，往往要招聘来自东道国或当地的人员进入企业。来自不同文化背景的管理者和员工的沟通，常常建立在自己的认知层面上，形成一种消极的定型观念，从而阻碍企业中良好人际关系的建立。更有甚者，还会出现不同形态的文化或者文化要素之间相互对立、相互排斥。不能有效面对和解决跨文化差异，不仅会使组织成员产生非理性心理，导致工作低效和市场机会丧失，还可能导致全球战略的实施陷入困境。组织应该加强人力资源的跨文化管理，力图控制和减少在国际化的过程中由于文化差异带来的管理挑战。

人力资源跨文化管理即对来源于不同文化背景的人力资源进行整合和融合。其关注的核心是一个带有文化特点的个体行为与另一种文化之间会发生的冲突，以及冲突的范围、影响、文化原因、如何减少冲突等。其主要内容表现在人员的录用与调配、职位分类、人员的考核和激励、人员的培训与开发、劳资关系、管理人员的任免和晋升等各个环节。

二、跨文化管理策略

（一）本土化策略

本土化策略就是以东道国的文化为主导的跨文化管理形式。通常跨国企业在跨国经营时，会雇用相当一部分的本地员工，实现人力资源管理的本土化。当地员工对当地文化有较强的适应能力，可以减少总公司进入市场的“文化失调”，降低海外人员和跨国经营的高昂费用。同时，本土化的人力资源管理策略有利于协调与当地政府和社会公众的关系。但是它使得公司不能形成统一的管理策略，使得母公司与子公司之间存在巨大的“文化差异”。

（二）文化移植策略

文化移植策略即母国企业通过派出的高级主管和管理人员，直接将母公司的文化体系全套照搬到子公司所在国家或地区，让子公司里的当地员工逐渐适应并接受外来文化，而无视子公司所在地的本土文化或合作方的原组织文化。这种策略需要企业有较为雄厚的经济实力和市场影响力，自身也具有较成熟且为社会广泛认识和接受的企业文化。这种策略可以统一企业的文化与管理模式，但是比较难以成功。

（三）文化嫁接策略

文化嫁接策略是指在以母国的文化作为子公司主体文化的基础上，将东道国的文化嫁接到母国的文化之上，即人力资源政策以母公司的大政策框架为基础，海外子公司根据当地情况，制订具体的政策措施。这种方法以母公司整体的统一战略为基础，并根据不同国家的背景采取灵活的策略。

（四）文化融合策略

文化融合策略是跨文化管理的最高层次。文化融合是指在跨国企业的子公司中，并不以母国文化或东道国文化作为子公司的主体文化，而是选择各自精华的部分紧密融合，成为兼容性强、多元化的文化。文化融合可以兼容更多的文化，适应更多不同文化的环境，具有普遍推广的能力，因此是经济全球化下跨国公司最强的核心竞争力。文化融合是一个系统的过程，要有计划、有步骤地分阶段实施。这种策略所需时间很长，而且受到许多因素的制约。

（五）文化规避策略

母、子公司所在地的文化差异较大，需要借助第三方文化来进行沟通。文化规避策略是指当母国文化与子公司所在地文化存在巨大的差异时，派遣的管理人员就必须特别注意对双方文化的重大不同之处进行规避，不要在这些不同之处造成文化冲突，从而借助第三方的文化作为沟通的桥梁。采用这种策略，可以避免母国文化与东道国文化发生直接的冲突。

不管采取哪一种策略，为了提高跨文化管理的成功概率，文化沟通和文化培训都至关重要。通过文化沟通，鼓励大家认识文化的差异，引导员工积极、主动地融入当地的生活文化环境，增进人际关系、改善沟通和消除偏见，在组织里形成一种相互信赖、真诚合作、开放沟通的气氛，培养员工的共识。通过在企业内部的文化培训机构、外部培训机构等的语言培训、文化敏感性培训、跨文化沟通及处理能力的培训等，促进当地员工对公司经营理念及习惯做法的理解，减小驻外经理人员可能遇到的文化冲突，保持跨国企业内信息流的畅通及决策的效率，从而与当地员工建立良好的工作关系，保证各项工作的顺利开展。

➢ 拓展学习

1. 中国人力资源管理网：http://www.rlzygl.com/.
2. 中国人力资源网：http://www.hr.com.cn/.
3. 中国人力资源开发网：http://www.chinahrd.net/#.
4. HR369 人力资源网：http://www.hr369.com/.

➢ 思考题

1. 人力资源的特点有哪些？人力资源管理应遵循哪些原则？
2. 工作分析的成果表现是什么？其在整个人力资源管理工作中处于什么地位？
3. 人员招募的常见方案有哪些？你能否设计一套情境模拟的招聘方案？
4. 组织的培训和开发活动应如何开展？每个阶段的主要任务是什么？
5. 如何看待绩效考核和绩效管理的关系？绩效管理的发展趋势是什么？

➢ 案例分析

华为培训体系的特点

华为技术有限公司（以下简称“华为”）素有 IT（internet technology，互联网技术）界的“黄埔军校”的盛誉。华为员工培训体系不仅支持了华为自身的快速成长，也为其他企业的员工培训体系建设带来了重要的启示。总结起来，华为的培训体系具有这样的几个特点。

（1）培训规模大、系统完善。华为建立了一个全球性的培训中心网络，对全球数万名员工进行培训。华为培训体系是一个“分类分层、系统完善”的体系，包括新员工培训系统、管理培训系统、技术培训系统、营销培训系统、专业培训系统和生产培训系统等。

（2）培训方法和手段多样化。华为培训包括在职培训和脱产培训。包括华为大学在内的华为全球培训中心为员工提供了众多培训课程，培训广泛采用了课堂教学、案例教学、上机操作、工程维护实习等。

（3）培训内容广而专。华为的培训内容涉及众多领域。以岗前培训为例，为了帮助新员工尽快融入华为，华为大学对新员工进行企业文化、组织流程、产品知识、营销技巧等多方面培训。此外，华为为不同的职业资格、级别及类别的在职在岗员工制订了不同的培训计划，有针对性地对员工进行技术、管理培训，为每个员工的事业发展提供有力的帮助。

（4）培训质量有保证。华为培训体系聚集了一流的教师队伍，教学技术先进，教学环境优美。数量众多的专兼职教员中间既有资深的培训师，也有经验丰富的华为专家和工程师，这是员工通过培训获得工作相关知识技能的保障。此外，华为还定期特邀业内权威专家及知名大学资深教授前来授课，以保证公司总处在最新技术、业务及管理科学发展的前沿。

资料来源：邱海燕. 华为员工培训体系及其启示[J]. 广播电视大学学报，2011（4）：97-100（有改动）

问题：

1. 员工培训对组织发展有哪些促进作用？
2. 如何设计科学的员工培训体系？

第十章 组织变革与组织文化

本章重点

组织变革的概念、动力和阻力

组织压力的起因

组织学习的类型

组织文化的建设培育过程

引导案例

宝洁的组织变革

宝洁是全球最大、最著名的消费品公司，其经营活动覆盖全球近 80 个国家，所经营的 300 多个品牌的产品畅销 180 多个国家和地区。宝洁多年来一直成绩卓越，以至于 20 世纪 90 年代末陷入困境时令人大吃一惊。

宝洁的祸根主要是公司犯了忽略核心产品的错误，如象牙香皂、帮宝适纸尿裤、佳洁士牙膏和汰渍洗衣粉。1940 年以来，宝洁曾一度每 10 年增长翻一番，很多人也说过这样快速的增长总有一天必然会减缓。不论什么原因，到 2000 年早期，宝洁的股价持续下挫，低利润警报不断升级，以致 CEO 贾格不得不辞职，而由雷富礼接任。贾格强行推动宝洁同时发布多种产品，以期找到下一个能创造几十亿美元收入的品牌。

新上任的雷富礼的个性与贾格截然相反，更接近安静寡言、腼腆谦让的学者风格。对于雷富礼而言，成功变革的要素包括专注公司最好的品牌，如佳洁士、帮宝适和汰渍，并通过规范化执行控制这家巨头的野心。雷富礼还采取了放缓新产品开发速度、稳定企业文化、削减成本使公司重新盈利等关键措施。“他意识到当前最迫切的是使宝洁在其稳固的增长支柱上重新站稳，而不是忙着建造新的支柱。于是，他技巧地使宝洁重新专注于推动宝洁收益增长的大品牌，包括帮宝适、汰渍和佳洁士。”

在一次演讲中，雷富礼说：“我们接受了变革。我们没有试图抵抗变革，而选择了领导变革。我们开始选择——明确地选择宝洁要做什么，不做什么。认清现实后，我们做了一系列选择，尤其是需要改变行为才能获得更好结果的选择。”宝洁成功转变的另一个关键要素是雷富礼坚持绝不过度承诺。雷富礼只承诺可实现的、现实的目标。他煞费苦心用非常简单、近乎幼儿园水平的语言与员工沟通，清除员工的思想障碍，使他们专注于重要事项，即解决问题。“他们日常事务太过繁杂，无法抽出时间停下来认真思考吸收。我希望我手下的经理能认真自觉地思考哪种文化可以胜出、我们需要哪些能力等。”雷富礼在变革过程中使用了一些领导技巧，如聆听与辅导。“最重要的是，我没有选择攻击策略。我保留了宝洁文化的核心，拉动大家和我往同一方向前进。我请他们一起参与变革，而不是命令他们。”在辅导、拉动员工前进的同时，他努力保持最大的耐心。他的前任贾格承认自己在宝洁的改革操之过急。“我担心的是我对宝洁变革的要求超出了公司的理解、能力与承诺，因为这会带来问题。我扮演的是变革的催化剂、鼓励者和变革管理辅导者的角色。”雷富礼说。

宝洁转变的速度令旁观者瞠目结舌。雷富礼仅用了两年多一点的时间就使宝洁重新专注其核心品牌，如汰渍、佳洁士、维克斯和帮宝适，放缓了新产品开发速度，稳定了企业文化，最重要的是，降低成本使宝洁重新回到盈利的轨道上。在 2000 年至 2009 年的雷富礼时代，宝洁的销售额增长了一倍，年销售额超 10 亿美元的品牌从 10 个增加到 23 个。为了表示对其成功改变宝洁的认可，《华尔街日报》将“综合执行领袖”奖(overall executive leadership)颁给了雷富礼。

资料来源：http://www.360doc.com/content/15/0708/00/202378_483452963.shtml（有改动）

第一节　组织变革

组织不是僵硬的、一成不变的。管理目标的变化，或者影响组织存在和管理目标实现的各种因素的变化，必然要求组织相应变化，否则就无法使管理目标得以实现。辩证地分析组织的变革与稳定，科学地理解组织变革的阻力与变革的动力，再结合我国组织管理的现实就能做好组织变革管理。

一、组织变革概述

（一）组织变革的概念

组织变革是指组织在内外部环境变化的影响下，打破以往的组织运作模式，更大范围和较大程度地对组织中的各要素进行较为彻底的重组与优化，以适应环境和组织发展的需要。组织变革的根本目的是实现企业组织与环境的协调，实现新的动态平衡，在创新中提高组织的适应能力和提升组织绩效。

知识库

组织变革动态平衡的具体表现

（1）组织能够稳定，以利于组织当前目标的实现。

（2）组织能够长期持续，能在目标或方法方面进行有秩序的变革。

（3）组织适应性强，能够对外部的机会和要求以及内部的变化条件做出合适的反应。

（4）组织能够在条件适宜时主动地进行变革。

（二）组织变革的内容

根据管理学家哈罗德·利维特的观点，组织变革一般包括组织结构、技术、人事和文化四个方面的变革，广义的组织变革还包括流程和战略。

1. 组织结构变革

组织结构的变革是指组织总体设计或组织结构的基本组成部分的改变。组织总体设计的改变是选择或设计一种新的组织结构形式，如由直线式转化为直线职能式。组织的基本组成部分的改变涉及职权关系、职务设计、集权与分权、管理幅度、协作方式、协调机制等。组织结构的变革首先要解决的是集权与分权的问题，领导者常常根据形势的需要和自己的管理思想，对其组织下属部门的权力进行扩大或缩小，再依此对管理幅度进行调整，对部门之间的协作方式进行改变。

2. 技术改革

现代社会的技术进步非常迅速，各个组织必须迅速做出反应，才能提高组织对环境的适应性和竞争能力。因此，进行技术方面的改革对一个组织来说就具有特别重要的意义。技术变革的目的是改进生产效率，主要涉及工作过程、工作方法、工作环境等。著名的泰勒制、福特制的工作研究和人机工程，都是着眼于技术变革的。今天，许多技术变革直接涉及新设备、新技术、新工艺和新方法的引进，在组织变革的技术变革中，特指管理技术的变革。

3. 人事改革

人事方面的改革是以人力资源为中心的改革，它涉及组织人员的态度、观念、个人行为、群体行为、期望程度、参与管理的组织气氛等，同时涉及报酬制度的改变、绩效评价制度的改变，目的是通过人力资源管理职能的改善改变整个组织的功能。

4. 文化变革

组织文化是指组织在本民族文化、外民族文化和现代意识下，由历届领导者倡导、培训和灌输，在组织长期的历史发展过程中形成的，成员共同遵守的思想、作风、价值观念和行为准则，是具有组织个性的信念和行为方式。因此，组织文化具有相对稳定性，一旦成为组织成员自觉的思想和行为方式，就很不容易改变。随着环境的变化，某种特定的文化不再适合这个组织，成为组织发展的障碍必须进行变革时，就会有相当大的阻力。所以，组织文化变革往往会经历较长的时间，而且必须是循序渐进的。一般来说，组织面临较大危机、领导更替、组织文化弱、组织建立时间短等情况下，组织文化变革阻力更小。

实际上，组织变革常常是上面四种方式交替与混合的过程，也就是说，这四种类型的变革并不是孤立的，它们之间是相互联系、相互影响、相互制约的。对于一个具体组织而言，应视其具体情况来选择变革内容，选择好变革的突破口至关重要，只有将这些变革方式很好地结合起来使用，循序渐进，才能收到好的效果。

知 识 库

传统企业行为模式与新企业行为模式的对比如表10-1所示。

表10-1 传统企业行为模式与新企业行为模式的对比

传统企业行为模式	新企业行为模式
专门设计的生产设备，无法另作他用	灵活的计算机控制的生产设备，可以随时调整用途
巨大的库存，以应付高度不确定的市场需求	极低的库存，因为基于企业资源管理和客户关系管理的网络系统有能力根据高度不确定的市场情况足够准确地预测未来相当时期内的市场需求
适应简单劳动和僵死岗位责任制以计件工资为主的报酬制度	报酬的相当大比重由升迁制度决定
在任何情况下都努力保持生产的流水作业不间断，以免任何生产环节上发生严重的窝工现象	在没有订单时可以立刻中止生产线的流水作业，这要求供求预测的足够准确和供货、配料、库存系统的充分灵活性
对最终情况进行严格的质量检查，以保证产品不被市场竞争淘汰	每一名操作工人都必须对产品质量负责，质量检查是实时的，从而在企业内自发形成质量控制小组
主要原材料和半成品来自公司内部，以降低生产环境的不确定性	全部原料及大部分半成品来自企业外部的“外包”市场，通过企业资源管理系统协调和预测
大部分工作岗位都服从企业文牍严格界定的责、权、利关系，岗位之间出现的“三不管区域”的工作则无人承担	以劳动者的工作小组为核心划分厂区，设备的灵活性使得生产线和设备都可以围绕人来安排
以生产设备的类型来划分企业内的厂区功能，死气沉沉，缺乏人情味，难以激发员工的创造精神	全体员工都参与企业生产创新过程，并从创新中分享受益
企业决策人员报酬的主体仍然是“死工资”，管理层缺乏创新的动力	每一名管理人员都可以随时加入生产操作，以补充随时可能出现的劳动投入不足。同时，这一要求迫使管理人员熟悉每一生产环节的操作情况
决策人员将清楚界定了的“工作”下达给生产线上的工人去“执行”	实时的工程调整，以实现灵活生产方式
不同职能部门之间缺乏交流	各个职能部门之间有充分的信息交流
信息流的形态是纵向的	信息流的主要形态是横向的
有相当多的纵向管理层次，叠床架屋，决策缓慢	大大减少了企业管理的中间层次

（三）组织变革的影响因素

1. 外部因素

（1）宏观社会经济环境的变化。诸如政治、经济政策的调整，经济体制的变革以及市场需求的变化等，都会引起组织内部深层次的调整和变革。

（2）科技进步的影响。当今知识经济社会，科技的发展日新月异，新产品、新工艺、新技术、新方法层出不穷，对组织的固有运行机制构成了强有力的挑战。

（3）环境资源的影响。组织发展所依赖的环境资源，如原材料、资金、能源、人力资源等，对组织具有重要的支持作用。组织必须能克服对环境资源的过度依赖，同时要及时根据资源的变化顺势变革组织。

（4）竞争观念的改变。基于全球化的市场竞争将会越来越激烈，竞争的方式也会多种多样，组织若要适应未来竞争的要求，就必须在竞争观念上顺势调整，争得主动，才能在竞争中立于不败之地。

2. 内部因素

（1）组织战略。一个成功的组织战略会随着组织规模及环境的变化而做出恰当的调整，战略的调整必然带来结构的相应变化。如果战略调整了，而组织没有做相应的变化，那么组织不仅不会有助于战略的顺利实施，反而会成为战略实施的障碍。

（2）组织成长。组织成长意味着组织规模的扩大、经营范围的拓展、活动内容的繁杂、人员数量的增加、生存期限的延长等。随着组织的不断成长，组织结构也必须做出调整，以适应新的情况。组织变革伴随着组织成长的各个时期，在组织成长的不同阶段，有着不同的组织工作重点和不同的组织特征。

（3）组织文化。组织文化具有高度的历史继承性，它是在组织中长期形成的共同思想、作风、价值观和行为准则，是一种具有组织个性的信念和行为方式。良好的组织文化能够使员工潜移默化地接受本组织的共同价值观，将其个人的利益和组织的兴衰紧密结合在一起，朝着一个确定的目标而奋斗。由此可见，组织变革应建立在组织文化的基础上。

二、组织变革的动力与阻力

组织变革时常面临动力和阻力这两种力量的较量。对待组织变革所表现出来的推动和阻碍这两种不同的态度以及由此产生的方向相反的作用力量及其强弱程度的对比，会从根本上决定组织变革的进程、代价，甚至影响组织变革的成功和失败。

（一）动力

组织变革的动力，指的就是发动、赞成和支持变革并努力实现变革的驱动力。具体来讲，组织变革的动力可以包括以下几点。

1. 社会政治特征

国家的经济政策、企业改革、发展战略的创新思路等社会政治因素也许是最为重要的因素，有利于各类组织形成强大的变革推动力。

2. 技术发展特征

机械化、自动化，特别是计算机技术对于组织管理产生着广泛的影响，成为组织变革的推动力。高新技术的日益采用，计算机辅助设计、计算机集成制造以及网络技术等的广泛应用，对组织的结构、体制、群体管理和社会心理系统等提出了变革的要求。

3. 市场竞争特征

全球化经济形成新的伙伴关系、战略联盟和竞争格局，迫使企业改变原有经营和竞争方式。同时，国内市场竞争也日趋激烈，劳务市场正在发生深刻的变化，使得企业为提高竞争力而加快重组步伐，大量地裁员和并购，管理人才日益成为竞争的焦点。

4. 组织结构

组织变革的重要内部推动力是组织结构。由于外部的动力带来组织的兼并与重组，或者因为战略的调整，要求对组织结构加以改造。

5. 人员与管理特征

由于组织员工来源和技能背景构成的多样化，组织必然需要更为有效的人力资源管理。管理无疑成为组织变革的推动力。为了保证组织战略的实现，需要对企业组织的任务做出有效的预测、计划的协调，对组织成员进行多层次的培训，等等。这些管理活动是组织变革的必要基础和条件。

6. 团队工作模式

各类组织日益注重团队建设和目标价值观的更新，形成了组织变革的一种新的推动力。组织成员的士气、动机、态度、行为等的改变，对于整个组织有着重要的影响，尤其是随着电子商务的迅猛发展，虚拟团队管理对组织变革提出了更新、更高的要求。

（二）阻力

组织变革中的阻力，是指人们反对变革、阻挠变革甚至对抗变革的制约力。

1. 变革阻力的来源

（1）个体的阻力。组织中一些因循守旧、崇尚稳定的人对变革的容忍度低，对变革的抵触情绪较大。另外，那些由于变革使利益受损的既得利益者通常会成为组织变革的最大抵触者，他们通常会散布谣言、制造混乱甚至采取强硬措施抵制变革。个人层面的阻力来源于员工的个性心理和经济利益的驱使，变革阻力较小，但却是组织结构变革阻力的基本单元，具体体现为有选择地注意和保留、习惯性、依赖性、担心不明情况、担心收入降低、缺乏安全感。

（2）群体的阻力。组织变革的阻力还来源于群体方面。有研究表明，对组织变革形成阻力的群体因素可能来自群体规范的束缚。群体规范对群体成员有较强的约束力，使群体行为保持基本一致。在变革时，当进行变革的意义未被群体成员所认识，或变革的目标与群体的目标不一致时，由于群体规范或群体压力的作用，群体成员往往采取一致的行动抵制变革。

（3）组织的阻力。组织层面上产生的变革阻力既有显性的，也有隐性的，主要包括对权力和势力的威胁、组织结构、资金限制、组织之间的协议等方面。组织变革是对组织各部门、各群体的权力和利益的重新分配，那些原本在组织中权力较大、地位较高的部门和群体必然会将变革视为一种威胁，因此为了保护自身既得利益会抵制变革。此外，组织的业务流程再造必然会重组企业的组织结构，对某些部门和管理层次予以合并、撤减以及重新界定权责，因为变革导致其地位受损的部门和管理层次会反对变革。

（4）环境的阻力。在组织变革过程中，组织的外部环境往往是形成阻挠变革力量的一个不可忽视的来源。例如，缺乏竞争的市场可能会造成组织成员安于现状的心态，从而阻碍组织变革的进行。

知 识 库

阻力形成的原因

（1）变革导致人们对未来产生不安全感和恐惧感。

（2）变革威胁到个人利益。

（3）习惯、价值观受到冲击。

（4）职业认同破坏的不满心理。

（5）能力或资源不足。

2. 克服变革阻力的对策

组织变革过程是一个破旧立新的过程，必然会遇到阻力。组织变革管理者的任务，就是要采取措施改变动力与阻力的对比，促进组织变革的顺利进行。概括地说，改变组织变革力量对比的策略有三种：一是增强或增加动力，二是减少或减弱阻力，三是同时增强动力与减少阻力。有实践表明，在不消除阻力的情况下增强动力，可能加剧组织中的紧张状态，从而无形中增强对变革的阻力；在增加动力的同时采取措施消除阻力，会更有利于加快变革的进程。一般来看，克服组织变革阻力常用的策略主要包括以下几种。

（1）教育与沟通。有效的沟通能够缓解变革阻力。通过与员工进行沟通与信息交流，尽量让有关人员充分了解变革的目的、内容、执行方式与可能的结果，尽可能消除不必要的误会和忧虑，确保组织上下达成共同的变革愿景，建立相互信任的关系。这种措施是一项细致的工作，需要投入较多的时间和精力，特别是当变革涉及许多员工时。

（2）参与。员工参与了变革的决策，他就不容易形成阻力。无论在什么时候，管理层都应积极吸引员工参与到变革中来，尤其是那些持反对意见的人。这样，不仅降低了阻力，取得支持，同时也提高了决策的质量。但要注意要求员工参与不能影响到决策的集中性，即不能增加决策人员，否则会带来决策意见难以统一而且耗费许多时间以及造成决策偏差等负面影响。

（3）促进与支持。管理者提供一系列支持性措施，如新技能的培训、短时间的带薪休假、专家心理咨询等，以减少员工对变革的恐惧和忧虑心理。同时应注意该策略须花费较大时间而且成功与否受到其他诸多因素影响。

（4）谈判。谈判可以以某种有价值的东西为条件来消除变革的阻力，这种策略尤其在变革阻力来自少数有影响力的关键人物或者组织时更为适用。但应用该策略，一旦变革推动者为克服阻力而做出让步，就有可能面临其他有权势者的勒索。

（5）操纵与合作。操纵是将努力转换到施加影响上，如扭曲事实、隐藏破坏性消息、制造谣言等。合作是介于操纵和参与之间的一种形式，它通过“收买”反对派的领袖人物参与变革决策来降低阻力，征求意见是为了获得他们的承诺。但是操纵与合作一旦被察觉或者揭穿，变革推动者的威信将一落千丈。

（6）强制。强制即直接对抵制者使用威胁力和控制力。在迫不得已的时候，管理人员可以运用手中的合法权力，采取撤职、调离、停职等强制手段，强制下属服从变革的需要和安排。一些大型知名企业的战略变革，毫无例外都采取了一些强制性的措施，如进行大幅度的人事调整、以关闭工厂要挟员工、员工负面评估和不良推荐信，等等。

三、组织变革的过程与程序

（一）组织变革的过程

为使组织变革顺利进行，并能达到预期效果，必须先对组织变革的过程有一个全面的认识，然后按照科学的程序组织实施。组织变革最经典的模型来自“变革理论之父”勒温（Kurt Lewin，1890—1947 年），他认为变革过程受到维持现状（阻力）和促进变革（动力）两种力量的作用，其理论出发点是组织面临“风平浪静”的经营环境，组织变革是对原先平衡状态的打破而建立另一种新的平衡状态。勒温认为组织变革通常会经历解冻—变革—再冻结三个有机联系的阶段（图 10-1）。

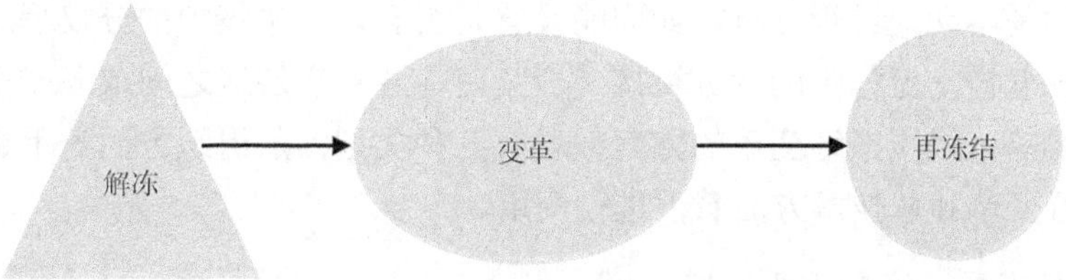

图 10-1　组织变革的过程

1. 解冻

解冻是组织变革的前奏阶段。一般来讲，任何一项变革都会或多或少地面临来自组织自身及其成员的抵制。因此成功的变革必须对组织的现状进行解冻，营造危机感，采取措施克服变革阻力的同时描述未来的美好蓝图。组织在解冻期间的中心任务是改变员工原有的观念和态度，组织必须通过积极的引导，激励员工更新观念、接受改革并参与其中。

2. 变革

这是变革过程实质性的行为转换阶段。进入这一阶段，组织就是按照拟订的方案具体开展组织变革运动或者行动，变革措施就此开始，这是变革的实质性阶段，一般包括试验和全面推广两个步骤。组织要将激发起来的改革热情转化为改革的行为，关键是要运用一些策略和技巧减少对变革的抵制，进一步调动员工参与变革的积极性，使变革成为所有组织成员的共同行动。

3. 再冻结

再冻结是变革后的行为强化和巩固阶段，其任务主要是通过改变变革动力和阻力实现新的平衡，使新的组织状态保持相对稳定。人们的传统习惯、价值观念、行为模式、心理特征等都是在长期的社会生活中逐渐形成的，一次变革难以彻底改变，改革措施顺利实施后，个人和组织都有可能退回到原来的习惯和行为，因此还应采取一些措施对员工的心理状态、行为规范和行为方式等进行不断的巩固与强化。缺乏这一阶段，改革的成果可能减弱、退化或者抵消，而且对组织和成员也只能产生短暂的影响。

（二）组织变革的程序

组织变革的程序可以分为以下几个步骤①。

1. 诊断组织现状，发现变革征兆

组织变革的第一步就是要对现有的组织进行全面的诊断。这种诊断必须有针对性，要通过收集资料的方式，对组织的职能系统、工作流程系统、决策系统以及内在关系等进行全面的诊断。具体来看，组织现状诊断主要有四个环节：明确诊断职责、确定组织诊断重点、收集认识和经营资料以及确定变革对象。组织诊断问题既要分析外部信息也要研究内部情况，以找出影响组织或部门绩效的具体原因，确定整改的措施，并具体落实到相关岗位和人员。

2. 分析变革因素，制订变革方案

任何组织变革的行为都是有因而发的行为，组织诊断任务完成之后，制定科学的对策就要对组织变革的基本动因进行分析，如职能设置是否合理，决策中的分权程度如何，员工参与改革的积极性怎样，流程中的业务衔接是否紧密，各管理层级之间或职能机构间的关系是否易于协调，等等。组织拟订变革的方案一般有三种类型：从组织方面着手进行变革、从人事方面着手进行变革和从技术方面着手进行变革。

3. 选择正确方案，实施变革计划

制订变革方案的任务完成之后，组织需要选择正确的实施方案，然后制订具体的变革计划并贯彻实施。推进变革的方式有多种，组织在选择具体方案时要充分考虑变革的深度和难度、变革的影响程度、变革速度以及员工的可接受和可参与程度等，做到有计划、有步骤、有控制地进行。组织变革阻力包括个人阻力和组织阻力，需要采取措施加以克服和及时纠正。

4. 评价变革效果，及时进行反馈

组织变革受到众多复杂变量的影响，计划再完美的变革方案也不能完全保证取得理想的效果。因此，变革结束之后，管理者必须及时对变革的结果进行总结和评价，收集各方的反馈信息。对于积极效果应总结成功经验，对于没有取得理想效果的变革方案和措施，应当给予必要的分析和评价，及时采取相应措施加以调整。

知识库

现代组织变革——信息技术所要求的组织变革

法国经济学家卡罗莉对欧洲各国研究报告的综述表明，20世纪下半叶欧洲各国企业组织经历了从福特主义历史形态向后工业主义历史形态的转变。或者用管理学语言描述，经历了从泰勒制的纵向管理方式向零库存和需求拉动的所谓灵活生产方式演变，后者又被叫作实时生产方式——企业有能力连续地实时地满足客户下达的任何小批量多品种的订单。促成这一重大和长期转变的主要因素，是技术进步和劳动知识含量的增长。这就是我们要

① 周三多. 管理学[M]. 4版. 北京：高等教育出版社，2014：170-171.

讨论的信息技术所要求的组织变革。

计算机的物理特性决定了它可以在相当程度上替代人脑的某些功能，如记忆力、计算能力，以及在允许简单重复的问题解决过程中，计算机对人脑分析能力和决策能力的替代。但是，由于更深层的原因，计算机无法替代人脑的判断力。凡是具有不确定性的分析和决策过程，计算机都无法取代人脑，因为不确定性要求分析者和决策者具备在若干可能状态之间权衡利弊的判断力。中世纪经济学家哲学家争论的“布尔丹的驴子”就相当于我们的计算机，它会在两堆等距的稻草前面饿死。

对欧美各主要发达国家非信息产业企业数据的经验分析所得的结论是：“信息技术普及已经诱使企业系统地以计算机决策过程替代秘书的人脑决策过程，以及与此相类似的简单重复生产过程，如机器人生产线等。但企业管理层的工作，由于高度复杂和不可重复，很难被计算机决策所取代，于是，正在发生的事情就是：计算机普及大规模地替代简单劳动者，同时迅速产生了对管理层的知识劳动者的更大需求。”

现代企业正在将人力资源工作改造为个性化的工作，尤其是工资收入的谈判正在从集体或工会组织的劳资谈判转变为一对一的聘用合同谈判。聘用合同的条款也开始充分考虑到劳动者在教育和个性发展等方面的权利。事实上，我们很难想象一个理性的企业会在雇用知识劳动者的同时，让僵死的文牍主义来管理这些对竞争环境和生产问题具有高度适应能力的灵活的劳动者，因为这相当于企业人力资源的极大浪费。只要存在严重的资源浪费，市场的激烈竞争就必定会淘汰这些浪费资源的企业。

第二节　组织压力

一、压力的定义

正如组织可以支持或打击学习情绪一样，一些组织特点和个人的差异相互作用，会对组织内的其他一些行为产生影响。对每个组织而言，这些特点中包含压力及其来源。压力的正式定义是：人们对外界刺激所做出的心理和情绪反应，并且当重要后果即将发生时，这些刺激造成了人的身体和心理上的紧张，使得人们产生了不确定性或失去控制力。这些刺激叫作紧张性刺激，它会激发产生一种挫折感（无法实现目标，如由于资源不够而无法按时完成任务）和焦虑情绪（如担心因为无法按时完成任务而受到惩罚）混合在一起的不良心理。

人的个性不同，用来应对这些刺激的资源不同，以及产生这些压力的背景不同等因素，使得人们对这些紧张性刺激所做出的反应也不同。就拿迫在眉睫的工作截止日期来讲，一个人是否喜欢挑战；是否愿意和别人组成团队来互相帮助，共同取得胜利；以及家庭成员是否支持员工加班等，都会对员工所受压力的大小产生影响。

当人们认为自己手中的资源足以应对这些压力的时候，压力就会成为一种积极的动力，它可以激励人们进行所希望的变革和取得成就。但是，压力过大则会带来一系列消极后果，包括失眠、酗酒、头痛、高血压及心脏病等。那些因为压力过大而生病的人，会变得易怒，不愿意与同事交往，经常不上班，以及产生其他健康问题。例如，一项对孟加拉国制造业工人的调查发现，工作压力和无故旷工有很大的关系。另外，一次对美国 4.6 万名工人的调查发现，那些压力大和情绪低落的工人，其医疗费用要高出147%；那些受到压力困扰的人，其生产效率很低，并且会选择离开企业。显然，压力过大无论是对员工个人，还是对组织本身都是有害的。

知识库

工作压力

希尔维亚·温斯图克是纽约市希尔维亚·温斯图克糕饼店的创办人，以生产结婚庆典蛋糕而闻名。该店的年营业额接近200万美元，有16名员工，其中8人专门手工制作植物状的糖花。温斯图克热爱她的工作，但是也感受到了任务要求所带来的工作压力。“因为工作强度大，并且将自己的价值体现在这个职业中，因此这是一项耗费精力的工作。”她说道，“而我十分看重这一点。我着急，我担心。除非我听到蛋糕已经顺利送到客户手里，否则我会不停地打电话催问。”

二、A型行为和B型行为

研究人员已经发现，有些人比其他人更容易因为压力而生病。根据对与压力有关的心脏病的研究，研究者将人分为A型行为人和B型行为人。A型行为是指那些极端喜欢竞争，缺乏耐心，富有进攻性，以及全身心投入工作等行为表现。相反，具有B型行为的人在这些方面则表现得十分不明显。因此，他们在和他人交往时，很少发生冲突，同时采取一种更加平衡和放松的生活方式。与B型行为的人相比，A型行为的人会更容易患上与压力有关的各种疾病。

具有 A 型行为的人，通常都精力充沛，愿意掌权和承担责任。一个例子是和平健康公司（Peace Health）的高级副总裁约翰·霍姆，该公司是西北太平洋地区一家私人网络医院。当霍姆准备组建一个信息网，用来保存各个社区的医疗档案，对患者提供健康服务时，他通常从早上6点一直工作到晚上 11 点。每天要没完没了地开会，找人约谈和接发电子邮件。“如果我决心要移走一座山，那么我就能办到，”他说，“这就是一个好的职业经理人应该有的做事风格。”

通过很好地把握自己，学会控制和聪明地利用自己天然具有的精力过人的特点，像约翰·霍姆这样具有A型行为的人，可以成为组织内开展创新和强化领导的推动力量。但是，具有A型行为的人有时也会为自己，以及周围的同事带来许多与压力有关的问题。约翰·霍姆最终垮下了。他无法入睡，开始对同事粗鲁无礼，最后只好休假，学习过一种更加平衡的生活。除非处于高压力的情况下，B 型行为人一般都过一种压力不大的生活。在工作场所，有许多因素都会造成压力，即使对于那些本性上不喜欢高压力的人也是如此。

三、压力的起因及其症状

（一）压力的起因

产生压力的因素可能会有多种，变革中的主要压力因素包括组织因素和个人因素两种（图10-2）。

图 10-2　压力的起因

1. 组织因素

组织中的结构变动和员工的工作变动是产生压力的主要因素。如矩阵结构要求员工具有两个上级，从而打破了组织的统一指挥原则，并要求员工具有更强的组织协调能力。同样，工作负担过于沉重或过于枯燥也会产生很大的压力，虽然从事具有挑战性工作的人可能更富有工作激情，然而，一旦出现权责不统一或预期不明确，马上就会造成工作压力。另外，过于严厉的管制和规章制度、不负责任的上级、模糊不清的沟通渠道、不愉快的工作环境等都会使人产生很大的工作压力。

2. 个人因素

组织中的个人因素如家庭成员的去世、个人经济状况的困难、离异、伤病、配偶失业、借债、法律纠纷等都是产生压力的主要因素。经验表明，员工的人格类型划分有助于组织对个人压力进行识别和调节。组织中往往将人区分为 A 型和 B 型两种人格。A 型人总觉得时间紧迫，富有竞争性，比较没有耐心，做事非常快，很难有空闲时间，因此承受的压力就比较大，也容易通过各种形式表现出来，身体也更容易得病。B 型人则刚好相反，轻松、悠闲、与世无争，性格比较开朗，因此压力也就较轻。

知识库

你受到的压力有多大

用 1～5 分来回答下面每个表述。1 分代表从不，5 分代表经常。分数越高，说明你感受到的压力越大。如果你的得分很高，你将如何处理你在学校或工作单位的压力呢？

1. 工作条件令人不快，有时甚至不安全。	1	2	3	4	5
2. 我感到我的工作正在使自己的身体和情绪受到伤害。	1	2	3	4	5
3. 我的工作量太大，或者许多完成工作的期限定得不合理。	1	2	3	4	5
4. 我无法向老板表达我对工作的看法和感觉。	1	2	3	4	5
5. 我的工作对我的家庭和个人生活形成了干扰。	1	2	3	4	5
6. 我对自己的工作做不了主。	1	2	3	4	5
7. 我的工作成绩没有得到承认，也没有得到奖励。	1	2	3	4	5
8. 在工作中，我的才能没有得到充分施展。	1	2	3	4	5
将你的得分累加　　　　总分：					

得分和说明：

15 分或更低：压力很小。

16～20 分：压力比较小。很容易应对，但是你说不定在哪天会遇到麻烦。

21～25 分：中等程度压力。你和当今大多数人所遇到的压力程度是一样的。

26～30 分：严重的压力。你或许应付得了，也许能从压力咨询或压力管理技巧上得到好处。

31～40 分：压力巨大，可能会对你造成危害。应当请求得到专业人士的帮助

（二）压力的症状

压力会通过很多种方式表现出来。例如，面临高度压力的员工可能会心情沮丧，事故不断或者喜爱争辩，做常规决策也会有困难，容易分心，等等。这些症状可以归纳为三个类别：生理方面、心理方面和行为方面，如图 10-3 所示。显然，这些症状都会对员工的工作状况产生影响。

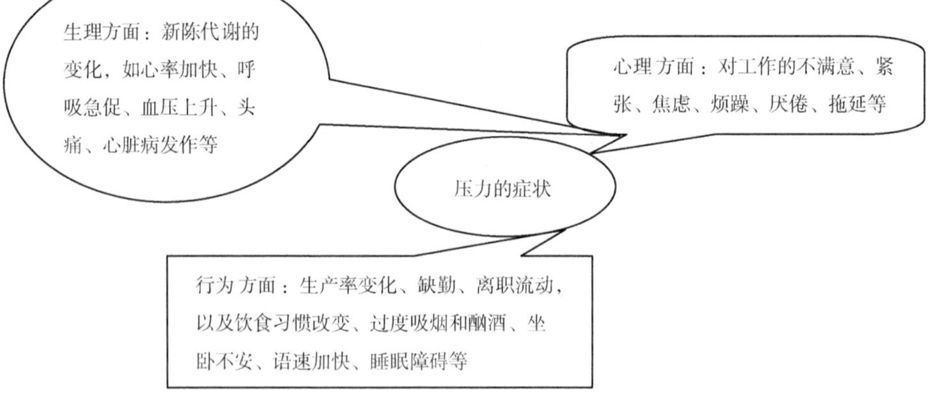

图 10-3 压力的症状

四、压力管理

在当今这种变化迅速的环境里，一个组织如果想让它们的员工富有挑战性，并且保持自己的竞争力，就无法避免压力的困扰。但是由于许多压力都会产生消极的后果，因此，管理者必须优先考虑压力管理问题。在英国，立法者制定的法律提出了新的要求，要求雇主创造一定的条件来帮助员工解决工作压力的问题。例如，要确保员工不接触有害的工作环境，员工必须具备必要的技能和经过培训来满足工作要求，员工有权对工作方法提出建议，等等。

（一）个人压力管理

有许多方法可以帮助个人来管理他们所遇到的压力。其中最基本的方法是保持身体健康，如定期进行锻炼、有充分的休息、保证健康饮食等。

此外，如果一个人过一种劳逸结合的平衡生活，并且处在一个能够支持和鼓励他的社交圈子中的话，他就能更加有效地管理压力。家庭、亲戚、朋友，以及像社区等与工作无关的团体的成员，都能对压力管理提供帮助，而且还会带来其他好处。那些不关心自己身体和情绪的人，往往更容易受到个人以及职业生活压力的困扰。在今天这个充满竞争的环境中，管理者和员工有时会认为闲暇是一种奢侈。但是，组织行为学的研究提醒我们，员工是一种具有人类需要的人力资源。

（二）适应压力管理的新工作场所

尽管员工自己可以选择适合自己的压力管理方法，但是作为有眼光的企业来说，也应当通过支持健康的生活习惯来帮助员工应对压力，从而提高工作效率。因为压力所造成的缺勤、生产率降低、员工流失、事故，以及高昂的保险费和健康赔偿等，每年都使得美国的企业损失几十亿美元。所以在新的工作场合，关心员工已经成为一项不可或缺的工作，也是道德上需要优先考虑的问题。

在支持员工放松压力方面，简单的做法可以是鼓励他们定时休息和休假。很多企业都专门设置了用来进行放松的镇静室和沉思冥想中心，员工只要有需要，在任何时候都可以到那里去进行短暂和安静的休息。这种放松是一种宝贵的投资，它能让员工消除疲劳，头脑清醒地去开展工作。很多公司都制订了许多其他的计划，其目的都是帮助员工减轻压力，过一种更加健康、更加平衡的生活。例如，一些公司的福利措施包括为员工提供营养咨询服务，配备体育运动设施。加拿大政府在全世界对这类福利设施进行了一次调查，结果发现，在这方面每花 1 美元，公司就能得到 1.95～3.75 美元的回报。其他组织还开展了内容广泛的生活平衡活动，包括灵活选择工作时间，员工可以选择通过电信方式工作，或者灵活决定自己的上下班时间，还提供许多福利设施，如单位内部的日托托儿站、健身房和个人服务，等等。许多员工认为，灵活选择上下班时间是最有效的工作-生活平衡措施，因为它使得员工可以根据自己的需要来改变自己的上下班时间。例如，他们可以早点下班，以便陪年老的父母去购物，或者抽出时间去参加孩子的学校活动，等等。

通过承认员工有个人生活方面的需求，各种工作-生活平衡措施传达出了这样的信息，就是经理和组织是将员工作为人来加以关心的。此外，在员工究竟是感到压力巨大和不快乐，还是感到轻松、精力充沛和工作更有成效等方面，管理者对员工的态度也会造成巨大的差别。

第三节　组 织 学 习

许多人将学习仅仅看作坐在教室里听老师讲课。从这种观点出发，在一个讲究时间界限和具体行动的管理世界中，学习似乎是一件遥远，甚至毫不相关的事情。但是，当今的管理者既需要有专门的知识和技能，也需要有适应外界变化的能力，所以管理者必须不断学习。

案 例 库

麦克林福曼的学习

阿拉斯代尔·麦克林福曼在大学二年级时，从哈佛大学退学了，在大学一年级的新生宿舍里开办了 HDO 运动公司，这是一家生产高技术运动产品的公司。但是，麦克林福曼非常看重学习。现在他已经重返课堂，而将 HDO 运动公司的日常经营工作交给他的五名员工。他还参加了哈佛大学的田径队，接受培训，以便能参加在自己祖国——英国举办的奥运会。“如果我不回公司，公司会变得更有效率。”他说道，“将来的时间还多得很，我们所能做的事情没有止境。”

学习是经验或经历导致的在行为和业绩上发生变化。经验可以从观察其他人，阅读和倾听各种信息，或者从自己所经历的事情中加以体验等方式获得。适应外界变化的一个重要方法，就是认识到每个人在态度、认知和个性上的差异。例如，经历过类似情况——都被派到国外工作的两个人，在如何将其行为适应这种情况方面（也就是从这些经历中学习）就会有所不同。换句话说，每个人是以不同的方式来学习的。

一、组织学习概述

组织学习是为了实现组织发展的目标，创造、完善和管理组织的知识体系，以更好地指导组织行为，提高核心竞争力而围绕信息和知识以及技能所采取的各种行动。它是组织不断努力改变或重新设计自身以适应持续变化的环境的过程，是组织在动态的环境中获得竞争优势的重要途径。从层次上看，广义的组织学习可以分为个体学习、团队学习、组织内学习以及组织间学习四种类型。狭义的组织学习仅仅指组织内学习。个体学习是指以个人为主的对组织内外情况的思考与分析，其目的是完善和加深学习者对于组织及其外部环境的认识。组织学习是在大量个人学习的基础上，围绕某些特定问题而在组织内展开的学习活动。因此个体学习是组织学习的必要条件，反过来，组织学习可以更好地促进个体学习。

从组织学习的过程看，组织学习主要分为单环学习和双环学习。所有的组织都需要单环学习和双环学习。例如，组织在根本性创新的过程中，往往伴随双环学习，通过反思组织视野、组织学习方法以及学习中的不足，组织得以迅速把握技术机会和市场机会，从而能够不断地以新的产品和服务来为自己赢得生存空间。在组织渐进性创新过程中，单环学习经常是一种主导学习模式——在不改变系统的根本价值观的情况下，监测和纠正错误。同时在组织创新过程的不同阶段，经常伴随有不同形式的组织学习。例如，在组织创新思想形成阶段，有以获取新的组织知识为主导的学习形式；在组织诊断与模式选择阶段，则主要表现为在观念震荡中学习；在创新设计与时机选择阶段，又主要是在组织冲突中学习；而在实施阶段和创新评价阶段，学习的主导形式是在组织的重新社会化中学习。

从组织学习的方式看，组织学习主要有适应型、预见型和行动型学习等，这三种学习方式相互补充，相辅相成。

组织学习的类型见表 10-2。

表 10-2 组织学习的类型

标准	类型	内容
组织学习的过程	单环学习	单环学习发生在发现错误和立即纠正错误的过程中。它能够对日常程序加以改良，但是没有改变组织活动的基本性质。单环学习适合惯例、重复性的问题，有助于完成日常工作。它是一种企业日常技术、生产和经营活动中的基本学习类型
	双环学习	双环学习是指工作中遇到问题时，不仅是寻求直接解决问题的办法，而且要检查工作系统、工作制度、规范本身是否合理，分析导致错误或成功的原因。双环学习更多地与复杂、非程序性的问题相关，并确保组织在今后会有更大的变化。双环学习是一种较高水平的学习，它能扩展组织的能力，注重系统性解决问题，适合组织的变革和创新。它不仅包括在已有组织规范下的探索，而且还包括对组织规范本身的探索。双环学习经常发生在组织的渐进或根本性创新时期
组织学习的方式	适应型	适应型学习是指团队或组织从经验与反思中学习。当组织为实现某个特定目标而采取行动时，适应型学习的过程是从行动到结果，然后对结果进行评价，最后是反思与调整
	预见型	预见型学习是指组织从预测未来各种可能发生的情境中学习。这种方式侧重于识别未来发展的最佳机遇，并找到实现最佳结果的途径。预见型学习是从先见之明到反省，然后落实到行动
	行动型	行动型学习是从现实存在的问题入手，侧重于获取知识，并实际执行解决方案。它是一个通过评估和解决现实工作中存在的实际问题，更好、更快地学习的过程，即学习的过程就是解决工作难题的过程。学习型组织中的学习，重视学习成果的持续转化，学习的效果要体现在行为的改变上，因此，行动型学习就成为学习型组织创建过程中非常重要的学习类型和学习方法

（一）学习过程

学习的过程是由深入的观察、抽象出概念、积极的实验、具体的实践四个阶段组成的不断循环过程。首先是一个人所遇到的具体经历。其次是进行思考和深入的观察，并由此抽象出概念。最后进行积极的实验。实验的结果会产生新的经验，然后又进入新一轮的循环。

日用消费电器超级连锁店百思买，将它的诞生归功于它的创办者理查德·舒尔茨。20 世纪 60 年代，在明尼苏达州圣保罗市，舒尔茨将名字叫“音乐之声”的唱片店发展成为拥有 9 家商铺的连锁店。但是，一次飓风摧毁了他最大和最赚钱的商店，于是他在一个停车场举办了大规模的清仓甩卖活动。众多的购买者蜂拥而至，导致汽车排队达 2 英里[①]。通过这次实验，舒尔茨发现了商机：只要货物品种齐全、价格低廉，再通过大做广告就一定会大有收获。他将自己的想法付诸行动，开办了第一家超级唱片店。2004 年 3 月，百思买年收入超过 250 亿美元，它在北美已经拥有超过 750 家店，并且每年以 70～80 家的速度增长。

（二）学习风格

每个人都有自己的学习风格，其差别之处在于他们对学习循环中各个阶段的强调程度不同。这些差别是由每个人的学习需要和目的不同造成的。例如，一个工程师可能会更加重视抽象概念问题；而一个销售人员则会更加关心具体的经验。由于有这些偏向，所以每个人的学习风格都有其长处和短处。

通过对学习四阶段要素进行组合，研究人员确定了四种基本的学习风格。这四种学习风格分别是：发散型、吸收型、汇聚型和适应型（表 10-3）。

表 10-3 四种学习风格

学习风格类型	主要学习能力	学习特点	适合的职业
发散型	具体的实践 深入的观察	善于出好点子，能从多个角度看问题，能清楚地认识到意义和价值 对人、文化和艺术感兴趣	人力资源管理 咨询 组织发展专家
吸收型	抽象出概念 深入的观察	善于归纳推理，创建理论模型，将互不相关的观察综合为统一的因果关系 不太关心人，更多地注意思想和抽象的概念	研究 战略规划
汇聚型	抽象出概念 具体的实践	善于决策，将思想加以具体运用，推导出假设的理由 宁愿处理技术问题而不愿与人交往	工程
适应型	具体的实践 积极的实验	善于实施决策，贯彻计划，进行新的实验 容易与人交往，但有时显得缺乏耐心或粗鲁	营销 销售

（三）不断学习

为了在当今这个动荡不定的商业环境中求得生存和发展，无论是个人还是企业，都必须成为不断学习者。对于个人来说，不断学习指的是寻求更多的进修机会、大量的阅读、多与别人交流，以及从生活经验中吸取教训等。IBM 公司的高级副总裁和公司理事拉里·理西亚迪就是一个抱有不断学习精神的人。理西亚迪酷爱旅游、读书，喜爱艺术、文学和历史。此

① 1 英里≈1.6 公里.

外，他每天除了看《华尔街日报》外，甚至还阅读一些超级市场发行的小报。在出差旅行中，他会顺道参观名胜古迹或游览异国风光，设法学习一些新的东西。理西亚迪能用这些新的想法和新的认识来完善自己的生活，改进自己的工作，以及提升自己的公司。

二、学习型组织

长期以来，企业管理的理论和方法层出不穷，从竞争优势、战略重组到再造工程、标杆战略……令人眼花缭乱，无所适从。但很多理论都变成“过眼云烟”。其原因就在于世上本没有万能药，对于企业管理这一庞杂的系统工作来说更是如此。总结正反两方面的经验，人们认识到，在动荡的市场竞争中，唯一的制胜之道就是“先为不可胜，以待敌之可胜”（《孙子兵法·形篇》）。组织学习本身就是一个系统，它几乎囊括企业管理中所有重要的因素，如人、组织、决策、沟通、技术等。它不是一个一蹴而就的项目，而是一个持续的修炼过程，是一项系统工程。学习型组织的概念是由麻省理工学院彼得·圣吉教授于 1990 年首先提出来的，20 世纪末至今，学习型组织成为热点，每个企业家几乎人手一本《第五项修炼：学习型组织的艺术与实践》。

（一）学习型组织的内涵

所谓学习型组织，就是组织中所有成员都积极参与到与工作有关的问题的学习和解决过程中，从而培养组织形成持续的适应和变革能力。

1. 学习型组织的方法——发现、纠错、成长

组织学习普遍存在“学习智障”，去除其中的限制因素，修复组织机体，找到合适的成长环路，只有这样个体之间才能不断去学习和探索，进而实现持续学习。

2. 学习型组织的核心——在组织内部建立“组织思维能力”

学会建立组织自我的完善路径。这要求组织成员在工作中学习，在学习中工作，学习和工作相互促进。

3. 学习型组织的精神——学习、思考和创新

学习型组织的精髓就是在学习中创新，学习中思考。学习是群体学习和全员学习，思考是全面系统的思考，创新是观念、制度、方法及管理等多方面的更新。

4. 学习型组织的关键特征——系统思考

只有运用系统的视角思考问题和认识环境，才能避免陷入系统动力的漩涡里去。

5. 组织学习的基础——团队学习

团队学习依靠的是深度会谈，也就是培养所有团队成员畅所欲言、一起思考的能力。深度会谈的目的是通过共同思考，得出比个人思考更正确、更科学的结论，而不是每个人都试图用自己的观点说服别人同意的过程。

（二）五项修炼要素

彼得·圣吉在《第五项修炼：学习型组织的艺术与实践》中提出的五项修炼具体包括自我超越、改善心智模式、建立共同愿景、团队学习和系统思考。

1. 自我超越

自我超越的修炼是学习型组织的精神基础。它是指突破极限的自我实现或技巧的娴熟。个人有意愿投入工作，不断创造和超越，在学习中了解自己的真实情况从而产生强烈的学习愿望和持续增强其学习能力。

2. 改善心智模式

“心智模式”即存在于人们大脑中的根深蒂固的设想、信念或图像、印象。组织的这些障碍，多来自个人的旧有思维和认识过程，如固执己见、本位主义，唯有通过团队学习，以及标杆学习，才能改善心智模式，有所创新。

3. 建立共同愿景

共同愿景是组织中人们共同的愿望，是建立在个人愿景和团队愿景基础之上的。共同愿景可以凝聚公司上下的意志力，大家为了共同目标一起努力奋斗。

4. 团队学习

团队学习是发展团队成员整体搭配能力和提高实现共同目标能力的过程。团队智慧应大于个人智慧的平均值，以做出正确的组织决策，通过团队讨论和思考，克服有碍学习的自我防卫，强化团队向心力。

5. 系统思考

系统思考要求人们更为全面地看待组织的发展问题，而不能仅考虑某一环节或者某一方面。它引导人们通过资讯收集掌握事件的全貌，以避免见树不见林，培养综观全局的思考能力，看清楚问题的本质，更清楚地了解事物的因果关系和相互影响，进而寻找一种动态的平衡。

总体来看，彼得·圣吉提出的这五项修炼存在内在的逻辑关系。“建立共同愿景”是培养成员对团队的长期承诺，“改善心智模式”则专注于开放的方式和反思我们认知方面的缺点失误，“团队学习”是发挥团队力量以使团队力量超乎个人力量的总和。“自我超越”则是不断反照个人对周围影响的一面镜子。而“系统思考”则是整合“建立共同愿景”“改善心智模式”“团队学习”与“自我超越”这四项修炼来深入发掘学习潜力。

第四节　组 织 文 化

企业文化虽然不能直接产生经济效益，但它是企业能否繁荣昌盛并持续发展的一个关键因素。在很大程度上，组织的成功或失败经常归因于组织文化（表 10-4）。哈佛大学教授柯特说，只要你是成功者，你就会有一种企业文化；而没有企业文化的是那些长期以来不断失败的公司。通用电气公司前 CEO 杰克·韦尔奇说过：“健康向上的企业文化是一个企业战无不胜的动力之源。”我国著名的经济学家于光远说过：“关于发展，三流企业靠生产、二流企业靠营销、一流企业靠文化。”海尔 CEO 张瑞敏说过：“企业文化是海尔的核心竞争力。”组织文化是被组织成员广泛认同、普遍接受的价值观念、思维方式、行为准则等群体意识的总称。组织通过培养、塑造这种文化，来影响成员的工作态度和工作中的行为方式，引导实现组织目标。因此，根据外在环境的变化适时变革组织文化常被视为组织成功的基础。

表 10-4 组织文化的重要性

项目	组织文化排名/比例
根据《财富》杂志对 1000 位高级经理的调查报告，求职者面试中提出的要求对公司文化（和员工福利相联系的）的排名	1
根据 ExecuNet 的调查，147 位在职的美国经理想换工作的原因中公司文化的排名	1
1000 位人力资源经理在雇用大学毕业生时所看重的因素中“很好地符合公司文化”的排名（第 1 位是相关工作经历）	2
公司文化在影响美国 MBA 学生决定接受或拒绝一项工作时的排名（前两位是报酬和职位挑战）	3
芬兰大学的学生觉得最好的雇主要有强大文化的比例	36%
将公司文化列为在其公司中发挥有效作用的雇主比例	36%

一、组织文化概述

（一）组织文化的基本概念

“文化”一词来源于古拉丁文 cultura，本意是“培养”“教习”“开化”。在中国《易经》最早将“文”和“化”两个字联系起来，“观乎天文，以察时变；观乎人文，以化成天下”。意思是指圣人在考察人类社会的文明时，用诗书礼乐来教化天下；以构造修身齐家治国平天下的理论体系和制度，使社会变得文明而有秩序。当前广义的文化是指人类在社会历史实践过程中所创造的物质财富（硬文化）和精神财富（软文化）的总和。狭义的文化是指社会的意识形态，以及与之相适应的礼仪制度、组织机构、行为方式等物化的精神①。组织文化可以通过评价 10 个特征的程度来进行识别，具体包括成员的同一性、团队的重要性、对人的关注、单位的一体化、控制、风险承受度、报酬标准、冲突的宽容度、手段-结果倾向性和系统的开放性②。

任何一种组织都有自己特殊的环境条件和历史传统，也就形成自己独特的哲学信仰、意识形态、价值取向和行为方式，于是每种组织也都形成了自己特定的组织文化。“组织文化”起源于美国 20 世纪 70 年代的比较管理学研究，70 年代后期和 80 年代前期一度成为美日管理比较研究的主要研究热点，80 年代之后，组织文化研究领域不断拓展，成为管理学研究的重要内容。

就组织特定的内涵而言，组织是按照一定的目的和形式建构起来的社会集合体，为了满

① 周三多. 管理学[M]. 4 版. 北京：高等教育出版社，2014：176-177.

② 张明玉，等. 管理学[M]. 北京：科学出版社，2013：146.

足自身运作的要求，必须有共同的目标、共同的理想、共同的行为准则以及与此相适应的机构和制度，否则组织就会是一盘散沙。而组织文化通过发挥其综合功能，努力创造共同的价值观念体系和共同的行为准则。从这个意义上来说，组织文化是组织中稳定存在的组织成员共享的特色价值观念、团体意识、道德准则、工作作风、信仰规范和思维方式的总和。根据斯蒂芬·P. 罗宾斯的观点，组织文化可以用七个维度准确地表述其精髓，以综合认识组织文化。这些维度都是由低到高连续变动的，且只能简单地说明文化维度是高还是低。对于具体公司而言，某一个或几个维度可能会相对更为强调。例如，索尼公司的产品创新维度以及西南航空公司以雇员为中心的文化。

知 识 库

罗宾斯提出的组织文化七个维度

进取性：雇员与作为一个整体的组织保持一致的程度，而不是只体现出他们的工作类型或专业领域的特征。

团队导向：工作活动围绕团队组织而不是围绕个人组织的程度。

成果导向：管理更注重结果或成果，而不是取得这些成果的技术和过程的程度。

稳定性：组织掌握外界环境变化并及时对这些变化做出反应的程度。

创新与风险承受度：鼓励员工进取、革新及冒风险的程度。

员工导向：管理决策要考虑结果对组织中的人的影响程度。

关注细节：鼓励组织中各单位以协作或相互依存的方式运作的程度。

（二）组织文化的主要特征[①]

1. 超个体的独特性

每个组织都有其独特的组织文化，这是由不同的国家和民族、不同的地域、不同的时代背景以及不同的行业特点所形成的。如美国的组织文化强调能力主义、个人奋斗和不断进取；日本文化深受儒家文化的影响，强调团队合作、家族精神。

2. 相对稳定性

组织文化是组织在长期的发展中逐渐积累而成的，具有较强的稳定性，一旦形成，不会因为组织结构的改变、战略的转移或产品与服务的调整而随时变化。例如通用电气、可口可乐公司以及迪士尼公司，尽管它们的规模和业务与最初相比发生了很大变化，但其组织文化几乎没有改变。

3. 继承与创新性

每一个组织都是在特定的文化背景之下形成的，必然会接受和继承这个国家与民族的文化传统和价值体系。组织文化形成之初，创始人起着关键作用，之后组织文化随着组织的发

① 周三多. 管理学[M]. 4版. 北京：高等教育出版社，2014：177.

展而不断发展，同时组织也会吸收其他组织的优秀文化，融合世界上最新的文明成果，不断充实和发展自我文化，最终形成历史性与时代性相统一的组织文化。

4. 发展性

组织文化随着历史的积累、社会的进步、环境的变迁以及组织变革逐渐演进与发展。强势、健康的文化有助于组织适应外部环境和变革，而弱势、不健康的文化则可能导致组织的不良发展。改革现有的组织文化过程就是组织适应外部环境变化、改变员工价值观念的过程。

知 识 库

办公室里的人性化

谷歌（Google Inc.）成立于1998年9月4日，由拉里·佩奇和谢尔盖·布林共同创建，被公认为全球最大的搜索引擎。谷歌是一家位于美国的跨国科技企业，业务包括互联网搜索、云计算、广告技术等，同时开发并提供大量基于互联网的产品与服务，其主要利润来自AdWords等广告服务。

谷歌总部的工作环境轻松写意，摒弃了一般企业具有的繁文缛节，处处体现以人为本的管理理念。谷歌有着较为完善的员工福利制度，包括免费三餐、免费医疗、滑雪旅游以及洗衣服务等，同时还为员工个人培训提供补贴。此外，谷歌还允许工程师将20%的工作时间用于自己喜欢的项目，此举是为了鼓励员工开发新产品，以减少公司对互联网搜索广告业务的过度依赖。难怪很多到过谷歌中国的访客总能看到一些员工在工作时间“明目张胆”地玩游戏。除此之外，公司还提供免费的班车和渡轮服务接载雇员上班，这些交通工具都有无线互联网服务，方便员工在上下班时也可以工作。在谷歌，工作就是生活，轻松愉快的工作环境成为创新意识的孵化器，造就了无穷的创造力。

另外，灵活高效的工作方式成为谷歌持续高速发展的秘诀之一。创新的意识还源自灵活的小团队工作方式。“将有智慧有激情的员工针对关键问题，分成3～5人的小团队，扁平化的组织，以海量的计算资源和数据作为支持，同时允许工程师抽出20%的时间，根据兴趣自己确定研究方向。”这是谷歌组织结构的基本原则。谷歌还有个内部交流的网络平台，这个平台不仅能实现信息交流的功能，还鼓励工程师将自己的创新点子放在该平台，由其他人对这些点子做出评价和建议，使这些在20%的时间内自由发挥的结晶有可能落实为具体的产品。实验室里，通过这个向用户展示谷歌创意和产品的工具，征集用户体验和反馈，以便对尚未正式推出的产品进行修正和补充。

人性化的工作环境、小团队的工作方式、20/80法则的运用，以及每年1000万美元的创业大奖，在这些政策的激励下，谷歌团队不断创新，产品已经从当初单纯的搜索服务扩展到新闻、地图、图书等多个领域，并且开始全球化运营，诞生了一系列如Gmail邮箱、orkut等这些对谷歌未来发展有重大意义的产品和项目。

（三）组织文化的功能

1. 自我凝聚功能

组织文化是一种强力黏合剂，它以种种微妙的方式来沟通人们的思想感情，融合人们的理想、信念、作风、情操，培养和激发人们的群体意识。在特定的文化氛围之下，组织文化通过培育组织成员的认同感和归属感，建立起成员与组织之间的相互信任和依存关系，使个人的行为、思想、感情、信念、习惯以及沟通方式与整个组织有机地整合在一起，形成相对稳固的文化氛围，产生一种强大的向心力和凝聚力，以此激发组织成员的主观能动性，并为组织的共同目标而努力。从这个意义上来说，任何组织若想取得非凡的成功，其背后无不蕴藏着强大的组织文化作为坚强的后盾。但是，要指出的是，这种内聚力量不是盲目的、无原则的、完全牺牲个人一切绝对服从，而是在充分尊重个人价值、承认个人利益、有利于发挥个人才干的基础上凝聚的群体意识。

2. 自我改造功能

组织文化能从根本上改变员工的旧有价值观念，建立起新的价值观念，使之适应组织正常实践活动的需要。尤其对于刚刚进入组织的员工来说，为了减少他们个人带有的家庭、学校、社会所养成的心理习惯、思维方式、行为方式与整个组织的不和谐或者矛盾冲突，就必须接受组织文化的改造、教化和约束，使他们的行为趋向组织的一致和谐。一旦成员接受与认同了组织文化所提倡的价值观念和行为规范，就会在不知不觉中做出符合组织要求的行为选择，员工在企业中的行为如果得到承认和赞许，就能获得心理上的平衡与满足；相反，倘若违反了组织规范，就会感到内疚、不安或者自责，就会产生挫折感与失落感。这就是说，人人都生活在文化之中，接受文化指令而不能脱离文化规范。如果有人强行与自己所在的文化群体背道而驰，就会成为“文化异类”而被组织抛弃。在这个意义上说，组织文化具有某种程度的强制性和改造性。

3. 自我调控功能

组织文化作为团体共同价值观，并不对组织成员具有明文规定的具体硬性要求，组织需要软性的理性约束。软约束产生的依据在于人的文化性和社会性，这样就决定了它只是一种软性的理智约束。它通过组织的共同价值观不断地向个人价值观渗透和内化，组织文化是无声的号令、无形的管制，使组织自动生成一套自我调控机制，以“看不见的手”操纵组织的管理行为和实务活动。组织文化具有的这种软性约束和自我调节的控制机制，往往比正式的硬性规定有着更强的控制力和持久力，因为主动的行为比被动地适应有着无法比拟的作用。

4. 自我发展功能

组织在不断的发展过程中形成的文化积淀，通过无数次的辐射、反馈和强化，会随着时间的推移而不断更新和优化，推动组织文化从一个高度向另一个高度迈进。也就是说，组织文化不断地深化和完善，一旦形成良性循环，就会持续地推动组织本身的上升和发展；反过来，组织的进步和提高又会促进组织文化的丰富、完善与升华。国内外成功组织和企业的事实表明，组织的兴旺发达总是与组织文化的自我完善密不可分。

5. 持续发展功能

组织文化的形成是一个复杂的进程，往往会受到社会的、人文的和自然环境等诸多因素的影响，因此，它的形成和塑造不是一蹴而就的，必须经过长期的耐心倡导和精心培育，以及不断地实践、总结、提炼、修改、充实、提高和升华。同时，正如任何文化都有历史继承性一样，组织文化一经固化形成，也会具有自己的历史延续性而持久不断地起着应有的作用，并且不会因为组织领导层的人事变动而立即消失。

6. 激励功能

组织文化是企业青春的激发剂，是组织活力的加压泵。所谓激励，就是通过外部刺激使个体产生出一种情绪高昂、奋发进取的力量。研究激励理论的学者认为，最有力的激励手段是让被激励者觉得自己确实干得不错，发挥出了自己的特长和潜能。在一种“人人受重视，个个被尊重”的文化氛围中，每个人的贡献都会及时受到肯定、赞赏和褒奖，而不会被埋没。这样，员工就时时受到鼓舞，处处感到满意，有了极大的荣誉感和责任心，自觉地为获得新的、更大的成功而瞄准下一个目标。组织文化的激励是着眼于整体的文化建设和人的不断完善，应将之提升到人创造文化、文化塑造人的因果循环的高度来看待。

7. 辐射功能

组织文化是一团很好的酵母、一种热力强大的辐射源。当大型企业（跨国企业）的组织文化发展到一定程度，形成较为完整的模式时，则不可避免地对社会产生影响。

并非所有的组织都有成熟的组织文化，只有那些经过一定的历史发展并具有一定规模的组织才能形成比较稳定的组织文化，一般来说，世界著名的跨国公司都形成了其独特风格的组织文化。那么这些组织在发展过程中是如何塑造和培养组织文化的呢？其关键在于培养组织的价值观。因为价值观是组织文化的基石，是组织得以成功的精神源泉，为全体员工提供共同努力的方向以及个人行为的准绳。所以，组织首先必须找出自己的价值系统，确立一套完整的信念，使之成为组织策略的根本依据和员工行动的最高准则。

知识库

强文化和弱文化

实际上，组织文化有强弱之分，强文化是指主要的价值观念为组织内的员工广泛了解和接受的组织文化，在强文化中，基本价值观被强烈拥有并广泛共享，而在弱的组织文化中，情况则相反。一般来看，强文化有如下特征。

（1）强文化比弱文化对雇员的影响更大。

（2）强文化组织中的雇员对组织的承诺更多一些。

（3）强文化与组织绩效是紧密关联的。

（4）大部分组织已向强文化转变。

二、组织文化的层次结构和要素

（一）组织文化的层次结构

一般认为，组织文化有三个层次机构，即精神层、制度层和物质层。精神层决定了制度层和物质层，是组织文化中的核心和主体；制度层是虚体文化（意识形态）向实体文化转化的中介；物质层是组织文化最直观的载体。组织文化三个层次密不可分，其中制度层是精神层和物质层的中介，物质层和制度层是精神层的体现。

1. 精神层

组织文化精神层是广大员工共同而潜在的意识形态，包括管理哲学、敬业精神、理想信念、价值取向、行为准则和道德观念等。

2. 制度层

组织文化制度层指体现某个具体组织的文化特色的各种规章制度、道德规范和员工行为准则的总和，也包括组织体内分工协作关系的组织结构。

3. 物质层

组织文化物质层是指凝聚着组织文化抽象内容的物质体的外在显现，它既包括组织整个物质和精神的活动过程、组织行为、组织产出等外在表现形式，也包括组织实体性的厂容厂貌、产品形象、员工风貌、工作环境、文化设施等。

（二）组织文化的要素①

组织文化包括组织价值观、组织精神、伦理规范和组织形象等多个要素。

1. 组织价值观

组织的价值观包括组织存在的意义和目的、组织中各项规章制度的必要性与作用、组织中各层级和各部门的各种不同岗位上的人的行为与组织利益之间的关系等。组织价值观具有不同的层次和类型，是组织内部管理层和全体员工对该组织的生产、经营、服务等活动以及指导这些活动的基本信念、总体观点和选择方针的看法与根本观点。组织价值观可以持久地促使组织去追求某种价值目标，这种由强烈的欲望所形成的内在驱动力往往构成推动组织行为的动力机制和激励机制。

2. 组织精神

组织精神是指经过组织共同努力和长期培养所逐步形成的，认识和看待事物的共同心理趋势、思想境界、价值取向和主导意识。组织精神是一个组织的灵魂和精神支柱，是组织文化的核心，它反映了组织成员对组织的特征、形象、地位等的理解和认同，也包含组织未来的理想和未来发展的方向，成为凝聚组织成员共同奋斗的共同信念和精神力量。经营大师松下幸之助也曾断言：真正激励人们百分百投入的动力，不是金钱等组织提供的外部条件，使

---

① 周三多. 管理学[M]. 4 版. 北京：高等教育出版社，2014：170-178.

人们忘记痛苦不断前行的，是其内在的组织信仰。

3. 伦理规范

伦理规范是指以道德规范为内容与基础，由社会向人们提出并应当遵守的行为准则的综合，一般通过社会公众舆论规范人们的行为，这是对传统组织管理规章制度的有效补充，为组织价值观融入新的文化力量。组织文化内容结构中的伦理规范既体现组织自下而上环境中社会文化的一般性要求，又体现本组织各项管理的特殊需求。

4. 组织形象

组织形象是指社会公众和组织成员对组织、组织行为与组织各种活动成果的总体评价，反映的是社会公众对组织的承认程度，体现了组织的声誉和知名度。组织形象包括人员素质、组织风格、人文环境、发展战略、文化氛围、服务设施、工作场合和组织外貌等内容，对组织形象影响较大的因素有五个方面：服务（产品）形象、环境形象、成员形象、组织领导者形象、社会形象。

知 识 库

管理者如何创建有道德的组织文化

成为一个有形的角色榜样。

表达道德愿望。

进行道德培训。

明确地奖励道德活动与惩罚非道德活动。

提供保护性机制，使员工可以没有顾虑地针对道德困境进行讨论。

三、组织文化的建设培育

组织文化的建设培育是个长期的过程，同时也是组织发展过程中一项艰巨、细致的系统工程。许多组织致力于导入 CIS（corporate identity system，企业形象识别系统）颇有成效，它已成为一种直观的、便于理解和操作的组织文化建设培育方法。从路径上讲，组织文化的建设培育需要一个系统的过程，一般由六个阶段构成，如表 10-5 所示。

表 10-5 组织文化建设培育阶段

阶段	内容
确立正确的组织价值观	确定组织价值观及宗旨
	明确组织发展目标
科学确定组织文化的内容	确定组织文化的内容和模式
	确定组织文化的共性和个性
	发扬优良传统
	博采众长
	重视组织文化的个性发展
	培育企业精神

续表

阶段	内容
宣传倡导，彻底落实	广泛宣传，达成共识
	领导带头，身体力行
	完善制度，体制保证
	树立榜样，典型引导
	加强培训，提高素质
提炼定格	精心分析
	全面归纳
	精炼定格
积极强化，持之以恒	积极强化
	持之以恒
持续丰富和完善	继承与发扬
	融合与完善

1. 确立正确的组织价值观

确定正确的组织价值观是建设培育良好的组织文化的核心问题。首先，立足于特定组织的具体特点，根据组织目的、环境要求和组成方式等特点选择适合自身发展的组织文化模式。其次，把握组织价值观与组织文化各要素之间的相互协调，通过科学的组合和匹配以实现组织系统性的整体优化。

2. 科学确定组织文化的内容

在战略环境全面分析基础上，根据企业的未来目标和任务，确定组织文化的性质、方向以及内容和模式，明确组织文化的共性和塑造个性，积极发扬本企业的优良传统，博采众家之长，推动本组织文化的个性发展，积极培育企业精神。

3. 宣传倡导，彻底落实

组织文化的建设离不开引导与宣传。利用一切宣传媒体，宣传组织文化的内容和精要，以创造浓厚的环境氛围，在组织形成广泛共识，同时领导者的示范带头和身体力行对于组织上行下效也具有重要作用。此外，健全的规章制度以及机制保障对于组织文化建设必不可少。另外，典型个人和集体事件的引领与示范作用也是传播和夯实组织文化的必要手段。榜样和英雄人物是组织精神与组织文化的人格化身与形象缩影，能够以其特有的感召力和影响力为组织成员提供可以效仿的具体榜样。最后，有目的的培训与教育能够使组织成员系统地接受组织的价值观并强化员工的认同感。在组织文化建设中，应加强相应培训，提高员工和管理者的综合素质。

4. 提炼定格

在经过宣传和群众性的初步认同与实践之后，应当将反馈回来的意见加以剖析和评价，详细分析和比较实践结果与规划方案的差距，必要时可吸收有关专家和员工的合理意见。在系统分析的基础上，进行综合化的整理、归纳、总结和反思，去除那些落后或不适宜的内容和形式，保留积极进步的形式与内容。将经过科学论证和实践检验的组织精神、组织价值观、组织伦理与行为予以条理化、完善化、格式化，再经过必要的理论加工和文字处理用精练的语言表述出来。

5. 积极强化，持之以恒

强化指的是人们的某种行为因受到一定刺激而获得继续或中断的过程，包括正强化（积极强化）和负强化（消极强化）。组织文化建设应通过成员的价值观、信条、口号、作风、习俗、礼仪等文化要素，不断增强积极强化。同时组织文化改变不能一蹴而就，要长期积累新的文化要素，持之以恒才能有所成效。

6. 持续丰富和完善

组织文化产生于特定历史条件，因此当组织的内外部环境发生变化时，组织应该适时地改变和创新组织文化，以符合环境的要求，这是组织文化不断发展的内在要求。组织文化只有经过不断的循环才能达到更高的层次，企业也只有经历螺旋式上升才能不断发展壮大。

➢ 拓展学习

1. 鞠蕾. 组织变革与员工工作压力：积极与消极的作用机制[M]. 北京：科学出版社，2016.
2. 马奎特 M J. 学习型组织的顶层设计[M]. 顾增旺，周蓓华，译. 北京：机械工业出版社，2015.
3. 圣吉 P. 第五项修炼：学习型组织的艺术与实践[M]. 张成林，译. 北京：中信出版社，2018.

➢ 思考题

1. 组织变革的阻力主要来自哪些方面？
2. 压力有哪些特征？
3. 什么叫学习型组织？
4. 组织文化的功能有哪些？

➢ 案例分析

腾讯的组织变革

《荀子·议兵》说，“上得天时，下得地利，观敌之变动，后之发，先之至，此用兵之要术也”。

1998 年，深圳市腾讯计算机系统有限公司（以下简称“腾讯”）创立时，市面上有很多做 IM（instant message，即时通信）的公司，包括广东电信、南京北极星等。20 多年后，曾经省心省力又赚钱的 IM 公司一个个在市场上消失了，但腾讯却成了中国最大的社交网络公司，并在社交的基础上演变成一个庞大的生态平台。2003 年，联众游戏平台还是世界上最大的休闲游戏平台，人们如果要在网上斗个地主打个麻将，都会先下个联众游戏平台。2003 年，腾讯把重心放在了游戏市场上，而联众却并没有把腾讯放在眼里。最终，腾讯游戏平台推出，联众游戏平台一败涂地。2005 年，腾讯推出 QQ 音乐时，音乐播放界的巨头还是酷狗。但到了 2015 年，QQ 音乐不但超过了先行者酷狗音乐，也成功地阻击了后来者网易云音乐，成为中国用户活跃度最高的音乐播放平台。其实类似的例子还有很多，在音乐、文学、视频诸多赛道，腾讯都不是最先出发的玩家，不露声色地等待时机、积蓄力量，然后大干一场，后发制人，后来居上，成为笑到最后的赢家。

从外面看腾讯 20 多年来的故事，似乎很轻松，但实际上每一步都走得不容易，尤其是组织架构调整这样的事情。2004 年之前，腾讯规模较小，只有一个核心产品 QQ，采用的是职能式组织架构，马化腾、张志东、曾李青、陈一丹、许晨晔 5 个创始人，各管一块，每天都见面，管理起来很高效。但随着业务线的延长，员工规模扩张，职能式架构造成管理滞后，所以，2005 年，腾讯开始了第一次大刀阔斧的调整：开始了 BU（business unit，业务系统）化，由事业部的执行副总裁来负责整个业务，相当每个业务都添了个有力的 CEO。到 2009 年，腾讯基本上在除了电商、搜索以外，在每个领域都做到了老大。2012 年，被认为是中国互联网版图的分水岭。在数据上，手机 QQ 的消息数第一次超过了 QQ，用户的主要时间开始花在手机上，百度、阿里巴巴、腾讯火力全开，开始全面转型移动互联网。在腾讯，以前 QQ 散落在三个部门，各自为政，内部协调也是一个问题，拖慢了发展速度。为了便于相关业务协调，减少内部的恶性竞争，腾讯做出了第二次组织架构调整：BG（business group，事业群）化，从原来的业务系统升级为事业群制，2012 年 5 月，腾讯正式宣布组织架构的调整，而 2014 年 3 月才正式成立微信事业群（WXG）。2018 年以来，腾讯云开始全面助力产业发展，落地到具体行业上，腾讯云要建构三张大网，即“人联网”“物联网”“智联网”。腾讯一直在考虑组织架构上的创新，保持架构上的新鲜血液。对于腾讯来说，无论是早期的职能式组织架构，还是后期的业务系统制组织架构或事业群制组织架构，都是根据当时组织内外环境以及业务发展战略进行的因需而变，是腾讯自身的一种进化能力。从腾讯的组织架构的变革，可以看出这家公司习惯于先积累再变革，就好比是先悄悄地打了基地，再宣布要盖大楼。

资料来源：朱晓培. 三次组织变革看腾讯的进化基因[EB/OL] [2018-10-01]. https://baijiahao.baidu.com/s?id=1613108682829875005&wfr=spider&for=pc（有改动）

问题：

1. 组织变革的内容主要有哪些？
2. 腾讯组织变革的影响因素主要有哪些？
3. 你认为组织变革如何才能成功？

第四篇

领　导

第十一章　领　　导

本章重点

领导的含义

领导权力的来源

领导理论

引导案例

柳传志的领导观

柳传志，联想集团创始人，企业家、投资家、全球 CEO 发展大会联合主席，曾获得“全球最具影响力 50 大商业思想家”“改革开放 40 年百名杰出民营企业家”“2019 福布斯年度商业人物之跨国经营商业领袖”等荣誉称号。

柳传志认为总裁在企业里一般都要做两件事：第一是制定战略，并设计实行战略的战术步骤。第二是带好员工队伍，让你的队伍有能力按照这个战略目标去实施。这两件事做好了，企业就能向好处发展。但在做这两件事情之前，还有一件更重要的事要办，就是建班子。企业必须有一个好的领导班子，否则你把事情布置下去之后，后面的人未必照你的意思去做。有了好的班子才能群策群力，同时对一把手也就有了制约。没有一个好的班子就制定不了好的战略，就带不好队伍，所以领导班子实际上是第一位的。联想将以上这些总结为三个要素：建班子，定战略，带队伍。

（1）建班子。战略要靠班子来制定，队伍要靠班子来带，所以建班子是三要素中第一位的，班子不和，什么事都做不成。班子没建好有两种情况：第一种是“1+1<1”，就是一个班子做事还不如一把手一个人做好。其主要原因是无原则纠纷和产生宗派。第二种是“1+1=2”，就是有了这个班子之后确实比你一个人强了，但是远没有达到它应该发挥的能力。这主要是班子成员的积极性没有完全调动起来。

（2）定战略。制定战略的实质是确定目标，然后是怎么达到这个目标，怎么分解它。我们要分阶段做。第一步是确定公司愿景。第二步是确定中远期发展战略目标。第三步是制定发展战略的总体路线。第四步是确定当年的战略目标（总部和各子公司的），并分解成具体战略步骤操作实施。第五步是检查调整，达到目标。

（3）带队伍。带队伍要做好三件事：一是如何充分调动员工的积极性，二是如何提高员工能力，三是如何使机器有序、协调、效率高。这些就是组织、架构和规章制度要解决的事。

资料来源：中国顶尖企业家演讲录[M]. 北京：中央编译出版社，2002（有改动）

自古以来，人们对领导这个话题就比较关注，当我们谈到领导，想到的是拥有权力的人，或指挥着千军万马，或领导一个国家和民族，或带领着一个优秀的企业，这些领导者如何建立起自己的军队、国家或企业呢？为什么这些领导者能做到而另一些人不能呢？本章我们探讨领导者的含义及特征、领导理论的研究成果。

第一节 领导概述

一、领导的含义

到目前为止，领导并没有明确的、统一的定义，几种有代表性的观点如下所述。

（1）领导是一种“活动过程”，对应“leading”这个英文单词。作为管理的一种职能，显然这是一个动词，即组织中的领导者对组织中的群体或个体施加影响的过程，活动的目的在于使个体或群体能自觉、自愿并充满信心地为实现组织目标努力。

（2）领导指一类人，对应“leader”这个英文单词。例如，我们常说的“向领导汇报”“我们领导如何”，显然这是一个名词。从管理学的角度看，领导者是担任管理职位并具有个人影响力的人。因为每个管理者都要进行计划、组织、领导和控制，所以，每个管理者都应当是一个领导。近年来，领导的概念进一步拓展，在强调民主管理、自我管理、团队管理的扁平化组织中，每一个成员都应是领导。

（3）领导是一种“能力”，是影响他人的一种能力，对应“leadership”这个英文单词。领导拥有影响追随者的能力或力量。

总之，领导作为管理的一种职能，涉及的是人与人之间的关系。由于人们在组织中所处的地位不同，就形成了不同的关系，领导就是通过协调这种人与人之间的关系，激发全体员工的积极性和创造性，使其潜能得到充分发挥并能快乐地工作，以实现组织的目标。

二、领导者与管理者

领导与管理有着密切的关系，领导是管理的一个职能，从管理学的范畴看，领导的范围要小一些，而管理的范畴较大，后者除了领导之外还包括计划、组织和控制等职能，所以一个优秀的管理者应当是一个优秀的领导者。

在有些学者的论述中，领导与管理有明显区别，管理是建立在合法的、有报酬的和强制性权力基础上的对下属命令的行为，领导则是可能建立在合法的、有报酬的和强制性的权力基础上，也可能更多的是建立在个人影响力和专长权以及模范作用的基础上。领导者与管理者的特征如表 11-1 所示。

表 11-1 领导者与管理者的特征

领导者的特征	管理者的特征
力求做正确的事情（强调的是做正确的事，哪些事是我们该做的）	力求把事情做正确（力求按正确方式去做事，也就是把事做对）
个人影响力	职位影响力
注重人	注重系统、结构、工作流程，按标准办事
培养信任	强调控制
强调价值观和理念	运用制度
强调长远发展方向	注重短期目标实现
强调方向	强调方法
创造机会	等待机会的到来
创造成长	仔细看管一切
富有想象力的	深思熟虑的
大胆的	条框的
总之，领导者是以积极创新的态度去对待工作；领导者强调的是适当地冒险去把握机会，这种冒险有可能带来更大的回报	总之，管理者面对目标，强调的是程序化、稳定性和规范化，所以管理者总是围绕以下五个要素做工作：计划、组织、指导、监督和控制

因此，一个人可能既是管理者，也是领导者，而领导者和管理者两者相分离的情况也会存在。从行为方式的作用对象来看，行使管理职权的人称为管理者。但管理者的本质是被任命的，他们拥有合法的权力进行奖励和惩罚，其影响力来自他们所在的职位所赋予的正式权力。相比之下，作为行使领导职权的领导者，既可以是任命的，也可以是从某个群体中产生出来的，如梅奥 20 世纪 30 年代在霍桑试验的研究中指出的非正式群体的头领。所以，领导者也可以不运用正式权力来影响他人的活动。在理想情况下，所有的管理者都应当是领导者，但是，并不等于说所有的领导者必然具备完成其他管理职能的能力，因此，不应该让所有的领导者都处于管理岗位上，一个人能影响别人这一事实，并不表明他具有组织运行及其岗位要求的管理能力，如计划、组织、控制以及创新等。本书定义的领导者是能影响他人并拥有职权的人。

三、领导者的产生

领导者的产生是一个极为复杂的问题，它至少要对以下两个方面做出回答：第一，为什么要有领导者？第二，什么样的人才能成为领导者？这些问题必须通过多种学科的共同探索才能得到圆满解决。

（一）领导者产生的途径

1. 组织中领导机构的物色、考察和培养

领导机构的组成人员总是在不断地进行更新，在某一时刻，该机构内部就会提出调整、充实领导班子的要求。一旦确定新的领导班子组建方案，便在组织成员中物色人选，初步选定某些成员或某个成员后，通过多种方式进行考察，加以筛选，并对最终人选做进一步培养，适时推上领导工作岗位。

2. 权威人士的发现、推荐

权威人士的发现、推荐在基层单位中是较为普遍的产生领导者的途径。这里的权威人士主要是指上级领导者或所在组织的将要离任的领导者，他只代表个人，而不代表组织中的领导机构。权威人士通过在日常工作中对有关成员的了解、熟悉，在领导人更换的时候，提出自己中意的人选，然后使用自己的权限或影响力来促使该人选实际走上领导岗位。

3. 群众民主选举

群众民主选举是民主化程度较高的组织、群体中常用的产生领导者的方法。民主选举可分为直接选举和间接选举、开放式选举和封闭式选举、差额选举和等额选举等。一般在选举时，采用的方式兼而有之，以弥补单一方式可能带来的不足。

4. 个人毛遂自荐

个人毛遂自荐是越来越被那些勇于开拓、冒险的成员所乐于采用的成为领导者的途径。组织或群体中的某些成员，在面临领导人更替的时刻，经过自己同周围其他成员的比较和对所在组织、群体的情况分析，认为自己适合在领导岗位上工作，因而提出任职请求。

5. 个人计谋得权

个人计谋得权是指个人为自身的利益，采用不正当的手段当上了领导者。这种途径在一般情况下为舆论所指责。

以上所讨论的几种单纯的途径，在实践中往往同时发生作用。如某人通过组织中领导机构物色、考察，又通过群众民主选举而走上领导岗位，这就是在第一种途径和第三种途径相结合的基础上，共同作用产生的领导人。

（二）领导者产生的主客观原因

某个个体之所以能成为领导者，其原因可大致归纳为以下五个方面。

1. 个体的个性特征

个体的个性特征包括个体的气质、性格、能力等。个体在组织或群体活动中若表现出优秀的才能智能、良好的品质和待人接物的方式，往往会对周围的其他人产生强烈的影响力，给他人留下深刻印象，得到大家的认可，从而树立自己的威信，成为周围其他成员在情感或思想上的寄托对象。具有这些个性特征的人更容易走上领导岗位。

2. 个体与其他成员的交往程度

在成员中善于交往，能频繁而通畅地进行思想、情感的沟通，发出和接收大量信息，通过沟通表达自己的观点，并与其他人增进相互的了解，在交往沟通渠道上占据有利位置的人往往能成为组织或群体的领导人。一个人表现积极活跃，能频繁地与他人交往沟通，不仅容易更多地表现自己的才能，同时也会被成员看作对群体的一种贡献，这样的人容易成为组织或群体的中心角色。

3. 个体与其他成员的利益关系

个性完善、活跃积极的个体，同时能在言行上与所在组织或群体的成员保持协调，符合成员的要求，时时处处为共同目标努力奋斗，成为成员共同利益的维护者，则容易成为未来的领导人。

4. 上级领导人或组织的意图

一般而言，能被上级领导者或上级组织赏识看中，具备某些令他们满意的特质并能够通过其达成组织或群体的目标，那么，个体即使在所属组织或群体中并不突出，也无威信，同样能为上级所指派成为领导人。

5. 组织或群体的气氛

组织或群体气氛的优劣，会产生不同类型的领导人。在良好的、具有凝聚力的组织或群体中容易产生公认的、受欢迎的并且能够胜任工作的领导人；而在人际关系不好、松散自由的组织或群体中难以产生公认的、受欢迎的并且能够胜任工作的领导人。

知识库

如何辨识有领导潜质的人才

著名领导力专家拉姆·查兰在《高管路径》一书中建议，通过观察员工的决策方式、行动方式以及行为方式识别有领导潜质的人才，并给出了以下12条标准。

（1）他追求的目标是什么？是想担任领导，还是只满足于成为个人贡献者？

（2）他的成就感源自何处？是通过自己努力达成目标，还是愿意激励他人，与人协作共同完成？

（3）他对个人专长之外的议题是否有兴趣？（是否有兴趣讨论自己不擅长的议题）

（4）他是否具有商业头脑，懂得如何提升公司盈利？

（5）他是否准确理解直接领导对他的胜任力要求？

（6）他如何保证自己持续学习，不断成长？

（7）他的工作业绩如何，是否非常优秀？

（8）在营造外部环境以及不断积极进取方面，他是否表现出强烈的追求？

（9）在就任新的岗位时，他是总带着自己的原班人马还是喜欢与新的团队合作，结识更多背景各异、能力超群的人？

（10）他对领导工作是真心热爱，还是只是说说而已？他的追求目标是好高骛远，还是脚踏实地？

（11）他是否勇于接受挑战，愿意处理日益复杂的困难局面，并能把偶尔的失败当成绝佳的学习机会？

（12）他是否有一套行之有效的办法，帮助自己持续学习，不断掌握新的技能，不断磨砺自己的意志品质，逐步实现自己的梦想？

资料来源：摘自世界经理人网站. http://www.ceconline.com/leadership/ma/8800076393/01/

四、领导权力的来源

领导的权力主要由职权（正式权力）和个人影响力（非正式权力）组成，主要可以分为以下五种。

1. 法定权

法定权指组织内各领导职位所固有的合法的、正式的权力，它是由个人在组织中的职位决定的，职位的高低决定了法定权力的大小，所以组织中的任何成员都具有法定权力。

2. 奖赏权

奖赏权指提供奖金、薪酬、表扬、升职和其他任何令人愉悦的东西的权力，源于被领导者期望奖励的心理。奖赏的权力是否有效，关键在于领导者是否确切了解对方的真实需要。

3. 惩罚权

惩罚权指通过精神、情感或物质上的威胁，强迫下级服从的权力，源于被领导者的恐惧心理。行使时往往会引起愤恨、不满，甚至报复行动，因此，必须谨慎对待。

4. 专长权

专长权是知识力量的表现，拥有这种权力的人一般具有某方面的专门知识或特殊技能，拥有较多知识和能力的人会赢得人们的尊敬、依赖与服从。

5. 个人影响权

个人影响权是由个人的品德、学识、修养或感情所产生的一种影响力，品行优秀、德高望重的人令人敬佩，使人们乐于接受他们的影响。

上述五种权力中前三种权力来自领导者在组织中所处的位置，是职权（正式权力），具有稳定性。后两种权力来自领导者自身的学习和日常工作或生活中的修养，主观性很强，领导者权力的发挥若只来自非正式权力，组织的稳定性将受到不稳定因素的冲击。所以领导者的权力是职权和个人影响力的综合，使领导者对他人产生影响，使被领导者的行为和态度发生变化，是达成组织目标的重要手段。

五、领导者的风格

关于领导者风格的研究，不同的学者从不同的角度进行了划分，根据丹尼尔·戈尔曼（Daniel Goleman）的研究，有六种不同的领导者风格。

（1）远见型。这种风格最适用于团队需要新方向的时刻。其目的是让人们朝着新的共同梦想前进。远见型领导会说明团队前进的目标，但不会限定达到目标的方式，从而让成员自由地去创新、实践，承担计划中的风险。远见型的领导者专注于提高专业知识，有长远的目光、自信的态度、创新的精神、自我否定等品质。

（2）教练型。这种风格的领导者适用于员工已经知道自己的弱点并且希望提高自己的绩效，员工意识到需要培养新的能力以进行自我提高。其目的是发展人才以备将来之需。他会帮助员工确定自身的优点和弱点，并且将这些与他们的个人志向和职业上的进取心联系起来。教练型领导者非常擅长给大家分配任务，为了给员工提供长期学习的机会，往往不惜忍受短期的失败。

（3）亲和型。这种风格的领导者强调团队合作的重要性，并通过让人们彼此联系来营造团队中的和谐气氛。戈尔曼认为，在试图增加一个组织中的团队和谐、提振士气、加强沟通或修复受损的信任时，这种方法尤其有价值。但他警告说这种方法不能单独使用，因为它注重对群体的褒扬，可能会致使表现不好的情况得不到纠正。

（4）民主型。这种风格的领导者吸收人们的知识和技能，并就最终目标达成集体承诺。在团队的发展方向未明、领导者需要大家群策群力的情况下，民主型领导者风格最为有效。戈尔曼警告说，在出现危机的情况下，紧急的事态要求迅速做出决策，这种建立一致性的方法可能带来灾难性的后果。

（5）身先士卒型。这种风格的领导者会给工作表现设定很高的标准，很想更快、更好地完成任务，往往会身先士卒做出表率。这种领导在做事情时总是强迫自己又快又好，而且他们还要求周围的每一个人也能够像他们一样。但戈尔曼警告这种风格有利有弊，因为领导对完美的过度要求会使很多员工有被压垮的感觉，但那些同样高标准完成工作的员工会被晋升到更高的职位。

（6）发号施令型。这就是“军事化”领导者风格的典型模式，发号施令型的领导者需要别人的立即服从，但也是最不容易收到成效的。因为这种风格很少表扬，然而经常批评，故而会打击员工士气和对工作的满意度。戈尔曼说，这种风格只在出现危机、需要紧急扭转事态时有效。

知识库

领导者的转变

领导者的每一次晋升，都需要在以下三方面实现转型：领导技能——培养胜任新职务所需要的新能力，提升领导力；时间管理——重新配置时间精力资源，决定如何高效工作；工作理念——更新工作理念和价值观，让工作聚焦重点。

资料来源：查兰 L，德罗特 S，诺埃尔 J. 领导梯队：全面打造领导力驱动型公司[M]. 北京：机械工业出版社，2016

第二节 领 导 理 论

领导理论是研究领导有效性的理论，是管理学理论研究的热点之一。影响领导有效性的因素以及如何提高领导的有效性是领导理论研究的核心。西方组织行为学家、心理学家从不同角度，对领导问题进行了大量研究。本节中我们将领导理论分为三类：领导特性理论、领导行为理论和领导情境理论（situational theories of leadership）。

一、领导特性理论

领导特性理论是对西方研究领导者素质的成果的统称。领导特性理论集中回答这样的问题：领导者应该具备哪些素质？怎样正确地挑选领导者？

20世纪30年代，研究者将心理学研究方法应用到领导者特征的研究上，由此形成了领导特性理论。传统特性理论认为领导者的特性来源于生理遗传，是先天就有的，且领导者只有具备这些特性才能成为有效的领导者。这时期的领导特性理论侧重研究领导者的心理、性格、知识、能力等方面的特征，主要研究领导者和追随者在本质上是否存在差别，是否存在特定特质、生理属性、智力或个人价值观等方面的差别，以便将追随者与领导者区分出来。

现代领导特性理论认为：领导者的特性和品质并非全是与生俱来的，而可以在领导实践中形成，也可以通过训练和培养的方式予以造就。主张现代特性理论的学者提出了不少富有见地的观点。

美国著名心理学家吉赛利（E.Echiselli）在对 300 名经理人员进行研究后，于 1971 年出版《管理才能探索》一书，并在书中研究探索了八种个性特征和五种激励特征。

八种个性特征具体包括如下方面。

（1）才智：语言与文字方面的才能。

（2）首创精神：开拓创新的愿望和能力。

（3）督察能力：指导和监督别人的能力。

（4）自信心：自我评价高、自我感觉好。

（5）适应性：善于同下属沟通信息、交流感情。

（6）判断能力：决策判断能力较强，处事果断。

（7）性别：男性与女性有一定的区别。

（8）成熟程度：经验、工作阅历较为丰富。

五种激励特征具体包括如下方面。

（1）对工作稳定的需要。

（2）对物质金钱的需要。

（3）对地位权力的需要。

（4）对自我实现的需要。

（5）对事业成就的需要。

吉赛利的这些性格研究，由于有严密的科学性而受到尊重，他的研究结果还指出了这些特征的相对重要性（表 11-2）。

表 11-2 领导特征价值表

重要特征	重要价值	领导特征
非常重要	100	督察能力（P）
	76	对事业成就的需要（M）
	64	才智（P）
	63	对自我实现的需要（M）
	62	自信心（P）
	61	判断能力（P）

续表

重要特征	重要价值	领导特征
非常重要	64 47	对工作稳定的需要（M） 适应性（与下属关系亲近）（P）
次重要	34 20 10 5	首创精神（P） 对物质金钱的需要（M） 对地位权力的需要（M） 成熟程度（P）
不重要	0	性别（男性或女性）（P）

注：（1）括号中 P 表示个性特征，M 表示激励特征；

（2）重要性价值 100＝非常重要，0＝不重要

领导特性理论的主要贡献：领导者作为组织中的重要组成部分，对组织的发展起着重要的作用。作为一种特殊的群体，其拥有独特的素质，领导者特性理论为选拔、培养和考核领导干部提供了重要的标准体系。

二、领导行为理论

领导行为理论集中研究领导的工作作风和行为对领导有效性的影响。

（一）俄亥俄州立大学的研究

俄亥俄州立大学的二维构面理论又称领导双因素模式，是该校研究者弗莱西（E. A. Fleishman）和他的同事从 1945 年起对领导问题进行的广泛研究。他们发现，领导行为可以利用两个维度加以描述："关怀"（consideration）维度；"定规"（initiatingstructure）维度（图 11-1）。

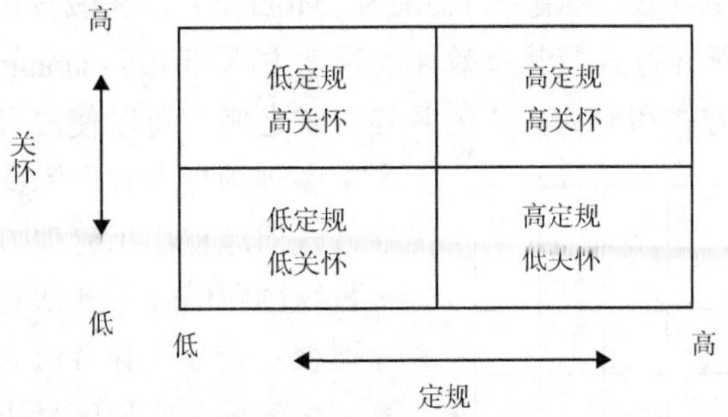

图 11-1 定规和关怀

（1）"关怀"是指一位领导者对其下属所给予的尊重、信任以及互相了解的程度。从高度关怀到低度关怀，中间可以有无数不同程度的关怀。

（2）"定规"就是指领导者对于下属的地位、角色与工作方式，是否都制定有规章或工作程序。这也可有高度的定规和低度的定规。

①高关怀低定规的领导者。这种领导者注意关心爱护下属，经常与下属交换思想、信息，与下属感情融洽，但是组织内规章制度不严，工作秩序不佳，这是一个较仁慈的领导者。

②低关怀高定规的领导者。这种领导者注意严格执行规章制度，建立良好的工作秩序和

责任制，但是不注意关心爱护下属，不与下属交流信息，与下属关系不融洽，这是一个较为严厉的领导者。

③低关怀低定规的领导者。这种领导者不注意关心爱护下属，不与下属交换思想、信息，与下属关系不太融洽，也不注意执行规章制度，工作无序，效率低下，这是一个无能、不合格的领导者。

④高关怀高定规的领导者。这种领导者注意严格执行规章制度，建立良好的工作秩序和责任制，同时关心爱护下属，经常与下属交流信息、沟通思想，想方设法调动组织成员的积极性，在下属心目中可敬可亲，这是一个高效成功的领导者。但这种领导者并不总是产生积极效果。在生产部门内，工作技巧评定结果与定规程度呈正相关，而与关怀程度呈负相关。但在非生产部门内，这种关系恰恰相反。一般来说，高定规和低关怀的领导方式效果最差。其他三种类型的领导行为普遍与较多的缺勤、事故、抱怨及离职有关系。

（二）密歇根大学的研究

密歇根大学研究了领导行为的两个概念化维度：以生产为中心的行为和以员工为中心的行为。以生产为中心的领导者关注任务，而非人员，更强调工作的技术或任务事项，并将群体成员视为达到目标的手段；以员工为中心的领导者重视人际关系，他们总会考虑下属的需求，并承认人与人之间的不同，以员工为中心的领导者将对工作单位中的社会方面的强烈关注和高绩效期望结合了起来。密歇根大学研究者的结论对以员工为中心的领导者十分有利。以员工为中心的领导者与高群体生产率和高工作满意度联系在一起，而以生产为中心的领导者则与低群体生产率和高工作满意度联系在一起。

（三）管理方格理论

布莱克（Robert R. Blake）和莫顿（Jane S. Mouton），在俄亥俄州立大学研究的领导者行为理论基础上提出了领导方式及其有效性的管理方格理论（management grid theory）。指出在对生产关心的领导方式和对人关心的领导方式之间，可以使二者在不同程度上相互结合产生多种领导方式。为此，他们根据企业中的领导方式问题提出了管理方格法，使用自己设计的一张纵轴和横轴各 9 等份的方格图，纵轴和横轴分别表示企业领导者对人与对生产的关心程度。第 1 格表示关心程度最小，第 9 格表示关心程度最大。全图总共 81 个小方格，分别表示“对生产的关心”和“对人的关心”这两个基本因素以不同比例结合的领导方式（图 11-2）。

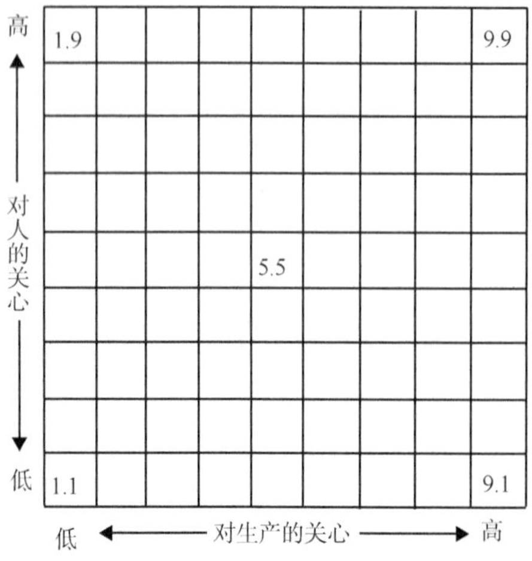

图 11-2 管理方格图

图 11-2 中有以下五种典型的类型。

“1.1”型，即无效的管理，这种领导者对下属和工作都很少关心，必然失败。

“9.1”型，即任务管理。这种领导者将重点放在工作上，而对员工很少关心。领导者的权力很大，指挥和控制下属的活动，员工只能奉命行事，不能发挥积极性和创造性。

“1.9”型，即俱乐部型管理。这种领导者将重点放在满足员工的需要上，而对指挥监督、规章制度重视不够。

“5.5”型，即中间型管理，这种领导者对员工的关心和对工作的关心保持中间状态，只求维持一般的工作效率与士气，不积极促使下属发扬创造革新的精神。

“9.9”型，即团队型管理，这种领导者对员工和工作都很关心，能使员工和生产两个方面最理想、最有效地结合起来。

三、领导情境理论

领导情境理论也叫情境理论、因地制宜理论等。这种理论认为，领导的有效行为应随着被领导者的特点和环境的变化而变化，不能是一成不变的。

（一）费德勒的权变模型

费德勒（F. Fiedler）的权变模型是指，有效的群体绩效取决于两个方面的恰当匹配：其一是与下属发生相互作用的领导者风格，其二是领导者能够控制和影响情境的程度。该模型基于这样的前提假设：在不同类型的情境中，总有某种领导者风格最为有效。

1. 影响因素

影响领导行为效果的情境因素主要有以下三个。

（1）领导者与被领导者之间的关系。领导者是否受到下级的喜爱、尊敬和信任，是否能吸引并使下级愿意追随领导者。

（2）职位权力。领导者所处的职位能提供的权力和自身的影响力是否充分，在上级和整个组织中所得到的支持是否有力，对聘用、解雇、纪律、晋升和增加工资的影响程度大小。

（3）任务结构。任务结构指工作团队要完成的任务是否明确，有没有模糊的地方，其规范和程序化程度如何。

2. 最不喜欢同事问卷调查

费德勒相信影响领导者成功的关键因素之一是个体的基本领导风格，因此他为发现这种基本风格设计了最不喜欢同事（least preferred co-worker questionnaire，LPC）调查问卷，问卷由16组对应形容词构成。作答者要先回想一下自己共过事的所有同事，并找出一个最不喜欢的同事，在16组形容词中按1～8等级对他进行评估。如果以相对积极的词汇描述最不喜欢同事（LPC得分高），则作答者很乐于与同事形成良好的人际关系，就是关系取向型。相反，如果对最不喜欢同事看法很消极，则说明作答者可能更关注生产，就称为任务取向型。费德勒运用最不喜欢同事问卷将绝大多数作答者划分为两种领导风格，也有一小部分处于两者之间，很难勾勒。

费德勒模型（图 11-3）指出，当个体的最不喜欢同事分数与三项环境变数的评估分数相匹配时，则会达到最佳的领导效果。费德勒将三个环境变数任意组合成八种情况，对1200个团体进行了观察，收集了将领导风格同对领导有利或不利条件的八种情况关联起来的数据，得出在各种不同的情况下，为了让领导有效所应当采取的领导方式。

环境类型	1	2	3	4	5	6	7	8
领导-员工关系	好				差			
任务结构	高		低		高		低	
职位权力	强	弱	强	弱	强	弱	强	弱
	顺利的环境			中等顺利环境			不顺利的环境	

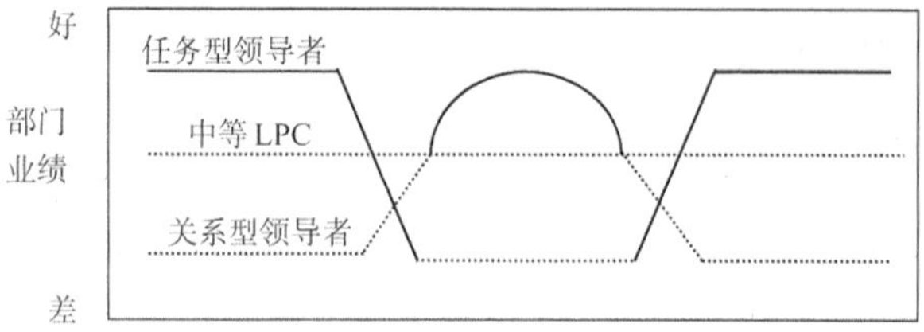

图 11-3　费德勒模型

费德勒模型表明，在对领导者最有利和最不利的情况下（1，2，3，8 项），采用任务导向其效果比较好。在对领导者中等有利的情况下（4，5 项），采用关系导向效果比较好。

费德勒认为领导者风格是与生俱来的——领导者不可能改变他们的风格去适应变化的情境，只能在不同的情境下采取不同的领导方式。因此提高领导者的有效性可以从两方面着手：一方面可以试图改变领导者的个性或替换领导者以适应情境，另一方面可以改变情境以适应领导者。

（二）路径-目标理论

路径-目标理论是权变理论的一种，由多伦多大学的组织行为学教授罗伯特·豪斯（Robert House）最先提出，后来华盛顿大学的管理学教授特伦斯·米切尔（Terence R. Mitchell）也参与了这一理论的完善和补充。目前路径-目标理论已经成为最受人们关注的领导观点之一。

路径-目标理论同以前各种领导理论的最大区别在于，它立足于下属，而不是立足于领导者。在豪斯眼里，领导者的基本任务就是发挥下属的作用，而要发挥下属的作用，就得帮助下属设定目标，把握目标的价值，支持并帮助下属实现目标。在实现目标的过程中提高下属的能力，使下属得到满足。

这样，就形成了这一理论的两个基本原理。

（1）领导方式必须是下属乐于接受的方式，只有能够给下属带来利益和满足的方式，才能使他们乐于接受。

（2）领导方式必须具有激励性，激励的基本思路是以绩效为依据，同时以对下属的帮助和支持来促成绩效。也就是说，领导者要能够指明下属的工作方向，还要帮助下属排除实现目标的障碍，使其能够顺利达到目标，同时在工作过程中尽量使下属的需要得到满足。

1. 豪斯确定了四种领导行为

（1）指导型领导（directive leadership）。领导者对下属需要完成的任务进行说明，包括对他们有什么希望，如何完成任务，完成任务的时间限制，等等。指导型领导能为下属制定出明确的工作标准，并将规章制度向下属讲得清清楚楚。指导不厌其详，规定不厌其细。

（2）支持型领导（supportive leadership）。领导者对下属的态度是友好的、可接近的，他们关注下属的福利和需要，平等地对待下属，尊重下属的地位，能够对下属表现出充分的关心和理解，在下属有需要时能够真诚帮助。

（3）参与型领导（participative leadership）。领导者邀请下属一起参与决策。参与型领导能同下属一起进行工作探讨，征求他们的想法和意见，将他们的建议融入团体或组织将要执行的那些决策中去。

（4）成就-取向型领导（achievement-oriented leadership）。领导者鼓励下属将工作做到尽量高的水平。这种领导者为下属制定的工作标准很高，寻求工作的不断改进。除了对下属期望很高外，成就-取向型领导还非常信任下属有能力制订并完成具有挑战性的目标。在实现中究竟采用哪种领导方式，要根据下属特性、环境变量、领导活动结果的不同因素，以权变观念求得不同领导方式的恰当配合。

和费德勒不同，豪斯主张领导方式的可变性。他认为领导方式是有弹性的，这四种领导方式可能在同一个领导者身上出现，因为领导者可以根据不同的情况斟酌选择，在实践中采用最适合下属特征和工作需要的领导风格。豪斯强调，领导者的责任就是根据不同的环境因素来选择不同的领导方式。如果强行用某一种领导方式在所有环境条件下实施领导行为，必然会导致领导活动的失败。

2. 权变变量和预测

路径-目标理论提出了两类情境作为领导行为与结果之间关系的中间变量，它们是下属控制范围之外的环境（任务结构、正式权力系统以及工作群体），以及下属个性特点中的一部分（控制点、经验和感知能力）。要想使下属的产出最多，环境因素决定了作为补充所要求的领导行为类型，而下属个性特点决定了对环境和领导者行为做出何种解释。在工作环境中，领导者必须确认员工的任务是否已经结构化了；正式权力系统是否最适合指挥型或参与型领导，以及现在的工作群体是否满足了员工的社会和尊重需要。面对不同的情境，领导者的行为要发生相应的变化。相关的研究证明了该理论背后的逻辑性。这就说明，当领导者的行为弥补了下属或工作环境等方面的不足时，则可能会对员工的绩效和满意度起到积极的影响。但是，当任务本身十分明确或员工有能力和经验完成工作而无须预测时，如果领导者还要花费时间解释工作任务，则下属会将这种指示性行为视为多余。

（三）领导生命周期理论

领导生命周期理论由保罗·赫西（Paul Hersey）和肯尼斯·布兰查德（Blanchard）提出，也称情境领导理论，这是一个重视下属的权变理论。赫西和布兰查德认为，依据下属的成熟度（工作成熟度和心理成熟度），选择正确的领导风格，就会取得领导的成功（图 11-4）。

1. 四种领导方式

（1）命令型领导方式（高任务-低关系）。在这种领导方式下，由领导者进行角色分类，并告知人们做什么、如何做、何时以及在何地去完成不同的任务。它强调指导性行为，通常采用单向沟通方式。

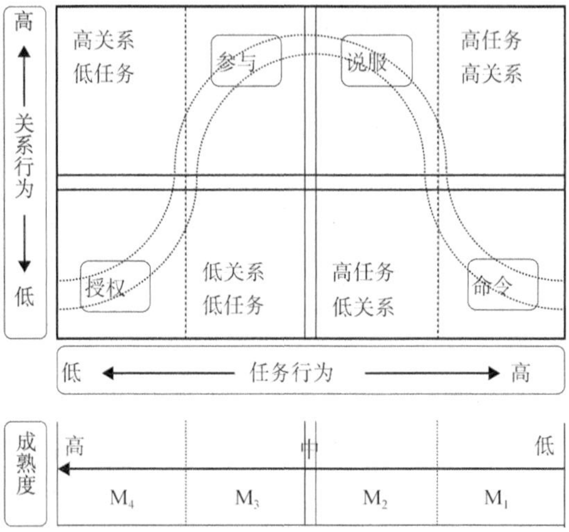

图 11-4 领导生命周期曲线

（2）说服型领导方式（高任务-高关系）。在这种领导方式下，领导者既提供指导性行为，又提供支持性行为。

（3）参与型领导方式（低任务-高关系）。在这种领导方式下，领导者极少进行命令，而是与下属共同进行决策。领导者的主要作用就是促进工作的进行和沟通。

（4）授权型领导方式（低任务-低关系）。在这种领导方式下，领导者几乎不提供指导或支持，通过授权鼓励下属自主做好工作。

2. 下属成熟度的四个阶段

赫西和布兰查德的领导生命周期理论认为下属成熟度有以下四个阶段。

第一阶段（不成熟）。下属对于执行某任务既无工作所需的能力又不情愿。他们既不能胜任现在的工作又不能被领导信任。

第二阶段（初步成熟）。下属缺乏相应的工作能力，但却愿意执行必要的工作任务。他们有积极性，但目前的工作能力还不能胜任现在的工作。

第三阶段（比较成熟）。下属有很强的工作能力，但却不愿意做领导分配给他们的工作。

第四阶段（成熟）。下属既有工作能力又愿意做领导让他们做的工作。

有效领导方式的选择方法有如下四种。

（1）当下属成熟程度为第一阶段时，选择命令型领导方式。

（2）当下属成熟程度为第二阶段时，选择说服型领导方式。

（3）当下属成熟程度为第三阶段时，选择参与型领导方式。

（4）当下属成熟程度为第四阶段时，选择授权型领导方式。

➢ 拓展学习

1. 查兰 L，德罗特 S，诺埃尔 J. 领导梯队：全面打造领导力驱动型公司[M]. 徐中，林嵩，雷静，译. 北京：机械工业出版社，2011.

2．诺斯豪斯 P G. 领导学：理论与实践[M]. 吴爱明，陈爱明，陈晓明，译. 4 版. 北京：中国人民大学出版社，2012.

➢思考题

1. 领导的概念有很多种，它们分别强调了什么？试着谈一谈你对领导的理解。
2. 领导的作用有哪些？举例说明。
3. 领导权力是怎样获得的？
4. 领导就是管理，这样的说法正确吗？
5. 领导特性理论主要研究的是什么？我们应该如何评价它？
6. 依据不同的划分标准，你知道的领导者风格有哪些？
7. 费德勒权变理论的主要观点是什么？该理论对管理者有什么启示？

➢案例分析

华为放权哲学：高层领导者的应有心态和职业特征

权力是领导管理的现实命题，也是领导管理的哲学命题。所谓现实命题，就是领导者必须获得领导权力，没有权力就无法领导；所谓哲学命题，就是领导者必须学会辩证用权，辩证用权不仅是艺术，更是领导者格局、胸怀和素养的体现。一般来说，领导活动的通病是领导者舍不得放下手中的权力，常常死抓住那些体现领导权威的签字权、用人权、拍板权等不放。这也是一些企业很难做强做大的重要原因。

而华为的领导与此相反，倡导的却是放权哲学。2000 年春节后上班的第一天，任正非对公司全体高级副总裁“突然袭击”，进行了一场“托福”式考试。考试的题目是围绕华为内刊第 98 期《华为人》刊载的《无为而治》一文谈对治理公司的认识，并要求 2 小时内当场交卷。这场考试阐发的理念是：一个职业管理（领导）者的社会责任（狭义）与历史使命，是为完成组织目标而奋斗，而履行这一使命的职业素养，也称为高级职业管理（领导）者应有心态和行为特征，是“无为而治”。

任正非强调：“淡化英雄色彩，特别是淡化领导人创业者的色彩，是实现职业化的必然之路。”高层领导者应给下属提供充分施展的平台，下属有机会脱颖而出，自己则应“化作春泥更护花”。“权力不是要别人服从您，而是您告诉他如何干。”任正非不仅要求高级领导者主动放权，自己更是以身作则，早早放弃签字权，在公司建立轮值 CEO 制度。而放权哲学的另一面，是强调基层干部不能“无为而治”，基层干部要成为炸碉堡的英雄，基层干部要呕心沥血、身体力行、事必躬亲、坚决执行、严格管理、有效监控、诚信服从。与高级干部标准反过来，形成一个对立统一的悖论。华为的放权哲学，指的是公司高层。高层干部掌握了“放权哲学”，才能够使企业摆脱低层次循环，不断做强做大。

资料来源：欧建平. 感悟华为的现代领导哲学[J]. 中国领导科学，2019（5）：80-85（有改动）

问题：结合案例分析任正非的“放权哲学”思想对华为快速发展的影响。

第十二章　激　励

本章重点

激励的概念

激励理论

激励的方法

引导案例

猎狗和猎人

目标：一条猎狗将兔子赶出了窝，一直追赶它，追了很久仍没有追到。牧羊看到此种情景，讥笑猎狗说："你们两个之间小的反而跑得快得多。"猎狗回答说："你不知道，我们两个的跑是完全不同的！我仅仅为了一顿饭而跑，它却是为了性命而跑呀！"

动力：这话被猎人听到了，猎人想：猎狗说得对啊，那我要想得到更多的猎物，得想个好法子。于是，猎人又买来几条猎狗，凡是能够在打猎中捉到兔子的，就可以得到几根骨头，捉不到的就没有饭吃。这一招果然有用，猎狗纷纷去努力追兔子，因为谁都不愿意看着别人有骨头吃，自己没得吃。就这样过了一段时间，问题又出现了。大兔子非常难捉到，小兔子好捉，但捉到大兔子得到的奖赏和捉到小兔子得到的奖赏差不多，猎狗善于观察，发现了这个窍门，专门去捉小兔子。慢慢地，猎狗们都发现了这个窍门。猎人对猎狗说："最近你们捉的兔子越来越小了，为什么?"猎狗说："反正没有什么大的区别，为什么费那么大的劲去捉那些大的呢?"

长期的骨头：猎人经过思考后，决定不将分的骨头的数量与是否捉到兔子挂钩，而是采用每过一段时间，就统计一次猎狗捉到兔子的总重量，按照重量来评价猎狗，决定一段时间内的待遇。于是猎狗捉到兔子的数量和重量都增加了。猎人很开心，但是过了一段时间，猎人发现，猎狗捉兔子的数量又少了，而且越有经验的猎狗，捉兔子的数量下降得就越厉害。于是猎人又去问猎狗，猎狗说："我们把最好的时间都奉献给了您，主人，但是我们随着时间的推移会老，当我们捉不到兔子的时候，您还会给我们骨头吃吗?"

骨头与肉兼而有之：猎人做了论功行赏的决定，分析与汇总了所有猎狗捉到兔子的数量与重量，规定如果捉到的兔子超过一定的数量后，即使捉不到兔子，每顿饭也可以得到一定数量的骨头。猎狗都很高兴，大家都努力去达到猎人规定的数量。一段时间过后，终于有一些猎狗达到了猎人规定的数量。这时，其中一条猎狗说："我们这么努力，只得到几根骨头，而我们捉的猎物远远超过了这几根骨头，我们为什么不能给自己捉兔子呢?”于是，有些猎狗离开了猎人，自己捉兔子去了。猎人意识到猎狗正在流失，并且那些流失的猎狗像野狗一般和自己的猎狗抢兔子。情况变得越来越糟，猎人不得已引诱了一条野狗，问它到底做野狗比做猎狗强在哪里。野狗说：“猎狗吃的是骨头，吐出来的是肉啊！”接着又道：“也不是所有的野狗都顿顿有肉吃，大部分最后骨头都没得舔！不然也不至于被你诱惑。”于是猎人进行了改革，使得每条猎狗除基本骨头外，可获得其所猎兔肉总量的 $n\%$，而且随着服务时间加长、贡献变大，该比例还可递增，并有权分享猎人总兔肉的 $m\%$。就这样，猎狗与猎人一起努力，将野狗逼得叫苦连天，强烈要求重归猎狗队伍。

公司的发展：许诺加盟的野狗能得到公司 $n\%$ 的股份，这实在是太有诱惑力了。这些自认为怀才不遇的野狗都以为找到了知音：终于做公司的主人了，不用再忍受猎人呼来唤去的不快，不用再为捉到足够多的兔子而累死累活，也不用眼巴巴地乞求猎人多给两根骨头而扮得楚楚可怜。这一切对这些野狗来说，比多吃两根骨头更加受用。于是野狗拖家带口地加入了公司。

资料来源：https://wenku.baidu.com/view/6644d57edd88d0d232d46a9f.html（有改动）

第一节 激励概述

激励不论是从诱因、激奋状态还是从调动人的积极性过程来看，都是人的整个行为的动力系统。

一、激励的概念

所谓激励，一般是指激发人的动机的心理过程。管理心理学中激励的含义，主要是指激发人的动机，加强个体行为的内部动力，鼓励个体向期望的目标迈进。激励有三要素：激励对象、激励方式和激励效应，也就是说对谁激励、怎样激励、激励效果。

人们也常常将激励理解为调动人的积极性。人的积极性是一种能激发人在思想、行动上努力进取的心理动力。当这种心理动力受到激励时，人就会处在自觉主动的心理活动状态，这种状态具体表现在人的意识活跃水平、情绪振奋程度和意志力强度等方面，从而直接导致行为效率的提高。具体来说，可以从以下三个方面来理解。

（1）从诱因和强化的观点来看，激励就是将外部适当的刺激（诱因）转化为内部心理动力，从而强化人的行为。

（2）从内部心理状态来看，激励就是激发人的动机，是推动人的行为的强大力量。

（3）从心理和行为过程来看，激励是指激发人的动机，使人有一股内在的动力，朝向所期望的目标前进的心理活动过程。激励过程包含三种基本变量之间（刺激变量，需要、动机、个性等机体变量，行为反应变量）的相互关系。因此人的行为的激励过程，就其本质来说，就是由刺激变量（目标、诱因等）引起机体变量（个体需要与动机等）产生持续不断的兴奋状态，从而引起积极的行为反应，实现目标，当目标达到之后，经反馈又强化了刺激，如此反复，延续不断。

知 识 库

测量员工的个性化工作动机

依据Alexander Hiam的观点，用15个指标可以全面测量员工的个性化工作动机，根据这 15 个指标的得分情况，分别采取有针对性的激励措施，以有效地引导员工的行为。这15个指标分别是归属动机、自我表现动机、成就动机、安全动机、职业成长动机、挑战动机、追求地位动机、目标实现动机、竞争动机、领导赏识及同事认同动机、人际关系动机、自治动机、追求物质的动机、责任动机、满足家庭需要动机。

归属动机：希望感受到自己是工作团队的一员，并因此而快乐。

自我表现动机：通过工作过程和工作结果表现自己创造性的愿望。

成就动机：被实现个人目标和追求卓越所驱动。

安全动机：追求稳定，降低不确定性和压力的愿望。

职业成长动机：强烈要求发展自己的事业。

挑战动机：通过挑战性工作体会生活乐趣。

追求地位动机：通过成就提升在组织中的地位的愿望。

目标实现动机：强烈的实现目标的愿望。

竞争动机：超越他人的愿望。

领导赏识及同事认同动机：从团队中得到正面反馈的需要和愿望。

人际关系动机：与周围的人建立良好关系的需要和愿望。

自治动机：自主地控制自己工作和生活的愿望。

追求物质的动机：获取物质回报的愿望。

责任动机：希望承担更多的责任及在工作中扮演重要角色的愿望。

满足家庭需要动机：希望更灵活的日程安排满足照顾孩子及父母的愿望。

对于这 15 种工作动机按五级量表的五个等级，即强烈不同意、不同意、一般、同意、强烈同意进行归类，这五个等级分别对应的得分是 1 分、2 分、3 分、4 分、5 分。即选择强烈不同意得 1 分，选择不同意得 2 分，以此类推。每一位员工都针对自己的情况对这 15 种工作动机打分，然后排序得到得分较高的前 5 项，有关学者的研究表明前 5 项动机基本反映员工的主要需求，并支配员工的行为。这样就可以根据员工的选择把握其工作动机结构，进而有针对性地采取激励措施。

二、激励的作用

在管理中，激励对于发掘人的潜力、调动人的积极性、提高管理效率等都具有很重要的作用。

（一）激励为行为提供动力

需要是产生行为的内在原因，动机是产生行为的直接原因，而激励则为行为提供动力。

在一般情况下，激励表现为个体行为的自动力，这种动力由外界施加的推动力和主观产生的吸引力共同形成。

个体的行为常常受到外界推动力和内在吸引力的影响，若推动力与吸引力的方向一致，两者指向同一方向或同一目标，则易产生较强的合力，激发行为的动机，强化行为的动力。由消极的“要我做”转变为积极的“我要做”。在这种情况下，个体处于被激励状态，动力强，行为积极。

（二）激励可以发挥人的潜力

经验表明，经过激励的行为与未经过激励的行为效果大不相同。美国哈佛大学威廉·詹姆士教授通过对员工的激励研究发现，按计时工资获得报酬的职工，一般只需发挥能力的20%～30%，即可保住职业而不被解雇。如果受到充分的激励，则职工的能力可发挥出80%～90%，其中激励所发挥的力量可以用如下关系说明：

$$工作绩效=f（能力\times激励）$$

人的工作绩效不仅取决于能力的大小，而且取决于激励的水平，即积极性的高低。能力固然是取得绩效的基本保证，但是不管能力多强，如果没有激励去调动，则能力在很大程度上只是潜力而不能发挥出来。只有获得强有力的激励，才能使能力充分发挥从而提高工作绩效。

心理学家奥格登于 1963 年做的“警觉性试验”就证明了这一点。该试验用一个光源调节发光强度，记录被试者辨别光强度变化的感觉以测定其警觉性。试验中的被试者分为四个组：A 组为控制组，不施加任何激励；B 组是挑选组，告诉他们：“你们是经过挑选的，被认为具有较强竞争能力，现要试验哪一位的觉察力最强”；C 组是集体竞赛组，告诉他们：“你们这个组要同另一个组比赛，看哪一个组成绩好”；D 组为奖惩组，每出现一次错误罚 1 角钱，每次无误奖励 5 分钱。

试验表明，经过激励的行为与未经过激励的行为存在明显的差别。用精神激励法，其误差次数是未经过激励小组的 1/3；用奖惩的物质激励，也使误差减少一半，这不仅说明激励的重要作用，还揭示了激励方式对行为表现有非常大的影响。

（三）激发人的工作热情与兴趣

激励具有激发人的工作热情与兴趣，解决工作态度和认识倾向问题的独特功能。在激励中，员工对本职工作产生强烈、深刻、积极的情感，并能以此为动力，集中自己的全部精力为达到预期目标而努力。激励还使人对工作产生浓厚而稳定的兴趣，使员工对工作产生高度的注意力、敏感性，形成对自身职业的偏爱。并且能够促使个人的技术和能力，在浓厚的职业兴趣基础上发展起来。

（四）通过激励吸引人才、留住人才

有效的激励能够将有才能的、组织所需要的人吸引过来，并长期为该组织工作。例如，美国采用高酬金、创造好的工作条件等激励措施，从世界各国吸引很多有才能的专家、学者，这是美国在许多科技领域保持领先地位的重要原因之一。据统计，1993 年在美国获得博

士学位的学生中有近半数是外国人，毕业后他们大部分进入硅谷等尖端技术研究机构工作，这些人为美国高新技术及其产业的发展已经并继续发挥重大作用。

（五）激励能够调动和提高人们工作的自觉性、主动性、创造性

实践表明，激励能提高人们接受和执行组织的自觉程度，能解决员工对工作价值的认识问题；能使员工感受到自己所从事工作的必要性、重要性与迫切性，进而更自觉、主动、创造性地来完成本职工作。

三、激励的影响因素

（一）激励时机

激励时机是影响激励效果的一个重要因素。激励在不同时间进行，其作用与效果有很大差别。超前的激励可能会使人感到无足轻重，迟来的激励可能会让人觉得多此一举。这样的激励就失去了意义，发挥不了应有的作用。只有激励时机选择得当，才能有效地发挥激励的作用。

（二）激励频率

激励频率是指在一定时间里进行激励的次数，它一般是以一个工作周期为时间单位的。激励频率的高低是由一个工作周期里激励次数的多少决定的。激励频率与激励效果之间并不完全是简单的正比关系。在某些特殊的条件下，二者呈一定的反比关系。所以，只有区别不同情况，采取相应的激励频率，才能有效地发挥激励的作用。激励频率的选择受工作的内容和性质、任务目标的明确程度、激励对象的素质情况、劳动条件和人事环境等客观因素的影响。一般来说，对于复杂性强目标不明确较难完成的任务、素质较低的员工、工作条件和人事环境较差的部门，激励频率应当高；对于目标简单明确较容易完成的任务、素质较高的员工、工作条件和人事环境较好的部门，激励频率就应该低。

（三）激励程度

激励程度是指激励量的大小，即奖赏或惩罚标准的高低，它也是影响激励效果的一个重要因素。激励程度是否恰当直接影响激励作用的发挥。超量激励和不足量激励不但起不到激励的真正作用，有时甚至还会起反作用，造成对工作热情的严重挫伤。过于优厚的奖赏，会使人感到得来轻而易举，用不着进行艰苦的努力；过于严厉的惩罚，可能会导致人的破罐破摔心理，使他们失去上进的勇气和信心；过于吝啬的奖赏，会使人感到忙碌半天，结果徒劳一场，从此消沉下去，提不起工作干劲；过于轻微的惩罚，可能导致人的无所谓心理，认为小事一桩、无足轻重，不但不思悔改，反而变本加厉。

（四）激励方向

激励方向是指激励的针对性，即针对什么样的内容来实施激励，它对激励效果也有显著影响。激励方向的选择与激励作用的发挥有着非常密切的关系。因为人的需要并不是一成不

变的，它有一个由低级向高级发展的过程，而且这一过程并不是一种间断的、阶梯式的跳跃，而是一种连续的、波浪式的演进。不同层次的需要可以同时并存，但各种需要的动机作用是不一样的，总存在一种起最大支配力量的优势需要。针对这样的需要进行激励，效果最为明显。另外，当某一层次的优势需要基本上得到满足时，激励的作用就难以持续，只有将激励方向转移到满足更高层次的优势需要，才能更有效地达到激励的目的。

第二节 激励理论

一、内容型激励理论

内容型激励理论也可称为需要激励理论。需要是激励人们进取的基础和源泉，内容型激励理论就是研究究竟是何种需要激励人们从事自己的工作。最具代表性的内容型激励理论包括需要层次理论、成就需要理论和双因素理论。

（一）需要层次理论

1943 年，美国人本主义心理学的创始人马斯洛（Abraham H. Maslow，1908—1970 年）在《人的动机理论》一书中，提出了需要层次理论。之后，马斯洛又在《需要满足与心理健康》《论低级牢骚、高级牢骚和超级牢骚》等文章中，对其需要层次理论均做了补充、引申和应用。

马斯洛认为，人的价值体系中存在着不同层次的需要，形成一个需要系统。人类的基本需要是由低级到高级，以层次形式出现的。当某一层次的需要得到相对满足时，其激发动机的作用随之减弱或消失，此时上一级的较高层次需要成为新的激励因素。这样，人的基本需要便形成一种有相对优势的层系结构。

（1）生理的需要。生理的需要是指对于食物、饮料、住所、衣服、睡眠、空气、性等的需要。显然，生理的需要具有自我与种族保存的意义。马斯洛认为，生理的需要是人的需要中最基本、最强烈、最明显的一种需要，是最迫切要求得到满足的一种需要，只有生理的需要得到满足后，才会有另外的、更高级的需要。

（2）安全的需要。安全的需要是指对于劳动安全、职业安全、生活稳定、免于灾难、未来有保障、社会保险、退休金等方面的需要。

（3）社交的需要。社交的需要亦称归属和爱的需要。一般人都喜欢在被接受的情况下与人交往。每个人都希望得到爱情、家庭、友谊，希望被多种群体所接纳，有良好的人际关系，若社交的需要得不到满足则会使人产生孤独感和精神压抑感。

（4）尊重的需要。尊重的需要是指对于成就、名誉、地位、评价等的需要。马斯洛发现，人们对尊重的需要可以分为两类，即自尊和来自他人的尊重。自尊包括对获得信心、能力、本领、成就、独立和自由等的愿望。自尊需要的满足使人有自信的感情，觉得在这个世界上有价值、有实力、有能力、有用处；否则，会使人产生自卑感、软弱感、无能感，从而使人失去基本的信心。来自他人的尊重，包括威望、承认、接受、关心、地位、名誉等。尊重的需要一旦成为驱动力，人就将具有持久的干劲。

（5）自我实现的需要。自我实现的需要是指人对于成长、发展、利用潜力的心理需要。马斯洛指出，自我实现的需要就是“促使他的潜在能力得以实现的趋势，这种趋势可以说成希望自己越来越成为所期望的人物，完成与自己的能力相称的一切事情”。音乐家必须演奏音乐，画家必须绘画，诗人必须写诗，是什么样的角色就应该干什么样的事，这样才会使他们感到最大的快乐。

马斯洛需要层次理论主要有如下观点。

第一，生理的需要和安全的需要属于低级需要，尊重的需要和自我实现的需要属于高级需要，社交的需要起着中间过渡作用。人的需要次序由低至高逐级发展。自我实现的需要是人类需要发展的顶峰。马斯洛认为，一个健全的人首先受“发挥和实现自己最大潜力与能量”这种需要所激励，自我实现的人员是有高度感受能力的社会人，他们在很大程度上能自我鞭策。

第二，马斯洛的需要层次理论是一种动态理论，它揭示了人类需要发展的一般规律，当一种需要未被满足时，它将成为支配行为的优势需要；低一级的需要不一定完全得到满足才产生高一层次的需要，需要的演进是波浪式的；较低一级的需要的高峰过去之后，较高一级的需要才能起优势作用；需要的更迭与替代并不是突然的、跳跃的，而是逐步的、渐渐发生的，而且有所交叉与重叠，构成对行为的综合影响。各级需要层次的产生和个体发育密切相关。婴儿期主要是生理的需要占优势，而后产生安全的需要、尊重的需要。到了少年、青年初期，尊重的需要日益强烈。青年中、晚期以后，自我实现的需要开始占优势。

此外，需要的五个层次顺序，只是一般化的抽象模式，而现实中人的需要受到多方面因素的影响，表现得复杂多样，甚至也有大量超出层次顺序之外的例外情况，如众多的为理想献身的人。

第三，马斯洛的自我实现理论是他理论的重要组成部分，而自我实现绝非我们通常理解的那样遥不可及。这一错觉来自通常所见的金字塔型图示，自我实现的需要被置于塔尖，崇高而遥远。在马斯洛看来，需要层次越高，其可塑性越大，表现形式越多，对人的激励越持久。而自我实现，就是指人们成为自己所期望成为的人物，完成与自己能力相称的一切事情，达到一种自我完满，实现生命存在的价值。随着社会的发展，包括自我实现在内的高级需要逐渐成为越来越多的人的优势需要。美国行为学家戴维斯对此做过统计和分析，如果估计准确的话，那时显示出来的将是一个倒置的金字塔型。根据马斯洛的观点，只要政策合理，使人人各得其所、各尽其能，人们自我实现的需要是可以实现的。

马斯洛的需要层次理论揭示了需要-激励-行为的关系，从而揭示了行为激励过程的共性。他还强调了人的内在需要是激励的主要诱因，强调了人的不同层次的需要对动机的激发和影响，批判了人的行为是单纯地对外部刺激的反应的行为主义外因决定论。但是，马斯洛不仅忽视社会环境对个人的影响，也忽视意识对动机的作用。他还强调个人事业前途的发展，忽视个人对社会发展应尽的义务和责任。实际上，如果个人的需要不和社会的发展联系起来，社会和个人的发展都会落空。

借鉴马斯洛需要层次理论的积极方面，就应注意研究和掌握员工的需要结构，把握其个性与共性，了解员工的需要差异，分析哪些是其优势需要，哪些是一般性需要。要坚持物质激励与精神激励相结合并以精神激励为主的原则，特别注意诱导员工高层次的需要，提供相应的教育培训条件。员工一旦具有符合组织利益的远大理想和职业期待，又相应提高了业务和技术水平，便可迸发出巨大和长久的活力。

（二）成就需要理论

20 世纪 50 年代初以来，美国哈佛大学心理学家麦克利兰（David C. McClelland）对成就需要这一因素进行了大量的调查研究，提出了成就需要理论。成就需要理论抛开人的基本生理需要，主要研究在人的生理需要基本得到满足的前提下，人还有哪些需要。麦克利兰认为，人还有权力需要、友谊需要和成就需要三种需要。

1. 权力需要

具有较高权力欲的人，常常企求更高的权力。他们对施加影响和控制他人往往表现出很大兴趣。他们能言善辩，头脑较冷静，有一定才干和水平。个体的权力需要有一个发展过程，一般变化是依赖别人—相信自己—控制别人—自我隐退，而为全社会追求权力。

2. 友谊需要

友谊需要，亦称归属需要或社交需要。较高层次的人多具有友谊需要，他们通常从友爱、情谊和人际交往中得到欢乐与满足。友谊需要是保证社会交往和人际关系和谐的重要条件，负有全局责任的管理者将这种需要看得比权力还重要。

3. 成就需要

有成就需要的人，对胜任和成功有强烈的要求，具有挑战性的成就会引发快感，振奋精神。成就需要对行为起着主导作用的影响。

麦克利兰成就需要理论的主要观点有如下几点。

第一，不同的人对权力需要、友谊需要、成就需要的排列层次和所占比重是不同的。个人行为主要取决于其中被环境激活的那些需要。对美国电话电报公司经理人员的测定显示，新经理（年轻的经理），其成就需要低于年长的经理，而友谊需要高于年长的经理。

第二，具有高成就需要的人，其特点是：①喜欢通过自己的努力取得成功，可以承担个人责任；②喜欢自己设置自己的目标，不满足于随波逐流和随遇而安，渴望有所作为；③在选择目标时，希望任务具有挑战性、具有一定难度，敢于冒一定的风险；④将个人的成就看得比金钱更重要，从成就中得到的鼓励超过物质鼓励的作用，将报酬看作衡量成就大小的工具。

第三，具有高成就需要的人对企业、对国家具有重要作用。企业拥有这样的人越多，发展就越快。国家拥有这样的人越多，就越兴旺发达。据调查，英国在 1925 年时，拥有高成就需要的人数在 25 个国家中名列第 5 位，当时英国是经济发展比较快的国家。第二次世界大战后，1950 年再做调查时，英国高成就需要的人数在 39 个国家中名列第 27 位，这时的英国经济走了下坡路。通过相应的教育和培训可以造就出具有高成就需要的人才。

第四，麦克利兰就管理者如何运用成就需要理论、增进成就对人的激励的问题，提出以下四个办法：①要经常安排一些成就的反馈，使被激励者了解自己的成功之所在，进一步激励他们对成就的愿望。在高成就需要的人取得显著成绩时，要给他们合理的薪酬，以使他们安心在组织中工作。②提供取得成就的榜样，刺激人们取得成功的愿望和行为。③要将高成就需要的人放在具有挑战性的岗位上，肯定他们的成就，鼓励他们多出成果。④不要限制员工创新，以成就激励他们脚踏实地干事业。

此外，为了发现高成就需要的人才，麦克利兰还设计了一套心理测验：他让被试者看一张画着一个青年坐在教室内的图片，看10秒后，要回答下列几个问题：①图片内容指的是什么事？②画中是什么人？他在想什么？正在做什么？③将会发生什么？会产生什么结果？由于看图与回答的时间很短，被试者只能按直觉反应来回答问题。从答案中往往可以看出被试者自己固有的、真实的思想意图。从不同答案（高抱负水准或者低抱负水准）中，可以看出人的成就需要的差异。

麦克利兰还认为，高成就需要的人才可以通过教育加以培养。他专门组织了训练班，每期 7～10 天，分四个部分进行：①根据多年积累的资料，宣传高成就需要人才的形象；②要求学员制订具体的、可衡量的二年规划，训练班结业后每半年检查一次进展情况；③进行人生、价值等基本概念的教育，提高学员的自我意识；④让学员交流成功或失败、希望或恐惧的经验体会，形成团结互助的气氛。这种方法在美国、墨西哥、印度都取得过明显的效果。

（三）双因素理论

双因素理论，是 20 世纪 50 年代末美国心理学家赫茨伯格提出的。他在一些工商企业中做了广泛的调查，调查对象主要是工程师、会计师等“白领”。赫茨伯格设计了许多问题，如“什么时候你对工作特别满意”“什么时候你对工作特别不满意”“满意与否的原因是什么”，等等。调查发现，使职工感到不满意的因素往往是由外界的工作环境引起的，使职工感到满意的因素常是从工作本身产生的。因此，赫茨伯格提出“双因素理论”，认为调动人的积极性，主要是从人的内部，用工作本身来调动人的内在积极性，工作对人的吸引力才是主要的激励因素。

1. 双因素理论的主要内容

赫茨伯格认为，造成员工非常不满意的原因主要是工资报酬、工作条件、人际关系等方面的因素。这些因素即使改善了，也不能使职工非常满意，不能充分激发其积极性，只能够消除职工的不满。这称为保健因素，又称维持因素。这些因素没有激励人的作用，但却起到带有预防性、保持人的积极性、维持工作现状的作用。例如，企业政策、工资水平、工作环境、福利和安全等皆属于这类因素。保健因素的作用就像只能防止疾病，而不能医治疾病一样，起着防止人们对工作产生不满的作用。

另一类因素能激发职工的工作热情，调动职工的积极性，使职工感到满意，这类因素称为激励因素。激励因素是影响人们工作的内在因素，其本质为注重工作本身的内容，借此可以提高工作效率，促进人们的进取心，激发人们做出最好的表现。激励因素像人们锻炼身体一样，可以改变身体素质，增进人们的健康。如上述的成就、认可、责任、发展等因素的存在将给人们带来极大的满足。

2. 赫茨伯格双因素理论的主要观点

（1）满意与不满意。赫茨伯格对“满意与不满意”这一传统观点提出了自己的见解：传统的观点认为满意的对立面是不满意，这是不对的。满意的对立面应该是“没有满意”；不满意的对立面应该是“没有不满意”。没有满意和没有不满意就是“零状态”。与工作内容紧密联系在一起的激励因素如能得到改善，往往能给职工以很大程度的激励，使之产生满意感持久的积极性。与工作环境或条件相关的保健因素如处理不当，或者说，对这类需要做不到基本满足，会导致职工的不满，甚至严重挫伤职工的积极性。如果这类因素处理得当，则能防止职工产生不满情绪，起到保持人的积极性，维持激励“零状态”的作用。

（2）内在激励与外在激励。双因素理论实际上是说明了对职工的激励可分为内在激励和外在激励。内在激励，是指一个人在进行工作时从工作本身得到的某种满足，如对工作的爱好、兴趣、责任感、成长感等。这种满足能促使职工努力工作积极进取。外在激励，是指外部的奖酬或在工作以外获得的间接满足，如劳保、工资等。这种满足具有一定的局限性，它只能产生少量的激励作用。因为，人除了物质需要以外还有精神需要，而外在激励或保健因素只能满足人的生理需要，而不能满足人的精神需要，因而只能防止反激励，并不能持久有效地激励人的积极性。

3. 双因素理论在管理中的应用

首先，要注意保健因素的作用，使职工不产生不满情绪。注意创造良好的工作外部环境和条件，以防止人们对工作产生不满意的情绪，保持职工的积极性，这对提高劳动效率和管理效率有重要作用。

其次，要在保健因素的基础上，利用激励因素去激发职工的工作热情。如果只顾及保健因素，仅仅满足于员工没有意见，大家相安无事，还是不能创造出一流的工作业绩。所以，在管理工作中，更重要的是利用激励因素。如利用“工作再设计”的方法，扩大员工的工作范围，丰富员工的工作内容，消除员工长期从事单一、重复劳动而产生的单调乏味的厌倦心理，增强成就需要，让工作本身成为一种强有力的激励因素，激发员工的工作热情，努力提高工作绩效。

二、过程型激励理论

过程型激励理论侧重于研究激励的整个认知过程以及这种认知过程如何与积极的行为相联系。过程型激励理论主要包括期望理论和公平理论等。

（一）期望理论

期望理论最早是由托尔曼（Edward Chase Tolman，1886—1959 年）和勒温提出的，但用于说明工作激励问题是从著名心理学家和行为科学家弗鲁姆（Victor H. Vroom）开始的。弗鲁姆在他的著作《工作与激励》（1964 年）中阐述了期望理论模式。

期望理论的理论基础是：人之所以能够完成某项工作并达成组织目标，是因为组织目标会帮助人们达成自己的目标，满足自己某方面的需要。弗鲁姆认为：某一目标对某人的激励力量取决于他所能得到结果的全部预期价值乘以他认为达成该结果的期望概率。该模式可以表示为

$$M=V\times E$$

式中，M 为激励力量，这是指调动一个人的积极性，激发出人的内在潜力的强度，它表明为

达到预先设置的目标的努力程度；V 为目标效价，指预定目标对于满足个人需要的意义，即对于满足个人需要的重要程度与价值的大小；E 为期望值，这是指根据以往的经验，判断达成目标的可能性的大小，是一种主观判断，是个人对能否达成目标的估计。

期望值和目标效价的结合不同，所产生的激励力量也不同。一般来说，有下列五种情况。

（1）期望值 E（大）×目标效价 V（大）＝激励力量 M（大）。

（2）期望值 E（中）×目标效价 V（中）＝激励力量 M（中）。

（3）期望值 E（小）×目标效价 V（小）＝激励力量 M（小）。

（4）期望值 E（大）×目标效价 V（小）＝激励力量 M（小）。

（5）期望值 E（小）×目标效价 V（大）＝激励力量 M（小）。

从上面的公式可以看出，目标对个人的价值越大，估计实现的概率越高，激励力量也越大；若实现目标的可能性很大而目标效价很小，或者目标效价很大而期望值很小，人被激发的动力就会很小，也就无法调动组织成员的工作积极性。

弗鲁姆认为，根据期望理论，要调动人们工作的积极性，在进行激励时，必须辩证处理好以下三种关系。

1. 努力与绩效的关系

人们总是希望通过一定的努力去达到预期的目标，如果他认为经过自己的努力有能力达到目标，即个体主观上认为达到目标的期望概率很高，就会有信心、有决心，就会激发出强大力量。如果他认为目标高不可攀，可望而不可即；或目标太低，轻而易举，就鼓不起干劲，失去内部的动力。可见，努力与绩效的关系主要取决于个体对目标的期望概率，即可能性。期望概率是个体对目标的一种主观估计，它既要受到认识、态度、信仰等心理因素的影响，又要受到个人的社会地位、别人对他的期望等社会因素的影响。因此，个体对某目标的期望概率是一个由主观条件和客观条件相互作用而决定的函数。

2. 绩效与奖励的关系

人总是希望取得成绩后能够得到奖励，当然这个奖励也是综合的，既包括物质上的，也包括精神上的。如果他认为取得绩效后能得到合理的奖励，就可能产生工作热情，否则就可能没有积极性。

3. 奖励与满足个人需要的关系

人总是希望自己获得的奖励能满足自己某方面的需要。然而由于人们在年龄、性别、社会地位和经济条件等方面都存在着差异，他们要求各种需要得到满足的程度就不同。因此，采用同一种奖励对于不同的人，满足其需要的程度是不同的，激发出的工作动力也是不同的。为了提高奖励的效价，使它对员工具有强的吸引力，应根据员工的不同需要采取多种形式的奖励，才能最大限度地挖掘人的潜力，从而提高生产或工作效率。

这三方面的关系可以表示为

个人努力→取得绩效→组织奖励→满足个人需要程度

管理者不能泛泛地采用一般的激励措施，而应当采用多数组织成员认为效价最大的激励措施，而且在设置某一激励目标时应尽可能加大其效价的综合值，适当加大不同人实际所得效价的差值，加大组织期望行为与非期望行为之间的效价差值。在激励过程中，还要适当控制期望概率和实际概率，加强期望心理的疏导。期望概率过大，容易产生挫折，期望概率过小，又会减少激励力量；而实际概率应使大多数人受益，最好实际概率大于平均的个人期望概率，并与效价相适应。

（二）公平理论

公平理论又称社会比较理论，它是美国行为科学家亚当斯（J.Stacy Adams）在《工人关于工资不公平的内心冲突同其生产率的关系》（1964 年，与罗森鲍姆合写）《工资不公平对工作质量的影响》（1964 年，与雅各布森合写）《社会交换中的不公平》（1965 年）等著作中提出来的一种激励理论。该理论旨在社会比较中探讨个人所做的贡献与他所得到的报酬之间如何平衡，它侧重于研究工资报酬分配的合理性、公平性及其对职工生产积极性的影响。

期望理论着重于选择性行为的决策过程，而对作为第二结果的效价的奖酬作用并未做进一步的展开。事实上，员工的努力，在得到奖酬后不一定能够获得满足而更加积极地工作，因为奖酬并不等于满足。也就是说，在奖酬与满足之间还存在一个中间变量——奖励的公平性。不解决好这个中间变量，员工的工作积极性就没办法得到真正的调动，奖酬的激励作用也就无法体现出来，做得不好，在某些情况下甚至起反作用，反而会挫伤员工的积极性。亚当斯公平理论的提出，正好可以弥补期望理论的这一缺陷。

亚当斯公平理论的主要观点如下。

第一，公平感是人类的一种基本需要，当一个人做出了成绩并取得了报酬以后，他不仅关心自己所得报酬的绝对量，而且关心自己所得报酬的相对量。人们总是习惯于将自己付出的劳动和所得报酬与别人付出的劳动和所得报酬进行比较，还会将自己现在付出的劳动和所得报酬与自己过去所付出的劳动所得的报酬进行比较。前者属于社会的比较即横向比较，后者是个人历史的比较即纵向比较。

第二，一般来说，员工是以对工作的付出比较其所得，如根据彼此的努力程度、工作经验、受教育程度、能力以及工作绩效，比较工资、奖金、晋升、认可等因素，通过比较自己的产出-投入以及与他人的产出-投入比率的差异来做出公平性判断。比较所产生的反应有三种：公平、报酬过度或报酬不足。

第三，如果员工认为公平，那么他们就会继续以几乎同样的水平做出贡献。相反，在不公平的情况下，他们可能会采取以下几种做法以期实现其公平：①通过自我解释，达到自我安慰，如曲解自己或他人的付出或所得；②采取某种行为谋求改变他人的付出或所得；③采取某种行为谋求改变自己的付出或所得；④选择另一个参照对象进行比较；⑤辞去现在的工作。这样就会影响其绩效的稳定或提高。

大量研究支持了公平理论的观点：职工的积极性不仅受其绝对收入的影响，而且受其相对收入的影响。一旦职工感受到不公平，他们会采取行动纠正这种状况，其结果可能会降低或提高生产效率，改善或降低产品质量，提高或降低缺勤率或自动离职率。

为此，公平理论对报酬分配提出了以下四点建议。

第一，按时间付酬时，收入超过应得报酬的职工的生产效率水平，将高于收入公平的员工。亦即负疚感会使员工生产出高质量与高产量的产品，以增加自己产出-投入比率中的产出额，保持公平感。

第二，按产量付酬时，收入超过应得报酬的员工比那些收入公平的员工而言，产品生产数量增加不多，而主要是提高产品质量。计件付酬的方式将使员工为实现公平感而加倍付出努力，这将促使产品的质量或数量得到提高。然而，数量上的提高只能导致更高的不公平，因为每增加一个单位的产品导致未来的付酬更多，因此，理想的努力方向是提高质量而不是数量。

第三，按时间付酬时，对于收入低于应得报酬的员工而言，将降低他们生产的数量或质量。他们的工作努力程度也将降低，而且相比收入公平的职工而言，他们将减少产出数量或降低产品质量。

第四，按产量付酬时，收入低于应得报酬的员工与收入公平的员工相比，他们的产量高而质量低。在计件付酬中，应对那些只讲数量而不管质量好坏的员工不实施任何奖励，这种方式能够产生公平感。

三、行为改造型激励理论

行为改造型激励理论重点研究怎样转化和修正人的行为，如何使人的心理和行为化消极为积极。这一理论主要有强化理论、归因理论等。

（一）强化理论

强化理论是美国哈佛大学心理学教授斯金纳（Burrhus Frederic Skinner，1904—1990 年）提出的。斯金纳在巴甫洛夫条件反射理论的基础上，提出了“操作性条件反射理论”，认为人类（或动物）为了达到某种目的，本身就会采取行为作用于环境。当行为的结果有利时，这种行为就重复出现；不利时，这种行为就减弱或消失。

1. 斯金纳强化理论认为人的不同行为过程有不同的强化

强化通常有以下四种形式。

（1）正强化。正强化又称积极强化，是指在行为发生之后，立即用物质的或精神的鼓励来肯定这种行为，在这种刺激作用下，使个体感到对他很有利，从而增强和增加以后的行为反应及其频率，以达到改变行为的目的。在管理中，正强化是最常使用且易收到良好效果的强化方式，能起到正强化作用的因素是奖酬，如表扬、赞赏、增加工资、奖金、奖品、提升、分配等。正强化既能起到加强被强化者积极行为的作用，又能使其他人出现积极行为的可能性增大。

（2）负强化。负强化又称消极强化，是指预先告知某种不符合要求的行为或不良绩效可能引起的后果，允许员工通过按所要求的方式行事，或避免不符合要求的行为来回避一种令人不愉快的处境。若员工能按要求行事，即可减少或消除这种不愉快的处境，从而也就增加了员工符合要求的行为重复出现的可能性。由此可见，负强化与正强化的目的是一致的，只是二者采取的手段不同。但负强化与正强化是有区别的：对于正强化来说，员工努力工作是为了从组织获得奖酬，这种奖酬是来自他的良好的工作绩效；对于负强化来说，员工努力工作是为了避免不希望得到的刺激结果，不挨管理者的批评。在这两种情况下，希望的积极行为都能得到强化。在运用负强化时，一定要与正强化结合起来，恰当地运用两种手段，才能收到较好的效果。

（3）惩罚。惩罚即指在消极行为发生之后，给予某些令人不愉快、不喜欢乃至痛苦的对待，或取消某些为人所喜爱的、令人满意和愉快的条件，以示对某种不符合要求的行为的否定，从而减少或消除消极行为。例如，批评、降薪、罚款、开除等，都是惩罚的手段。

（4）自然消退。自然消退是指撤销对人的某种行为的积极强化，使这种行为出现的频率逐渐减少、衰弱，以至最终消失。研究表明，一种行为长期得不到正强化就会逐渐消失。

以上四种基本的强化类型目的都是改变个人的行为，以有利于组织发展。强化，既可以增强所希望的行为强度，又可以减少或减弱所不希望的行为强度。强化方式主要分为连续的和间歇的两种：连续强化方式，是指每次发生的正确行为都受到强化。例如，一个装配收录机的工人，每当通过质量检查时，就得知他的行为是正确的。间歇强化方式是指非连续的强化，不是每次发生的行为都受到强化。间歇强化一般有四种形式：固定间隔、固定比率、可变间隔和可变比率。

2. 斯金纳强化理论的基本观点

第一，人的行为受到正强化趋向于重复发生，受到负强化趋向于减少发生。

第二，激励人们按一定要求和方式去工作，以达到预定的目的，奖励（给予报酬）往往比惩罚有效。

第三，反馈是强化的一种重要方式，应该让人们通过某种形式或途径及时了解自己行为的结果。

第四，为了使某种行为得到加强，奖赏（报酬）应在行为发生以后尽快提供，延缓奖赏会降低强化作用。

第五，要按照对象的不同需要，采用不同的强化物和强化手段。

3. 强化方式

强化方式是指根据职工行为的情况不同而采用的各种奖酬方式，主要分为连续的和间歇的两种。管理者应该针对不同的强化采取不同的措施来改造人的行为，以提高管理绩效和组织的产出水平。管理者实施强化时必须遵循以下原则：①要有一个目标体系。目标是个强化物，能强化人的行为。②要采用渐进法。就是将一个鼓舞人心的长远目标分解成几个阶段，逐步加以完成，即大目标小步子，以增强行为转化的信心。③及时反馈信息。信息的及时反馈，能使人们了解自己行为的结果，以便及时修正行为、及时强化行为。④个人需要的满足。行为是由动机引起的，而动机是由需要激发的。要不断满足行为者的需要，以强化其行为。⑤贯彻因人而异的强化原则。对不同个体采取不同的强化措施，以获取最佳效果。⑥实行奖惩结合、精神奖励和物质奖励结合以及采取定期奖励与不定期奖励、定值奖励与不定值奖励相结合的原则。

（二）归因理论

归因理论最早是由美国社会心理学家海德（Fritz Heider，1896—1988 年）从关于社会知觉的人际关系认知理论发展而来的。美国斯坦福大学的罗斯等应用归因理论来改变人的认知，从而进行强化，最后达到改变行为的目的。

归因理论是说明和推论人的活动的因果关系的理论，通过改变人的自我感觉、自我认知来达到改变人的行为的目的。人们用这种理论来解释、预测和控制他们的环境，以及随这种环境而出现的行为。不同的归因会直接影响人的行为和工作的绩效；对现在和过去成功或失败原因的归因会影响将来的期望与坚持努力的行为。

归因理论所研究的基本问题有：①关于人的心理活动与行为活动的因果关系，包括内部原因与外部原因的分析；②社会推论问题研究，即根据人的行为及其结果，对行为者稳定的心理特性和素质、个性差异做出正确的推论；③期望与预测行为的研究，即从过去的行为及结果预测在某种情况下将会产生什么行为。

美国心理学家维纳（B.Weiner）1974 年的研究认为，在现实中，根据内因与外因、稳定与不稳定原因、可控与不可控原因，一般人对行为的成功或者失败常做如下四种归因：①归因努力或不努力的程度；②归因能力的大小；③归因工作（学习）任务难易程度；④归因个人运气与机会的好坏程度。

归因原理在激发成就动机、促进继续努力的行为方面有重要作用。不同的归因对成就与持续行为有不同的影响。

（1）如果行为者把失败归因于自己脑子笨、能力低这样一类自己无法直接控制的稳定的内因，则不会增强今后的努力与坚持性行为。因为他认为再努力也起不了作用。

（2）假若行为者把失败归因于自己不够努力这个相对不稳定的但又可控的内因，则可能增强今后的努力与坚持性行为。

（3）假若行为者把失败归因于不稳定的外因，如偶然生病或其他事故等，不一定会降低行为者的行为积极性，能出现努力或坚持性行为。

（4）假若行为者把行为失败归因于工作（学习）任务重、工作难度大等稳定性的外因，很可能会降低行为者的自信心、成就动机、行为的努力和坚持性。

凯利认为人们行为的原因十分复杂，仅凭一次观察，有时难以推断他人行为的原因，往往需在类似的情境中做多次观察，根据多种线索才能做出个人或是情境的归因。凯利将外界信息资料分为三种：①区别性资料，即指某人的某种行为是否特殊，指与他的其他行为不相同而言；②一致性资料，即指某人的行为与周围其他人是否一致；③一贯性资料，即指某人的特殊行为发生是一贯的还是偶然的，前后行为是否具有一贯性。根据这三方面的线索，我们可以对他人行为做出正确的归因。例如，某职工所有工作效率都低，而不是某项工作任务的效率低，即区别性低；同班组其他员工的效率都高，只有他的效率低，即一致性也低；该员工的工作效率现在这样低，以前也如此，即一贯性高。综合这些信息资料，这位员工工作效率低是由于自身的原因。如果区别性高，一致性低，一贯性也低，则可以归因于当时的情境或条件。

管理者可以采取上述方法，正确分析职工成功或者失败的原因。也可以通过宣传教育，细致的政治思想工作，帮助职工端正态度，让他们正确认识和分析自身行为成功与失败的原因，达到改造人的行为的目的。尽量找出行为失败的不稳定因素，以增强其行为改造成功的信心。

第三节 对员工进行激励的方法和策略

通过认识需要、动机与行为的关系和对经典激励理论的回顾，管理者在对员工进行激励时，首先要考虑对员工进行何种激励，其次要注意激励的原则和方法，这样才能发挥激励的作用，既满足员工的需要，又实现组织的目标。

一、激励的类型

激励对一个人的心理和行为会产生强大的作用，经过激励的行为与未经过激励的行为有着明显的差别。不同的激励对行为过程会产生程度不同的影响，所以激励类型的选择是做好激励工作的先决条件。组织中经常采用的激励有以下几种。

（一）物质激励与精神激励

物质激励就是从满足人的物质需要出发，通过对物质利益关系进行调节，激发人的向上动机并控制其行为的趋向。物质激励多以加薪、减薪、奖金、罚款等形式出现，是激励不可或缺的重要手段，它对强化按劳取酬的分配原则和调动员工的劳动热情有很大的作用。

精神激励就是从满足人的精神需要出发，对人的心理施加必要的影响，从而影响人的行为。精神激励多以表扬和批评等形式出现，是激励的一种重要手段，效果显著、持续时间长。

（二）正激励与负激励

根据激励的性质，激励还可分为正激励和负激励两种类型。所谓正激励，就是当一个人的行为符合组织需要时，通过奖赏的方式来鼓励这种行为，以达到保持和增加这种行为的目的。所谓负激励，就是当一个人的行为不符合组织需要时，通过惩罚的方式来抑制这种行为，以达到减少或消除这种行为的目的。正激励起正强化的作用，是对行为的肯定；负激励起负强化的作用，是对行为的否定。在正激励与负激励之间还存在一种零激励，有人也称之为衰退，即撤销对原来某种行为实施的正激励或负激励，使这种行为在一段时期内连续得不到任何强化，从而达到减少或增加这种行为反应频率的目的。这是一种不施以任何激励的激励，所以称为零激励。

（三）内激励与外激励

根据激励的形式，激励又可区分为内激励与外激励两种类型。内激励是指由内酬引发的、源自工作任务本身的激励。外激励是指由外酬引发的、与工作任务本身无直接关系的激励。内酬是指工作任务本身的刺激，即在工作进程中所获得的满足感，它与工作任务是同步的。内酬所引发的内激励会产生一种持久性的作用。外酬是指工作任务完成之后或在工作场所以外所获得的满足感，它与工作任务不是同步的。由外酬引发的外激励是难以持久的。

二、激励的原则

（一）物质与精神同步激励原则

物质与精神同步激励原则强调物质与精神激励，即人的自然与社会需要是统一的，互为前提和条件，不可对立、孤立地运用，应当统一、综合、同步运用。

（二）引入竞争机制原则

引入竞争机制原则要求将竞争机制引入组织，使员工之间真正拉开档次和差距，并且要使员工认识到高薪、高奖励是对其贡献的奖赏。

（三）公平、公正原则

公平理论为激励工作提供了应遵循的公平原则。公平理论着重研究的是协作劳动中的报酬公平问题或公平分配问题。然而，公平问题不仅表现在分配问题上，还表现在提拔重用、各种待遇等方面。

（四）组织与社会相结合原则

社会风气、道德风貌会潜移默化地影响组织的员工。为此，在激励过程中要注意将组织和社会联系起来、协调配合。组织要善于利用社会上的各种有利因素和时机，作为激发本企业、本单位员工积极性的力量，形成组织、家庭与社会相辅相成的激励网络。

三、激励的方法

（一）内激励和外激励相结合的方法

内激励是指一个人在工作时，从工作本身得到的满足，如对工作的爱好、兴趣、责任感、成就感等。这种满足会使员工努力工作，积极进取。外激励则是指在动机激励过程中，以完成工作目标所带来的附加利益作为行为激励的手段。外激励可以使员工更好地完成本职工作，享受到一些对他们来说具有“诱因”价值的项目。

实践表明，单纯的内激励或外激励，都很难独自完成激励的持续不断的过程。为此，内激励与外激励相结合，二者相辅相成、相互协调，才可以更好地完成激励过程。

（二）荣誉激励和目标激励相结合的方法

荣誉激励是指授予荣誉称号的激励形式。荣誉激励可以激发人的自豪感，增强人的责任感，从而调动员工的积极性。目标激励是指设置适当的目标，能够激发人的动机，调动人的积极性。达到一定的个人目标和组织目标后，得到相应的荣誉，就可以激发员工向新的个人目标和组织目标迈进。为此，荣誉激励就须与目标激励相结合。

（三）自我激励、互相激励和社会性激励相结合的方法

自我激励是指来自员工内部心理的激励。自我激励包括自我认识、自我呈现和自我管理

等方面。互相激励是指员工之间或企业内部的表扬、表彰和奖励活动。社会性激励是指国家、政府、公众给予员工的激励。

上述三种激励的有机结合会使激励产生最佳效果。

➢拓展学习

1. 中人网：http://www.chinahrd.net/.

2. 稻盛和夫. 调动员工积极性的七个关键：稻盛和夫经营问答[M]. 曹岫云，译. 北京：机械工业出版社：2015.

➢思考题

1. 什么是激励？激励的作用有哪些？
2. 马斯洛需要层次理论的主要内容是什么？对管理者有什么启示？
3. 期望理论的公式是什么？各部分分别代表什么？会出现几种结果？
4. 什么是公平理论？怎样消除员工的不公平感？
5. 什么是强化理论？强化理论在管理中应该如何应用？
6. 内容型激励理论、过程型激励理论和行为改造型激励理论的侧重点分别是什么？
7. 激励的方法有哪些？试举例说明。

➢案例分析

海底捞的经营之道

2018 年 9 月 26 日，海底捞登陆香港交易所，市值冲破千亿港元，成为全球第五大餐饮企业，其市值是第一家在香港上市的火锅店——呷哺呷哺的9倍，静态市盈率达到60倍以上。

海底捞从一个有机组织成长为一个机械组织，建章建制等非人性化的东西一直都在与授权和激情等人性化的东西发生冲突与较量，怎样才能在成长中不丢失自我？创始人张勇的回答是“连住利益，锁住管理”。

其中在培养新店长方面，最有发言权的人就是老店长，但“教会徒弟、饿死师父”困境的本质也就是解决这个问题——如何激励老店长对新店长倾囊相授。张勇必须激励老店长的思维模式从利己变为利他，从而让整个店长的层级水平整体得到提升，为此，他设置了一种“利他主义”的利润分享机制。

A级店的店长有资格当师父，师父自己选择徒弟，公司不干涉人选，但对“家族”人数限制为 5～12 人，并且教练组会设置资格考试对徒弟进行认证，合格者成为储备店长。师父的工资分为基本工资和浮动工资，浮动工资属于利润分享的范畴，店长有两种方案可选择：自身餐厅利润的 2.8%，或者按照如下公式计算：自身餐厅利润的 0.4%＋徒弟餐厅利润的 3.1%＋徒孙餐厅利润的 1.5%。

公司拿出利润的 5%作为激励店长层级的总体奖金池。师父得到自己门店利润的 0.4%

（按一个月盈利 100 万元的成熟店计算，店长在这方面的浮动月收入只有 4000 元）。虽然这部分浮动工资的激励额度不大，但设置这部分激励对公司而言意义非常重大——虽然公司不考核店长财务指标，但店长至少有义务保证自己门店财务运营健康。

在激励师父的“教练行为”（带徒弟）方面，徒弟店利润的 3.1%自动计入师父的浮动工资。徒弟如果再带徒弟，徒孙店利润的 3.1%自动计入自己师父的浮动工资，1.5%自动计入自己师爷的浮动工资。这样，师父从自己的徒子徒孙所在的门店所得的浮动工资有可能远远大于自己的基本工资。在海底捞，几百万年薪的店长已有几十名，堪比中国上市公司高管。“利他主义”的激励机制鼓励老店长培养徒弟，海底捞自营新店的开店速度虽然令人叹为观止，但外部人更意料不到的是，这个速度反而不如店长培养快。

张勇完全不担心裙带关系的问题，明确的师徒利益机制让老店长绝对不可能随便找个亲戚去填补新店长的位置，因为徒弟店是老店长主要的收入来源，选错人会直接影响到自己的切身利益。

资料来源：郑晓明，赵子倩．海底捞：另类阿米巴[J]. 清华管理评论，2018（11）：123-128（有改动）

问题：结合案例分析海底捞的激励措施的核心有哪些？评价这些激励措施。

第十三章　沟　　通

本章重点

沟通的含义

沟通的过程

人际沟通的有效性

组织沟通的主要内容

引导案例

梁经理的沟通之“道”

研发部梁经理进公司不到一年，工作表现颇受主管赞赏，不管是专业能力还是管理绩效都获得大家的肯定。在他的缜密规划下，研发部一些延宕已久的项目都在积极推进当中。部门主管李副总发现，梁经理到研发部以来，几乎每天加班。他经常第二天来看到梁经理电子邮件的发送时间是前一天晚上10点多，接着甚至又看到当天早上7点多发送的另一封邮件。这个部门梁经理总是下班时最晚离开，上班时第一个到。但是，即使在工作吃紧的时候，其他同仁似乎都准时走，很少跟着他留下来。平常也难得见到梁经理和他的部属或是同级主管进行沟通。

李副总对梁经理怎么和其他同事、部属沟通工作觉得好奇，开始观察他的沟通方式。原来，梁经理都是以电子邮件交代部属工作。他的属下除非必要，也都是以电子邮件回复工作进度及提出问题，很少找他当面报告或讨论。对同级主管也是如此，电子邮件似乎被梁经理当作和同仁合作的最佳沟通工具。但是，最近大家似乎开始对梁经理这样的沟通方式反应不佳。李副总发觉，梁经理的部属对部门逐渐没有向心力，除了不配合加班，还只执行交办的工作，不太主动提出企划或问题。而其他主管也不会主动到他房间聊聊，大家见了面，只是客气地点个头。开会时的讨论，也都是公事公办的味道居多。

这天，李副总刚好经过梁经理房间门口，听到他打电话，讨论内容似乎和陈经理的业务范围有关。明明两个主管的办公房间相邻，为什么不直接走过去面对面谈，竟然是用电话谈。了解这些情形后，李副总找了梁经理聊聊，梁经理觉得效率应该是最需要追求的目标。所以他希望用最节省时间的方式达到工作要求。李副总以过来人的经验告诉梁经理，工作效率重要，但良好的沟通绝对会让工作进行顺畅许多。

资料来源：伊文 D. 商务沟通入门必读[M]. 熊金才，等译. 汕头：汕头大学出版社，2008（有改动）

很多管理者都忽视了沟通的重要性，而是一味地强调工作效率。实际上，面对面沟通所花的些许时间成本，绝对能让沟通效果大为增进。沟通看似是小事情，实则意义重大！沟通顺畅，工作效率自然就会提高；忽视沟通，工作效率势必下降。

第一节 沟 通 概 述

沟通在社会生活中无处不在。在企业管理实践中，沟通是联系企业内部不同人员、企业内外部组织机构或个体的桥梁。沟通方面的管理工作意在消除沟通障碍，提升沟通效率，使得信息在不同个体之间更有效率地传递，从而增强组织的凝聚力，并且最终增强组织的竞争优势。

一、沟通的含义

“沟通”的英文为“communication”，这个单词源自拉丁语。《大英百科全书》从媒介视角将“沟通”解释为“用任何方法，彼此交换信息，即指一个人与另一个人之间用视觉、符号、电话、电报、收音机、电视或其他工具为媒介，所从事之交换消息的方法”；《韦氏大辞典》从内容视角将“沟通”解释为“文字、文句或消息之交通，思想或意见之交换”；《现代汉语词典》（第 7 版）从目的视角将“沟通”解释为“使两方能通连”。

沟通是信息的发送者通过选定的渠道将信息或想法传递给信息接收者，从而将信息或想法在人或组织之间传递或交换的过程。由这个定义可知，沟通既可以是人与人之间的相互联系和交流，也可以是人与组织之间的信息交换，还可以发生在组织与组织之间，它是不同的主体之间相互联系、交流的方式和渠道。

沟通在管理的各个方面都得到了广泛的运用，沟通在管理中应用的过程即管理沟通。管理沟通是指组织及其管理者为了实现组织目标，在履行管理职责、实现管理职能过程中进行的有计划的、规范性的交流活动和过程。换言之，管理沟通是管理者履行管理职责、实现管理职能的基本活动方式，它以组织目标为主导，以管理职责、管理职能为基础，具备计划性、规范性、职务活动性的基本特征。

二、沟通的类型

沟通可以按照沟通渠道的规范性、沟通的信息符号、沟通的互动性、沟通的层次划分为不同类型。

（1）按照沟通渠道的规范性，可将沟通分为正式沟通与非正式沟通。正式沟通与非正式沟通最大的不同在于是否通过组织正式规定的渠道和程序进行信息的传递。前者的通道清晰可见，一般为官方的和书面的，如组织间的信函往来、组织内部的文件传达、汇报制度等；后者则不拘泥于某一规定的渠道，一般较为随意、口头或即兴，如朋友聚会时的闲聊以及小道消息等。

（2）按照沟通的信息符号，可将沟通分为语言沟通与非语言沟通。其中，语言沟通包括口头沟通和书面沟通，非语言沟通包括肢体语言沟通、副语言沟通和环境语言，肢体语言沟通又可细分为动作姿态、服饰仪态和物体操纵。

（3）按照沟通的互动性，可将沟通分为单向沟通与双向沟通。单向沟通是无信息反馈的沟通，而双向沟通是有信息反馈的沟通。在组织中最常见的例子就是领导对下属下达命令（到此为单向沟通），下属重复任务并说出自己的行动计划（到此为双向沟通）。做工作报告、发表演讲都属于单向沟通，会议、会见、谈判等则属于双向沟通。

（4）按照沟通的层次，可将沟通分为自我沟通、人际沟通、群组沟通、组织沟通与跨文化沟通。自我沟通是自己与自己进行沟通，信息的发送者与接收者是同一个体；人际沟通是指人与人之间（不同个体之间）信息的传递、情感的交流过程；群组沟通是为达成相同的目标，组织中两个或两个以上相互影响的个体组成集合体并进行交流的过程；组织沟通发生在连接公司内部员工的网络中或连接不同公司、社会媒体等外部网络中；跨文化沟通主要研究不同文化的人或群体之间的交流互动。

三、沟通的过程

沟通的过程是指信息的发送者通过选定的渠道将信息传递给接收者，这个过程如图13-1所示。

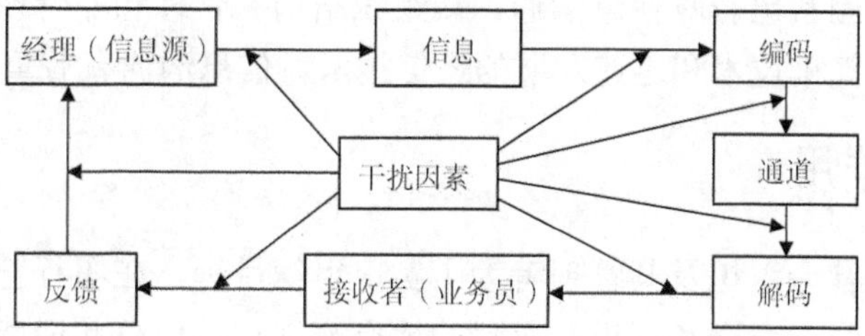

图13-1 沟通的过程

1. 信息源

信息源是沟通的主体，是信息的来源，他将要传递的信息加以编码。

2. 信息

信息是发送者所要传递的内容，范围很广泛。诸如思想、观点、资料、事实、问题等都可以是信息的内容。

3. 编码

编码是发送者把要传递的思想、观点、情感等信息根据一定的语言、语义规则翻译成可以传递的符号形式的过程，发送者的词汇和知识在这里起着重要的作用。

4. 通道

通道是指信息从发送者传递到接收者所凭借的手段。例如，面谈、书面告知、电话、邮件、会议等。

5. 解码

解码是信息接收者的思维过程，是信息接收者根据自己已有的经验和参考框架将所接收的符号进行翻译、解释的过程。

6. 接收者

接收者是沟通的主体，是信息到达的客体，即接收信息的人。

7. 干扰因素

干扰因素，也称噪声，是指对信息的传送、接收或反馈造成干扰的因素。例如，难以辨认的字迹，电子信号干扰，发送者的马虎大意，生产车间的嘈杂环境，等等。

8. 反馈

反馈就是接收者对于发送者传来的信息所做出的反应。如果接收者能充分译码，并使信息融入沟通系统中，则会产生反馈。通过反馈，可以检验信息传送的程度，从而了解信息是否被准确无误地接收。反馈使沟通的有效性得到确认，从而形成沟通回路。

环境因素和组织因素左右着信息沟通过程。从外部环境看，教育、社会、法律、政治和经济的因素都将对信息沟通产生影响。另外，地理上的距离、时间等因素都可能影响信息沟通。企业内部的组织因素也影响信息沟通，如组织结构、管理和非管理过程以及技术等。其中处理大量数据的计算机技术和迅速发展的通信技术对信息沟通有着重要的影响。

四、沟通的作用

组织管理沟通是社会组织及其管理者为了实现组织目标，在履行管理职责、实现管理职能的过程中，通过信号、媒介和渠道，有目的地交流观点、信息和情感的行为过程。从实践看，无论是个人之间的良好交流还是企业的顺利运转，都需要有效的沟通。个人间的沟通主要是为了实现信息传递和情感激励，而在组织场所环境下进行的内外部沟通，在信息与情感交流的基础上，还有着提升组织效能和解决组织冲突的作用。

（一）实现信息传递

沟通的首要作用就是实现信息的传递。对于个人沟通而言，这一过程较容易实现。对于组织而言，信息的传递过程则更为复杂。企业的各部门在工作中难免会有交流，有时为了完成业务还可能会有比较密切的合作关系，在这一过程中就会出现大量需要在部门间流动的信息。为了实现信息的传递，各部门间要依据企业实现计划的沟通渠道进行及时的沟通，认清各自的工作内容和工作目标，明确每个部门的权力、责任和义务，在工作过程中互相支持，形成一个交流顺畅的团队。在团队内部出现误解时，要及时与相关责任人员沟通，解除信息传递过程中出现的失误，从而保证部门合作时所依据信息的准确性，提升部门间合作的关系质量。

（二）实现情感激励

每个员工既是企业的成员，也是独立的人格个体，有得到情感慰藉和实现自我价值的需求。对于员工来说，他们是否愿意在工作职责外为企业付出更多的精力，是否能够从心底认同企业的价值观和文化，在相当大的程度上取决于其是否感受到来自企业的关怀和鼓励。从来源看，员工感受到的一部分情感关怀来自同事，这是因为员工在工作中会由于各种正式或非正式的接触与同事建立关系，并在与同事的沟通、互动中获得情感需求的满足。此外，员工感受到的情感关怀还来自上级的激励，管理者在工作过程中根据每位员工的实际情况，采用不同的方式与员工进行沟通，表扬他们在工作上的成就，从而使员工感受到来自领导的重视，并以更大的工作热情和积极性投入工作中去。

（三）提升组织效能

企业作为一个组织，需要各个部门相互协作，仅靠一个部门是无法完成企业目标的。组织规模越大，组织结构越复杂，组织各部门间相互依赖、相互协调的程度也就越高，而良好的沟通是完成协调工作的关键。如果缺乏适当的沟通，同事之间对彼此的工作就会不了解，从而对自身和组织的工作目标产生误解，导致较低的工作效率。有效的沟通则能够使企业各部门协调一致高效运转，从而提升效率，保证工作任务的顺利完成。

（四）解决组织冲突

组织内各部门之间、员工之间的工作目标和对工作内容的理解不可能是完全一致的，这就使得组织内部的冲突不可避免。通常而言，组织内的冲突既包括由工作引起的冲突，也包括由个人利益和情感引起的冲突，尤其在需要合作完成组织任务的部门和成员间，更容易由于各自的利益诉求或是误解引起冲突。这就使得组织在统一协调的过程中，面临着由冲突带来的障碍。而有效的沟通则能使组织冲突的影响降到最低，设计良好的沟通机制更可以作为一种固定的协调机制，融入企业日常的工作过程，成为解决日常冲突的有效手段。

第二节 人际沟通

当今社会，人们的联系日趋广泛，人际沟通在日常交往过程中变得越来越频繁。掌握人际沟通的技巧，可以使人们在人际交往过程中有效地与他人建立人际关系，而良好的人际沟通更是可以帮助人们在职场上取得成功。

一、人际沟通的定义

人际沟通是指个体之间在共同活动中彼此交流思想、感情和知识等信息的过程。这种交流主要通过言语、表情、手势、体态以及社会距离等进行。要理解这一概念，必须掌握人际沟通的以下特征。

（1）人际沟通必须是相互的过程，也就是说，是一个双向的过程，即在发出信息和情感的同时还要收到一定的信息和情感。

（2）人际沟通是一个信息和情感传递的过程。信息和情感要传递，就要有行为。因此，人际沟通并不只是口头上的沟通，人们的所作所为也是人际沟通的一部分。

（3）人们之间的信息交流不同于设备之间的信息交流，沟通双方借助符号系统相互影响。人与人之间的交流产生的影响是以改变对方行为为目的的一个沟通者对另一个沟通者的心理作用。

（4）人际沟通的作用只有在发送信息和接收信息的人掌握统一的编码、译码系统的情况下才能实现。换言之，就是要使用双方都熟悉的同种语言说话。

（5）人际沟通可能产生完全特殊的沟通障碍。这些障碍与某些沟通渠道的弱点以及编码、译码的差错无关，而是社会性的和心理性的障碍。

二、个体行为对沟通的影响

沟通效果与所进行沟通的人的思维能力、情感、个性、态度等密切相关。为了提高沟通的效果，就必须了解个体行为对沟通的影响。从沟通过程分析，个体行为对沟通的影响主要表现在以下几个方面。

（一）个人倾向：态度

态度是与目标、人或事相联系的评价性陈述。每个人都有由其价值观、信念、立场和偏好等构成的对某一特定事物的某种特定倾向。这种倾向会影响一个人对他所接触到的人或事物所采取的态度，从而影响他与其他人之间的沟通行为。研究表明，人们总是倾向于消除自己态度之间、态度与行为之间的不一致。一般而言，人们对于感兴趣的东西会比较关注，而对不喜欢或厌恶的事物会加以反对或采取疏远的行为。

（二）个人品性：个性

一个人的个性会影响其习惯采用的沟通方式。例如，权力欲或支配欲比较强的人在与人沟通的过程中所考虑的重点往往是如何制服对方，如何通过各种沟通渠道，施展各种技巧去控制与支配对方；自我感觉比较好的人常常刚愎自用，无视客观事实，听不进别人的意见；比较刻板的人则常常不允许哪怕是很小程度的含糊不清，不能容忍在沟通中出现使人感到模糊的状况。不同的个性有着不同的思维模式，从而形成了不同的沟通方式，进而直接影响与他人沟通的效果。

（三）自卫机制：情绪

一个人接收信息开始于其受到外界的刺激。外界的刺激分为两种：一种是显性刺激，它会使人明显地感受到某种信息的刺激；另一种是隐性刺激，它只是使人感受到，但不一定意识到已受到某种信息的刺激。例如，有些事听人讲过，当时并没有意识到什么，直到后来才醒悟过来，这种信息刺激，在当时来说就是隐性的。当一个人受到了外界刺激时，可认为信息到达了接收者这里，但这并不等于说这个人已完全接收了外界刺激所带来的全部信息。接收者还要经过一个有选择的知觉过程，个体所接收的只是他认为比较重要的那一部分信息。

（四）理解能力：知觉

知觉是指个体为了表明他对周围环境的认识而组织和表达其感觉、印象的过程。理解能力则表现为个人认识周围客观事物的能力。同样的事物，不同的人有不同的看法，表明了不同的人的知觉过程和理解能力是不同的。影响一个人知觉结果的因素既包括其个性，也包括被观察目标的特征和感知时所处的环境与感知的方式。在信息沟通过程中，接收者的个性、发送者的行为、信息传递的方式、信息传递时所处的环境都会影响接收者对信息的理解，而理解能力又在很大程度上影响着接收者接收信息后所采取的行为。对同一信息，由于理解能力的不同会产生不同的理解，从而产生不同的行为。

知识库

人际沟通的“黄金法则”和“白金法则”

人际沟通的“黄金法则”出自《圣经·新约》：你想要别人怎样待你，你也要怎样待人。“黄金法则”意味着要有效地与他人沟通，建立良好的关系，就必须从自身的角度出发，先了解自己的需求，推己及人，换回自我与他人的满意。

人际沟通的“白金法则”：别人希望你怎么对待他，你就怎么对待他。这是美国最有影响的演说人之一和最受欢迎的商业广播讲座撰稿人托尼·亚历山德拉（Tony Alessandra）博士，以及人力资源顾问、训导专家迈克尔·奥康纳（Michael O’Connor）博士研究的成果。“白金法则”意味着要先了解别人的需求，然后再满足其需求。“白金法则”的出发点是他人。

三、人际沟通的障碍

人际沟通过程中，各种噪声的干扰构成了对组织成员有效沟通的挑战。信息发出后，传递失真、接收失真和反馈失真主要根源于人际因素、文化因素与组织结构因素所带来的威胁。

（一）人际因素

沟通障碍的人际因素是指个体认知差异和个体间的关系所造成的沟通的障碍。个体的人格特质会导致低适应、低社交、低责任心等。低适应表现为紧张、自我怀疑、喜怒无常等，低社交表现为羞怯、不自信、独立、冷漠、粗鲁等，低责任心表现为冲动、粗心、无责任心等。人际因素主要包括以下几个方面：第一，人们对人对事的态度、观点和信念不同造成沟通的障碍，如价值观、信仰等的不同。第二，个人的个性特征差异引起的沟通障碍。第三，语言表达、交流和理解差异造成沟通的障碍，如跨文化人们之间的沟通。第四，沟通能力缺陷造成的沟通障碍。第五，其他人际因素如知识、经验水平的差异等导致的沟通障碍，如某行业的专业人士与普通人之间。

（二）文化因素

文化是人类特有的适应环境的能力，是人类各种行为背后的驱动力。当信息从一种文化模式传递到另一种模式，文化的差异就会筑造人际沟通的障碍。亨廷顿认为在新的世界里人类冲突的基本原因不是意识形态或经济，人类间大的冲突与分歧的主导因素将是文化。不同文化的差异通过自我意识与空间、交流与语言、衣着与打扮、食品与饮食习惯、时间与时间意识、各种不同的季节观念、人们的各种关系、价值观与规范、信仰与态度、思维过程与学习、工作习惯与实践等方面表现出来。

（三）组织结构因素

组织结构因素包括地位差别、信息传递链、团体规模和空间约束四个方面。地位的高低对沟通的方向和频率有很大的影响。信息通过的等级越多，到达目的地的时间也越长，信息失真则越大。这种信息连续地从一个等级到另一个等级所发生的变化，称为信息链传递现象。当工作团体规模较大时，人与人之间的沟通也相应变得较为困难，其中部分的原因是沟通渠道的增长大大超过人数的增长。企业中的空间约束不利于员工之间的交流，限制了他们的沟通。一般来说，两人之间的距离越短，他们交往的频率也就越高。

四、人际沟通的有效性

人际沟通的有效性主要表现在七个方面。一是可依赖性，沟通的发送者与接收者之间建立彼此信任的关系。二是一致性，沟通的方式与组织内外环境相一致。三是内容，沟通的内容具有意义。四是明确性，所用言语或词语是双方共同认可的，避免了模棱两可、含糊不清、容易产生歧义的言语。五是持续性与连贯性，沟通过程可以重复与强化传送的内容，建立反馈的机制。六是渠道，选择能够充分提高沟通目的和效率的渠道。七是接收者的接收能力，充分考虑接收者的接收能力，即员工的成熟度。

沟通的有效性受多个因素影响，生活与工作中遇到的很多棘手问题都是源自沟通不畅，可从以下几个方面提高沟通的有效性。

（一）明确沟通的目的

很多人在沟通的时候，不知道为什么要沟通，沟通想达到什么结果都不明白，为沟通而沟通，这是典型的无效沟通。例如，市场人员开拓客户，必须明确首次接触客户该怎么沟通、达到什么目的，没有明确的目的，沟通就失去了方向。

（二）区分沟通的对象

沟通的对象是人，而人又是千差万别的，不同性格的人适合不同的沟通方法。例如，有的是内向型的，有的外向型的；有的是听觉型的，有的是视觉型的，有的是触觉型的，这些都需要在沟通中加以区分。

（三）明晰沟通的方向

沟通方向从内外部可以分为内部沟通和外部沟通，内部沟通又分为对上沟通、平级沟通、对下沟通，外部沟通分为对客户、供应商、政府、媒体沟通，每一种沟通都不一样，需要明晰，如对上沟通是汇报工作和提供建议，平级沟通是协调配合寻求帮助，对下沟通是明确旨意和贯彻执行等。

（四）采用适当的沟通方式

沟通方式常用的有口头、书面、邮件、电话、即时通信、手机、视频等，要根据所要沟通的事情采用不同的方式。如重要事件，一下说不清楚的，最好用书面；传递参加会议的时间和地点既可以用口头也可以用电话，等等。

（五）掌握沟通的技巧

沟通的技巧很多，但常用的是多听、少说、会问。多听是为了知彼；少说是为了让对方说得更多，配合对方的说，达到了解对方的需求的目的；会问是更多挖掘客户的深度需求，将客户的隐性需求通过引导变成客户的显性需求。多听、少说、会问的技巧都是为了达到沟通的目的，达到有效沟通。

知识库

倾听的艺术

不要随意打断他人发言。如果你开口说话，你就不能倾听，所以要少说多听。

创造真诚和信任的气氛，让对方觉得可以自由发表意见。

向对方表明你想听他发表意见。不要心不在焉，要看着对方，表示出兴趣。

以设身处地的态度对待对方，多站在对方的角度看问题。

保持耐心。

控制自己的情绪，不要发火。生气的人常容易误解对方的意思。

有争议或反对对方观点时要语气委婉，以免对方起戒心；要避免争吵。

对对方的话要做出反应，同意的点点头，有不同观点时多提问，这不仅表明你在听对方说，而且可进一步加深交流。

不要多嘴！这是最重要的，其他的一切都取决于此。

第三节 群体沟通

一、群体沟通的含义

群体沟通指组织中两个或两个以上相互作用、相互依赖的个体，为了达到基于各自目的的群体特定目标而组成集合体，并在此集合体中进行交流的过程。

群体沟通的内容具有复杂性，既有一般信息的交流，也有思想、感情、态度和观点的交流。按照费斯廷格的观点，群体沟通至少包括传递信息和沟通感情两个方面。群体沟通可以改变双方的关系，有两种趋势：一是趋向密切；二是趋向疏远，甚至敌对。

群体有正式与非正式之分。正式群体是由组织创立的工作群体，有明确的工作任务和工作分工。在正式群体中，个体应从事的工作均由组织目标规定，并直接指向组织目标。与正式群体相比，非正式群体则具有社会属性，它是为满足人们的社会交往需要而在工作环境中出现的一种自发形式，如足球迷、歌迷等。非正式群体往往在友谊和共同爱好的基础上产生。

二、群体沟通的种类

（一）结构型群体

在组织形成初期，首先出现的群体是高级管理层，它是由组织的建立者和愿意为组织的成长做贡献的人组成的。如果组织能成功地协调运转，就会有越来越多的人加入这个组织，从事不同的工作，从而形成不同的部门，产生不同的岗位，这里形成的部门就是第二个层面出现的群体。如果组织继续发展，部门之下又会划分若干个工作小组处理具体不同的工作，这些工作小组就是第三个层面出现的群体。这就是结构型群体产生的过程。

（二）协调型群体

任务小组是最常见的以协调为目的的群体。在企业中，任务小组是由不同部门的员工组成的，其目的是协调各部门，提高企业整体效率，以解决某个特定的具体问题。现在组织中也出现了一些非正式的群体，由各部门员工自愿参加，定期或不定期聚会，讨论与工作相关的问题。还有一些群体是为了缩短产品周期而诞生的。以前企业中出现过诸如难题攻关小组的群体，帮助企业攻克难题，提高生产效率，从而促进企业的发展。

（三）决策型群体

公司董事会是一个特殊的群体，也是一个强有力的群体，其目的是为企业的发展做决策。董事会成员是由公司所有者选出的为公司发展勾画蓝图的人。他们大多有从商、参政、受过良好教育的背景，因此可以在事前预测可能出现的问题。这个群体的成员拥有很大的权力，可以聘请和解雇公司的高层管理者。

三、群体沟通中成员的角色

在群体沟通中，成员的角色大致包括三种类型：工作维护性角色、组织维护性角色和自我维护性角色。

（一）工作维护性角色

工作维护性角色主要注重工作完成的状况，并总结出已经取得的进步。例如，对工作完成情况的总结者和评估者，以及工作发起者，他们通常是首先提出新的建议并鼓动其他成员一起实施的人。

（二）组织维护性角色

承担维护组织的角色，他们的任务就是协调矛盾，缓和冲突，营造宽松气氛。如在紧张的气氛中讲一个笑话，当组织内出现不一致意见时进行调解和妥协处理。

（三）自我维护性角色

自我维护性角色具有消极作用，他们常常是群体中的控制者和组织内不受欢迎的角色。这样的角色可能高高在上，十分武断，不让其他人有发言的机会，也可能是游手好闲者，经常以消极闲散的态度对待工作，并影响他人，使群体低效率运作。

第四节 组织沟通

一、组织沟通的含义

组织沟通是指在组织结构环境下的知识、信息以及情感的交流过程，涉及战略控制以及如何在创造力和约束力之间达到一种平衡。

组织由各层级、部门和个体组成，组织内部需要建立信息沟通网络，在组织内部各部门、各环节之间进行信息传递和交流，确保组织的协调一致。组织沟通具有明确的目的，即影响组织中每个人的行为，使之与实现组织的整体目标相适应，并最终实现组织目标。作为日常管理活动，组织沟通按照预先设定的方式，沿着既定的轨道、方向和顺序进行。

组织沟通往往与公司规模有关，即如果公司规模大，就可能比较规范，沟通过程也就会较长；如果公司规模较小，就可能不那么规范，沟通过程也就会较短。从某种意义上讲，后者的沟通结果容易控制，而前者则不太容易。由于组织沟通是管理的日常功能，因此组织对信息传递者具有一定的约束力。

二、组织沟通的类型

组织既是一个由各种各样的人所组成的群体，又是一个由充当不同角色的组织成员所构成的整体。在一个组织中，既有非正式的人际关系，又有正规的权力系统，因此，组织沟通可分为两大类，即正式沟通和非正式沟通。

（一）正式沟通

正式沟通是指通过正规的组织程序进行的沟通，或为完成某项任务所必需的信息交流。如组织之间公函来往、组织内部文件传达、召开会议等。当上司向下属布置任务或下属向上司请示某个问题时，当两个销售员为协调某一顾客的订单而进行联系时，他们所进行的都是正式沟通。

正式沟通的沟通效果好，比较严肃，约束力强，易于保密，可以使信息沟通具有权威性。但是层层传递过于刻板，存在信息失真或扭曲的可能。

（二）非正式沟通

非正式沟通一般由于组织成员的情感和动机需要而形成。在一个组织中，除了正式设立的部门外，不同部门的人之间还存在朋友关系、兴趣小组等，因此非正式沟通的存在也就有其必然性。

非正式沟通一方面可以满足组织成员社会交往的需要，另一方面可以弥补和改进正式沟通的不足。因为非正式沟通不拘泥于形式，直接明了，速度快。通过正式沟通渠道需要经过几个层次、花几天时间才能得到回复的信息，通过非正式沟通渠道，可能只需要在微信或电话中与朋友谈上5分钟就可得到回复。但非正式沟通由于不负有正式沟通所具有的责任和不必遵循一定的程序，因此沟通信息难以控制，信息不准确容易失真，而且可能导致小集团和小圈子，影响组织凝聚力和人心稳定。

正式沟通与非正式沟通的对比见表13-1。

表13-1 正式沟通与非正式沟通的对比

对比	正式沟通	非正式沟通
优点	1. 制度化 2. 传递信息的准确性、可靠性和系统性高 3. 可保存、评估、追究责任 4. 定期性	1. 非制度化，脱离企业的等级结构 2. 传递速度快，传递方式灵活 3. 面对面地沟通，信息反馈基本上同时进行 4. 目的性和针对性强，效率更高
缺点	速度较慢，效率较低 要整理起草正式的书面报告，不太便利	信息准确性、可靠性和系统性程度较低，或多或少地受人为因素的影响，难以追究责任
地位	企业信息沟通的主体	信息沟通的补充渠道，难以消除
主要方式	例会制度、报告制度、文件、书面通知	谈话、座谈会、建议等
措施	建立和完善正式沟通渠道，提供有效的沟通方式	应加强引导和控制

三、组织沟通的障碍及克服

（一）组织沟通的障碍

在沟通过程中，由于存在外界干扰及其他因素，交流信息往往不能正常传递，导致管理过程中出现沟通障碍。将组织视为一个整体，从以下方面分析组织沟通障碍的影响因素。

第一，地位与权力的差异问题。权力地位低的人可能不愿意向上级报告坏消息，因为这样可能给上级以糟糕的印象。权力地位高的人可能没有注意到或者可能认为下面层级的人没有做出什么贡献。

第二，部门之间在需要与目标上的差异也会干扰沟通。每个部门都站在自己的角度看待问题。生产部门关心生产效率，营销部门的目标则是迅速将产品送到消费者的手里。

第三，缺乏正式沟通渠道，削弱了沟通效率。组织必须以员工调查、开放政策、时事通信、备忘录、任务小组以及人员联络等方式提供足够的上行沟通渠道、下行沟通渠道和水平沟通渠道。缺乏这些正式沟通渠道，组织就无法进行整体沟通。

第四，沟通的信息量也许不适合团队或组织的任务。如果某种集权式沟通结构被运用于非常规任务，那么沟通的信息量就不足以解决问题。当员工之间的信息沟通适用于任务要求时，组织、部门或者团队的工作效率是最高的。

第五，协调不够，以至于组织的不同部门之间孤军作战，既不了解也不理解其他部门在做些什么。最高管理者与基层员工之间缺乏联系，或者部门和事业部协调不力，以至于大家都不知道整个组织系统是如何运转的。

（二）克服组织沟通障碍

也许管理者能够为组织做的最重要的事情就是营造一种信任和坦诚的组织氛围。坦诚沟通和对话可以鼓励人们开诚布公地与他人沟通。下属可以像报告好消息一样向上级报告坏消息而不必担心受到惩罚。在员工之间开发人际交流技巧的努力可以培养公开、诚实与信任。

第一，管理者应该全方位开发并使用正式的信息渠道。斯堪的纳维亚设计公司向员工分发两种时事通信手册。通用汽车公司的管理者与员工分享所有相关信息，这些信息包括财务、未来发展计划、质量、绩效等。

第二，管理者应该鼓励使用多元沟通渠道，包括正式渠道和非正式渠道。多元信息沟通渠道有书面指示、面对面讨论、巡回管理和藤状网络式沟通。例如，通用汽车公司的管理者运用多媒体、月报、员工团队经常举行的会议以及员工餐厅举办的电子新闻展示等进行沟通。通过多种渠道发送信息使得信息更容易被恰当接收。

第三，结构应适合沟通需要。可以进行组织设计，使用团队、任务小组、项目经理或矩阵结构促进信息的横向流动，以达到协调和解决问题的目的。当团队或部门任务很难完成时，应该利用分权结构鼓励讨论和参与。

四、未来组织沟通的网络沟通

信息技术的使用和普及为当代组织的信息传递提供了便捷的方式，同时也对管理沟通实践提出了新的挑战。如今，学习型组织、网络沟通及虚拟组织越来越明显地成为未来组织的主要发展趋势，有必要对未来组织沟通的方式进行考察以探寻在新形势、新环境下提高管理沟通有效性的途径。

（一）网络沟通

网络沟通是指组织通过基于信息技术的计算机网络来实现组织内部和组织外部的沟通。网络沟通与传统沟通的主要区别在于网络沟通凭借的媒质是计算机网络，即利用计算机网络进行企业的内部沟通和企业与外部环境的沟通。

对组织而言，发展至现阶段，计算机网络拓展至包括互联网、企业外部网和企业内部网。但事实是，抛弃传统沟通媒介，纯粹凭借网络沟通媒介的组织在今天还很少。所以，广义的网络沟通是指网络沟通与传统沟通并行，或网络沟通占主导地位。通常，网络沟通分为三个层次，即企业内部网、企业外部网以及互联网。为了适应这种发展趋势，组织需要充分有效地运用网络信息技术，开发和利用人力资源，以增强组织竞争力。

（二）网络对组织沟通带来的机遇与挑战

网络沟通虽然为我们提供了一个快捷便利的沟通平台，并对管理模式产生了深刻的影响，但是它同时也给我们带来一些负面影响，使人与人之间的关系变得疏远。如何在传统的沟通方式与现代网络沟通方式之间找到一个平衡点，使我们既能利用快捷高效的网络沟通，又能保持传统沟通给人们带来的亲近与和谐？

1. 交流面对面，管理最有效

随着互联网和电子邮件的普及，管理者越来越依赖利用这些新技术传递信息，然而面对面的交流仍然是最重要的管理沟通方式。这是因为网络沟通并不能替代上级与下属的直接交流，在直接交流中上级还可以观察到下属的面部表情等肢体语言，并确保沟通的有效性与反馈的及时性。

2. 信息传递前，深思又熟虑

管理者与员工经常会收到各种不适用的信息。在有效的管理沟通系统中，传递者应对其信息和接收者进行认真的考虑与筛选，进行情境管理与沟通，为每个接收者准备个性化的信息。

3. 注重影响面，圈内与圈外

管理沟通就像在一个相对静止的池塘中扔一块石头，会产生“一石激起千层浪”的连锁反应。对与你靠得最近的一圈，即你的直接上级和下属，必须准确识别、了解并理解其沟通与交流的方式，以减少沟通障碍。同时，作为管理者，你还要考虑你的沟通与交流方式对圈外成员的影响。其中最关键的是，为了使管理沟通更畅通、更有效，管理者应该将沟通对象视为合作伙伴，彼此尊重，为沟通持续顺利进行打下良好的基础。

4. 技术新趋势，冷静多思考

人们面对电子通信与网络交流的到来，误以为无纸化办公和无纸邮件将全面取代纸上交流。其实，新的通信工具并不会全面取代传统的交流工具，但它们会全面渗透、融入现有的通信设施。我们必须不断适应分布在全球的合作伙伴、顾客、投资者和支持者不同的沟通习惯与交流方式。

5. 控制通信费，事半又功倍

在许多企业中，通信方式是多种多样的，并由不同的部门负责管理，如电子邮件、声音邮件、电话和传真，因而公司对通信费用没有一个准确的认识。要有效控制通信管理费用，管理者必须具有高度的责任感，重新审视与设计企业的管理沟通系统和通信程序，这样既能控制成本，又能有效达成管理沟通的目标，真正做到事半功倍。

➢ 拓展学习

1. 阿德勒 R B，普罗科特 L F. 沟通的艺术[M]. 黄素菲，译. 北京：世界图书出版公司，2010.
2. 卡耐基 D. 卡耐基沟通的艺术与处世智慧[M]. 王红星，译. 北京：中国华侨出版社，2012.
3. 卢森堡 M. 非暴力沟通[M]. 阮胤华，译. 北京：华夏出版社，2009.
4. 西奥迪尼 R. 影响力[M]. 北京：中国人民大学出版社，2006.
5. 斯坦顿 N. 沟通圣经[M]. 罗慕谦，译. 北京：北京联合出版公司，2015.

➢思考题

1. 怎样才算是有效的沟通？
2. 沟通在组织管理中起什么作用？
3. 个体行为对人际沟通有何影响？
4. 改善人际沟通的关键是什么？

➢案例分析

缺料风波

邵丽是公司采购部的资深采购员，在公司工作了10多年，经验丰富，但脾气很不好，常和同事发生摩擦，尤其是和计划部关系恶劣。一次，计划部因为缺料又和邵丽发生矛盾，计划部认为下周要生产的物料得两周后才能到，不能接受，要求邵丽交期提前；邵丽表示交期无法提前。计划部不同意，要求物料一定要按时到，否则停产，计划部的强硬态度让邵丽大发脾气：停产是你计划部的事，跟我没关系！计划部员工愤然离开，直接到采购部经理办公室投诉：我和你们部门的人没法沟通！

采购部廖经理刚上任两周，对公司正处于熟悉状态，得知自己部门的工作会影响到生产进度，他立即叫来邵丽："怎么回事？！缺料停产这么大的事，你怎么不早来报告？"邵丽满不在乎地说："你刚来公司不久，对供应商还不太熟。我已经向王经理报告了此事。"(王经理是供应链管理部门经理，也是廖经理的顶头上司。)廖经理怒道："我才是你的上司，弄清楚自己的位置在哪。"邵丽不做回答。廖经理："现在缺料的状态如何？"邵丽："物料安排的是海运，现在还在海上漂呢。"廖经理："如此紧急的物料，你还安排走海运？"邵丽："是计划部突然提前了生产，不是我的错！"说完转身离开了经理办公室。

资料来源：https://www.520z-2.com/fanwen/20425.html（有改动）

问题：

1. 邵丽和廖经理的沟通存在什么问题？
2. 他们的沟通如何改进？
3. 这一案例给我们什么启示？

第五篇

控　制

第十四章　控制及过程

本章重点

控制的概念

控制的类型

控制的程序

引导案例

为什么又没有做好

王利华是大三学生，一年前与几个同学在学校创办了创业者社团。为了提高社团知名度，振作士气，社团争取到了校学生工作部举办的创业策划大赛的承办权。王利华与社团的几个主要负责人踌躇满志，摩拳擦掌准备大干一场。

经过了一周多的讨论，社团制订了详细的活动计划并上交给校方审核，学工部对该活动计划非常满意，并表示一定全力支持社团把活动办好。于是，王利华按照活动计划，组织了社团各部门负责人会议，落实了各部门任务：实践部负责活动的组织和与各参赛队的联络，外联部负责邀请知名教授和企业家担任大赛评委，宣传部负责海报设计和网络宣传，办公室负责财务预算与支出管理。王利华要求各位部长千方百计调动部属的积极性，全力完成各自部门的任务，并许诺：如果能够圆满完成这次活动，他请在座的各位到庆香楼吃饭。会上，各部门负责人也士气高昂，纷纷表示一定要搞好这次活动。

就在王利华认为一切都已经安排就绪，一定能成功举办这场赛事，从而大大提高社团的影响力时，各种问题开始不断出现：实践部部长是个急性子，在许多具体的比赛规则还没有通过集体讨论、向学工部汇报的情况下，就擅自拍板将比赛规则发送给了各参赛队；外联部邀请企业家遇到了困难，却一直没有及时向上反映争取支持，导致宣传海报迟迟不能定稿；办公室对各个部门花钱根本没有加以控制，预算完全成了一张废纸。

当王利华发现这些问题的时候，已经到活动计划开始时间。尽管他对具体比赛规则的制定十分不满，但是由于已经对外发布，也只能自己向学工部老师检讨，最终说服了老师就按照这些规则把比赛办下去。企业家请不到预定的数量，就只好减少评委数量，否则宣传海报迟迟不能展出。

活动在校方的支持下还是办了下来，但是不少参赛队对于比赛规则提出了异议，最后决赛的评委数量、知名度和宣传效果也不尽如人意，支出与预算相比严重不符，而且整个活动由于组织不力延长了近半个月才收尾。

在社团活动总结大会上，王利华认为这次活动组织不理想是由于实践部擅自确定比赛规则，外联部没有及时汇报情况，超支问题主要是办公室主任没有履行好监管职责。对于这些问题的出现，各部门都有自己的借口。实践部部长认为，社里明确由实践部负责比赛的具体组织，事先又没有说比赛规则需要先经学工部审批；外联部部长也认为社长又没有事先明确什么事情在什么时候要汇报，自己一直在与企业家联系，对方当初也没有明确拒绝，最终对方不能来也不能责怪外联部。办公室主任也觉得很委屈，认为各个部门既不事先申报，又在花销时以自己部门买的东西是比赛用品，办公室就应予以报销，否则影响比赛效果要由办公室承担责任为由要挟，加上原来的计划中也只是列出了大致费用类型，社长也没有具体明确哪些可报，哪些不可报，只说要保证活动的资金使用，自己也只能给予报销。

王利华想不通，为什么这次活动事先制订了计划，明确了各部门之间的分工，而且大家也确实比较投入，但最终还是出了这么多问题。问题到底出在哪里？

资料来源：邢以群. 管理学[M]. 北京：高等教育出版社，2007：340-341（有改动）

第一节 控制概述

一、控制的概念

自从1948年诺伯特·维纳（Norbert Wiener，1894—1964年）发表了著名的《控制论——关于在动物和机器中控制和通信的科学》一书以来，控制论的思想和方法已经渗透到了几乎所有的自然科学与社会科学领域。维纳将控制论看作一门研究机器、生命社会中控制和通信的一般规律的科学，是研究动态系统环境条件下如何保持平衡状态或稳定状态的科学。

控制是系统建立、维持、提高自身有序性的手段。凡系统总需要对其组分进行某种调节控制。无论是自动机器，还是神经系统、生命系统，以致经济系统、社会系统，都可以被看作一个自动控制系统。凡控制总要涉及施控者和受控者两种实体，控制是施控者影响和支配受控者的行为过程，是一种有目的的活动。控制与信息密不可分。实施控制的前提是获取受控对象的运行状态、环境状况、实际控制效果等信息，控制目标和手段都是以信息形式表现并发挥作用的。控制过程是不断获取、处理、选择、传送、利用信息的过程。

知识库

反馈系统的实例

家用恒温器是一个反馈和信息控制系统，当室内温度低于预定温度时，制热系统接到电子信号自动启动；当室内温度升高到预定温度，制热系统接到信号后会自动关闭。这种不间断地衡量与启动和关闭制热系统，使室内始终保持理想的温度。空调器的启动和关闭过程也基本类似，一旦室内温度超过预定水平，空调自动制冷以达到理想的温度。同样，人体内有多种反馈系统控制温度、血压、运动神经反应以及其他状况。另外，一个反馈的例子是学生收到期中考试的成绩，当然，其目的是给学生提供学习好坏的信息，如果成绩不理想，这种反馈就成了必须努力的信号。

资料来源：韦里克 H，孔茨 H. 管理学[M]. 马春光，译. 北京：经济科学出版社，2004：374（有改动）

管理是控制论应用的一个重要领域。在管理工作中，控制是调节组织行为，使其与计划、目标和绩效标准中的预期相一致的系统过程。一个有效的控制系统可以保证各项行动完成的方向是朝着达到组织的目标。因而，控制是组织在动态环境中为保证既定目标的实现而采取的检查和纠偏活动或过程，是为确保活动能产生期望的结果而进行的工作。

二、控制的必要性

管理的目的是有效地实现组织目标，为此需要进行计划、组织、领导和控制。控制的根本目的是保证既定目标的实现，没有有效的控制，实际工作就有可能偏离计划，组织目标就有可能无法实现。控制与其他管理职能之间有着密切的关系，一方面，计划、组织和领导职能是控制的基础，控制是对具体组织活动进行检查和调整的过程，离开一定的计划、组织和领导，控制就无法正常进行；另一方面，控制是计划、组织和领导得以有效进行的必要保障，离开了适当的控制，它们都将流于形式，无法有效实施。因此，控制是一项重要的管理职能，贯穿管理的各个方面，任何组织、任何活动都需要控制。

（一）组织环境的变化

组织的目标和计划是组织对未来一定时期的努力方向与行动的安排。任何组织的目标和计划都是在特定的时空环境下制订与实施的，如果环境稳定不变或变化较小，组织实际活动按计划进行，那么也就无须进行控制。但是，组织所面临的环境多是复杂多变和不确定的，在计划实施过程中，组织内外的相关因素都可能发生变化。为了使目标和计划能够适应变化的环境，组织就需要通过控制来及时监测和回应变化的环境，以保证目标和计划更好地实现。

（二）现代组织活动的复杂性

随着社会生产力的不断发展，现代组织的规模和内部结构也日趋庞大与复杂。每一个组织要实现自身的目标，都需要多个部门的分工和协作，进行目标的分解和相应的授权，而且在实施过程中要进行大量的组织协调工作。为了避免本位主义，使各部门的活动紧紧围绕组织目标，保证每一项工作顺利进行，组织就必须对各部门及其活动进行大量的控制工作。另外，每个层次的管理者为了保证直接下属正确使用授予的权力，并且利用这些权力使组织的活动符合组织目标与计划的要求，他们也需要通过控制系统检查下属的工作情况。

（三）提升组织效率和个人绩效

一个组织要在竞争中脱颖而出，就必须在运营效率、产品和服务质量、对顾客的响应等方面有出色的表现。而管理者要提升运营效率，就必须掌握组织利用资源的现状，准确地评估组织已有的生产或服务效率。正因为通过控制系统获得了信息反馈，一个组织才能不断改进产品和质量，从而在竞争中获胜。在控制的过程中，管理者通过建立考核标准，进行绩效考核，衡量员工的实际工作情况。在控制系统的监督和评价下，员工就会积极改善自己的工作行为和工作态度，为顾客提供更好的服务，从而通过努力工作提升个人绩效。

三、控制的特点

控制广泛地存在于自然界和社会生活中，如人体是一个生物控制调节系统、自动化装置中的传感器等。从本质上说，管理中的控制过程及基本原理与物理、生物、经济以及其他各方面的控制是一样的，都是希望维持系统的正常运行，实现机理的充分协调。但是，与其他控制系统相比，管理控制又有其自身的特点。

（一）目的性

管理控制无论是着眼于适应环境的变化还是纠正执行中的偏差，都是紧紧围绕组织的目标进行的，总是受到一定的目标指引，服务达成组织特定目标的需要。控制的意义就体现在，监控组织活动中各职能工作的效果，促使组织更有效地实现其根本目标。

（二）动态性

从本质上说，控制是一个动态的过程。机器的控制是高度程序化的，具有相对稳定的特征。而组织不是静态的，其内外环境不断发生变化，且管理控制具有以人为控制中心的特点，从而决定了控制标准不可能固定不变。这就使管理控制具有动态的特征，更加灵活，需要为适应环境而不断调整，以增强控制的适应性和有效性。

（三）反馈性

控制的目标要得以实现，就离不开信息反馈。没有信息的反馈，也就没有了赖以判断对错的对象和依据。因此，目的性和反馈性是任何一个控制系统都具有的特点。对于一个简单的控制系统来说，反馈的信息是较单纯和特定的；但对管理工作而言，反馈的信息是经过管理信息系统分析整理后的信息流或信息集。管理信息系统的出现，使控制活动更加复杂、技术更加先进、反应更加灵敏。

（四）人本性

管理控制本质上是对人的控制，而控制又必须由人执行。这就要求我们注意到人是管理控制的关键，既要使人遵守控制的准则，又要努力使控制符合人的特性。控制不仅成为一种监督，更要成为一种指导，使员工在接受控制的同时，充分理解控制的必要性与方法，端正工作态度，积极采取纠正措施，提高工作效率与自制能力。

四、控制的类型

管理控制可以从不同的角度出发，划分成不同的控制类型，常见的划分方法是按控制点、控制性质、控制方式划分[①]。

（一）按控制点划分

按管理控制在组织运行过程中的控制点，可将控制分为前馈控制、同期控制和反馈控制，这也是管理控制中最常见的分类。这三类活动在组织的不同层次、工作进行的不同阶段是穿插进行的，只要是组织开展的活动和工作，就会有这三类活动的发生。

1. 前馈控制

前馈控制（事前控制）是管理人员在工作开始之前对工作中可能出现的偏差进行预测和估计，及时采取措施预防问题的产生。前馈控制的基本目标是：保证某项活动有明确的绩效目标，保证各种资源要素的合理投入。可以说计划就是典型的前馈控制，企业制定各种规章制度、对原材料质量的检测、员工岗前培训等都属于前馈控制。

虽然前馈控制防患于未然，员工易于接受，但是由于未来的不确定性，要进行有效的前馈控制不是一件容易的事情，需要及时和准确的信息，这些信息通常不易获得。所以管理者不得不经常运用其他类型的控制方法。

2. 同期控制

同期控制（现场控制、过程控制、事中控制）指控制工作发生在活动或工作进行中，对出现的偏差实施控制，可以在造成重大损失之前及时采取措施。同期控制的目的是及时处理例外情况，纠正工作中发生的偏差。由于同期控制一般在现场进行，管理者的工作作风和领导方式对控制效果有很大的影响。最常见的同期控制是直接监督，生产过程中的进度控制、课堂上教师的提问检查等均属此类控制。

虽然同期控制的效果明显、纠偏有力，但它会受管理者时间、精力和业务水平的制约，容易造成与员工心理上的对立，因而需要与其他类型的控制方法配合使用。

3. 反馈控制

反馈控制是一种最常见的控制类型。反馈控制（事后控制）是控制发生在活动或行动之后，由管理人员分析以前工作的执行结果，并将它与控制标准相比较，发现偏差所在及其原因，拟订纠正措施以防偏差在下一次工作中出现。反馈控制的主要特征是，根据事先确定的控制标准对实际工作绩效进行比较、分析和评价。如根据业绩对员工实施奖惩、对产品进行质量检测等都属于反馈控制。

反馈控制根据实际结果对工作进行评价，为管理者提供了关于计划效果的真实信息，既易于员工接受，也有利于管理人员采取有效的措施来改进工作，同时也可以增强员工的积极性。虽然反馈控制是在问题出现之后，导致浪费和损失，但在很多工作领域，反馈控制是唯一可行的控制类型。

---

① 邢以群. 管理学[M]. 杭州：浙江大学出版社，2016：312-315.

（二）按控制性质划分

按控制的性质，可将控制分为预防性控制和纠正性控制。

（1）预防性控制。预防性控制是在事情发生之前所进行的管理上的努力。采取预防性控制是为了避免产生错误和尽量减少今后的纠正活动，防止资金、时间和其他资源的浪费。一般而言，规章制度、工作程序、上岗培训等都起着预防性控制的作用。在设计预防性控制措施时，人们所遵循的原则都是更有效地达到组织目标，但要使这些预防性的规章制度能真正被遵从，还要有良好的监控机制加以保证。进行预防性控制要求对整个活动的关键点有比较深刻的理解，能事先预见到问题并提出相应的对策措施。

（2）纠正性控制。纠正性控制是在事情发生之后所进行的管理上的努力。在实际管理工作中，纠正性控制使用得更普遍。采用纠正性控制往往是由于管理者没有预见到问题，其目的是当出现偏差时采取措施使行为或活动返回到事先确定的或所希望的水平。

（三）按控制方式划分

按控制时所采用的方式，可将控制分为集中控制、分散控制和分层控制。

（1）集中控制。集中控制就是在组织中建立一个控制中心，由它来对所有的信息进行集中统一的加工、处理，并由这一控制中心发出命令，操纵所有的管理活动。当组织规模和信息量不大，且控制中心对信息处理效率和可靠性都很高时，这种方式有利于实现整体的优化控制，如企业中的生产控制部、中央控制室等。但当组织规模和信息量极大时，就难以在一个控制中心进行信息储存和处理，会导致信息传递时间长，反馈时滞，使组织反应迟钝、决策延误时机。

（2）分散控制。分散控制对信息存储和处理能力的要求相对较低，易于实现；由于反馈环节少，因此反应快、时滞短、控制效率高、应变能力强。但分散控制可能会带来一个严重后果，即难以取得各分散系统的相互协调，难以保证各分散系统的目标与总目标的一致性，从而危及整体的优化，严重的会导致失控。

（3）分层控制。分层控制是一种集中控制和分散控制结合起来的控制方式。它有两个特点：一是各子系统都具有各自独立的控制能力和控制条件，从而有可能对子系统的管理实施独立的处理；二是整个管理系统分为若干层次，上一层次的控制机构对下一层次各子系统的活动进行指导性、导向性的间接控制。

第二节 控制程序

控制是根据计划的要求，设立衡量绩效的标准，然后将实际工作结果与预定标准相比较，以确定组织活动中出现的偏差及其严重程度；在此基础上，有针对性地采取必要的纠正措施，以确保组织资源的有效利用和组织目标的实现。不论控制的对象是技术研发还是产品制造，是组织的人力资源还是物质资源，控制的过程都可以分为三个基本环节：确定控制标准、衡量实际绩效和采取纠偏措施。

一、确定控制标准

确定控制标准是管理控制的起点。标准是组织用以衡量组织中的各项工作或行为是否符合组织要求程度的标尺，表现为一些具体的衡量指标。控制主要是对组织活动加以监督和约束，以实现所期望的目标，为此必须首先确定控制标准作为共同遵守的衡量尺度和比较的基础。因此确定控制标准是实施控制的必要条件。没有标准，就无法对工作进行客观检查和对实际业绩进行客观评价，也无法明确是否需要采取纠偏措施；标准的错误，则往往会导致组织误入歧途；标准的不清和不客观，则常常会导致组织内部的纷争、员工的不满和上下级的挫折感。

（一）寻找控制的关键点

进行控制首先遇到的问题是“控制什么”，这是在确定控制标准之前需要解决的问题。只有先明确控制的对象，才能据以确定该采取什么标准。从整体而言，组织的一切人、物和工作活动都需要控制，但控制既不可能也没必要对所有活动都做到确定标准加以控制，而只需要找出关键点。

控制的目的是保证计划的顺利进行和目标的实现，因此控制标准的制定必须以计划和目标为依据。但组织活动的计划内容和活动状况是细微与复杂的，管理者没有时间和精力也没有必要控制一切，所以管理者要找到关键点，抓住这些关键点就可以控制组织整体状况。组织目标是最主要的关键点，目标偏了，其他工作再好也不会符合要求。除此之外，要控制影响目标实现的一些重要因素和环节，以及最容易出现问题的薄弱环节和实际发生的重大例外。

（二）标准的类型和制定标准的方法

1. 标准的类型

在控制过程中，对关键点必须制定相应的控制标准。控制的标准有多种类型，通常可以分为定量标准和定性标准两大类。定量标准便于度量和比较，是控制标准的主要表现形式。定量标准主要分为实物标准、价值标准、时间标准。实物标准如产量等，价值标准如成本、利润、销售收入等，时间标准如工时定额、工期等。定性标准主要是有关服务质量、组织形象、社会责任等方面，这些一般比较难以量化。尽管如此，为了使定性标准便于掌握和操作，也应尽量采用一些可度量的方法。

一般而言，构建一个工作标准可以从四个维度去考虑：数量、质量、成本和时间。如销售人员的工作成果：数量是销售收入，质量是销售利润和货款回收率，成本是销售费用率，时间是年份、月度等。组织在建立有效的控制标准时，能够量化的尽可能量化，不能量化的尽可能细化或状态化，以保证标准的客观可衡量性。

2. 制定标准的方法

常用的制定控制标准的方法有如下三种。

（1）统计分析法，也称历史分析法。它是根据组织历史数据记录或对比同类组织的水平，运用统计学方法确定的。最常用的有统计平均值、极大（或极小）值和指数等。统计方法常用于拟定与企业的经营活动和经济效益有关的标准。

（2）经验判断法。根据管理人员的经验、判断和评估来建立控制标准。在利用这种方法建立工作标准时，要尽量克服主观性，应该综合各方面管理人员的知识和经验，综合大家的判断，确立合理的标准。

（3）工程方法。这种方法的对象是制定工程标准，通过对工作进行客观的定量分析，制定准确的技术参数和实测数据标准。它主要应用于测量生产者或某一工程的产出定额标准。例如，机器的产出标准、人工操作标准、劳动时间定额等。

二、衡量实际绩效

衡量的过程实际上是一个信息产生和比较的过程。将实际工作情况与控制标准进行比较，找出实际业绩与控制标准之间的差异，并据此对实际工作做出评估。为了对组织的各项活动加以有效控制，管理者必须拥有信息，能否及时获得所需要的信息以及所获得信息的准确性，直接影响组织对实际绩效的评价、差异分析和纠偏措施的采取。

（一）绩效衡量

为了获得控制信息，管理者在衡量实际工作情况时可以采取现场观察、口头和书面报告、统计分析、审计、管理信息系统等。这些信息收集渠道各有长处和短处，在实际工作中将它们有机结合起来，可以大大丰富信息的来源并提高信息的准确性。管理者通过建立一定的检查制度、汇报制度，以及时掌握信息；通过在线检测、调查、核实、统计、分析，比较全面、确切地了解实际的工作进展情况；要抓住重点，对关键之处进行重点检查，以使控制更有针对性；要将实际绩效的衡量作为一项经常性的工作，定期而持续地进行。

知识库

正确使用报告和程序

最常见的误用方式是将报告和程序当作上级控制下属的工具，尤其是那些单纯向高级管理人员提供信息而交的例行报告更是如此。常见的情况是，工厂主管每天必须填写 20 张表格，把那些连他自己都不需要的信息提供给会计师、工程师或总公司的高层管理人员。在现实中，可能还有许多类似的例子。结果，管理者没有办法把全部的注意力集中在自己的工作上，在他看来，公司为了达到控制目的而要求他做的种种事情，反映了公司对他的要求，成为他工作中最重要的部分。尽管对这些事情感到愤慨，但是他不得不把大量的精力花在处理报表上，而并不专注自己的工作，最终导致的结果是：甚至连他的上司都被这些程序所误导。

企业应该将报告和程序保持在最低限度，只有当报告和程序确实发挥作用，并且能节省时间和人力时，才运用这些工具，而且应该尽可能地把它简化。

资料来源：德鲁克 P. 管理的实践[M]. 齐若兰，译. 北京：机械工业出版社，2006：112-113

为了获得准确而及时的绩效信息，管理者可以建立专门的部门，如统计部门、审计部门、政策研究部门等来从事这项工作。不要将实际绩效简单地理解为某项工作或某项项目的最后结果，有时它可能是中间过程或状态，有时可能是由中间过程或状态推测出来的结果。

（二）评价衡量结果

将反馈结果与控制标准进行比较，可以确定实际工作成效与标准之间的偏差。若没有偏差，工作按原计划继续进行；若有偏差，则需要确定偏差是否在可接受的标准范围之内。如果偏差在标准允许的范围之内，则工作继续进行，但也要分析偏差产生的原因，以便改进工作；如果偏差超出了允许的范围，则应深入分析产生偏差的原因，以适时采取纠偏措施。管理者应特别注意偏差的大小和方向，过大的正偏差和负偏差同样需要引起警惕。

弄清偏差产生的原因是采取相应措施的前提。通常而言，偏差产生的原因有三种：一是事先没有预计到某些因素的变化而导致实际绩效偏离预期；二是在实施过程中方法不当、组织不力、领导无方而导致实际绩效没有达到预期目标；三是计划指标或工作标准脱离实际，定得太高或太低，以至于出现偏差。需要对这三种偏差原因做出准确的判断，以便采取正确的纠偏措施。

（三）衡量频度

衡量频度不仅体现在对控制对象数量的选择上，而且还表现在对同一标准的衡量次数上，如检查的次数、汇报的间隔时间。对控制对象或要素的衡量频度过高，不仅会增加检查的费用，而且还会引起检查人员工作疲劳，影响他们的工作情绪，从而容易产生衡量工作的失误，对组织目标产生负面影响；但衡量和检查的次数过少，则有可能造成许多重大的偏差不能被及时发现，不能及时采取措施，从而影响计划的完成。

三、采取纠偏措施

采取纠偏措施本质上是一个解决问题的过程，在分析产生偏差原因的基础上，管理者要根据不同的原因采取不同的措施。

（一）不采取任何行动

很显然，如果偏差没有超出管理者可以接受的范围，就可以不采取纠偏的行动。还有一种可能，通过成本-效益比较发现，如果行动其费用可能会超过偏差带来的损失，得不偿失。

（二）改进工作绩效

如果发现工作中出现了必须纠正的偏差，而且产生偏差的问题是工作中出现的问题，就需要采取具体的纠偏措施：改进工作方法，改进管理方法，调整组织结构，改进激励工作，进行培训计划上的调整，重新分配员工的工作，等等。

在纠偏过程中需要注意的是，有些偏差措施会在不同程度上引起组织结构、人员关系和活动方式的调整，会涉及某些员工的利益，因此不同的员工对纠偏措施持不同态度。这样，管理者在采取纠偏措施时，要注意消除执行者的疑虑，争取更多的理解、赞同和支持，以避免在纠偏方案的实施过程中可能出现的人为障碍。

（三）修订原有计划或标准

偏差较大，有可能是原计划安排不当导致的；也有可能是内外环境的变化，使原有计划与现实状况之间产生了较大的偏差。这就需要对原计划进行适当的调整，但调整计划不是任意地变动计划，不能偏离组织的发展目标，要有助于组织目标的实现。只有实际状况表明计划标准过低或过高，或环境发生了重大变化使原有的计划前提不复存在时，对计划或标准进行修改才是合适的。

管理者在采取纠偏行动之前，还要决定是采取应急纠偏措施还是彻底纠偏措施。应急纠偏措施是指能够将出现问题的工作马上矫正到正确的轨道上的措施，彻底纠偏措施则是能够从根本上消除偏差的措施。采取彻底纠偏措施首先要弄清楚偏差产生的原因，然后从产生偏差的地方开始采取纠正行动，但这需要管理者认真分析并花费一定的时间进行调查研究。

第三节 有效控制

控制的目的是保证组织活动符合计划的要求，以有效地实现预定目标。为了保证对组织活动进行有效的控制，控制工作必须满足适时控制、适度控制、客观控制和弹性控制的要求。

一、适时控制

高效率的控制系统，要求能迅速发现问题并及时采取纠偏措施。及时纠偏，要求管理人员一方面要及时准确地提供控制所需要的信息，避免时过境迁，使控制失去应有的效果；另一方面要事先估计可能发生的变化，使采取的措施与已变化的情况相适应。

纠正偏差的最理想方法应该是在偏差未产生以前，就注意到偏差产生的可能性，从而预先采取必要的防范措施，防止偏差的产生。由于某种无法抗拒的原因，偏差的出现不可避免，那么这种认识也可以指导组织预先采取措施，消除或遏制偏差产生后可能对组织造成的不利影响。

虽然预测偏差的产生在实践中比较困难，但是我们可以为需要控制的对象建立一条预警线，反映组织运营状况的数据一旦超过这条预警线，就可以采取必要的措施防止偏差的产生和扩大。

二、适度控制

适度控制是指控制的范围、程度和频度要恰到好处。要实现控制的恰到好处需要注意处理好以下几个方面的问题。

（一）把握控制的重点

任何组织都不可能对每一个部门、每一个环节的每一个人在每一个时刻的工作情况进行全面的控制，因此应抓住活动过程中的关键和重点进行局部的与重点的控制。但由于组织和部门职能的多样化、被控制对象的多样性以及政策与计划的多变，几乎不存在普遍适用的选择关键和重点的原则。一般而言，管理者要将控制力量集中在目标、重大影响因素、薄弱环节和例外情况上。

在组织的众多目标中，总有一两个是关键的，管理者要选择出关键目标加以重点控制。对组织目标的实现有重大影响的因素以及特别容易出现问题的薄弱环节，也是管理者需要在实施过程中特别加以关注的。进一步来说，在控制过程中，管理者应重点针对事先未能预料而实际发生了的例外情况进行控制。

（二）防止控制过多或不足

控制常给被控制者带来某种不愉快，但是缺乏控制又可能导致组织活动的混乱。有效的控制应该既能满足对组织活动监督和检查的需要，又能防止与组织成员发生强烈的冲突。适度的控制应满足两个方面的要求：一方面，要认识到过多的控制会对组织中的人造成伤害，对组织成员行为的过多限制，会扼杀他们的积极性、主动性和创造性，会抑制他们的首创精神，从而影响个人能力的发展和工作热情的提高，最终影响组织的效率；另一方面，也要认识到过少的控制将不能使组织活动有序进行，不能保证各部门活动协调的进行，将会造成资源的浪费，过少的控制还可能使组织中的个人无视组织的要求，不提供组织所需的贡献，甚至谋求个人利益，最终导致组织的涣散和崩溃。

（三）保证控制的经济性

任何控制都需要一定的费用，需要投入大量的人力、物力和财力。是否进行控制，控制到什么程度，都涉及费用问题，因此必须将控制所需的费用与控制所产生的效果进行经济上的比较，只有当控制带来的收益超出其所需成本时，才实施控制。

控制的经济性一是要求实行有选择的控制，全面周详的控制不仅不必要也不可能，要正确而精心地选择控制点，太多会不经济，太少会失去控制；二是要求努力降低控制的各种耗费而提高控制效果，费用的降低使人们有可能在更大的范围内实行控制。花费少而效率高的控制系统才是有效的控制系统。在实际工作中，控制的经济性考虑在很大程度上取决于管理者是否将控制应用于他们所认为的重要工作上。

三、客观控制

控制是通过纠偏来保证组织目标的实现，有效的控制必须是客观的，符合组织的实际。客观控制来源于对组织活动状况及其变化的客观了解和评价。为此，在控制过程中，要保证制定的控制标准、实际业绩的衡量、偏差的分析和控制措施的采取都要客观准确。不准确不仅会影响工作进展，走弯路，而且会挫伤员工的积极性和工作热情。

要使控制准确客观，一是要建立客观的衡量方法，对绩效用定量的方法记录并评价，将定性的内容具体化和客观化；二是管理者要从组织的角度来观察问题，避免个人的偏见和成见，特别是在绩效的衡量阶段，要以事实为依据；三是要明确获取的信息是对事不对人的，以确保信息的可靠性。没有客观的标准和准确的衡量方法，人们对组织实际工作就不易有一个正确的认识，从而难以制订出正确的措施进行客观的控制。

四、弹性控制

组织在运营过程中经常可能遇到某种突发的、无力抗拒的变化，这些变化使组织计划与实现条件严重背离。虽然我们努力追求预测的准确性以及对实际绩效衡量的准确性，但不准确性总会存在。如果控制不具有弹性，则在执行时难免被动。因此，为了提高控制系统的有效性，就要使控制系统具有一定的灵活性或弹性。

控制的灵活性要求管理者制订多种应对变化的方案和留有一定的后备力量，并采取多种灵活的控制方法和方式来达到控制的目的。在环境突变、计划失败等未预测到的情况下，要保证控制仍然有效，就要有弹性和替代方案。控制从实际目标出发，采用各种控制方式达到目的，过分依赖正规的控制方法（如预算、监督、检查、报告等）有时会导致指挥失误和控制失灵，因此也要采取一些随机应变的控制方法，如弹性预算、跟踪控制等。

➢ 拓展学习

1. 邢以群，张大亮. 管理是要系统的：企业管理实用指导手册[M]. 北京：机械工业出版社，2015.
2. 罗宾斯 S P，库尔特 M. 管理学[M].孙健敏，等译. 13 版. 北京：中国人民大学出版社，2017.
3. 韦里克 H，孔茨 H. 管理学[M]. 马春光，译. 北京：经济科学出版社，2004.
4. 谭力文，刘林青. 管理学[M]. 北京：科学出版社，2015.

➢ 思考题

1. 在现代组织管理中，为什么要加强控制？
2. 控制有哪些类型？不同类型的控制有何特点？
3. 控制过程一般由哪几个步骤构成？
4. 为何要进行有效的控制？

➢ 案例分析

综合控制计划的制订

张正在几天前被任命为一家国有纺织公司的总经理。他很快就发现这家公司存在很多问题，而且大多数问题都与公司不适当的控制管理有关。例如，他发现，公司各部门的预算是由各部门自行制定的，前任总经理对各部门上报的预算一般不加修改就签字批准；公司内部也没有专门的财务审核人员，因此对各部门的预算和预算的实施情况根本没有严格的审核。在人事方面，生产一线人员流动率大，常有人不辞而别；行政工作人员迟到早退现象严重，而且常有人在工作时间利用公司网络炒股或购物。

公司对这些问题都没有采取有效的控制措施，更没有对这方面的问题进行及时调整或解决。不少中层管理者还认为，公司业务不景气，生产人员想走就走是很正常的，行政工作人员在没有什么工作可做的情况下，迟到早退、自己想办法赚点钱、干点私活也是可以理解的，对此没有必要大惊小怪。

张正认为，要改变公司的面貌，就一定要加强资金、人员等方面的控制，为此，就需要制订一个综合控制计划。

资料来源：邢以群.管理学[M]. 杭州：浙江大学出版社，2016：318-319（有改动）

问题：

1. 为了改变公司的面貌，这个综合控制计划应该包括哪几个方面的内容？
2. 在这个综合控制计划实施过程中会遇到什么样的问题？

第十五章 控 制 方 法

本章重点

常见的控制方式

综合控制方法

引导案例

客户服务质量控制

美国某信用卡公司认识到高质量客户服务是多么重要。客户服务不仅影响公司信誉，也和公司利润息息相关。例如，一张信用卡每早到客户手中一天，公司就可获得33美分的额外销售收入，一年下来，公司将有140万美元的净利润。及时地将新办理的和更换的信用卡送到客户手中，是客户服务质量的一个重要方面，但这远远不够。

公司应对客户服务质量进行控制，最初是由卡片分部的一个地区副总裁觊西·帕克提出来的。她说："一段时间以来，我们对传统的评价客户服务的方法不太满意。向管理部门提交的报告有偏差，因为它们很少包括有问题但没有抱怨的客户，或那些只是勉强满意公司服务的客户。"她相信，真正衡量客户服务的标准必须基于或反映持卡人的见解。这就意味着要对公司控制程序进行彻底检查。第一项工作就是确定客户对公司的期望。对抱怨信件的分析指出了客户服务的三个重要特点：及时性、准确性和反应灵敏性。

了解了客户期望，公司质量保证人员开始建立控制客户服务质量的标准。所建立的180多个标准反映了诸如申请处理信用卡发行、账单查询反应及账户服务费代理等服务项目的可接受的服务质量。这些标准都基于用户所期望的服务的及时性、准确性和反应灵敏性，同时也考虑了其他一些因素。除了客户见解，服务质量标准还反映了公司竞争性、能力和一些经济因素。例如，一些标准因竞争引入，一些标准受组织现行处理能力影响，另一些标准反映了组织经济上的能力。考虑了每一个因素后，适当的标准就成型了，公司开始实施服务质量控制计划。

计划实施效果很好。例如，处理信用卡申请的时间由35天降到15天，更换信用卡从15天降到了2天，回答用户查询时间从16天降到10天。这些改进给公司带来的潜在利润是巨大的。例如，办理新卡节省的时间会给公司带来1750万美元的额外收入。另外，如果用户能及时收到信用卡，他们就不会使用竞争者的卡片了。

信用卡客户服务质量控制计划的成功，使公司其他部门纷纷效仿。无疑，它对公司的贡献是非常巨大的。

资料来源：https://wenku.baidu.com/view/f67f4ced6f1aff00bed51ea6.html（有改动）

第一节 常见的控制方式

控制方式是指管理者在对控制对象实施控制的过程中所采取的方式方法和手段。根据控制主体的不同，控制方式可分为两大类：传统的控制方式（组织控制方式）和基于责任感的控制方式（自我控制方式）。传统的控制方式通常是以某种方式从外部施加影响来保持员工的行为协调一致。组织常见的传统控制方式按控制对象不同，可分为财务（资金）控制、生产控制、时间控制、安全控制、人员行为控制和信息控制①。

一、财务控制

一个组织中业务活动的开展，几乎都伴随着资金的运动，因此管理控制中最广泛运用的一种方式就是财务控制。财务控制通过对一个组织中资金运动状况的监督和分析，对组织中各个部门、人员的活动和工作实施控制。常用的财务控制方法有预算控制、审计等。

（一）预算控制

预算是一种以货币和数量表示的计划，是关于为完成组织目标和计划所需资金的来源与用途的一项书面说明。它包括收支预算、投资预算、现金预算、总预算等。预算控制就是根据预算规定的收入与支出标准来检查和监督各个部门的生产经营活动，以保证各种活动或各个部门在充分达成既定目标、实现利润的过程中对经营资源的利用，从而使费用的支出受到严格有效的约束。

组织内的任何活动都离不开资金的运动，通过预算可以帮助管理者掌握全局，控制整体情况；有助于管理者合理配置资源和控制各项活动的开展，为工作效果评价提供检验标准。但是，在预算的编制和执行中，也存在一些问题：参照上期的预算项目和标准，从而会忽视本期活动的实际需要；费用预算总是具有按先例递增的习惯，没有仔细复查相应的标准和程序，使预算可能成为低效的管理部门的保护伞；外部环境的变化会改变组织获取资源的支出或收入，从而使预算变得不合时宜。

（二）审计

审计是对反映组织资金运动过程及其结果的会计记录及财务报表进行审核、鉴定，以判断其真实性和可靠性，从而为控制和决策提供依据。根据审查主体和内容的不同，可将审计分为三种主要类型：外部审计、内部审计和管理审计。

外部审计是由外部机构（如会计师事务所）选派的审计人员对组织财务报表及其反映的财务状况进行独立的评估。为了检查财务报表及其反映的资产与负债的账面情况与企业真实情况是否相符，外部审计人员需要抽查组织的基本财务记录，以验证其真实性和准确性，并

① 邢以群. 管理学[M]. 杭州：浙江大学出版社，2016：307-311.

分析这些记录是否符合公认的会计准则和记账程序。

内部审计提供了检查现有控制程序和方法能否有效地保证达成既定目标与执行既定政策的手段。根据对现有控制系统有效性的检查，内部审计人员可以提供有关改进公司政策、工作程序和方法的对策建议，以促使公司政策符合实际、工作程序更加合理、作业方法正确掌握，从而更有效地实现组织目标。

外部审计主要核对组织财务记录的可靠性和真实性；内部审计在此基础上对企业政策、工作程序与计划的遵循程度进行测定，并提供必要的改进组织控制系统的对策建议；管理审计的对象和范围则更广，它是一种对组织所有管理及其绩效进行全面系统的评价和鉴定的方法。管理审计虽然也可以由组织内部的有关部门进行，但为了保证某些敏感领域得到客观的评价，企业通常聘请外部的专家进行。

二、生产控制

组织都是为了满足顾客需求而设计的“一系列生产”的集合体，各种生产之间存在逻辑联系。任何组织都是将资源输入转换成产品和服务输出并由此产生价值的生产系统。为保证组织中各项生产朝着组织的目标前行，需要一个有效的控制系统对组织的各项生产实施管理控制。管理人员需要对原材料、劳动力等投入进行控制，需要对组织系统的转换和运营进行控制，也需要对有形的产品或无形的劳务进行控制。生产控制主要讨论与投入活动有关的对供应商的控制和库存控制，以及与产出有关的质量控制①。

（一）对供应商的控制

供应商供货及时、质量的好坏、价格的高低都对本组织最终产品产生重大影响。因此，对供应商的控制可以说是从组织运营的源头抓起，能够起到防微杜渐的作用。

在全球范围内选择供应商，能够有保障地获得高质量低价格的原材料，同时也可避免只选择少数几个供应商可能构成的威胁。许多企业正在改变与供应商之间的竞争关系，试图建立一种长期的、稳定的、合作的双赢局势。企业在广泛范围内选择供应商，一旦选定两三家供应商，就应和它们建立长远的、稳定的联系，并且帮助供应商提高材料的质量、降低成本。这时企业和供应商之间就形成了相互依赖、相互促进的新型关系，双方都降低了风险，提高了效益，真正做到双赢。

还有一种控制供应商的方法是持有供应商一部分或全部股份，或由本企业系统内部的某个子企业供货。这是跨国公司为了保证货源而采取的做法。

（二）库存控制

对库存的控制主要是为了在保证生产经营活动正常进行的前提下，降低各种与库存有关的成本耗费，提高经济效益。管理人员使用经济订购批量模型（economic order quantity，EOQ）计算最优的订购批量，使总费用达到最小化。这个模型考虑两种成本：一是订购成本，即每次订购所需要的费用（包括通信往来、文件处理、差旅、行政管理费用等）；二是

① 周三多. 管理学[M]. 4版. 北京：高等教育出版社，2014：253-255.

保管费用，即储存原材料或零部件所需要的费用（包括库存、利息、保险、折旧、损坏以及变质损失等费用）。

通过经济订购批量模型，可以计算出订购量为多大时，总成本（订购成本和保管成本之和）为最小。假定企业在一定时间内总需求量为 D，每次订购所需的费用为 O，库存物品单价为 P，保管成本与库存物品价值之比为 C，则最优订购批量为

$$\mathrm{EOQ}=\sqrt{\frac{2\times D\times O}{P\times C}}$$

一般说来，企业除了最优订货批量外，为了以防万一会保留一个额外的储存量，这个储存量被称为安全存货。

日本企业发明了一种适时库存系统（just-in-time inventory system，JIT），其目标是实现零库存。适时库存系统是指供应商只是在需要和适时装配时才将零部件准时发送到生产企业的生产线。为了适时库存系统有效，必须做到：首先，部件必须是高质量的，任何次品都会终止整个装配线的运行；其次，必须与供应商保持可靠的关系和密切合作；最后，理想上供应商应设在公司附近，并有可靠的运输保障。

（三）质量控制

质量控制是组织实施控制的一个重要组成部分。组织向客户提供的产品或服务应达到一定的质量标准。如果产品或服务没有达到相应的质量标准，客户可能就会放弃购买，从而造成企业对已投入资源的浪费。因此，质量管理是组织进行控制管理的关键环节。

提高质量控制的一个流行方法是全面质量管理（total quality management，TQM）。全面质量管理是组织所有部门和人员，综合运用多种方法，对生产过程中影响产品质量的各种因素进行控制，以最经济的办法生产客户满意的产品。全面质量管理对质量的要求已不再是单一的标准，而是一种包含产品或服务的性能、可靠性、安全性、适应性、经济性、时间性、舒适性、文明性等多个维度的综合指标。

全面质量管理的核心原则是：①以客户为中心，它是全面质量管理的核心理念；②持续改进；③全员参与。在贯彻全员参与理念时，对员工的授权和培训是必不可少的。全面质量管理的有效实施会使客户增强满意度，次品率下降，减少浪费，提高总体生产率水平，降低成本，提高利润并营造出一个高度注重质量的环境。

三、时间控制

时间是一种重要的资源，从某种意义上来说，时间是比人、财、物等更加重要的资源。任何组织的活动都是在一定时间内进行的，对时间进行控制是组织对其实现目标过程中的各项工作做出合理的安排，以求按期实现组织目标。因此，时间控制也是管理控制中的一个重要方法。

时间控制的关键是要确定各项活动的进行是否符合预定进度表中的时间安排。在时间控制中，甘特图和网络图是最常用的工具，它们都有助于物资、设备、人力等在指定的时间达到预定的地点，使之紧密配合以完成任务。

甘特图是管理学家亨利·甘特在20世纪初提出的一种条状图，如图15-1所示[①]。甘特图的实质是通过对各项活动完成情况的了解，调整工作程序和时间以完成该项活动。管理人员可以从甘特图提供的情况中了解到某些活动已落后于预定计划，然后采取一切必要行动加以纠正，以使该项活动赶上计划的安排，使计划能按时或在预期的许可范围内完成。

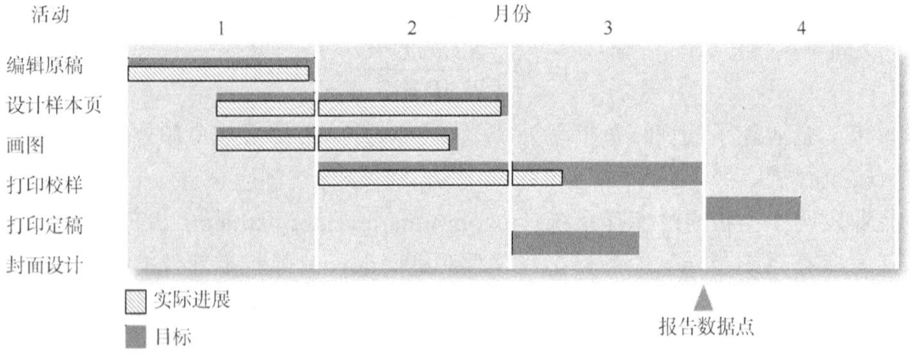

图15-1 甘特图

甘特图的优点是形象、直观、简明、易懂、易掌握，对控制计划进度、改进管理工作有很大的帮助，至今仍在许多方面广泛运用。但甘特图也有局限性，从甘特图上可以清楚地看出某一时刻实际进度与计划要求之间的差距，但它无法表明产生这种差距的原因，无法确定哪些差距是管理者应当着力解决和控制的关键点；也无法表明各项活动之间的相互影响和逻辑关系。因此，甘特图难以给管理者提供全面的情况，一般只适用于小型的活动，大型的活动则要借助网络图来控制。

四、安全控制

安全控制包括人身安全、财产安全、资料安全等方面内容，由于直接关系到生命和财产的保障、组织的发展，因此安全控制也是组织控制的一个重要方面。

（一）人身安全控制

人身安全控制的核心是控制各种工伤事故和职业病的发生。在组织的各种资源中，人力资源是最宝贵的，作为管理者有责任保证组织成员的人身安全。为此要努力营造安全的工作环境，建立定期体检制度，设置安全控制保护系统，采取措施消除可能产生不安全的各种隐患；要加强对全体人员的安全教育，使之遵守安全操作方法；对于已发生的事故，应做好调查和记录工作，深入分析原因，防止重犯。

（二）财产安全控制

组织中的各种财产是组织各项工作得以开展的物质保证，对于组织中的各种物资要进行妥善的保管。要建立适当的保管制度，根据不同物资的特性确定不同的保存要求，防止变质、丢失、火灾等事故的发生；要建立警卫制度，对保存有重要物资的部门设置安全门、警

① 罗宾斯 S P，库尔特 M. 管理学[M]. 孙健敏，等译. 7版. 北京：中国人民大学出版社，2004：239.

灯等系统及其他警备设施；要建立检查制度，定期或不定期地清点各类物资，做到账物相符，并检查各种设备是否保持在正常状态，以便在需要时能及时投入使用。

（三）资料安全控制

各种文件、资料、档案、数据库等都是组织过去历史、商业情报和组织知识的记录，对于组织工作和各类问题的处理极为有用。有些资料在不同的时期对不同的组织成员具有一定的机密性，或因为时机不成熟不宜公开，或因可能产生负面作用而需加以保密，或因竞争需要而实施封锁。因此，对于各种文件档案资料，均应建立制度力求妥善地加以保管。有些资料由于保管人员思想麻痹、言行随便而泄露，会造成许多意想不到的损失。因此，组织中的各级人员都要加强资料安全控制。

五、人员行为控制

控制工作从根本上来说是对人的控制，因为任何组织活动的开展都有赖于员工的努力，其他几个方面的控制也都要靠人来实行和推行。怎样选择员工和怎样使员工行为更有效地趋向组织目标，涉及对员工行为的控制问题。人的行为是人的价值观、性格、经验、社会背景等多种因素综合作用的结果，而这些因素本身又很难用精确的方法加以描述，这就使得对员工行为的控制成了控制中最复杂困难的一部分。

知 识 库

自 我 控 制

企业需要的管理原则是：能够让个人充分发挥特长、担负责任，凝聚共同的愿景和一致的努力方向，建立起团队合作和集体协作，并能调和个人目标与共同利益。

目标管理与自我控制是唯一能做到这一点的管理原则，应让追求共同利益成为每位管理者的共同目标，以更严格、更精确和更有效的内部控制取代外部控制。管理者的工作动机不再是别人下达的命令或说服他去做某件事情，而是管理者的任务本身必须实现这样的目标。他不再只是听命行事，而是自己决定必须这样做。换句话说，他以自由人的身份采取行动。

资料来源：德鲁克 P. 管理的实践[M]. 齐若兰，译. 北京：机械工业出版社，2006：114

在员工行为控制中经常用到的控制方法是理念引导、规章约束和各种工作表现鉴定方法。

文化理念表明了一个组织对组织运作过程中涉及的各个方面的主张和组织的共同价值观，通过明晰和强化企业文化理念，有助于引导员工的思想倾向组织所希望的方向。

规章制度规定了一个组织中员工必须遵守的行为准则。无论是上班迟到还是工作不尽力，都会影响组织目标的实现，因此绝大多数组织都建立了一整套完整的规章制度，表明组织可以接受的限度并考核员工遵守规章制度的情况。

对员工的工作表现定出标准，定期鉴定，并根据鉴定结果进行奖惩，是组织中最重要的控制手段之一。常用的绩效评价方法有鉴定式评价法和指标考核法。

鉴定式评价法是最简单、最常用的人员绩效评价法，其具体做法是：由评价者写出一份针对被评价者长处和短处的鉴定，管理者根据这种鉴定给予被鉴定者一个初步的估计。采用这种方法的基本条件是评价者确切地知道被评价者的优缺点，对其有全面的了解，并能客观地撰写鉴定。由于在实际工作中，这一基本条件较难满足，因此这种方法只能作为一种初步的估计，完全依赖这种方法往往会造成评价的失误。

为了克服偏见和主观臆断，就必须建立比较客观的评价标准。指标考核法就是通过建立一系列评价指标，由管理者列出每一指标的评价标准，然后由评价者在评价标准中选择最适合被评价者的指标，最后由管理者据此加权评分，根据得分的高低评定员工的表现。这种评价方法比较准确客观，但它只适用于从事类似或标准化工作的员工，超出这个范围，其准确性将大为降低。

六、信息控制

任何组织的活动在现实中一般表现为三种运动方式：物流、资金流和信息流。通过掌握和控制信息，可以掌握和控制物流与资金流状况，分析物流和资金流的运动规律，从而实现对物流和资金流的控制。同时，信息也是决策的基础。在传统的控制方法中，往往需要专门的数据分析人员通过对大量数据的人工处理来获得有用的信息，而现代信息技术的发展，使得数据收集、处理、分析、存储、查询等变得格外便利，从而使基于计算机信息系统的信息控制越来越成为现代组织的重要控制方式之一。

尽管没有一个公认的关于管理信息系统的定义，但可以将管理信息系统定义为采集数据并将其转换为能够为管理层提供所需信息的系统。从理论上而言，这种系统可以是基于手工的，也可以是基于计算机和互联网的。

一个合格而实用的管理信息系统，应具备以下一些基本条件。

（1）系统的建立应有助于组织目标的实现。任何管理信息系统，都必须从有助于组织目标的和计划的实现出发。为此，管理信息系统的设计要从识别所有的管理决策所需要的信息入手，并通过定期评审制度及时了解各级管理者的需求变化，使所建立的管理信息系统总是能够适应不同层次和职能的管理者的需要。

（2）所提供的信息必须是准确和高质量的。错误的信息必然导致决策的失误。这就要求在设计管理信息系统的过程中，注意明确各种信息的合适来源和录入职责，并注意通过多渠道获取数据来比较鉴别，及时发现差异以求及时纠偏。

（3）信息处理和传递必须及时。及时提供信息能使管理者在问题尚未扩大之前就适时予以控制。为此，管理信息系统应能实时处理各种信息，按照管理者事先设定的要求主动提供信息，并能迅速地将管理者做出的决策按设定的权限传递到应该传递的地方。

（4）系统运行安全、稳定、可靠。随着分布式信息系统的出现，系统是否安全可靠成为检验一个管理信息系统设计是否合格的重要指标之一。在过去，当信息集中于一个单一的地方时，通过人为的控制，只有少数人能够查看到一些重要的数据库，如客户档案、技术资料、员工薪资等。但当数据库建立在互联网信息平台中时，这种数据库有可能遭到未经授权的非法闯入者的破坏，为此就必须在系统中包含足够多的安全措施。能够安全稳定运行的系统才是合格的系统。

知 识 库

信息系统的五个职能

马库斯（M. Lynne Markus）指出了信息系统的五个职能。

（1）运作。它们能够有效、可靠以及一致地处理日常事务。管理中广泛地使用它们，如工资计算、订单录入和计价。

（2）监控。监控指定期检测系统的运行状况。可以监控的要素有财务、质量、部门产出以及个人绩效。关注这些变化和趋势可带给企业很大的优势，它使人们能迅速地改变计划来适应新的情况。

（3）决策支持。决策支持指帮助管理者计算不同选择的后果，从而制定更好的决策。这主要通过模拟和假设分析来实现。决策支持系统结合数据和模型来帮助决策者解决问题。

（4）知识（或者专家）。知识指通过将人类知识加入系统中，从而帮助人们制定决策。

（5）沟通。人们设计沟通系统来克服时间和距离的障碍。这使得在组织间能够更容易地传递信息，如电子邮件、互联网等。

资料来源：邢以群. 管理学[M]. 北京：高等教育出版社，2007：370（有改动）

在经营全球化的时代，距离的增加导致行为控制的难度加大，而且事实上管理者也并不能仅仅依靠外部的控制来保持员工的工作协调有序。随着人们生活富裕后对工作的目的和态度的改变，随着信息技术的发展所带来的运营信息透明化程度的提高，在复杂多变的环境中员工越来越多地得到管理者的授权，基于责任感的控制方式在现代社会得到了越来越多的重视。

基于责任感的控制方式通过员工的责任感和自我控制来保持对事务的控制。它强调的是自我控制，前提假设是员工想要正确工作。管理者通常通过激励方法的使用、正确的信仰和价值观的倡导、员工责任感的建立来培养自我控制。受到高度激励的员工通常会更自觉地做好他们的工作；当员工确实感受到组织的使命就是自己的使命，或拥有一个团结协作的团队时，员工就会自觉地努力工作。

第二节 综合控制方法

随着竞争的加剧和经营复杂性的提高，组织需要进行控制的层面越来越多，所要控制的活动范围越来越广，这就需要采取综合的方法对组织运营的整个过程进行控制。作为一种管理控制方法，综合控制方法贯穿于组织管理的整个过程之中，涉及组织战略和计划、组织、领导等各个方面。本节将重点介绍普遍采用的两种综合控制方法：标杆控制（benchmarking）和平衡计分卡（balanced score card，BSC）控制。

一、标杆控制

标杆控制又称基准管理，起源于20世纪70年代末80年代初。首开标杆控制先河的是施乐公司，后经美国生产力与质量中心系统化和规范化。研究表明，1996年世界500强企业中有近90%的企业在日常管理中应用了标杆控制，包括柯达、福特、IBM、施乐等。

（一）标杆控制的内涵

施乐公司将标杆控制定义为：一个将产品、服务和实践与最强大的竞争对手或者行业领导者相比较的持续流程。美国生产力与质量中心对标杆控制的定义是：标杆控制是一个系统的、持续的评估过程，通过不断地将企业流程与世界上居领先地位的企业相比较，获得帮助改善经营绩效的信息。

根据大多数学者的观点，标杆控制是以在某一项指标或某一方面实践上竞争力最强的企业或行业中的领先企业或组织内部某部门作为基准，将本企业的产品、服务管理措施或相关的实践状况与这些基准进行定量化的评价、比较，在此基础上制定、实施改进的策略和方法，并持续不断进行的一种管理方法。

标杆控制可以从管理层次、标杆瞄准的内容、标杆瞄准的对象等角度划分为不同的类型。依据管理层次，可以划分为战略性标杆和绩效性标杆；依据标杆瞄准的内容，可以划分为职能性标杆控制和流程性标杆控制；依据标杆瞄准的对象，可以划分为内部性标杆、竞争性标杆和功能/通用性标杆。

（二）标杆控制的步骤①

（1）确定标杆控制的项目。标杆控制的项目一般是对组织竞争力影响最重要的因素，同时也是组织的薄弱环节。一般来说，标杆控制的项目应在对自己状况进行比较深入、细致研究的基础上确定。

（2）确定标杆控制的对象和对比点。这个对象应当是在同组织、同行业、同部门中业绩最佳、效率最高的少数有代表性的对象。标杆控制的对比点应当在标杆控制项目范围内决定，通常为业绩的作业流程、管理实践或关键要素，在此基础上确立测量指标作为控制的依据。

（3）资料收集和调查。首先收集相关项目、相关调查对象和调查内容方面已有的研究报告、调查报告或相关信息，在研究这些已有资料的基础上，拟定实地调查提纲和调查问卷。在实地调查之前，要在内部对调查问卷和实地调查方法进行检验，确定调查问卷和方法的有效性。在实地调查中，需要重点关注造成差异的地方。

（4）分析比较，找出差距。在对调查所取得的资料进行分类、整理，并在进一步调查的基础上，进行调查对象之间以及调查数据与自己组织实际情况的比较研究，确定出跟调查对象所存在的差异，明确差距形成的原因和过程，并确定最佳做法。

（5）明确改进方向，制订实施方案。在明确最佳做法的基础上，找出弥补自己和最佳实践之间差距的具体途径或改进机会，设计具体的实施方案，并进行实施方案的经济效益分

① 周三多. 管理学[M]. 4版. 北京：高等教育出版社，2014：260.

析。实施方案要明确实施重点和难点，预测可能出现的困难和偏差，确定对实施情况的检查和考核标准。

（6）实施与监督。将方案付诸实施，并将实施情况不断和最佳做法进行比较，监督偏差的出现并采取有效的校正措施，以努力达到最佳实践水平，努力超过标杆对象。

（三）标杆控制的作用和缺陷

通过设立挑战和赶超对象，并以最关键或最薄弱的因素作为改进内容，标杆控制以此来全面提升企业的竞争力，并有助于建立学习型组织。

然而，标杆控制也存在不足：一是标杆管理和控制会导致组织的竞争战略趋同。标杆控制鼓励组织相互学习和模仿，可能导致组织采取类似行动来改进绩效。二是标杆控制使组织陷入“落后—标杆—又落后—再标杆”的“标杆管理陷阱”之中。

二、平衡计分卡控制

平衡计分卡是由哈佛商学院教授罗伯特·S. 卡普兰（Robert S. Kaplan）和复兴全球战略集团的创始人兼总裁大卫·P. 诺顿（David P. Norton）在其论文《平衡计分卡：良好绩效的评价体系》中提出的一种新的绩效评价体系。平衡计分卡自诞生之日起就显现出强大的生命力，它帮助组织有效地解决绩效评价和战略实施两大问题。

（一）平衡计分卡控制的内涵

诺顿和卡普兰认为，企业的发展不仅依赖企业内部的因素，还依赖外部环境，如市场需求和消费者偏好的变化。企业不仅要注重短期目标，还要兼顾长期发展的需要；除了关注财务指标外，必须同样重视非财务方面的组织运作能力。平衡计分卡是由财务、客户、内部业务流程、学习与成长四个层面构成的衡量企业、部门和人员的卡片，平衡计分卡强调了财务指标和非财务指标、组织内部和外部、长期目标和短期目标、滞后指标和先行指标的平衡。平衡计分卡框架如图 15-2 所示[①]。

随着实践的推动，卡普兰和诺顿认识到可以通过平衡计分卡四个层面目标之间的因果关系来描述它们的战略并使之直观化，这就是战略地图。战略地图为协调人力、信息、组织资本和战略提供了框架，并为战略提供了充足的、具体的细节，使其可以衡量并能有效运转。

平衡计分卡的主要特点：①它是一种基于战略的绩效评价系统，不仅克服了传统绩效评价体系的片面性、滞后性，而且强化了对目标制订、行为引导、绩效提升等方面的管理。②它是一种战略管理系统，使组织各层级对战略达成共识并将其转化为四个层面的目标、指标、目标值和行动。③它是一种沟通工具，被视为一个用于传播、宣传和学习的系统，通过宣讲和传播使管理者与员工真正了解企业愿景和战略。④它强调“平衡”的重要性。⑤它强调因果关系的重要性，是根据组织战略和愿景，由一系列因果链条贯穿起来的一个有机整体[②]。

---

① 卡普兰 R S，诺顿 D P. 平衡计分卡：化战略为行动[M]. 刘俊勇，孙薇，译. 广州：广东经济出版社，2004：6.

② 方振邦. 管理学基础[M]. 北京：中国人民大学出版社，2009：503-504.

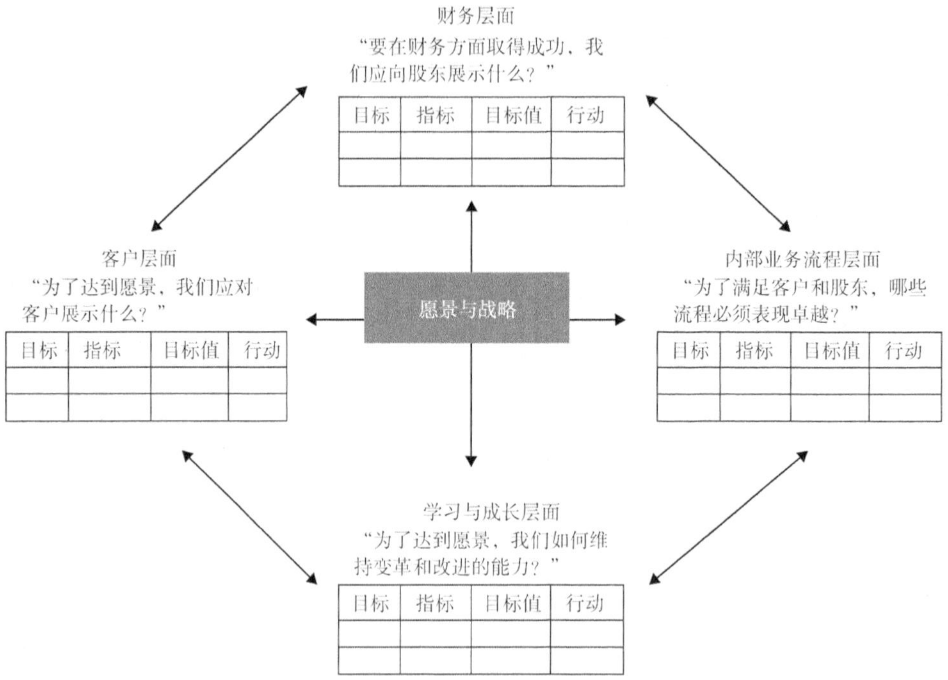

图 15-2 平衡计分卡框架

（二）平衡计分卡的控制指标

平衡计分卡的目标和指标来源于企业的使命、核心价值观、愿景与战略。使命和愿景为组织确定了总目标与方向，它们帮助股东、客户和员工理解组织与组织期望实现什么。战略是平衡计分卡的核心。企业必须制定战略，将使命和愿景落实到执行层面，将有限的资源集中于那些能为实现愿景目标带来巨大影响的行动计划上去。

1. 财务层面

财务层面是传统财务术语，即滞后指标，如投资回报率、收入增长和单位成本等，描述了战略的有形成果，提供了组织成功的最终定义。对于企业来说，平衡计分卡财务层面的最终目标是利润最大化。财务业绩通过两种基本方式得到改善：收入增长和生产率改进，收入增长通常比生产率改进花费更长的时间。平衡计分卡的第一个层面必须有长期（收入增长）和短期（生产率）两个维度，这可以使企业在长期目标和短期目标之间保持平衡。

2. 客户层面

客户层面定义了目标客户的价值主张，客户价值主张的选择是战略的中心要素。四种通用的价值主张是：总成本最低战略、产品领先战略、全面客户解决方案以及系统锁定战略。特定的价值主张的目标和指标定义了企业的战略。客户层面包括衡量客户成功的滞后结果指标，如客户满意度、客户保存率、客户增长率等。通过开发特定价值主张的目标和指标，企业将战略转化为所有员工都能理解并能通过努力工作来改善的有形指标。

3. 内部业务流程层面

内部业务流程可以分为四类：运营管理流程、客户管理流程、创新流程以及法规与社会流程。它描述了企业如何生产和传递客户价值主张。行动和能力与客户价值主张的高度协调一致是战略执行的核心。如果客户看重一致的质量和及时交付，那么生产和交付高质量产品与服务的技能、系统和流程对企业具有很高的价值。另外，内部业务流程还是企业降低和改善成本的重要途径。

4. 学习与成长层面

无形资产是持续创造价值的最终源泉。学习与成长层面确定了对战略最重要的无形资产，描述了如何将人力、技术和组织氛围结合起来支持战略。这个层面的目标确定了需要利用哪些工作（人力资本）、哪些系统（信息资本）和哪种氛围（组织资本）来支持创造价值的内部流程。这些资产必须被捆绑在一起并与关键内部流程保持一致。

（三）平衡计分卡的控制作用

成功的平衡计分卡控制制度是将企业的战略和一整套财务和非财务评估方式联系在一起的一种手段。平衡计分卡可以阐明战略并在企业内部达成共识，在整个组织中传播战略，将部门和个人的目标与这一战略相联系，将战略目标与战术安排衔接起来，对战略进行定期和有序的总结，利用反馈的信息改进战略。因此，从某种意义上来说，平衡计分卡不仅是一种控制和业绩评价手段，也是一种战略管理方法。

➢ 拓展学习

1. 卡普兰 R S，诺顿 D P. 平衡计分卡：化战略为行动[M]. 刘俊勇，孙薇，译. 广州：广东经济出版社，2004.

2. 卡普兰 R S，诺顿 D P. 战略地图：化无形资产为有形成果[M]. 刘俊勇，孙薇，译. 广州：广东经济出版社，2005.

3. 德鲁克 P. 管理的实践[M]. 齐若兰，译. 北京：机械工业出版社，2006.

➢ 思考题

1. 财务控制有哪几种方法？
2. 全面质量管理的核心原则是什么？
3. 员工行为控制中经常用到的控制方法有哪几种？
4. 如何运用标杆控制进行管理控制？
5. 请阐述平衡计分卡的框架及其特点。

➢案例分析

顺丰速运公司战略成本控制

顺丰速运（集团）有限公司（以下简称“顺丰速运”）成立于 1993 年，是国内最大的民营快递公司，也是仅次于中国邮政速递物流（express mall service， EMS）的第二大快递公司。在中国 2013 年已建有近 4000 个营业网点，覆盖了 32 个省、自治区和直辖市，近 260 个大中城市及 1430 多个县级市或城镇。其自有服务网络具有服务标准统一、服务质量稳定、安全性能高等显著优点，在业界赢得了“要速度找顺丰”的良好口碑，是“最值得信赖和尊重的速运公司”之一。

速度、安全在快递行业意味着服务的质量，为获得更高的质量，需要更高的成本投入，但高成本投入必须借助高市场份额和更高的市场定价来实现超额回报。在市场定价受到客观条件的约束下，为了保持盈利和获得更大的利润空间，企业仍然需要将成本控制在合理水平，既不能过低影响到质量指标，也不能过高影响到获利指标。因此，顺丰速运从战略角度考虑成本控制问题，以实现战略为目标进行成本控制。

一、人力成本控制

快递具有劳动密集型的行业特点，是手工劳动和运输行业的组合。行业特点是工作时间长、劳动强度大，室外作业，尤其是分拣中心的员工需要常年夜间作业。由于对效率要求高、处罚严格、工作压力大和社会地位低，快递企业面临“招工难”和“用工难”，员工的流失率高。如何稳住一线快递员，给他们以恰当的薪酬福利是快递公司急需考虑的一个问题。

顺丰速运强调一线的业务员是“最可爱的人”，主要从三个方面提高员工对企业的向心力：一是建立能充分调动业务员积极性的分配体系，业务员只有依附公司才能够存活，而薪金与福利又明显高于同行；二是采取直营模式，权力和利益集中于公司总部，以管理成本提高的代价来避免加盟模式产生的利益冲突；三是重视对学历不高的员工尤其是一线员工的培训，提高员工的向心力及员工的服务水平。总之，顺丰速运为了实现战略目的，不惜提高人工成本、管理成本和培训成本。

二、设备成本控制

交通工具的采购除了要考虑买价和质量外，还要考虑与公司业务的发展相适应。对跨省及国际运输，顺丰速运投入专业化程度较高的飞机，以满足顾客追求速度、安全的第一诉求，并通过选择值得信赖的供应商并与其保持良好的合作关系，降低专业化设备的维护成本。顺丰速运城内快递的主要运输工具是助动车、自行车，一般属于员工所有。一方面，可以降低运输工具方面的成本；另一方面，员工自带的运输工具可以得到更有效的保养，降低日常维护的成本。

三、订单成本控制

在快递业，口碑越好，信息系统越发达，顾客越方便找到快递网点或者联系到快递的客服，接受订单的成本就越低。在顺丰速运的网站上，顾客可以方便地查阅提供的服务范围、价格，还可以实时跟踪快件的进程。完善的信息系统让顾客清楚地了解收费标准及可以提供的服务，同时，也为顾客及时联系快递公司提供了方便。顺丰速运还通过缩减快递员的服务圈及提价，来控制其生产能力。如盲目接收超过自身处理能力的过多订单，反而会对快递公司的声誉等产生不利影响。

四、分拨成本控制

快递分拨的成本，取决于分拨工具的先进性和员工素质的高低。顺丰速运购买了先进的分拨工具，并对员工进行了必要的培训和激励，以降低快递分拨的成本。虽然机械设备和分拣技术一次性投入较大，但从长远来看，在快递业务量增长迅速的前提下，加大分拣技术的投入是有利于降低快递成本的。

资料来源：刘华. 顺丰速运公司战略成本控制及启示[J].财务与会计（理财版），2013（1）：50-51（有改动）

问题：顺丰速运公司成本控制具有什么特点？它的成本控制给我们带来什么启示？

第六篇

创　新

第十六章 创新管理

本章重点

创新的概念

创新的类型

引导案例

李响：让近视者“看清”光明的世界

——首届中国“互联网＋”大学生创新创业大赛冠军如是说

2015年10月21日，首届中国“互联网＋”大学生创新创业大赛在吉林闭幕，本次比赛共吸引了31个省（区、市）1878所高校的近5万支团队参加，提交项目作品36 508个，超过20万名学生参与，吸引意向性投资30亿元。此次大赛获得李克强总理、教育部与有关部委的高度重视，刘延东副总理更是出席相关活动并讲话。在本届大赛实践组和创意组角逐出的30组金奖项目经过比赛决出四强。在最后四强参与的冠军争夺赛中，浙江大学项目智能视力辅具及智能可穿戴近视防控设备、北京航空航天大学项目 unicorn 无人直升机系统得分相同，并列夺得本届大赛冠军。

李响是浙江大学2012届电气工程学院博士，此次李响带队获得冠军的项目是图形影像在视力辅助医学方向的应用，该项目推动杭州瑞杰珑科技有限公司快速发展。杭州瑞杰珑科技有限公司创立于2013年，2015年初团队人数109人。作为一名浙江大学博士生，他创立的杭州瑞杰珑科技有限公司拥有全系列自主知识产权。

目前，全球有超过20亿台智能设备在使用中，很多人在使用智能设备时用眼过度导致近视率快速上升，此外还有很多老人因年龄等问题导致视力下降。通过可穿戴设备控制近视眼，可以帮他们看清远方的东西。

杭州瑞杰珑科技有限公司给近视眼用户使用的“云夹”这一产品，通过检测佩戴者用眼距离、阅读时长、环境光线强弱等数据，基于大数据和专家意见提取治疗方法，实时辅导用户养成良好的用眼习惯，并生成周期性的专业用眼报告，提醒用户复查。

“我们希望，到2025年能帮助1亿人提升视力能力或体验。”李响畅想道。

改变视界（better vision），也是目前李响创立的杭州瑞杰珑科技有限公司的愿景，李响的成功，是杭州瑞杰珑科技有限公司作为专业助视器行业领导者的标志之一，相信杭州瑞杰珑科技有限公司会在“改变视界”的进程中取得新的成绩！

资料来源：瑞杰珑创始人荣获首届中国“互联网＋”大学生创新创业大赛冠军[EB/OL].（2015-10-23）. http://www. rejointech.com.cn/news_detail.php?cid＝1&id＝74（有改动）

第一节 创新基础

在创新领域，西方著名的经济学家熊彼特（Joseph Schumpeter，1883～1950年）和管理学家德鲁克做出了杰出贡献，他们针对创新的概念、创新的特性、创新者的动机、创新的阻力、创新者的素质能力要求、创新的原则、创新的类型，以及创新与企业家的关系等一系列创新基础理论展开了论述。

一、创新的概念

现代社会，“创新”一词被广泛使用，可以说充斥人类社会的各个领域，我们常常听到技术创新、理论创新、观念创新、组织创新、制度创新、产品创新等词汇，几乎表征人类活动的每一个名词之后都可以加上“创新”二字，而且瞬间显得现代、进步，足以显见创新的魔力和重要性。那么，如此广泛使用的“创新”是如何定义的呢？

《现代汉语词典》（第7版）对创新给出的解释是：抛开旧的，创造新的，而对“创造”给出的解释是：想出新方法、建立新理论、做出新的成绩或东西[①]。综合对创新和创造的解释，创新可以定义为：抛开旧的，想出新方法、建立新理论、做出新的成绩或东西。

在英语里，创新有动词和名词之分，动词为innovate，名词为innovation，《朗文现代英汉双解词典》对innovate给出的解释是“造成改变”（to make changes），对innovation给出的解释是“新东西的引入”（the introduction of something new）以及“新观念、方法或发明”（a new idea，method，or invention）[②]。

综合创新在中英文语汇里的含义，可以看出，创新的本质是改变，创新的对象可以是人类社会的任何活动，包括精神活动和物质活动，具体说来创新可以在政治、经济、文化科技等领域展开。

在经济领域，首先提出创新的概念、内涵和作用的，是美籍奥地利经济学家约瑟夫·熊彼特。“创新”这个概念是熊彼特整个经济学理论的基石，他在1912年出版的《经济发展理论》一书中指出，所谓创新，就是“建立一种新的生产函数”，也就是说，将一种从来没有过的关于生产要素和生产条件的“新组合”引入生产体系。简言之，创新就是生产要素的新组合[③]。

“现代管理学之父”彼得·德鲁克继承了熊彼特创新理论的传统，并于1985年出版了《创新与企业家精神》一书。在该书中，德鲁克认为，创新就是改变资源的产出；创新就是赋予资源一种新的能力并创造财富的活动；创新就是通过改变产品和服务，为客户提供价值和令客户满意；凡是能使现有资源生产财富的有潜力发生改变的事物都足以构成创新。

鉴于创新涉及的领域如此广泛，非本书一章之篇幅所能尽言，本书所言之创新，仅限于

① 中国社会科学院语言研究所词典编辑室. 现代汉语词典[M]. 7版. 北京：商务印书馆，2017：205，206.

② 朗文现代英汉双解词典[M]. 北京：现代出版社，香港：朗文出版（远东）有限公司，1993：737-738.

③ 熊彼特 J. 经济发展理论——对于利润、资本、信贷、利息和经济周期的考察[M]. 何畏，易家详，等译，张培刚，等校. 北京：商务印书馆，1990.

经济领域中的企业创新，并采纳德鲁克关于创新的定义，即创新就是赋予资源一种新的能力并创造财富的活动。本章其余部分的内容都是基于经济领域的企业创新而展开，当然这并不是说经济领域的企业创新是孤立的，实际上企业创新与经济领域的其他创新、政治领域的创新，以及文化科技领域等的创新是紧密关联的。

知 识 库

国家创新体系

1987 年，英国经济学家克里斯·弗里曼在其专著《技术和经济运行：来自日本的经验》一书中首次提出了“国家创新体系”的概念。

弗里曼在研究日本成功崛起的过程中发现，日本的通产省通过运用恰当的产业政策，鼓励技术创新，辅以组织创新和制度创新，使得日本在短短的几十年内发展成为工业化强国。弗里曼在此基础上提出了“国家创新体系”的概念：“国家创新体系……是由公共部门和私营部门中各种机构组成的网络，这些机构的活动和相互影响促进了新技术的开发、引进、改进和扩散。”

经济与合作发展组织于 1996 年给出的国家创新体系定义与弗里曼的定义类似：“国家创新体系是政府、企业、大学、研究院所、中介机构等为了一系列共同的社会和经济目标、通过建设性的相互作用而构成的机构网络，其主要活动是启发、引进、改造与扩散新技术，创新是这个体系变化和发展的根本动力。”

二、创新的特性

根据熊彼特的创新理论，创新具有如下特性。

（一）创新的内生性

熊彼特认为，创新不是外部强加的，而是产生于内部，是由自身变化引起的。这里所说的外部强加有两层含义：一层含义是指创新不是来自外部资源生产要素的增加，不是依靠人力资源的增加，不是依靠资本的增加，也不是依靠生产资料的增加，这种外部生产要素的增加，只是企业常规的“循环流动”，只是数量上的增加，而不是经济的发展，不存在生产要素的“新组合”，自然也就不存在创新；另一层含义是指，创新不是依靠消费者需求驱动的，“经济系统中的创新通常不以下面这种方式发生，即，首先，消费者的需求自发地产生，然后生产工具由于自发的需求的压力而转动起来。我们不能否认这种联系方式的存在。然而，通常是生产者发起经济的变化，消费者只是在必要的时候受到生产者的启发；消费者好像是被告知去需求新的东西，或者在某些方面是不同于，甚至完全不同于他们已经习惯使用的东西。”[①]从这段话中可以看出，熊彼特主张在更多的时候，是创新产生的新的产品驱动着消费者的需求，而不是消费者的需求驱动着企业内部的创新，这也与驱动市场理论不谋而合。

---

① 熊彼特 J. 经济发展理论[M]. 叶华，译. 南昌：江西教育出版社，2014：60.

（二）创新的外生性

熊彼特认为，一个产业的创新，不一定产生于这个产业当前的在位企业中，而往往产生于在位企业之外。他举例说，通常不是驿路马车的所有者建造铁路。其中的缘由或许是业内在位企业将太多的注意力放在了当前产品的扩大再生产上，往往患有“营销近视症”，局限于产品观念而不自觉，直至有一天一个新生企业的创新将其惊醒甚至淘汰。这也提醒企业的经营者，必须时刻关注宏观环境的变化，努力以变求新，以新求生。

（三）创新的革命性

在熊彼特看来，创新是生产要素的新的组合，生产要素的新组合意味着对旧组合通过竞争加以消灭。而且，新的组合对旧的组合的替代，不是循序渐进发生的，而是间断地、不连续地发生，新的组合不只是数量的增加，更是结构的改变。

（四）创新的价值导向

熊彼特将创新和发明区分开来，他认为发明仅是用来进行新的组合的生产要素之一，“只要发明还没有用于实践，那它在经济上就是不起作用的。”[①]而创新必须以创造新的价值、新的财富为导向，创新是经济发展的动力源泉。

三、创新者的动机

传统经济学理论认为，人都是以追求利益最大化为目的的，即经济目的是人们行动的动机。而熊彼特认为，经济人假设对创新者的心理分析来说并不适用，“我们不采用有着辉煌历史的‘经济人’动机的图景的任何一部分”。[②]熊彼特认为，创新者是出于以下三个动机而对生产要素进行新的组合。

（一）创新者是为了实现私人王朝的意志和梦想

熊彼特认为，通过工业或者商业上的成功所获得的地位，仍然是现代人可能达到的最接近中世纪贵族的那种地位，对于那些没有其他机会获得社会地位的人来说，通过创新而对生产要素进行新的组合，并建立起一个私人企业王朝，在这个私人王朝里他同样也可以施展自己的社会治理抱负和梦想，从而获得梦想实现的满足和快乐，这种实现梦想的诱惑力往往特别强烈，从而激励创新者克服传统生产组合的桎梏，策划并实施新的生产要素组合。

（二）创新者是为了享受胜过他人的荣光

熊彼特认为，创新者怀有一种征服和战斗的冲动，试图通过创新证明自己胜过他人。创新者追求成功不是为了成功的果实，而是为了成功本身，这有些类似体育比赛，只有作为成功的指标和胜利的象征才被重视。创新者的这种享受是纯粹的精神层面的满足，与传统的享乐主义有着本质的区别。

---

① 熊彼特 J. 经济发展理论[M]. 叶华，译. 南昌：江西教育出版社，2014：80.

② 熊彼特 J. 经济发展理论[M]. 叶华，译. 南昌：江西教育出版社，2014：81.

（三）创新者是为了享受创造的快乐

熊彼特认为，创新者进行生产要素的重新组合，是为了追求创造的快乐，做成事情的快乐，或者只是展示个人的能力和智慧的快乐。这些创新者寻找挑战，以冒险为乐趣，为了改变而变化。在上述三个动机中，这类动机是最突出的反享乐主义的。

上述三个动机，只有第一类动机是创新者活动结果的私人财产，也是创新发生的必要因素，后两类动机更大程度上是创新者的精神追求。

四、创新的阻力

熊彼特认为，创新是新组合在竞争中对旧组合的消灭，在经济的运行中创新的发生往往是不连续的，是间断的乃至革命性的，甚至会伤及一些人和组织的利益。要实现成功的创新，创新者只有动机是不够的，还需要克服来自创新者本人以及外部环境的阻力。

（一）创新所涉及知识的匮乏

人们在习惯了的生产经营中能够迅速而且合理地采取行动，因为一方面人们对自己的行为依据有把握，另一方面其他人因为理解和熟悉这些习惯而对其予以支持。但创新者在进行新的生产要素组合时，往往缺乏做出决策所需的信息、知识和采取行动的规则。传统习惯事物之外的每一步都是有困难的，“执行一个新的计划和根据一个习惯的计划去行动，这两件事情的不同就像建造一条公路和沿着公路行走这两种行为的不同一样”[①]。

创新所涉及信息、知识、行动规则的匮乏，往往要求创新者依靠经验和直觉去做出判断、预测并采取行动，这意味着更高的失败风险，而这种失败的风险就形成为人们从事创新的阻力。

（二）人的惰性

熊彼特认为，人们一旦养成习惯，这些习惯就像铁路的路基根植大地一样，深深地扎根于人们的内心，变成人们的潜意识，并且可以轻松地应用于人们日常的生产经营中。但做一件新的事情，在客观上存在困难，即使困难不像想象的那么严峻，人们往往也因其人性中的惰性而不愿意去接受和执行这件新的事情。当人们要进行新的生产要素的组合时，创新者的心中，其扎根已久的习惯力量将会上升，甚至要扼杀处于萌芽状态的新的生产要素组合。创新者需要具有强大的心力和意志力，才能克服这种惧怕变化、逃避变化的惰性，而许多人在这种惰性面前败下阵来，放弃创新。

（三）社会环境的反作用

创新者要进行新的生产要素的组合，现存的政治或法律体系往往会成为其实施的障碍。同时，从创新者的团队到享受创新果实的消费者也往往会因为习惯而成为创新者的反对者。社会上的人们往往习惯于按部就班、循规蹈矩地生活，当创新者挑起变革时，往往会受到大量的保守人士的排斥甚至谴责。消费者面对不同于传统的新产品或服务，往往也不愿意冒

① 熊彼特 J. 经济发展理论[M]. 叶华，译. 南昌：江西教育出版社，2014：77.

“第一个吃螃蟹”的风险，客观上对创新者的规划执行也形成巨大的压力。

五、创新者的素质能力要求

创新者要克服创新道路上的阻力，就需要具备相应的素质和能力。

熊彼特认为，作为一个创新者，首要的素质能力是拥有足够的执行力。生产实践中，许多人都能看到一些新的要素组合的机会，但大多数人只是知道而已，不会尝试去实施，他们往往需要创新者带头规划这个创新的机会，并领导和组织人们实施这项创新。正所谓“非知之艰，行之惟艰”。

创新者所要具有的第二种素质是敏锐的洞察力。熊彼特认为，作为一个创新者，聪慧和精力充沛与敏锐的洞察力比起来，洞察力更为关键，因为洞察力使创新者抓住了机会。

创新者所要具备的第三种素质能力是足够的说服力。创新者要展开工作，需要一个团队的配合，他首先要说服他的团队树立起对创新的信心，并能够发自内心地配合创新者实施创新规划。同时，创新往往需要外部资金的支持，创新者还要说服外部投资者相信创新项目的可行性和未来前景，从而愿意投资。在创新产品生产出来后，创新者还要设计好说服消费者的策略，说服消费者试用创新的产品。

六、创新的原则

“灵光乍现”式的创新尽管充满神奇色彩，但既是不可靠的，也是不可学、不可教的。我们要投入精力进行研究和学习的应该是依靠辛勤工作、有原则、有目标的系统创新。“代表创新训练核心的创新原则是什么？其中有几个‘要做’——指必须做的事情；还有几个‘不要做’——指尽量避免做的事情；另外，还需要满足我所说的几个‘条件’。”①

（一）要做的事情

1. 彻底思考创新机遇的来源

所有的创新都有其机遇来源，仅仅基于粗略的分析是不够的，需要对这些带来创新的机遇进行有组织、有系统、规律性、彻底的思考和分析。

2. 理性与感性相结合

创新者不仅要坐在办公室里理性地分析创新机遇，还要到市场上调研客户的期望、价值观和偏好，这样才能提高创新产品推出时的市场接受程度。

3. 创新目标明确，简单明了

如果创新过于复杂，一则创新产品的成功率会下降，二则消费者接受的程度也会因过于复杂而降低。因此，创新最好专注于一项关键功能，确保创新简单明了，客户易学易用。

4. 创新具体，由小及大

① 德鲁克 P. 创新与企业家精神[M]. 蔡文艳，译. 北京：机械工业出版社，2016：121.

创新的设想越具体，可操作性就越强。另外，鉴于创新的不确定性和高风险性，前期最好从小规模开始，这样便于在实践中进行调整。如果一开始就大规模投入，一旦需要调整，就会变得非常艰难，甚至使企业损失惨重。

5. 以取得领导地位为目标

以取得领导地位为目标，不一定是成为一个大企业。只有以在所进行的创新领域取得领导地位为目标，才有利于创新者赋予产品以足够的创新性。

（二）创新者的禁忌

1. 创新的产品不要太“聪明”

创新出来的产品是要销售给顾客的，是要由普通人操作使用的，如果创新的产品对操作者提出过高的要求，那么这项创新往往因市场不能接受而失败。

2. 不要过于多样化，要专注

创新的产品要有一项明确的核心，创新不能脱离这个核心，否则一心二用、精力分散，对成功创新非常不利。

3. 不要尝试为未来进行创新，而要为现在进行创新

一般来说，为未来进行的创新所需要的知识往往尚不齐备，如果创新者强行启动这种知识基础欠缺的创新，那么极有可能成为创新的“先烈”。为现在而进行的创新，一定是所需要的知识和要素都具备的创新，其成功率要高得多。

（三）创新的条件

创新者除了做好前面“要做的事”，避免那些“不要做的事”之外，还要具备以下三个条件。

（1）拥有创新所需要的专业知识和才智。

（2）创新者要立足于自己所长。

（3）创新者必须同时关注内部具体的创新操作和外部的市场反应。

七、创新的类型

创新的主体不同，其类型划分也不同。创新的主体可以是个人，也可以是某个组织，还可以是某个国家。2016 年 5 月，中共中央、国务院颁布的《国家创新驱动发展战略纲要》提出了“双轮驱动”的战略，“双轮驱动就是科技创新和体制机制创新两个轮子相互协调、持续发力。抓创新首先要抓科技创新，补短板首先要补科技创新的短板。科学发现对技术进步有决定性的引领作用，技术进步有力推动发现科学规律。要明确支撑发展的方向和重点，加强科学探索和技术攻关，形成持续创新的系统能力。体制机制创新要调整一切不适应创新驱动发展的生产关系，统筹推进科技、经济和政府治理等三方面体制机制改革，最大限度释放

创新活力”[①]。

熊彼特按照创新即生产要素的新组合的概念，将创新分为五种，即引进一种新的产品、采用一种新的生产方法、打开一个新的市场、控制原材料的某种新的供给来源和建立一种新的工业组织[②]。

本书以企业作为创新主体，对企业创新的类型按不同角度进行划分。

（一）按创新的节奏划分

按创新的节奏，企业创新可以划分为渐进式创新和突变式创新。

1. 渐进式创新

顾名思义，渐进式创新，就是指企业管理层针对企业的技术系统和管理系统进行改良式的修正与改进，不求毕其功于一役，而求水滴石穿，集日久之功，实现从量变到质变的跨越。渐进式创新的优点是创新的风险小、范围广；缺点是面临内外环境发生巨大变化时，如果仍然坚持渐进式创新，可能就会造成企业因不能适应环境变化而落伍。

2. 突变式创新

顾名思义，突变式创新，是指企业管理层针对企业的技术系统尤其是管理系统采取疾风暴雨式的、颠覆性的变革。突变式创新一般只适用于环境发生巨大变化时，或企业发生重大战略调整时。突变式创新风险巨大，一旦失败，对企业来说往往会造成致命打击。因此，突变式创新要求企业管理层进行全面、系统分析和设计，做好舆论宣传，将创新的阻力降至最小，并精心组织实施。

（二）按创新的内容划分

关于企业创新的内容，学界和实践界并没有统一的划分方法。大连理工大学管理学院院长苏敬勤教授将企业创新的内容划分为战略变革、商业模式创新、技术创新、流程创新、服务创新、文化与制度创新等类型[③]。本书采用二分法，将企业创新按内容划分为技术创新和管理创新。

1. 技术创新

企业中的技术创新，是指通过新产品的开发、现有产品的改进和更新换代，以及生产设备、生产材料、生产工艺的改进来提高企业竞争力而进行的变革。技术创新主要发生于企业的制造部门、技术部门、研发部门、市场部门和制造辅助部门。

2. 管理创新

① 中共中央 国务院印发《国家创新驱动发展战略纲要》[EB/OL].（2016-05-19）. http：//www. gov.cn/xinwen/2016-05/19/content_5074812.htm.

② 熊彼特 J. 经济发展理论[M]. 叶华，译. 南昌：江西教育出版社，2014：60.

③ 苏敬勤，洪勇，吕一博. 创新与变革管理[M]. 北京：清华大学出版社，2010：9.

管理创新就是通过对计划、组织、领导、控制四项管理职能的变革，创造一个更有效的资源整合方式，以更好地实现企业的目标。其包括战略变革、商业模式创新、业务流程创新、组织结构创新、制度创新等。

八、创新与企业家的关系

在《经济发展理论》一书中，熊彼特将创新解释为一种新的生产函数，是对生产要素的新的组合。同时，他将新组合的实现称为“企业”，将实现这种新组合的人称为“企业家”。从中可以看出，在熊彼特的创新理论体系中，“创新”与“企业”几乎具有相同的含义，而“企业家”与“创新者”也趋于同义。

国务院发展研究中心技术经济研究部马名杰曾做过统计，在熊彼特《经济发展理论》一书中，“创新”被提及 53 次，“技术”被提及 60 次（其中包括熊彼特所称的财务技术和金融技术等非自然科学中的技术），“新组合”被提及 74 次，“制度”被提及 79 次，“企业家”被提及 379 次。仅从数量上看，“创新”被强调的次数并不多，远不及“企业家”。

实际上，诚如熊彼特自己所言，他笔下的“企业家”概念，“比通常所说的要宽一些，同时又比通常所说的窄一些”①。这里所说的宽一些是指企业家不仅局限于在交换经济中所称的独立的商人，也包括所有执行新组合的人，无论其是依附企业的经理还是一般雇员。另外，这里所说的窄一些，是指即便是企业主，如果他没有执行新组合的职能，他也不能算是一位企业家，他可能仅仅是一位资本家或者管理者。

因此，在熊彼特的创新理论中，企业家既不是一种职业，也不会形成一个阶层，而是一种职能。一位创业者，“只有当他实际地实施新的组合时，他才是一位企业家；而一旦他建立起自己的企业，也就是当他安定下来，如同其他人经营各自的企业那样经营这个企业时，他就失去了这个特征”②。因此，在熊彼特看来，很少有人能够一直是企业家。

从熊彼特的上述论述中可以看出，企业家的本质就是创新，一旦他停止创新，就不能称其为企业家了。

第二节 创新来源

彼得·德鲁克在其 1985 年出版的《创新与企业家精神》一书中，总结了创新的七种来源，诚如邵明路在该书中文版推荐序中所言：“创新并不需要天才，但需要训练；不需要灵光乍现，但需要遵守‘纪律’（创新的原则和条件）。因此，创新是可以作为一门学科去传授和学习的，只要照书中所总结的规则去操作，就可以学会如何成功地创新。这打破了以往创新给人的神秘感。”

---

① 熊彼特 J. 经济发展理论[M]. 叶华，译. 南昌：江西教育出版社，2014：67.

② 熊彼特 J. 经济发展理论[M]. 叶华，译. 南昌：江西教育出版社，2014：71.

一、意外事件

意外事件包括意外的成功、意外的失败和意外的外部事件。

（一）意外的成功

在创新的各种来源中，意外的成功为成功创新提供的机遇最多，风险也最小，创新的过程也比较顺利。意外的成功往往代表着一个征兆，代表着部分消费者的偏好、期望、价值观和行为发生了改变。但是，企业的管理者却总是有意或无意地将天赐良机拒之门外，究其原因有如下几个方面。

1. 核心战略的刚性和高层管理者的教条主义

一般来说，企业都有自己的主营业务，而且企业的核心战略是基于主营业务制定的，意外的成功往往发生于企业主营业务之外。许多教条的高层管理者往往坚持企业的运营不能偏离企业的核心战略，而有意地忽略在主营业务以外的意外成功，他们不仅不深究意外成功的原因，甚至扼杀意外成功的进一步发展。

中国有句俗语形象地说明了高层管理者是如何为自己教条地坚持核心战略而辩驳的，这就是“扛枪打狼不理兔子茬”。这些管理者认为自己的核心战略是专心致志地“打狼”，“打狼”是自己的主业。在“打狼”的道路上，会从路边的草丛中蹿出一些“兔子”，这些“兔子”甚至撞在自己的脚下，而使企业获得小的意外的成功。尽管经过了漫长的旅途，“猎人”也没有打到几只“狼”，也尽管在途中出现了一群又一群的“兔子”“野鸡”等猎物，但“猎人”不去认真分析环境的变化，而是教条地坚持自己的核心主业和核心战略：我是“打狼”的，我绝不会浪费子弹和精力去“打兔子”。这位猎人的教条主义，极有可能使其错过开创新的业务的机会。在企业的运营中，就表现为企业的决策者受教条主义和核心战略的刚性制约，而有意忽略和排斥意外成功中所蕴含的成功创新的商机。

同时，中国也有另外一句俗语，可以教育高层管理者应该关注意外的成功，这句俗语叫作“搂草打兔子”。在这里，“搂草”是企业的主营业务，而在“搂草”的过程中，意外地从草丛中蹦出一只“兔子”，并被“猎人”意外地捉住，取得意外的成功。这里的猎人从此既坚持“搂草”，也不拒绝顺手逮住从草丛中意外出现的“兔子”。坚持这种战略的“猎人”，随着意外获得“兔子”的数量增多，极有可能改变主业，成为“打兔子搂草”。从中可以看出，坚持“搂草打兔子”战略，在坚持主业的同时，企业也不刻意地排斥意外的成功，并分析企业能否从意外的成功中开创新的事业。

2. 高层管理者的经验依赖

企业的高层管理者大多都是从现有主业的基础业务做起，一步步升迁到高层管理岗位的，他们对主业范围内的业务积累了丰富的经验，而主营业务外获得的意外成功，往往是高层管理者所不熟悉的。高层管理者在多年的工作中，对工作形成了经验依赖，他们往往不愿意费心费力去分析和研究意外成功背后的原因，从而错失意外成功可能带来的成功创新的机会。

3. 高层管理者的情感依赖

在长期的工作中，高层管理者不只对自己企业的工作形成经验依赖，也往往形成情感依赖。在他们的思想中，往往认为只有经过时间检验的主业才是企业的正道，而其他即便是意外的成功也属于旁门左道。他们愿意为了主业的成功而付出心血、倾注情感，用自己的热情带动团队工作。而对于非主业的意外成功不会投入精力，并从情感上对之疏离。

4. 高层管理者的自负傲慢

高层管理者在长期的工作中在其主业方面做出了不错的业绩，在企业内也树立起较高的威望，他们对自己的判断充满自信，甚至到自负的程度，当有人提醒意外的成功中可能蕴含创新机会时，他们甚至展现出傲慢态度，以高高在上的长官意志拒绝对新生事物的接受和探究。

5. 企业现行报告体系对意外成功的信息的忽略

企业的月度、季度或年度报告中，往往注重企业现行主营业务的报告，忽略意外成功的报告，造成企业的高层管理者对发生的意外成功甚至茫然无知。

德鲁克认为，寻找意外的成功不能守株待兔，必须有组织地进行，需要做好以下几点。

1. 在组织的报告体系中特别呈现意外成功

在组织的报告中，要将意外成功首先列示，并分析原因。这样就能确保高层管理者在较早时间关注到可能创新的机遇，并做进一步的调研和分析，以便弄清这项意外成功背后是否潜含着环境变化的前兆，并采取适当的行动。

2. 管理层针对意外成功要问一系列问题

这些问题包括：如果企业对这一意外成功加以利用，它对企业有什么意义？如果利用这个机遇，它会将企业带向何方？企业要做哪些工作才能将这项意外的成功转化成企业的机会？企业该如何着手利用这个机会？要回答这些问题，就意味着管理层要抽出足够的时间讨论这项意外的成功，并指派专人研究如何才能利用这项意外成功。

3. 管理层要给予与意外成功相匹配的关注和支持

意外的成功是创新的一种机遇，要求领导层慎重对待，并给予与其所潜藏的机遇相匹配的人才和支持。

（二）意外的失败

失败与成功不同，人们不会忽略意外的失败，尤其是不会忽略经过精心设计和策划的项目的失败。

出现意外的失败后，管理层要认真分析失败的原因，看其是否失败于企业的贪婪、愚昧、盲目跟风或者执行力不足等错误。如果企业内部不存在这些错误，而且失败的项目在企业曾经进行了精心的设计和认真的执行，那么，问题可能出在企业的外部环境发生了变化。“也许是产品或服务的设计或营销战略所依据的假设不再符合现实状况；也许是客户已经改变了他们的价值观和认知，尽管他们仍然购买同一种‘东西’，但他们实际所购买的是不同的‘价值’；也许是原本的同一市场或同一最终用途，现在分列成了两个或更多的市场，而且每一个市场所要求的东西都全然不同了。任何诸如此类的变化都是创新的机遇。”①

面对意外的失败，企业管理层只是坐在会议室里闭门分析是不够的，因为问题往往是发生于企业大门之外，需要管理层走到市场当中去认真观察、认真调研，将失败当作创新机遇的征兆认真对待，所谓“祸兮福所倚”，失败可能成为下一步成功的前奏曲。

（三）意外的外部事件

前述意外的成功和失败都是发生在企业内部并为企业带来收益或损失的事件，这里所说的意外的外部事件是发生在企业之外的。例如，竞争者意外的成功或失败，替代品意外的成功或失败，上游供应商意外的成功或失败，下游客户意外的成功或失败，行业科研等中介机构意外的成功或失败，等等，也往往预示着创新的机遇，企业管理层要在企业的报告体系中关注这些与企业的知识和技术相关的意外事件。

二、不协调事件

不协调是指现状与“理应”之间的差异，或者说是客观事实与主观愿望之间的差异。

与意外事件不同，这种差异不会在企业的报告体系中显露出来，却往往发生在整个行业。这种不协调往往是行业已然发生或需要发生重大变化的前兆，其中也蕴含更大的创新机遇。

不协调事件有四种类型：产业现状与其经济效益之间的不协调、产业现实与对企业内部假设之间的不协调、管理层的认知与客户价值观之间的不协调、企业内部或客户的工作流程的节奏或逻辑的不协调。

（一）产业现状与其经济效益之间的不协调

如果某个产业的市场需求稳步增长，企业的营业收入也稳步增长，但企业的利润不升反降，而且整个产业也存在类似现象，这就是产业现状与其经济效益之间的不协调。

面对这种不协调，在位企业的管理层往往忙于“头痛医头，脚痛医脚”和“拆东墙补西墙”的救火工作，却意识不到这种不协调的背后可能意味着一场产业革命即将到来。意识不到也就不会投入精力和资源从创新的视角思考解决之策。因此，在这种不协调中，抓住背后创新机遇的往往是产业边缘或产业外的资源高度集中、运营高度灵活的小型企业，而且，在那些在位企业反应过来之前，往往有相当长的一段时间留给这些小型企业发愤图强，站稳脚跟。

在位企业的管理层面对这种不协调时，必须跳出产业分析问题：如何利用这种不协调？如何将其转化为创新的机遇？企业能采取哪些行动？

---

① 德鲁克 P. 创新与企业家精神[M]. 蔡文艳，译. 北京：机械工业出版社，2016：41.

（二）产业现实与对企业内部假设之间的不协调

当企业管理层对企业内部的产品结构、成本现状、工作流程等问题产生错误的判断时，管理层就会以此判断作为前提假设并采取行动，因为假设错误，行动自然不会产生预期的结果，甚至南辕北辙。当管理层认识到这种现实与对内部行动的假设之间的不协调时，就意味着潜在创新的机遇将呈现在管理层面前。

（三）管理层的认知与客户价值观之间的不协调

长期深耕于市场的管理层，往往傲慢武断地认为自己所认知的价值观也是他们的客户所期望和认可的价值观，并据此生产产品、进行营销，而现实往往让这些高管的认知遭受挫折。在这种挫折中，就蕴含着企业管理者矫正自己的认知，通过调查客户真正的期望和价值观而进行创新的机遇。可惜的是，在位企业的高级管理者，往往不认真检讨自己的认知，而是埋怨客户的不理性甚至抱怨客户的愚昧，从而坚持错误的认知和做法，错失创新的良机。这就给了一些创新者足够的时间和市场，让他们按照客户的价值观创新产品，向在位者发起挑战。

（四）企业内部或客户的工作流程的节奏或逻辑的不协调

许多企业内部的工作流程或客户使用产品的工作流程已经经过多年的实践检验和锤炼，人们已经习以为常，理所当然地按照过去的节奏或逻辑工作。但认真的管理者进行细心观察和调研时，往往会发现工作流程中存在一些节奏或逻辑上的不协调，这种不协调中同样蕴含理顺节奏或逻辑的创新机遇。

三、程序需要

前述两项的创新机遇都源于意外的或不协调的事件，而基于程序需要的创新机遇不是源于一些事件，而是源于企业有待完成的某项工作，是源于以任务为中心的自觉，而不是意外事件所迫。

任务有三种类型：第一种类型是改进一个业已存在的程序，克服薄弱环节，使程序趋于完善；第二种类型是利用新的知识重新改造某一旧有的程序，使其焕发新的活力；第三种类型是针对一些因为其中某个环节欠缺而不能实施的程序进行攻关，以填补这一中断的链条，使一个过去不能运作的程序变得可能运行。

基于程序需要的创新任务，一个前提是程序运行中的不协调，其次，人口统计资料也是制定程序改进任务的重要基础，再次是基于新知识而开展的改造旧有程序或设计新的程序的项目研究，这种项目研究未必是什么大型项目，项目规模越小，领域越专业，成功创新的概率越高。

德鲁克认为，基于程序需要的成功创新，必须具备如下五项基本要素①。

（1）一个不受外界影响的程序。

（2）一个“薄弱”或“欠缺”的环节。

① 德鲁克 P. 创新与企业家精神[M]. 蔡文艳，译. 北京：机械工业出版社，2016：64.

（3）一个清晰、明确的目标。

（4）解决方案的详细规范可以清晰地加以界定。

（5）大众对“应该有更好的方法”的共识，即对此信念的接受程度很高。

管理层识别出这样的一个程序之后，还需突破如下三个限制条件，才能将其转化为成功的创新。

（1）企业必须深刻地理解这项程序需要，能够确定解决这项需要所需的详细规范。

（2）企业必须拥有解决这项程序需要所需的知识或技术。

（3）针对这项程序需要所提出的解决方案，符合人们的习惯和价值观，人们愿意接受这个解决方案。

四、产业和市场结构

产业和市场结构的变化，往往蕴含着重要的创新机遇，但在位企业由于以下原因往往忽略这些机遇的存在。

（1）在位企业在相应的产业和市场中经营日久，变得习以为常，甚至认为产业和市场结构是自然秩序的一部分，不会发生改变。

（2）当产业和市场长期被少数几个在位企业垄断时，它们的关注点往往集中在市场规模较大的细分市场上，而忽略一些小的细分市场和一些新出现的细分市场，随着这些小的和新的细分市场的成长，产业和市场结构逐渐发生了变化，当在位企业警觉起来并注意到这些变化时，那些抓住这些细分市场机遇的竞争者已经成长起来，成长为在位企业强有力的挑战者。

（3）即便是在位企业意识到了产业和市场结构的变化，它们的自负和傲慢往往将变化视为威胁而不是机会，并采取各种逆潮流而动的措施应对这些变化，结果往往是在与变化的较量中败下阵来，并给抓住创新机遇的新进入者留下了自由发展的机会。

产业和市场结构的变化不是悄无声息的，而是有如下明显的征兆。

（1）产业的市场容量快速增长，超过了同期经济增长和人口增长的速度。

（2）当与产业和市场相关的独立的科技发生整合时，产业和市场结构的变化也将到来。

（3）当产业的运营方式发生变化时，产业和市场结构的变化也为时不远。

需要注意的是，无论是在位企业还是新进入者，当面对产业和市场的结构变化时，其所采取的创新要保持简单和明确，复杂的创新往往难以奏效。

五、人口统计数据

上述创新的来源都在一个企业、一个产业或一个市场体系的内部，而人口统计数据的变化、认知的变化和新知识的出现都来源于企业、产业、市场的外部。

所谓人口统计数据，就是指相关区域内的总人口数量、人口增长、性别构成、年龄构成、民族构成、受教育程度、城乡人口状况、收入状况、人口流动等。这些数据的变化往往给企业的运营带来机遇或威胁。

企业的管理层虽然从理性上都知道人口统计数据的重要性，但在实际工作中，往往误认为人口统计数据的变化是缓慢的，除非人口数据面临重大变化。

人口统计数据的绝对数字并不十分重要，重要的是其结构以及这种结构的变化趋势。其中一个非常重要的概念是人口重心，人口重心是指在某一特定的时间段，人口结构中占比最大且增长最快的年龄层。人在生命周期的不同阶段，消费内容和价值观是不同的。处于同一生命周期阶段的人，往往有着相似的经历、价值观、生活方式和消费习惯。当人口年龄重心发生移动时，不仅会影响到处于以原重心为目标市场的企业，也会为所有企业带来机遇或威胁。

同样，人口收入重心、人口地理分布重心、人口受教育程度重心等的变化，不仅影响到相应重心的人口数量，甚至给整个社会的价值观和习俗风貌也会带来重大影响。

需要强调的是，企业的管理层不仅要关注人口统计数据的变化，还要对观察到的变化进行实际市场调研，以决定如何利用这些变化进行创新。

六、消费者认知的变化

许多时候，客观事实并没有变化，只是人们认知事物的观念发生了变化，从而引起行为的变化。就像“杯子是半满的”和“杯子是半空的”的认知一样，杯子和内容物没变，但当人们从“杯子是半满的”观念转化成“杯子是半空的”观念时，人们的态度和行为也会发生变化。

现实市场中，当人们对健康的认知、对饮食的认知、对自己所处阶层的认知等发生变化时，意味着人们的需求也会发生变化。企业的管理层要关注消费者和社会大众的认知与观念的变化，其背后往往蕴含着适应新的需求的创新机会。

在关注消费者认知变化并从中寻找创新的机会时，管理层需要注意两个问题。首先是要认真识别认知变化和时尚的区别，时尚仅仅是昙花一现，如果根据时尚而做出巨大投资的决策，带来的可能是投资的失败。而时尚和真正的变化又难以分别，因此以认知变化为基础的创新还是从投资较小且非常具体的项目着手。其次是面对认知变化而创新的时机。德鲁克认为，在利用认知变化的过程中，“创造性的模仿”往往难以奏效，管理层需要在第一时间发起创新占据先入优势。

七、新知识

在所有产生创新的机遇中，新知识所创造的创新机遇往往是重大的、具有历史意义的。然而，基于知识的创新有着其他创新来源所不具有的基本特征，也对创新者提出了更高的要求。

（一）基于知识的创新的特征

基于知识的创新具有如下基本特征。

1. 较长的时间跨度

无论是基于科技知识的创新，还是基于非科技知识的创新，首先需要将出现的新知识转化成可供应用的新技术，这就需要较长的时间；其次，还需要将新技术转化成新产品并成功推向市场，这又需要较长的时间。历史经验表明，知识转化成可以应用的技术，技术再转化成市场接受的产品，时间间隔一般在25～35年。而一个新的理论要转化成为一种新的范式大约需要30年的时间。

2. 较为复杂的知识融合

实践表明，基于知识的创新往往不是基于单项知识就能展开的，而更多体现为多种知识的融合。如果创新者在创新项目所需要的几种知识尚未齐备之前即展开创新，其结果往往是创新夭折。

3. 高的风险和失败率

漫长的时间间隔和高融合的知识要求，使得基于知识的创新有其独特的节奏，往往要经历孕育期、兴奋期、投机狂热期和残酷的淘汰期。孕育期包含创新所需的各种新知识的产生过程，新知识向新技术、新产品的转变过程，成功的创新者往往在这一阶段的适当时机启动创新项目。而后进入兴奋期和投机狂热期，在这个阶段，大量的模仿者蜂拥而入，并展开激烈的产品竞争、价格竞争和营销竞争。但接下来就进入残酷的淘汰期，而且淘汰率往往非常高，究其原因一是基于知识的创新往往需要高的研发经费支撑，造成创新项目短期内难以盈利；二是新进入者众多，彼此之间的价格战将企业的利润削减到令其几乎难以生存的境地。最终，整个基于知识进行创新的企业只剩下少数几个拥有先入优势而且进行了恰当的创业企业管理的幸存者。

（二）基于知识的创新所要求的管理

创新者要基于知识展开创新，需要满足以下几项要求，方有可能在激烈的竞争中生存下来。

1. 评估创新产品的市场接受程度

与前面所述的基于意外事件的创新、基于不协调事件的创新、基于程序需要的创新、基于产业和市场结构的创新、基于人口统计数据的创新和基于消费者认知的变化的创新六种创新不同，这六种创新都是基于可以界定的业已存在的消费者的需要，属于市场驱动型创新。而基于知识的创新不是基于消费者业已存在的需求，而是基于创新者对人性的判断，是要创造一种消费者还没有意识到的需求，本质上属于驱动市场创新。

但是，人们很难预测这种企图驱动消费者需求的创新产品面市时，消费者是接受它、无动于衷抑或是激烈排斥。尽管预测很难，创新者在实施创新前，还是应该通过市场调查、征求专家意见以及与其他创新机遇相结合等方式，对创新产品的接受程度做出预测，并努力降低产品面市时市场接受的风险。

2. 对创新所有必要的要素进行深入分析

基于知识的创新往往具有知识的融合性，创新者在实施创新前，要深入分析创新所需要的知识和要素是否都已具备，如果尚不具备，那么创新者要回答这些尚不具备的知识能否创造出来，如果回答是否定的，那么说明创新的时机尚不成熟。

3. 创新者要对创新产品有清晰的战略定位

基于知识的创新往往吸引大量的投资者和投机者加入竞争的行列，如果创新者对自己未来创造出的产品定位不清，就极有可能在竞争中因特色不鲜明而被消费者淘汰。这就要求创新者专注于某一关键功能，为消费者创造其他竞争者所不能替代的价值。

4. 创新者要实施新创企业的管理

基于知识的创新者往往钟情于技术研发，迷恋于技术和质量的改进而忽视战略定位、市场营销、财务管理、团队激励等新创企业必须仔细应对的工作，并造成创新项目的夭折。

除了上述七种创新来源外，德鲁克指出，基于聪明的创意而进行的创新，也许比这七种创新之和还要多。百分之七八十的专利都源于聪明的创意。但是，“聪明的创意却是风险最大、成功概率最小的创新机遇来源。这种创新中，能够赚回研制成本和专利申请费用的仅有百分之一；能够做到赚钱的就更少”①。因此，德鲁克建议创新者不要过于在意基于聪明的创意的创新，还是从事可靠性更高、成功率更高的上述七种系统化的创新。

同时，德鲁克认为，上述“七个创新机遇的来源界限相当模糊，彼此之间有相当大的重叠部分。它们好比是七扇位于同一建筑物不同方向的窗口，每一扇窗口所展现的某些景致，也可以从临近窗口看到，但是，每一扇窗口的中心所呈现的景色却是截然不同的”②。

需要说明的是，上述七种创新来源的顺序不是随心所欲编排的，而是按照创新来源的可靠性和可预测性排列的。与通常人们观念中的认识不同甚至大相径庭的是，新知识作为创新的来源，往往是最不可靠、最难预测也是风险最高的；相反，企业日常经营中所经历的意外的成功或失败带来成功的创新的概率往往是最高的。因此，在实践中，基于知识的创新往往只有那些财力雄厚的大型企业才能承受风险，当然也享受超高的回报；对于广大中小型企业来说，多投入精力关注企业经营中的意外事件，不失为明智之举。

第三节 技术创新

企业创新，可以划分为技术创新和管理创新。企业的管理层也应坚持“双轮驱动”的指导方针，从技术和管理两个视角展开企业的创新活动，以促进企业发展。本节将围绕技术创新的内涵、技术创新的过程、技术创新的战略选择，以及技术创新的研究与开发管理四个方面展开介绍。

一、技术创新的内涵

自从 20 世纪初熊彼特提出创新的概念和理论至今，学术界和企业界围绕技术创新理论进行了广泛的研究。但就技术创新概念的内涵和外延人们存在着较大的分歧。首先，关于技术创新的对象，有人主张仅限于与产品直接相关的活动；有人主张不仅包括产品，还包括生产产品的过程，诸如生产工艺、生产设备、生产材料等；甚至有人将组织创新等一些管理职能

---

① 德鲁克 P. 创新与企业家精神[M]. 蔡文艳，译. 北京：机械工业出版社，2016：117.

② 德鲁克 P. 创新与企业家精神[M]. 蔡文艳，译. 北京：机械工业出版社，2016：32.

的创新也纳入技术创新的范围。其次，关于技术创新的程度，有人主张只有技术上根本性的变化才属于技术创新；有人主张技术上的小改小革的渐进式变革也属于技术创新。最后，关于技术创新的首创性问题，有人主张只有全球范围内的首次技术上的变革才是技术创新；有人主张尽管全球范围内不是首次，但只要是自己的企业首次应用，就属于技术创新。

本书主张技术创新的对象限于企业新产品的研发制造，现有产品的改进和更新换代，现有生产工艺、生产设备、生产材料的改进。技术创新的程度既包括根本性的技术变革，也包括小改小革的渐进式变革。无论是否全球首次，只要是在自己企业内部对技术创新的对象进行的首次变革，就属于技术创新的范围。

二、技术创新的过程

技术创新从构思到市场要经历一个过程，理解了这个过程，便于我们主动地去管理好技术创新。下面介绍三种主要的技术创新过程模型。

（一）技术推动型技术创新过程模型

最初意义上的技术创新一般是指技术推动型的技术创新，即以科学发现或技术发明作为发端，展开研究和开发，并生产制造出当前市场上尚不存在的新型产品。因此，本质上说，技术推动型的技术创新是创造市场、驱动市场的创新。它是建基于企业对新科学、新发明、新知识的掌握和对市场需求的判断而进行的创新。技术推动型技术创新过程模型如图 16-1 所示。

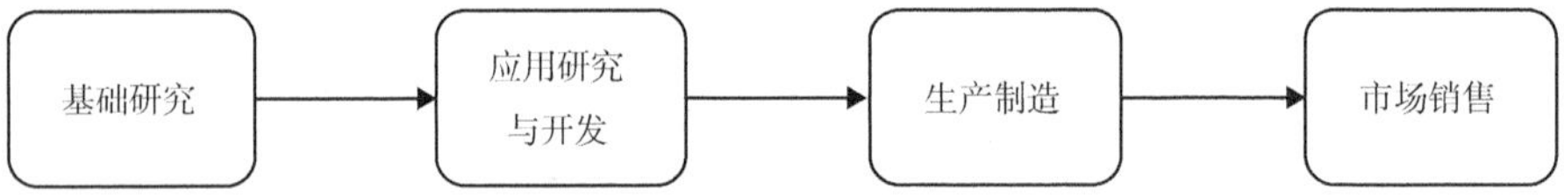

图 16-1 技术推动型技术创新过程模型

资料来源：苏敬勤，洪勇，吕一博. 创新与变革管理[M]. 北京：清华大学出版社，2010：155

一般来说，技术推动型技术创新要求的投入大，项目风险高，所以往往只有一些大型企业从事技术推动型研究，大多数中小企业更多地从事市场拉动型研究。

（二）市场拉动型技术创新过程模型

20 世纪 60 年代中期，有学者对技术创新做了大量的考察，发现 60%～80%的技术创新并不是科学发现或技术发明推动的，而是企业的管理者在经营过程中，通过顾客反馈、市场调研等渠道了解到市场对现有产品的意见和建议，或对新产品的期望等信息，而开始进行的技术创新，因此，本质上讲这种技术创新属于市场拉动型技术创新。图 16-2 展示了市场拉动型技术创新过程模型。

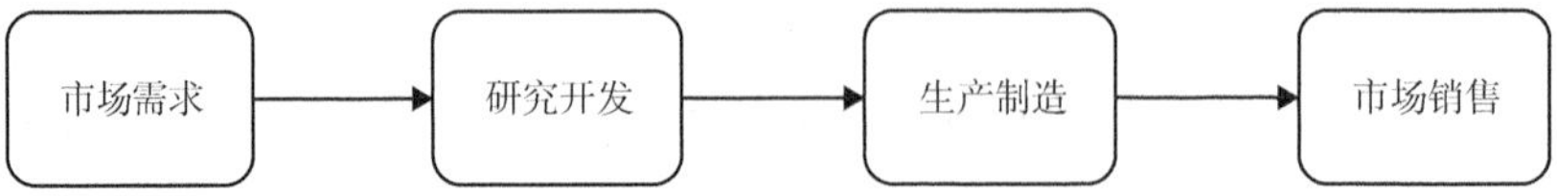

图 16-2 市场拉动型技术创新过程模型

资料来源：苏敬勤，洪勇，吕一博. 创新与变革管理[M]. 北京：清华大学出版社，2010：156

市场拉动型技术创新既可能是革命性的产品创新，也可能是小改小革的渐进式工艺、装备等创新。因此，对于广大中小企业来说，尽管科研实力较弱、财力较弱，但它们往往与市场更加贴近，更了解客户需求的变化，它们从事市场拉动型技术创新不但风险小，而且见效快，市场拉动型技术创新成为中小企业的主要创新方式也就不足为奇了。

（三）交互性技术创新过程模型

技术推动型技术创新过程模型和市场拉动型技术创新过程模型是一种线性过程模型。在企业技术创新实践中，从事技术创新的人员往往同时而且持续受到技术推动的影响和市场拉动的影响，呈现出一种交互性技术创新过程模型，如图 16-3 所示。

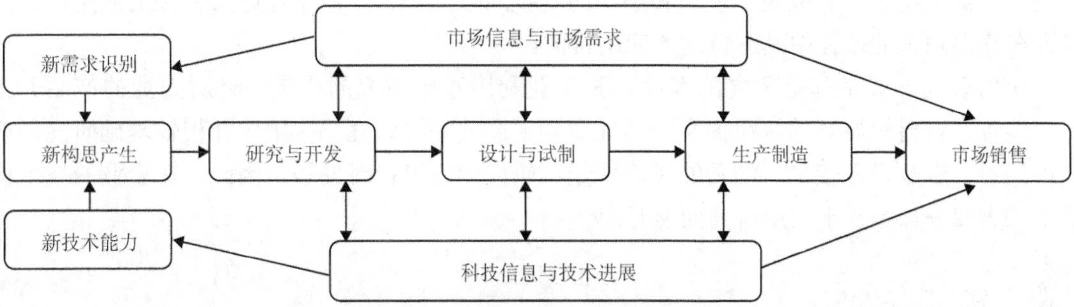

图 16-3 交互性技术创新过程模型

资料来源：苏敬勤，洪勇，吕一博. 创新与变革管理[M]. 北京：清华大学出版社，2010：156

在交互性技术创新过程中，企业首先综合市场需求信息和企业的新技术能力并产生创新的构思，而后进入研究与开发、设计与试制、生产制造阶段，在这三个阶段中，从事技术创新的项目组成员一直与市场需求信息和科学技术信息互动交流，将与该项技术创新相关的信息吸收融合到研发制造过程中，而后企业根据市场和科技状况，制订推出新产品的市场营销方案，完成一轮技术创新。

三、技术创新的战略选择

企业针对技术创新活动，应当根据企业的内部优势和内部劣势，外部环境中的机会和威胁，就长远影响企业技术创新全局的若干重大问题做出选择，技术创新战略就是一系列选择的综合结果①。

（一）创新基础的选择

企业的创新基础可以分为基础研究和应用研究。

1. 基础研究

基础研究，又称基本研究、纯理论研究，是指认识自然现象、揭示自然规律，获取新知识、新原理、新方法的研究活动。这种研究一般不是建基于商业目的，研究周期漫长，投入巨大，通常由政府资助的公共科研教学机构进行。也有大型企业从事基础研

① 周三多，陈传明. 管理学[M]. 3 版. 北京：高等教育出版社，2010：365.

究，企业的基础研究又可以分为企业战略任务导向的定向研究和科技人员根据兴趣自由探索的自由研究。美国 3M 公司[①]研究院的科学家的工作就是从事这些定向基础研究和自由探索的基础研究。

基础研究周期长、投入大、风险高，但以此为基础的创新具有原始性、独创性和爆发性的特点，能够为拥有相应创新专利的企业带来长久的竞争优势。但也因为其对资金、人才的要求很高，中小企业鲜有能力选择基础研究作为自己创新的基础。

2. 应用研究

应用研究是指为了获得新知识并为了某种特定的实际目的而进行的创造性研究。基础研究是为了认识现象，获取关于现象和事实的基本原理的知识，而不考虑其直接的应用；应用研究在获得知识的过程中具有特定的应用目的。

应用研究一般是基础研究的继续，是企业利用基础研究的成果，针对企业的产品、工艺、装备、材料等展开的旨在提高产品性能和生产效率的研究。应用研究相较基础研究，研究周期短，资金投入较少，创新的风险较低，研究的成果针对性强，因此，在企业的技术创新中，大部分都是基于应用研究而展开的。

知 识 库

国家创新驱动发展战略

2016 年 5 月，中共中央、国务院颁布了《国家创新驱动发展战略纲要》，强调科技创新是提高社会生产力和综合国力的战略支撑，必须摆在国家发展全局的核心位置，并制订了分三步走的战略目标：第一步，到 2020 年进入创新型国家行列，基本建成中国特色国家创新体系，有力支撑全面建成小康社会目标的实现。第二步，到 2030 年跻身创新型国家前列，发展驱动力实现根本转换，经济社会发展水平和国际竞争力大幅提升，为建成经济强国和共同富裕社会奠定坚实基础。第三步，到 2050 年建成世界科技创新强国，成为世界主要科学中心和创新高地，为我国建成富强民主文明和谐的社会主义现代化国家、实现中华民族伟大复兴的中国梦提供强大支撑。

（二）创新对象的选择

企业的技术创新，一般包括创造一种新的产品、就现有产品进行更新换代、创新生产装备、创新生产材料、创新生产工艺等。

这些创新中，新产品的创新、现有产品的更新换代和生产工艺的创新往往依靠企业自身内部的研发就可以执行，而创新生产装备和生产材料，企业往往需要和上游设备供应商及材料供应商协作才能进行。

对于广大中小企业来说，大多选择生产工艺的创新和现有产品的更新换代。而实力强大的大型企业可以通过大量的投入展开新产品的研发和向上游发展。

---

① Minnesota Mining and Manufacturing，明尼苏达矿务及制造业公司.

（三）创新水平的选择

创新水平是企业的技术创新相对于产业内其他企业的技术水平而言的，企业可以选择技术领先战略和技术跟随战略。

1. 技术领先战略

技术领先战略是指企业在目标技术领域，通过积极的研究开发，技术水平保持在产业内的领先地位。

选择技术领先战略，要求企业保持持续的研发投入，如果取得成功，能为企业带来良好的品牌声誉和超额价值。但由于市场需求的不确定性，技术领先战略也可能形成企业的核心刚性，面对顾客偏好发生变化时，难以灵活应对，使企业遭受损失。因此，一般说来，只有产业内的大型企业才有能力选择技术领先战略。

2. 技术跟随战略

技术跟随战略是指企业跟随在技术领先者后面，进行创造性的模仿，而不追求自己做开创性的研发。

尽管技术跟随战略不像技术领先战略能为企业带来巨大商誉，但技术跟随战略投入少、风险小、易转向，往往适于中小企业选用。

（四）创新方式的选择

企业可以选择独立研发，也可以选择与外部相关组织联合研发。

企业独立研发，要求企业具有强大的经济实力和技术实力。其优势是研发的成果为企业独有，缺点是一旦失败，企业将独自承担巨大损失。

企业联合研发，可以整合相关领域的技术理论，缩短研发周期，提高研发的成功率，分散研发的成本和风险。因此，尽管联合开发使企业丧失了研发成果的专有权，但由于上述优势，更多的中小企业乃至大型企业选择联合研发战略。

四、技术创新的研究与开发管理

在企业实践中，研究与开发往往是技术创新的代名词，而从前述技术创新的过程模型中可以看出，研究与开发是技术创新中重要的一环。

研究与开发管理主要涉及研发组织设计和研发流程管理。

（一）研发组织设计

在企业实践中，企业可以根据自身规模、产品的关联度，以及技术创新战略来安排研发部门所处的层次以及与其他部门的关系。对于许多单一的中小型企业来说，研发机构的设计相对简单，它们或者没有专门的研发机构，只是作为领导者的一项工作开展研发工作；它们或者设立专门的研发机构，在企业高管的直接领导下开展工作。对于大中型集团公司来说，就需要认真安排研发部门在集团组织结构中的位置，安排方式包括三种，即集中型、分散型和混合型。

1. 集中型研发机构

集中型研发机构的设计，是指拥有多个事业部（子公司）的集团企业，将研发部门集中设置在集团公司层面，而在各事业部（子公司）层面只设为日常生产经营服务的技术部门，而不设置研发部门。集中型研发机构如图 16-4 所示。

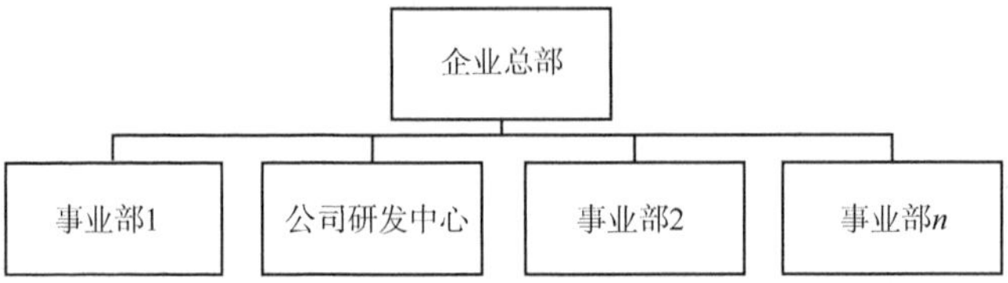

图 16-4　集中型研发机构

资料来源：苏敬勤，洪勇，吕一博. 创新与变革管理[M]. 北京：清华大学出版社，2010：178

企业将研发部门设置在集团公司层面，有助于集中人力和财力，获得规模经济。缺点一是放置在集团公司层面的研发中心距离各事业部所在的市场较远，容易出现闭门造车、官僚主义现象；二是当各个事业部的产品之间关联度低时，这种集中的研发中心也就难以发挥规模效应，反而弱化了研发的效果和效率。

2. 分散型研发机构

分散型研发机构是指在各个事业部层面分别设置研发部门并各自开展研发工作，而在集团公司层面，只设置若干人员对各事业部的研发工作进行协调，但不从事具体的研发工作。分散型研发机构如图 16-5 所示。

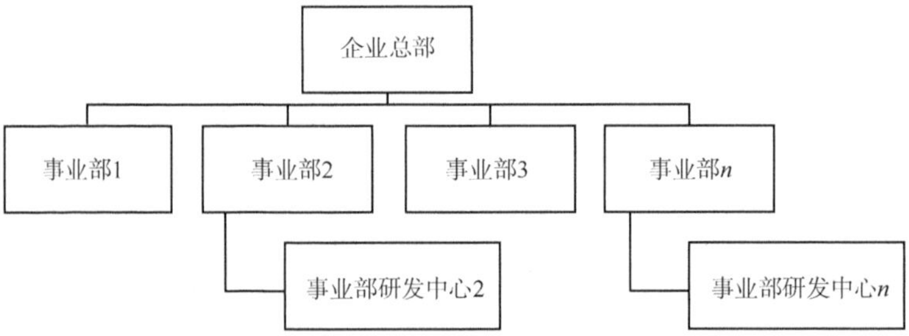

图 16-5　分散型研发机构

资料来源：苏敬勤，洪勇，吕一博. 创新与变革管理[M]. 北京：清华大学出版社，2010：178

显然，分散型研发机构设计的优缺点与集中型研发机构恰好相反。分散型研发机构有利于各事业部的研发中心贴近相关产品的市场和生产一线，研发工作反应迅速而且符合市场和生产实际；缺点是从集团视角看，机构重叠，资源可能存在浪费现象，不能发挥规模效益。

3. 混合型研发机构

鉴于集中型研发机构和分散型研发机构的优缺点，许多集团公司采用混合型研发机构，如图 16-6 所示。

在混合型设计中，集团公司的研发中心从事基础性研究以及各事业部所需的共性研究，而各个事业部的研发中心从事与本事业部产业相关的研发工作，这种设计综合了集中型设计和分散型设计的优点，但要求企业有足够的经济实力和科研队伍，因此，往往只有一些全国性企业或全球性企业采用这种研发机构的设计。

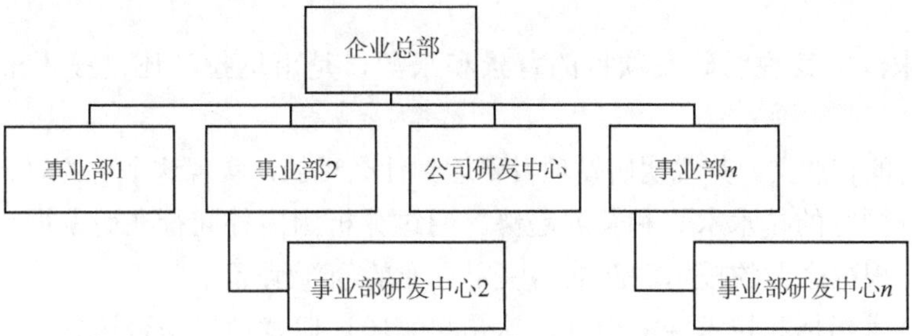

图 16-6　混合型研发机构

资料来源：苏敬勤，洪勇，吕一博. 创新与变革管理[M]. 北京：清华大学出版社，2010：179

（二）研发流程管理

研发流程是企业技术创新的核心部分，除研发部门外，往往涉及企业的市场部、技术部、制造部、财务部等，一般包括研发构思、研发评价和研发实施三个阶段。研发流程如图 16-7 所示。

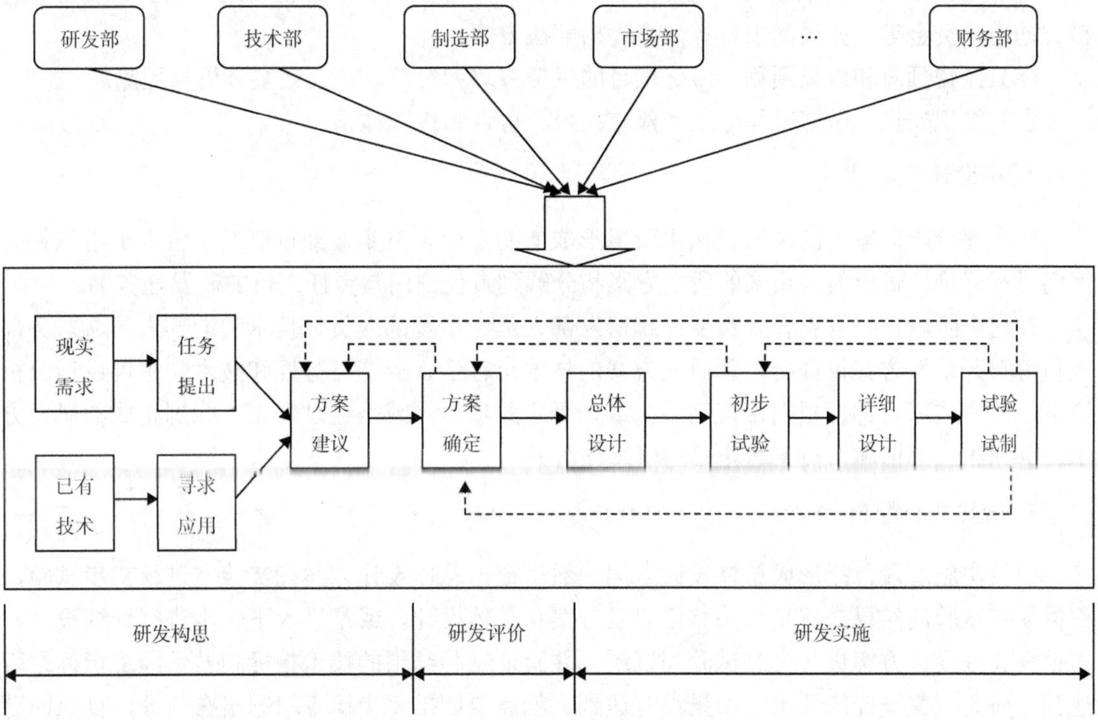

图 16-7　研发流程

资料来源：苏敬勤，洪勇，吕一博. 创新与变革管理[M]. 北京：清华大学出版社，2010：175

1. 研发构思阶段

研发构思阶段是企业的研发人员根据企业生产的需要，或是市场的需要，或是应用企业技术能力的需要，或是兼而有之而产生新的构思并初步形成研发方案的过程。

研发构思阶段输入的是来自内部的或外部的信息，经过研发人员的系统讨论、分析，输出的是初步研发方案。初步研发方案的核心部分是研发计划书，研发计划书一般包括以下几个方面。

（1）项目来源。其说明研发项目的背景和来源，是市场拉动还是技术推动，抑或是兼而有之。

（2）研究目的和意义。其说明研发项目要达到什么目的，实现这个目的对企业有何意义。

（3）国内外同行的技术水平和发展趋势。通过分析国内外同行在研发项目领域的技术水平和发展趋势，根据企业的技术创新战略决定企业的创新水平。

（4）关键技术指标和技术经济指标。这是将来验证研发项目是否达到研发要求的依据，企业的研发人员要根据所确定的创新水平，认真研究确定项目的关键技术指标和主要的技术经济指标。

（5）研究内容、途径和技术工艺路线。这是研发计划书的核心部分，要确定研发项目的技术工艺路线，并将研发项目分解成若干个子项目，并确定各个子项目的研究内容、彼此之间的时间和逻辑关联。

（6）计划进度。如果可能，最好以网络图的形式设计好项目的计划进度。

（7）工作条件。要检查研发所需的各种工作条件是否具备，包括场地、人员、设备、材料、动力、资金等。如果尚未备齐，要提出解决方案。

（8）经费预算和效果预测。做好项目的投资概算和经济、社会效果分析与预测。

（9）组织安排。做好工作分工，建立汇报、协调和指挥体系。

2. 研发评价阶段

研发评价阶段输入的是研发构思阶段形成的初步研发方案，经过研发主管人员组织相关部门进行评价，输出的是正式的研发方案和分解到责任部门与责任人员的研发任务书。

在这个阶段，研发主管人员要组织研发部人员、市场部人员、技术制造部人员、财务部人员等召开研发方案论证会，就研发方案的技术可行性、经济可行性和技术先进性进行分析论证，并责成研发部门根据论证结果，或是否定此项目，或是经过修正，编制正式的研发方案，并向相关部门和人员下达正式的研发任务书。

3. 研发实施阶段

研发实施阶段包括形成总体设计方案，然后根据总体设计方案在实验室进行初步试验，根据初步试验的结果，或是回头修订研发方案和总体设计，或是进入下一步进行详细设计，再根据详细设计方案进行生产试验和试制，并验证试制结果的技术指标和技术经济指标是否达到了研究方案设定的要求，如果没有达到，就需要倒推逐步检查问题出在何处，直至问题解决；如果达到了设定的指标，则技术创新的研发阶段结束。

第四节 管理创新

技术创新和管理创新是企业可持续发展的两个车轮，管理创新为企业的技术创新提供了制度保障。本节重点围绕管理创新的概念、管理创新的实施，以及管理创新的内容展开论述。

一、管理创新的概念

所谓管理，就是组织为了实现其目标，通过计划、组织、领导和控制等职能活动，合理分配、协调资源的过程。

从管理的概念出发，就可以界定管理创新的概念和范畴了。

管理创新就是通过对计划、组织、领导、控制四项管理职能的变革，创造一个更有效的资源整合方式，以更好地实现企业的目标。

因此，管理创新应该包括计划创新、组织创新、领导创新和控制创新。在企业实践中，计划创新体现为企业的战略创新和商务模式创新，组织创新体现为业务流程创新和组织结构创新，领导创新与控制创新体现为企业治理制度和企业内部控制制度的制度创新。

二、管理创新的实施

管理创新不像技术创新，技术创新的对象主要是企业运营中的客体，而管理创新的对象波及的往往是企业运营中的主体，因此就会涉及人的利益和情感问题，在实施过程中要克服创新的阻力、把握创新的节奏和掌握创新实施的方法。

（一）克服创新的阻力

大连理工大学苏敬勤教授等在论述战略变革的阻力及克服时，列举了认知阻力、心理与情感阻力、权力阻力、文化阻力和惯例阻力[①]。在各项管理创新中，同样需要克服这些阻力。

1. 克服认知阻力

认知阻力是指因企业的管理层和员工的现行观念与创新所要求的观念不一致而产生的阻力。这就要求管理创新的组织者从创新的依据、创新的逻辑、创新的效果和创新的案例等方面，进行员工培训和沟通。

2. 克服心理与情感阻力

心理与情感阻力是指企业的管理层和员工因变革而产生的焦虑乃至恐惧心理导致的阻力。这往往需要企业的工会组织开展细致的思想工作，并提供必要的安抚和补偿性措施。

3. 克服权力阻力

权力阻力是指企业的部分管理人员因创新削弱其权力乃至伤及其利益而产生的阻力。这就需要管理创新的组织者一要晓之以利害，希望相关人员以企业大局为重；二要采取适当的安抚性措施，平衡相关人员的心理，争取其支持。

4. 克服文化阻力

文化阻力是指企业管理创新所需要的文化风格与企业现行的文化相冲突而产生的阻力。在

---

① 苏敬勤，洪勇，吕一博. 创新与变革管理[M]. 北京：清华大学出版社，2010：99.

所有的阻力中，这是最需要时间来克服的阻力，因为文化不是一朝一夕形成的，而是在长期的生产经营实践中形成的。这就要求创新的组织者向员工说明企业文化调整的必要性，明确文化调整后新的核心理念，并将这些核心理念融入企业的奖惩制度之中，以使新的文化深入人心。

5. 克服惯例阻力

惯例阻力是指企业在长期的生产经营过程中的习惯性做法与创新所要求的行为相冲突而产生的阻力。惯性阻力与文化阻力类似，往往植根于员工的潜意识中，这就需要通过培训、宣传、制度引导等方式改变习惯的心智模式，克服阻碍创新的惯例，形成新的支持创新的习惯。

（二）把握创新的节奏

管理创新可以采取革命式变革或渐进式变革的方式进行。创新的组织者要根据企业当时所处的外部环境和内部实际，把握好创新的节奏。

1. 革命式变革

革命式变革是指在短时间内的彻底变革，强调变革的彻底性和急促性。企业只有在特殊的情况下才可实施革命式变革。例如企业战略方向出现根本调整；或企业积弊日久、兵疲将老，不采取革命性变革难以荡涤陋习、起死回生。由于革命式变革的冲击性和破坏性，创新者在采取这种节奏时，要慎之又慎。企业实践中，当企业的大股东发生变化时，针对企业的管理工作，往往伴随着疾风暴雨式的变革，这种变革往往不是经营需要，更多是一种控制需要，企业因此而失败的教训是极为深刻的。

2. 渐进式变革

渐进式变革是指企业将变革的活动分解到一定的时间段内，逐步实施的变革。如前所言，由于革命式变革的巨大破坏性，企业的大多数管理创新宜采取渐进式变革。

（三）掌握创新实施的方法

在企业实践中，战略变革是管理创新的重要内容，战略变革的实施方法同样适应于各类管理创新。苏敬勤教授等针对战略变革列举了强制执行、说服、法律与政策约束、更换领导者、公开辩论五种方法，并比较了各种方法的优缺点和适用的情况，如表 16-1 所示①。这些方法也普遍适用于管理创新。

表 16-1　管理创新方法比较

管理创新方法	优点	缺点	适用情况
强制执行	简单、快速，管理者能够掌握绝对的主动权，扫除一切变革障碍	可能造成的后果：一是迫使部分员工辞职，二是促使受到惩罚威胁的员工以各种形式破坏变革	变革非常紧急，且员工一时无法理解或接受的情况
说服	考虑到员工个人的切身利益，使得员工心甘情愿地为变革做出努力	当员工对企业缺乏信任感时，不会同意参与变革；说服以承诺为代价，是一种高成本的方式	管理者拥有履行承诺的财力的情况

① 苏敬勤，洪勇，吕一博 .创新与变革管理[M]. 北京：清华大学出版社，2010：99.

续表

管理创新方法	优点	缺点	适用情况
法律与政策约束	规范、公平、标准化运作，及时对不良行为进行惩罚或纠正	造成员工厌恶心理，表现出对员工行为的消极影响，甚至可能适得其反	员工无视管理创新，不能真正为企业的整体利益考虑的情况
更换领导者	为组织带来新的战略思想，给员工增强信心	员工对新领导者不服导致创新无法正常开展	原来的领导者或经理人墨守成规，或在情况发生变化的条件下也拒绝变革的情况
公开辩论	彻底弄清变革的各种利弊，迅速而准确地弄清事实，以便让企业做出正确决策	双方互不让步，最后胜出者很可能得不到对方的支持，不利于战略变革的实施	对一项决定有两种迥然不同的意见的情况

资料来源：苏敬勤，洪勇，吕一博. 创新与变革管理[M]. 北京：清华大学出版社，2010：84

三、管理创新的内容

企业实践中，管理创新主要围绕战略变革、商业模式创新、业务流程创新、组织结构创新和企业制度创新展开。下面分别予以介绍。

（一）战略变革

1. 战略变革的含义

战略是关于企业如何竞争和如何成长的方案以及实现这一方案的途径。战略应是与内外环境相适应的产物。

当企业因内外环境变化而成长缓慢甚至处于衰退境地时，说明企业的战略已经与变化了的内外环境不相适应，此时仅靠从职能层面进行变革已经无济于事，企业需要从战略层面思考创新。

因此，所谓战略变革，就是企业从全局和长远角度，通过分析企业内外环境的适配型，针对企业的使命、企业的愿景、企业的经营理念、企业的成长方向和方式，以及企业参与市场竞争的战略进行的有计划、有组织的改变。

2. 战略变革的内容

1）企业使命

企业使命要回答企业作为一个经济组织存在于人类社会的理由，即这个企业要为人类社会解决哪些问题，也就是要回答“企业的主营业务是什么”和“能为客户带来什么价值”的问题。

企业使命决定了企业运营中的所有方面，企业使命发生变革，意味着企业运营的各个方面都要随之调整，因此，除非内外环境发生巨变，使得企业难以继续从事以前的主营业务，否则，企业的使命不宜做出根本调整。更多的时候，企业使命的调整仅限于适当扩大或缩小其外延。

2）企业愿景

企业愿景要回答企业的未来是什么样子。当企业的使命保持稳定时，企业的愿景可以根据内外环境的变化适当调整。

3）经营理念

经营理念是指用来协调企业与各利益相关者之间关系的指导思想，要为如何对待客户、如何对待员工、如何对待合作伙伴、如何对待社会、如何对待股东等问题制定出基本原则。经营理念是企业的价值观，一般来说要保持稳定。企业的使命和愿景是企业存在的方法论问题，可以因时而变；企业的经营理念是价值观问题，具有长期稳定性。

4）企业成长的方向

企业管理层需要根据企业内外环境的变化趋势，对企业的各项业务采用波士顿组合矩阵法进行分析，以决定企业成长的方向。可供思考的战略思路诸如一体化战略、多元化战略、虚拟战略、收缩战略等。

5）企业成长的方式

企业既可以采取内生式滚动成长，也可以借助资本市场的力量采取合资合作、兼并收购的外生式跨越成长，管理者需要根据企业的实际情况酌定。

6）事业部竞争战略

根据波特的竞争战略理论，企业某一产品的竞争战略可以分为三种：成本领先、差异化和聚焦。一般来说，企业的竞争战略也是比较稳定的，因为竞争战略的制定是基于企业的价值链。竞争战略调整，必须确保企业的价值链能够给予足够的支撑。

（二）商业模式创新

1. 商业模式创新的概念

商业模式是企业根据业已确定的竞争战略而制订的业务流程和企业边界方案，这个方案界定了企业接近顾客的方式、制造产品的方式和获得收益的方式。

商业模式的创新就是企业业务流程和边界方案的创新，是在企业竞争战略指导下，针对企业整体运营系统进行的变革。

2. 商业模式创新的内容

（1）企业接近顾客的方式创新。企业接近顾客的方式创新包括企业对细分市场的选择和变革，企业对细分市场目标顾客所提供的价值主张的选择和变革，企业对接近顾客的渠道的选择和变革，以及企业与顾客建立、保持和发展关系的方法的选择和变革。

（2）企业制造产品的方式创新。企业要根据自己所拥有的核心资源和计划为目标顾客提供价值主张，确定自己的主营业务，并明确哪些业务由企业自己制造，哪些业务采取合作或外包的方式由合作伙伴制造，明确企业的边界。

（3）企业获得收益的方式创新。企业通过为目标顾客提供价值而获得收入，通过制造产品提供给目标顾客形成成本，其间差额即企业的收益。企业要根据内外环境的变化，调整收入的构成内容和构成比例，以及成本的构成内容和比例，以创新的方式改进企业的收益。

（三）业务流程创新

1. 业务流程创新的概念

1993 年，美国管理学者哈默和钱皮出版了《企业再造》一书，提出了业务流程再造的概念。他们认为，业务流程是将一个或多个输入活动转化为对顾客有价值的输出活动。业务流程再造就是对企业的业务流程做根本性的思考和重建，其目的是在成本、质量、服务和速度方面取得显著的改善，使得企业能最大限度地适应以顾客、竞争、变化为特征的现代企业经营环境①。

2. 业务流程创新的内容

采用过程的方法来审视企业的业务流程，业务流程就是由将输入转化为输出的一系列相关活动所组成的链条，业务流程再造就是通过调整这些活动的顺序、活动的内容、活动的方法或增加新的活动，以实现更有效率和更有价值的输出的变革活动。

当前，互联网的发展为企业业务流程再造提供了强大的推动力。

实践表明，业务流程再造因其革命性，往往风险很高，因此企业一旦做出业务流程再造的决策，在实施时要做好宣传、精心组织，否则可能出现旧的流程被打破，新的流程却未能建立的失败局面。

（四）组织结构创新

1. 组织结构创新的概念

组织结构创新就是企业根据内外环境的变化，为了提高企业的效率和效果，针对企业的部门设计、层级划分、权利责任分配、汇报指挥体系等做出的变革。

2. 组织结构创新的原则

目前，主流的企业组织结构是工业经济时代的产物，在互联网高度发达的信息经济时代，企业要按照扁平化、自治化、网络化原则对企业的组织结构进行变革。

扁平化就是指减少企业的层级；自治化就是减少检查和控制，更多地强调员工自治，建立“阿米巴”式的经营单元，激发员工的工作热情；网络化是指企业认真分析自己的核心资源和能力，聚焦于自己最擅长的领域，其他非核心业务通过建立协作网络的形式进行。

（五）企业制度创新

1. 企业制度创新的概念

企业是由不同的人组成的，要实现企业的目标，必须用一套规则和程序来约定与协调各个成员的权力和利益，这套规则和程序就是企业制度。

企业制度创新就是通过变革和优化企业各个成员，包括所有者、经营者和劳动者之间的权力与利益关系，使得企业的各个成员的积极性得到充分发挥，从而最大限度地实现企业目标的一系列活动。

2. 企业制度创新的内容

从企业制度创新的定义可以看出，企业制度创新的本质是优化企业各个成员的权力和利益分配体系，企业制度创新的根本目的是最大限度地实现企业目标。企业制度创新主要包括

① 苏敬勤，洪勇，吕一博. 创新与变革管理[M]. 北京：清华大学出版社，2010：205.

企业产权制度创新、企业治理制度创新和企业内部控制制度创新。

1）企业产权制度创新

产权制度主要是指企业所有权拥有者的构成及其比例。

目前，我国的企业产权的构成主要有三类，即全民所有、私人所有和混合所有。而在混合所有中，又因控股股东（或大股东）的所有权性质不同，可以分为国有（全民）控股和民营（私人）控股。

企业产权制度创新的方向首先是产权明晰，企业的所有者不能缺位，所有者身份必须明晰，所有者不明晰，产权制度就失去了根基；其次是结构多元，除了在关系国计民生的重大领域实施国有独资外，在广泛的竞争性领域，企业的产权应力求多元化，多元化的产权结构，既有利于聚集社会各方面的财力，又有利于集中多方面的智慧，使得事关企业重大事项的决策更加科学；再次是员工持股，现代企业制度的一大特征就是所有权和经营权的分离，并因此产生了委托-代理问题，员工尤其是经理层持股，有利于调动员工工作的积极性，使得员工的行为与股东的期望更加一致；最后是产权设计时要将知识作为企业产权纳入考虑，在信息经济时代，个人所拥有的技术和经营知识，应当视为“知本”，在企业的产权中占有适当的比例，不能一味地按照工业经济时代的“资本”逻辑设计企业的产权结构。

2）企业治理制度创新

企业治理制度要解决企业的所有者和经营者之间的权利责任分配问题。

目前，我国企业的法律组织形式主要有三种，即个人独资企业、合伙企业和公司，其中公司的治理制度最为成熟。根据《中华人民共和国公司法》的规定，设立公司，所有股东要共同制定公司章程，公司章程规定了股东会、董事会、监事会、经理层，即“三会一层”的权利和责任，公司章程对公司、股东、董事、监事、高级管理人员具有约束力。“三会一层”中，股东会是公司的权力机构和决策机构，公司的重大人事和经营决策都要由股东会做出；董事会和经理层是公司的执行机构，接受股东的委托经营管理企业；监事会是公司的监督机构，对董事会和经理层的工作进行监督。

企业治理制度创新的内容主要是决策机制创新、监督机制创新和激励机制创新。

（1）决策机制创新。决策机制创新主要通过制定公司章程以及根据公司章程制定的股东会议事规则、董事会议事规则、独立董事制度和董事会下设的两个专门委员会——战略委员会和提名委员会的议事规则体现出来。

（2）监督机制创新。监督机制创新主要通过制定公司章程以及根据公司章程制定的监事会议事规则、独立董事制度和董事会下设的审计委员会的议事规则体现出来。

（3）激励机制创新。激励机制创新主要通过董事会下设的薪酬和绩效考核委员会拟定的相关政策体现出来。

决策机制创新的目标是决策科学，监督机制创新的目标是监督有效，激励机制创新的目标是激励到位。

3）企业内部控制制度创新

企业内部控制制度要解决的是企业经营者经营行为的合法合规、风险防范与管控问题。

由我国财政部、证监会、审计署、银监会、保监会于 2008 年 5 月 22 日联合颁布，自 2009 年 7 月 1 日在我国上市公司范围内实行并鼓励非上市的大中型企业执行的《企业内部控制基本规范》中，明确了企业内部控制的概念、目标、原则、要素和措施。

《企业内部控制基本规范》指出，所谓内部控制，是由企业董事会、监事会、经理层和全体员工实施的、旨在实现控制目标的过程。内部控制的目标是保证企业经营管理合法合规、资产安全、财务报告及相关信息真实完整，提高经营效率和效果，促进企业实现发展战略。

企业建立与实施内部控制，应当遵循下列原则。

（1）全面性原则。内部控制应当贯穿决策、执行和监督全过程，覆盖企业及其所属单位的各种业务和事项。

（2）重要性原则。内部控制应当在全面控制的基础上，关注重要业务事项和高风险领域。

（3）制衡性原则。内部控制应当在治理结构、机构设置及权责分配、业务流程等方面相互制约、相互监督，同时兼顾运营效率。

（4）适应性原则。内部控制应当与企业经营规模、业务范围、竞争状况和风险水平等相适应，并随着情况的变化及时加以调整。

（5）成本效益原则。内部控制应当权衡实施成本与预期效益，以适当的成本实现有效控制。

企业建立与实施有效的内部控制，应当包括下列要素。

（1）内部环境。内部环境是企业实施内部控制的基础，一般包括治理结构、机构设置及权责分配、内部审计、人力资源政策、企业文化等。

（2）风险评估。风险评估是企业及时识别、系统分析经营活动中与实现内部控制目标相关的风险，合理确定风险应对策略。

（3）控制活动。控制活动是企业根据风险评估结果，采用相应的控制措施，将风险控制在可承受度之内。

（4）信息与沟通。信息与沟通是企业及时、准确地收集、传递与内部控制相关的信息，确保信息在企业内部、企业与外部之间进行有效沟通。

（5）内部监督。内部监督是企业对内部控制建立与实施情况进行监督检查，评价内部控制的有效性，发现内部控制缺陷，应当及时加以改进。

企业内部控制的措施一般包括不相容职务分离控制、授权审批控制、会计系统控制、财产保护控制、预算控制、运营分析控制和绩效考评控制等。

我国财政部、证监会、审计署、银监会、保监会在《企业内部控制基本规范》的基础上，于 2010 年 4 月 15 日颁布了企业内部控制配套指引，包括《企业内部控制应用指引第 1 号——组织架构》、《企业内部控制评价指引》和《企业内部控制审计指引》。这些配套指引自 2011 年 1 月 1 日起在境内外同时上市的公司施行，自 2012 年 1 月 1 日起在上海证券交易所、深圳证券交易所主板上市公司施行；在此基础上，择机在中小板和创业板上市公司施行；并鼓励非上市大中型企业提前执行。

上述企业内部控制基本规范和配套指引为企业内部控制制度的创新指明了方向，使得企业内部控制系统化、常规化、制度化。

➢ 拓展学习

1. 熊彼特 J. 经济发展理论[M]. 叶华，译. 南昌：江西教育出版社，2014.

2. 德鲁克 P. 创新与企业家精神[M]. 蔡文艳，译. 北京：机械工业出版社，2016.

3. 苏敬勤，洪勇，吕一博. 创新与变革管理[M]. 北京：清华大学出版社，2010.

4. 中共中央 国务院印发《国家创新驱动发展战略纲要》[EB/OL].（2016-05-19）. http://www.gov.cn/xinwen/2016-05/ 19/content_5074812.htm.

➢ 思考题

1. 根据熊彼特理论，创新具有哪些特性？
2. 企业创新可以划分为哪几种类型？
3. 根据德鲁克的创新理论，请论述成功创新的主要来源。
4. 简要说明技术创新的内涵。
5. 简述管理创新的主要内容。

➢ 案例分析

以变求新 以新求生

某公司是生产塑料管材和塑料设备的民营企业，主要生产用于室外压力输送自来水的PVC①-U管材、PVC-M管材、PVC-O管材、PE②100管材，和生产PVC-O管材的核心双向拉伸设备。

该企业的核心团队从大学毕业参加工作起就从事塑料管材的研发、生产和经营，迄今已有30多年。30多年来，企业从最初的生产PVC-U给水管材，经过十几年的研发，于2006年推出创新型产品PVC-M管材，在给用户带来新一代优质产品的同时，也给企业带来了较高的利润率。几年后，PVC-M管材已经成为塑料管道企业的标准产品，产品利润率也下降到一般产品的程度，该企业于2014年又推出了革命性的、性价比更高的、更环保节能的PVC-O管材，赢得了用户的喜爱，也为企业带来了更加丰厚的回报。

企业在研发PVC-O管材的过程中，申请了大量的生产该管材设备的专利，2015年，企业成立了塑机事业部，组织和招聘了一批塑机领域的专业技术人员和销售人员，开始系统推广PVC-O管道设备，几年来，也取得了不错的业绩。

该企业的领导在企业里一直倡导这样的理念：以变求新，以新求生。正是在这样的理念指导下，该企业成长为中国塑料管材领域十强之一。

资料来源：编者根据管理咨询经历撰写。

问题：

1. 从这个企业创新成长的故事中，你受到什么启发呢？
2. 企业进行了哪些技术创新和管理创新呢？这二者之间有什么关联吗？

---

① polyvinyl chloride，聚氯乙烯.

② polyethylene of raised temperature resistance，聚乙烯.

第十七章 创业管理

本章重点

创业的要素

创业的基本过程

创业计划书的主要内容

引导案例

北航“无人机”是怎样起飞的?

《北京青年报》(以下简称“北青报”)记者从首届中国“互联网+”大学生创新创业大赛上获悉,北京航空航天大学(以下简称“北航”)以“unicorn 无人直升机系统”的发明力挫1800余所高校的5.7万多支参赛团队,最终获得总冠军。北青报记者走近这支80后团队,了解无人机诞生前后的故事。

一、创业有多难?——遭遇“摔飞机”陷入“绝境”

作为北航的在读博士,“unicorn无人直升机系统”团队的创始人之一李琛介绍说,无人机团队的雏形是在2009年形成的,当时项目的前身是航拍直升机。后来,他们发现北航的学生应该更善于产品设计,于是便在2013年底成立了新项目,无人机的研发就是从那时开始的。

其间,团队经历的一次“摔飞机”事件,一度令团队陷入危机。李琛回忆,在一次测试飞机极限时,由于考虑不周全,飞机失速一头栽到了地上,瞬间四分五裂。“这一栽,几十万就没了,下一笔钱还不知道在哪里。”“当时只能相互鼓励,不知道一年后我们还能不能坐在一起继续。”

采访中,李琛给记者放了当时两个创始人的一段通话录音,面对窘境,哥儿俩还在电话中调侃打赌“项目一定能成”,可见现实的残酷和创业的艰辛并没有打败他们,两个人始终对于未来充满信心。

二、怎样融了资?——校友解囊 母校助力

除了研发中遇到的困难,融资过程同样不顺利。“根本融不到,北京的资本对无人机不了解,好多公司不愿意投,后来还是遇到了一个北航校友,在他的支持下有了资金的注入。”李琛说,如果说获得校友的融资是一种缘分,那么创业的成功,与母校注重实践教学的理论也是密不可分的。

“北航有科技园、孵化器、种子基金，给大学生提供场地、经费、人员的支持。所以这几年，北航的创业氛围特别火，也符合了国家在这个时代下的战略需求。大家在完成课业的同时，还可以进行科技实践，这对于每个人都有很大的激励，不仅可以拿到资金支持，还有加分。”李琛说，“最开始就是一个科技创新项目，有老师带着去搞研究，后来逐渐当这个东西展现出一定的市场价值时，你就会进行成果转化，最终就变成了创业的项目。”

三、对话——不要把东西停留在纸面上，要把它做下去

北青报：如何看待大学生创新创业？

李琛：“不一定每个人都去搞创业，但是每个人都应该有创业的精神。不要把东西停留在纸面上，而是把它做下去，当别人都做到5分的时候，你就再往下做一步，可能就会打开更广阔的天空。同时，鼓励学校进行创业教育，更多地与社会紧密结合，这样才更有竞争力。”

资料来源：彭小菲. 北航“无人机”是怎样起飞的？[N]. 北京青年报，2015-10-23（有改动）

第一节 创业活动与创业者

一、创业活动

（一）创业的含义

《辞海》对创业的解释是：创立基业。

《孟子·梁惠王下》：“君子创业垂统，为可继也。”

在中国日常生活的语境中，创业是一种令人崇敬、带有高尚情怀的建基立业的活动，往往潜含着对从事创业活动的人的赞扬和尊敬。创业活动的社会空间非常宽广，创业可以涉及政治、经济、文化、军事等领域。

创业可以是创立一个国家和政权。诸葛亮在其彪炳千古的《前出师表》开篇即言：“先帝创业未半而中道崩殂，今天下三分，益州疲弊，此诚危急存亡之秋也。”

创业也可以是耕田稼穑、牧豕打鱼、贩卖经商。《史记·货殖列传》记载了享有中国“商圣”之称的范蠡完成政治创业之后的经济创业：“范蠡既雪会稽之耻，乃喟然而叹曰：‘计然之策七，越用其五而得意。既已施於国，吾欲用之家。’乃乘扁舟浮於江湖，变名易姓，适齐为鸱夷子皮，之陶为朱公。朱公以为陶天下之中，诸侯四通，货物所交易也。乃治产积居。与时逐而不责於人。故善治生者，能择人而任时。十九年之中三致千金，再分散与贫交疏昆弟。此所谓富好行其德者也。後年衰老而听子孙，子孙脩业而息之，遂至巨万。故言富者皆称陶朱公。”

在当代形势下，我们所讲的创业，更多的是指在经济领域的创业，尤其是在企业领域。

那么什么是企业呢？

一般认为，企业是指以盈利为目的，运用各种生产要素（土地、劳动力、资本、技术和企业家才能等），向市场提供商品或服务，实行自主经营、自负盈亏、独立核算的法人或其他社会经济组织。

在企业领域，创业又有狭义和广义之分。狭义上讲，创业就是指创建一个新的企业。而广义上讲，创业就不单单指创建一个新的企业，在现有企业中开创一项新的产品或服务，也

是一种创业。

无论是创建一个新的企业，还是在现存企业的基础上开创一项新的产品或服务，诚如哈佛大学斯蒂文森教授所言，创业是人们不拘泥于当前资源条件的限制下对商业机会的追寻，是组合不同的资源并开发利用以创造价值的过程[①]。

（二）创业的要素

在创业教育领域，著名的美国柏森商学院杰弗里·蒂蒙斯（Jeffry A. Timmons）教授在其经典教材《创业学》一书中，提出了创业过程的蒂蒙斯模型（图 17-1）。在这个模型中，蒂蒙斯教授将创业过程所涉及的要素概括为三个，即商机、资源、创始人及其团队。

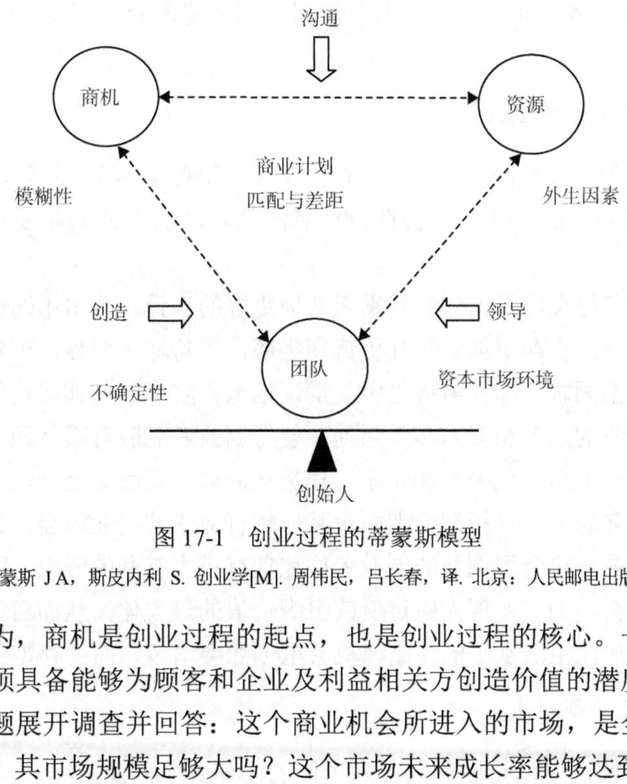

图 17-1 创业过程的蒂蒙斯模型

资料来源：蒂蒙斯 J A，斯皮内利 S. 创业学[M]. 周伟民，吕长春，译. 北京：人民邮电出版社，2005：31

蒂蒙斯教授认为，商机是创业过程的起点，也是创业过程的核心。一个好的思路未必是好的商机。商机必须具备能够为顾客和企业及利益相关方创造价值的潜质。创业者至少应对以下几个方面的问题展开调查并回答：这个商业机会所进入的市场，是全新市场还是现有市场的某一细分市场？其市场规模足够大吗？这个市场未来成长率能够达到 20%吗？这种成长率能够持久吗？客户是现实而且能够建立关系的吗？这个市场的主要进入壁垒是什么？创业者能够克服这些壁垒吗？这个市场的毛利率足够高吗？这个市场的付款惯例能够满足未来企业持续的现金流吗？……当创业者针对这些问题的回答都是积极正向时，这个思路就具备了一个良好商机的基本条件。

在创业三要素中，资源是外生因素。一般来说，创业者创业之初，其所占有的资源往往不能满足创业的需要。而这恰恰正是创业最重要的特征之一：创业是不拘泥于当前资源条件限制下对商业机会的追寻。

包括创始人在内的创业团队，是创业三要素中最为关键的因素。诚如某位风险投资家所言："与拥有二流创业团队和一流商业创意的项目相比，我更倾向于拥有一流创业团队和二流

---

① Stevenson H H，Gumpert D E. The heart of entrepreneurship［J］Harvard Business Review, 1985，63（2）： 85-94.

商业创意的项目。”足见创业团队的重要性。

在创业过程的蒂蒙斯模型中，还有非常重要的一项，就是商机、资源和团队三要素之间的匹配与平衡。而掌握这个匹配与平衡的，就是那位创业的创始人。再来仔细观察蒂蒙斯模型，想象创始人用一个平板擎着一个由团队、商机和资源构成的三角形，创始人面临的挑战就是这三个要素几乎总是处于不平衡状态，而创始人却要努力确保由这三个要素构成的三角形处于稳定状态，以使创业项目不断向前。

（三）创业的类型

依据的标准不同，创业类型的划分也会不同。按创业动机，创业可以分为生存型创业和机会型创业；按创业主体，创业可以分为个体创业和公司创业。下面介绍这两种基本的创业类型。

1. 生存型创业和机会型创业

由美国百森商学院和英国伦敦商学院于 1999 年联合发起的全球创业观察（global entrepreneurship monitor，GEM）项目按照创业者的创业动机，将创业划分为生存型创业和机会型创业。

生存型创业，顾名思义，是指创业者别无其他更好的选择，不得不通过创业来解决其所面临的困难，以求得生存。生存型创业有其优势和劣势，劣势非常明显，创业者大多资源匮乏，使得创业尤其艰难；但同时，这种劣势之中又辩证地蕴含着优势，那就是创业者往往务必背水而战，没有退路，创业的意志和毅力非常强劲，使得创业者克服有限资源的约束取得创业的成功。中国改革开放后许多第一代民营企业家，都是从追求生存而走上创业道路的。

机会型创业，顾名思义，是指创业者面对某一颇有前景的商业机会，为了实现个体的或组织的价值而进行的创业。机会型创业的创业者往往拥有较为有利的资源，同时又观察到或捕捉到一个有利的商业机会，为了实现人生价值或组织价值的最大化，从而启动创业计划。随着社会经济的发展和整体居民生活水平的提高，机会型创业会增多，而生存型创业会下降。

2. 个体创业和公司创业

按创业主体的不同，可以将创业区分为个体创业和公司创业。

个体创业，顾名思义，是指创业者个人或者创业者团队不依托某一特定组织而创建一个新企业的创业活动。

公司创业，顾名思义，是指既有公司面对商业机会，依托现有公司的资源而开展的二次创业活动。

虽然个体创业和公司创业有许多共同点，但是由于创业伊始所拥有的资源基础不同，二者又有着诸多差异，如表 17-1 所示。

表 17-1 个体创业和公司创业的主要差异

个体创业	公司创业
创业者承担风险	公司承担风险，而不是与个体相关的生涯风险
创业者拥有商业概念	公司拥有商业概念，特别是与商业概念有关的知识产权

续表

个体创业	公司创业
创业者拥有全部或大部分事业	创业者或许拥有公司的权益，可能只是很小部分
从理论上而言，创业者的潜在回报是无限的	在公司内，创业者所能获得的潜在回报有限
个体的一次失误可能意味着生涯失败	公司具有更多的容错空间，能够吸纳失败
受外部环境波动的影响较大	受外部环境波动的影响较小
创业者具有相对独立性	公司内部的创业者更多受团队的牵扯
在过程、试验和方向的改变上具有灵活性	公司内部的规则、程序和官僚体系会阻碍创业者的策略调整
决策迅速	决策周期长
低保障	高保障
缺乏安全网	有一系列安全网
在创业主意上，可以沟通的人少	在创业主意上，可以沟通的人多
至少在初期阶段，存在有限的规模经济和范围经济	能够很快达到规模经济和范围经济
严重的资源局限性	在各种资源的占有上都有优势

资料来源：Morris M H，Kuratko D F. Corporate Entrepreneurship[M]. Harcourt College Publishers，Fort Worth，TX，2002：63

创业活动的一个特征是其风险性，个体创业和公司创业都存在这一特性，但承担风险的主体不同。创业活动的另一特性是其资源约束性，在这一点上，公司创业就不像个体创业那样特征鲜明。因此，本书以后的部分均主要以个体创业为研究对象，论述其创业的基本过程。

知 识 库

全球创业观察项目

全球创业观察项目是由国际上著名的英国伦敦商学院和在创业教育上全美排名第一的美国百森商学院共同发起成立的国际创业研究项目。该项目在国际的创业研究和教育上享有盛誉。2008 年，参加全球创业观察项目的国家和地区有 43 个。中国加入全球创业观察项目后，参加全球创业观察项目的国家和地区人口总数已经占世界人口总数的 62%，国内生产总值占世界总数的 92%。全球创业观察项目研究报告受到了广泛的关注，已成为世界各国人士认识创业活动、环境、政策等创业问题的重要信息来源。

二、创业者

人们从电视、广播、生活交谈中，听到了许多带有传奇色彩的创业故事，人们甚至赋予创业者这个社会群体以神秘色彩。那么，这些创业者在创业过程中要面对哪些创业挑战，他们身上是否有一些天生的特质使得常人不可能通过学习获得呢？创业者有哪些共同的品质特征吗？我们一一探讨这些问题。

（一）创业者面对的挑战

蒂蒙斯教授认为，创业的世界不是整齐、有序、线性、一致和可预测的，而是高度动态、模糊、混沌和充满不确定性的，常常出现一些似是而非的情况，蒂蒙斯教授称之为创业过程中的悖论。

（1）没有潜力或潜力很低的机会可能会是一个很好的商机。

（2）为了赚钱，首先你得赔钱。

（3）为了创造财富，必须先放弃财富。

（4）为了成功，一个人必须先经历失败。

（5）创业需要周全的考虑、准备和计划，但它基本上又是一件无法计划的事情。

（6）为了激发创造性和创新性，严谨和修炼必须贯穿全过程。

（7）创业特别需要行动和紧迫感，但同样需要耐心和恒心。

（8）你所在的组织规模越大、运作越有序、纪律越严明、控制越严格，你对自己最终命运的控制能力就越小。

（9）如果死守 20 世纪 80 年代造就了各行业领先者的最佳管理实践原则——尤其是“客户至上”这一条，就会种下自我毁灭的种子，并将领导地位拱手让与后起竞争者。

（10）为了实现股权长期价值，你必须拒绝短期收益的诱惑。

这些悖论说明创业企业要想生存并健康成长，就需要创业者运用智慧和品质应对这些挑战[①]。

（二）创业者品质特征的多样性

创业者要应对如此多的挑战，那么，是否只有具有特殊品质特征的人才可能成为成功的创业者呢？研究表明，成功的创业者具有多种个性类型，并非需要特殊的先天条件。

研究表明，成功的创业者可能是交际广泛、行事高调的，也可能是不爱交际、行事低调的；可能是理性分析型的，也可能是感性直觉型的；可能拥有超凡的人格魅力，也可能是令人生厌的；可能精于细节，也可能大大咧咧；可能善于授权，也可能大权独揽……总之，创业者的品质特征呈现出多样性[②]。

（三）关于创业者的一些谬论

尽管创业者呈现出如此多样性的品质特征，但舆论宣传往往热衷于一些非典型案例，造成关于创业者品质特征的如下谬论[③]。

（1）创业者是天生的，并非后天培养的。

（2）创业者是赌徒。

（3）创业者主要受金钱激励。

（4）创业者应该是年轻且精力充沛的。

（5）创业者喜欢公众的注意。

（四）创业者的品质特征

尽管迄今尚未形成一个关于创业者的创业心理模型，但学者一直在调查总结创业者所具

---

① 蒂蒙斯 J A，斯皮内利 S. 创业学[M]. 周伟民，吕长春，译. 北京：人民邮电出版社，2005：26.

② 蒂蒙斯 J A，斯皮内利 S. 创业学[M]. 周伟民，吕长春，译. 北京：人民邮电出版社，2005：37.

③ 巴林格 B R，爱尔兰 R D. 创业管理：成功创建新企业[M]. 杨俊，薛红志，等译. 张玉利，审校. 北京：机械工业出版社，2010：10-11.

有的一些共性的品质特征，蒂蒙斯教授根据这些研究和自己的研究，将创业者的品质特征归纳为可以后天习得的核心品质、令人向往但不一定能后天习得的可取品质，以及可能会妨碍创业的非创业品质，如图 17-2 所示。

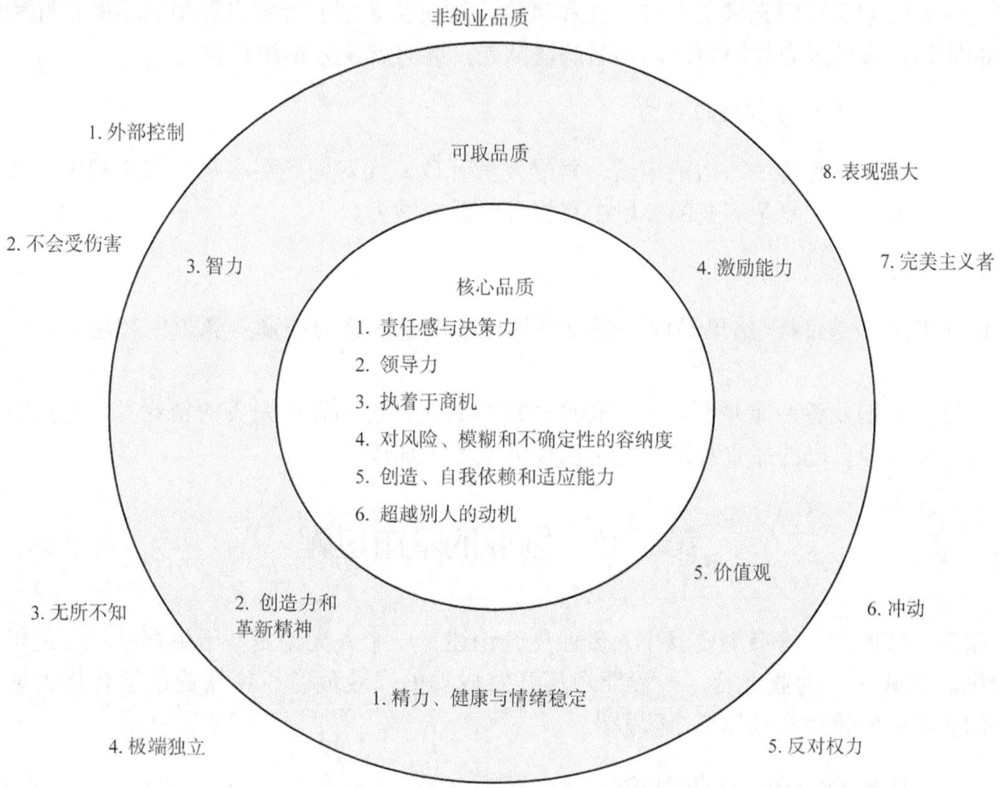

图 17-2 创业者的品质

资料来源：蒂蒙斯 J A，斯皮内利 S. 创业学[M]. 周伟民，吕长春，译. 北京：人民邮电出版社，2005：160

下面就创业者的核心品质特征做简要说明。

研究表明，成功创业者的核心品质可以聚焦为六大主题，这些品质特征是可以学习获得的。

1. 责任感与决策力

创业意味着承担责任，意味着在巨大压力下生活，创业者承担着创业企业能否生存和发展的责任，这种责任感就需要创业者将自己的财产、时间、精力乃至家庭生活奉献给创业企业。

创业者在高度动态、模糊、不确定性的环境中推进新创企业的发展，这就要求创业者拥有面对如此环境而临机决断和思虑长远的决策能力。

2. 领导力

成功的创业者是团队的建设者和领导者，他们往往不需要凭借正式的权力就能影响和领导部下，他们与团队分享财富和未来，以坚强的领导力带领新创企业向前发展。

3. 执着于商机

创业者对客户的需求具有敏锐的认识，他们为了实现商机锲而不舍，执着于为客户创造和提升价值。

4. 对风险、模糊和不确定性的容纳度

创业者的创业过程充满了不确定性和风险，这就需要创业者容忍环境的不确定性和组织结构的缺陷，容纳压力与冲突，以不断解决问题，并对解决方案进行整合。

5. 创造、自我依赖和适应能力

创业者往往不受传统习俗的束缚，思维发散开放，面对问题更多从自我主观中寻找原因并提出解决方案，在复杂多变的环境中有极强的适应能力。

6. 超越别人的动机

创业者大多是目标-结果导向，受心中目标的牵引，努力在商业竞争中超越别人，脱颖而出。

尽管一个创业者可能并不具备所有这些核心品质，也不存在完美的创业者，但按照这六大主题可以培养自己的品质特征，也可以使创业者更加成功。

第二节 创业的基本过程

如第一节所言，本书主要就个人创业展开论述。一个人无论是基于生存动机还是机会实现动机，在其决定创业之后，一般要经历开发成功的商业创意、将商业创意转化为创业企业、创业企业的管理与成长三个阶段①。

一、开发成功的商业创意

许多创业企业的失败，不是创业者不够勤奋和努力，而是其所识别的商业创意存在先天缺陷，造成缘木求鱼、求之不得的结果。

创业者要开发成功的商业创意，一般要经过识别商业机会产生创意、可行性分析、撰写创业计划书、行业与市场分析和竞争战略与商业模式设计五个环节。许多创业者急于付诸行动，却往往忽略了其中一些重要环节，为企业以后的运营埋下了隐患。

（一）识别商业机会产生创意

创业者要识别商业机会产生创意，首先要清楚商业机会所应具备的特征，其次要知道识别商业机会的方法，最后通过一定的方法将机会转变为创意。

1. 商业机会的特征

巴林格教授认为，所谓商业机会，是顾客对某种产品或服务产生需求的一组环境。

商业机会要具有如下四个本质特征。

（1）有吸引力。无论对于潜在的顾客还是对于创业者，这个机会都具有很强的吸引力，

---

①巴林格 B R，爱尔兰 R D. 创业管理：成功创建新企业[M]. 杨俊，薛红志，等译. 张玉利. 审校. 北京：机械工业出版社，2010：16.

一旦实施就会吸引潜在顾客的关注。

（2）持久性。这个机会将在市场上持久地存在一个时期，以利于新建企业在财务核算上具有可行性。

（3）时效性。这个机会不会长久地向创业者敞开，存在所谓的“机会窗口”，错过这个窗口，机会所在的行业已经成熟甚至衰退，届时窗口就会关闭。

（4）可实现性。这个机会一定依附于为潜在顾客创造或增加价值的产品或服务，亦即可通过产品化或服务化而将这个机会转变成创业企业的主营业务，并在市场上进行交易。

2. 识别商业机会的方法

识别商业机会，既需要创业者的洞察力，又有一定的方法可循。实践表明，创业者通过观察环境趋势、发现市场空隙、留意生活难题等方法识别商业机会。

1）观察环境趋势

商业机会就蕴含于环境趋势的变动之中。创业者可以通过观察经济趋势、技术趋势、社会趋势和政治政策趋势捕捉商业机会。

（1）经济趋势的变化，蕴含着巨大的商机。随着改革开放的深入，我国经济总量快速发展，人均收入显著提高，工业化城市化步伐加快，这种快速的经济增长催生了一批汽车企业、房地产企业。中国的长城汽车就是这一经济高速发展的产物。

（2）技术趋势的变化催生的商机往往是革命性的。智能手机和移动互联网的发展，催生了一批便利人们生活的服务业企业，美国的优步（Uber）、我国的滴滴出行等就是技术发展的产物。

（3）社会趋势的变化，也会带来丰富的商机。随着轿车进入家庭，人们在节假日和闲暇时间自驾旅游成为一种潮流与趋势。为自驾游而服务的商业机会多种多样，小到提供自驾游所需的一些随车物品，大到建立自驾游宿营基地，一批创业者正在这一社会习俗的变化中捕捉商机。

（4）政治政策的变化，也蕴含着巨大商机。某位知名民营企业家曾将政治政策变化带来的商机形象地比喻为“爆米花”现象：在政府对某一行业解除管制后，就像制作爆米花时高压解除后米花迅速膨胀一样，商机也迅速大量出现，而且潜力巨大。为了促进“三农”（农林、农业和农民）和小微企业的发展，我国对金融管制政策做出调整，允许成立小贷公司和村镇银行向农户及小微企业提供金融服务，这同样为创业者提供了商机。

当然，某一商机的出现，可能是几种趋势综合作用的结果。例如手机导航服务，离不开技术的发展，也离不开经济的发展，还与人们自驾出游需要导航的社会变化有关。

2）发现市场空隙

发现市场空隙分为两种情况。

一种情况是顾客需要却在本地市场买不到或不便于买到。一些大型超市如沃尔玛等，基于成本领先战略，只向大众消费者提供标准化产品，这就为创业者带来了一些市场空隙，于是服装专卖店、特种商品专卖店便有了生存空间。

另一种情况是存在顾客潜在需要但顾客自身却未意识到，创业者通过创意和市场调查创造出一个新的细分市场甚至一个新的巨大市场。在人们的传统意识中，手机只是用于通话，随着技术的发展，手机被赋予了上网、办公的功能从而成为智能手机，市场得到了快速发展，苹果iPhone的成功就是一个经典案例。当然，这种情况需要创业者有超强的洞察力和创造力，他们奉行的不是传统的市场驱动观念，而是驱动市场思想。

3）留意生活难题

创业者意识到，人们在哪里有生活上的难题，哪里就可能蕴含着商机，所谓“每个问题都是一个被精巧掩饰的机会”。随着人们对蔬菜农药残留问题的关注和对健康问题的关切，在一些消费水平较高的城市出现了有机农场租赁的创业企业，其通过顾客认租一定数量的菜地，由创业企业栽种、护理、收获、送菜上门的方式，在解决特殊顾客群体生活难题的同时，实现了企业的经济运行。

3. 将商业机会转变为商业创意

创业者观察捕捉到一个商业机会，还需通过一定的方法将这个机会转变成可以实现商品化的商业创意。常用的方法包括头脑风暴法、焦点小组法、图书馆/网络研究法等。

（1）头脑风暴法。创业者针对识别出的商业机会，召集潜在顾客等相关人员，以头脑风暴的形式，展开创意，并做认真记录、整理、提炼和概括。头脑风暴法是产生创新的有效方法，其中要坚持不批评、随心所欲、跳跃式思维、会议短小精悍四项原则。

（2）焦点小组法。焦点小组法往往是头脑风暴法的继续，由5～10位对商业机会比较了解的人员参加。创业者经过头脑风暴法产生的创意，尚需经过焦点小组的深入讨论，使得创意进一步细化。

（3）图书馆/网络研究法。图书馆一般都藏有各行各业的期刊、相关商务期刊以及行业报告等，查阅这些期刊，也会带来将机会转变为创意的信息和灵感。随着互联网检索功能日益强大，通过百度、谷歌等搜索相关主题词，也会为创业者提供有价值的信息。

当然，创业者可以同时采用上述几种方法来形成可行的创意。

（二）可行性分析

可行性分析就是评价上述商业创意是否可行的过程。

创业者之所以要进行可行性分析，一方面为了避免悔之莫及的损失。如果未经可行性分析，创业者就投入资金开始行动，极有可能发生很多出乎创业者行动实施前主观想象的情况，为创业者带来巨大损失；另一方面是为了进一步细化商业创意方案，为下一步的工作奠定基础。

可行性分析的资料来源，可分为一手资料和二手资料。针对市场情况，创业者以通过市场调查收集一手资料为宜，这样的材料更加趋近市场实际。对于行业整体状况，可以通过行业协会等渠道获得权威的二手资料。

一个大型项目的可行性分析，往往需要由有相应资质的设计院或产业咨询机构编制完成，才具有说服力。对于个体创业的较小型项目，可行性分析可以简化进行，但至少应包括技术可行性分析、市场可行性分析、经济可行性分析、组织可行性分析以及结论。

1. 技术可行性分析

技术可行性分析要着重分析商业创意通过一定的技术路线实现产品化的可行性。创业者需要就工艺路线、生产设备、生产原料、检验手段、运输储存、顾客使用等环节认真分析，审查是否存在不可逾越的障碍，使得美好的商业创意在技术上不可实现。

2. 市场可行性分析

市场可行性分析是在商业创意技术上可行的前提下，对创意产品在相应目标市场上的吸引力和前景所做的分析。要分析即将进入的行业的竞争强度和盈利潜力，行业主要的进入壁垒和创业企业克服壁垒的手段，创意产品的目标市场购买者的特征，创意产品的竞争优势以及未来的销售预测，等等。

3. 经济可行性分析

在技术可行性分析和市场可行性分析都能通过的情况下，创业者要进行经济可行性分析。经济可行性分析主要是盈利预测，以判断投资收益情况和投资回收期。一个技术可行、市场可行的创意产品，如果经济不可行，那么至少在目前阶段，这个创意就失去了商业价值，创业者需要重新审视创意产品的成本和售价，以期经过完善而通过经济可行性分析；如果目前没有完善的办法，创业者可能不得已将这个商业创意暂时雪藏，待时机成熟时再付诸实施。

4. 组织可行性分析

组织可行性分析着重分析创业者所能支配的资源和能力。如果一个商业创意通过了技术可行性分析、市场可行性分析和经济可行性分析，那么至少说明这个商业创意可以实施，问题的关键是谁来实施、怎么实施。如果创业企业的人才资源、技术资源、财务资源、社会组织资源等不具备开发这个商业创意的能力，创业者却强行实施，其结果可能是创业者成为这个商业创意的市场“先烈”。

5. 结论

如果上述几个方面都可行，那么创业者就可以进入下一阶段的工作；如果有些方面可行，有些方面不可行，则需要创业者继续完善；如果上述四个方面都不可行，那么这个商业创意一般就要束之高阁，打入冷宫。

（三）撰写创业计划书

可行性分析着重商业创意的可行性研究，而创业计划书着重创业企业的未来规划和安排。精心撰写创业计划书，既有利于创业者厘清思路，又有利于利益相关者尤其是外部投资者快速、准确、全面地了解创业者和创业企业，从而为其做出是否支持创业项目的决策提供重要依据。创业计划书是创业者创业路程中一份重要的商业文件，对于需要面对社会寻求资金、人才、政策支持的创业者来说，尤为重要。鉴于创业计划书如此重要，故将在本章第三节专节介绍撰写创业计划书的相关内容。

（四）行业与市场分析

本部分内容是对可行性分析中市场可行性分析的深化。行业分析着重行业盈利潜力分析，市场分析着重目标市场规模以及主要竞争者战略群组分析。此部分的内容将在下一节创业计划书的行业分析和市场分析部分展开阐述。

（五）竞争战略与商业模式设计

1. 竞争战略的制定

创业者在进行可行性分析和行业与市场分析之后，要确定创业企业的竞争战略，即要在成本领先、差异化和目标聚焦三个基本竞争战略当中选择一个，而不能卡在中间。

竞争战略一经确定，它就具有统领创业企业全局的作用。竞争战略将指导企业资源的配置和商业模式的设计。

2. 商业模式的确立

虽然在创业领域，商业模式广为传说，但迄今为止，在学术界对于商业模式尚无统一的定义。巴林格教授等认为，商业模式是企业如何竞争、如何使用资源、如何构建关系、如何与顾客互动的计划或示意图①。而奥斯特瓦德博士等认为，商业模式是包含一系列要素及其关系的概念性工具，用以阐明企业的商业逻辑，描述了企业创造价值、传递价值和获取价值的基本原理②。

商业模式是企业根据业已确定的竞争战略而制定的业务流程和企业边界方案，这个方案界定了企业接近顾客的方式、制造产品的方式和获得收入的方式。奥斯特瓦德博士等在《商业模式新生代》一书中，通过商业模式画布的形式形象地展示了商业模式应包含的要素。他们将商业模式分解为九个要素，并通过商业模式画布展现了这九个要素之间的关系，企业通过明确这九个要素的具体内容和它们之间的关系，就可以确立自己的商业模式（图 17-3）。

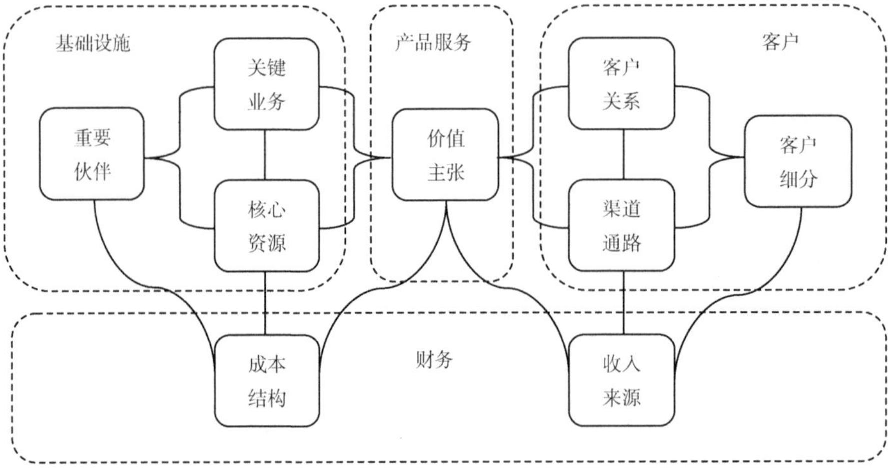

图 17-3 商业模式的设计框架

资料来源：奥斯特瓦德 A，皮厄尼 Y. 商业模式新生代[M]. 王帅，毛心宇，严威，译. 北京：机械工业出版社，2011

① 巴林格 B R，爱尔兰 R D. 创业管理：成功创建新企业[M]. 杨俊，薛红志，等译. 张玉利，审校. 北京：机械工业出版社，2010：98.

② 奥斯特瓦德 A，皮厄尼 Y. 商业模式新生代[M]. 王帅，毛心宇，严威，译. 北京：机械工业出版社，2011.

二、将商业创意转化为创业企业

在经过第一阶段识别并最终确认商业创意后，创业者就要着手进行企业选址、企业注册、企业组织建设、评估创业企业的资金需求与融资、企业基础设施建设工作。

（一）企业选址

小规模的创业企业，创业者选择企业地址受到的局限较大，他们一般只能就近选在自己的家乡开办企业。即便如此，创业者选择企业厂址时，也要尽可能地考虑周全一些，俗语说“买卖不让寸步”说明了企业选址的重要性。

如果创业者有足够的财力和规模，那么创业者选择厂址的空间会更大，可以根据需要远离自己的家乡，到其他地区、省份乃至其他国家开办企业。

在选择厂址时，根据企业的性质，创业者可以有所侧重地考察以下因素。

1. 市场因素

创业者首先要衡量厂址所在地与主要顾客之间的空间距离，以及厂址区域内顾客的购买力，因为这不只关系到运输成本，也关系到未来企业的营销成本。尽管互联网的发展一定程度上降低了空间和时间对企业的约束，但企业在空间上与顾客的距离越近，市场开发工作的效果往往越好。

2. 关联产品/技术/动力等配套因素

如果厂址所在地区已经形成一定的同业产业集群，一方面同业之间将会展开竞争与合作，既有利于提高企业的生存能力，又有利于企业创新；另一方面在形成同业产业集群的地区，往往也形成了完善的关联技术、关联产品（包括原材料）的集群，并能提供充足的动力，这将大大便利企业的生产运营，也有利于企业降低成本。

如果厂址所在地区不能提供配套的关联技术和关联产品，企业实际运营后，会感到举步维艰，企业运营的效率会较低，成本会上升。

3. 金融因素

随着企业规模的扩大，企业离不开与金融机构的合作。选择厂址时，创业者要认真考察当地的金融机构及金融环境。金融发达的地区，创业企业无论是在创业初期还是成长期，融资都会比较便利。如果厂址所在地区金融机构稀缺，金融环境较差，将会制约企业的发展。

4. 人才因素

高层次的人才，他们不仅关注薪酬水平，同时对工作所在地的自然、人文、社会、经济环境也高度关注，创业者必须考虑厂址所在地是否有利于吸引高层次人才，如果厂址选择不当，不仅难以吸引高层次人才，甚至招工都困难重重。

5. 政策因素

各个国家和各个地区的政策往往有比较大的差别。创业者要重点考察当地的税收政策、环境保护政策、市场管制政策、土地等公共产品供应政策，择优选择。

6. 交通及自然因素

创业者还需关注当地的交通状况，尤其是对于运输要求较高的行业。同时还要关注选址所在地的地震情况、水文情况、气候状况等，认真分析拟选厂址是否存在影响安全生产的情况。

7. 文化因素

对于一些特殊产品，创业者往往还需要考虑当地文化对企业产品的认同程度。

（二）企业注册

创业者办理企业注册，涉及选择企业的法律组织形式、签署创建者（股东）协议、申办营业执照三项工作。

1. 选择企业的法律组织形式

目前，我国法律规定企业的法律组织形式分为三种，即个人独资企业、合伙企业和公司制企业。

如果是个人创业，没有合作伙伴，而且规模较小，可以选择的企业法律组织形式之一是个人独资企业。1999 年 8 月 30 日第九届全国人民代表大会常务委员会第十一次会议通过，并于 2000 年 1 月 1 日起施行的《中华人民共和国个人独资企业法》规定，个人独资企业是指依照本法在中国境内设立，由一个自然人投资，财产为投资人个人所有，投资人以其个人财产对企业债务承担无限责任的经营实体。个人独资企业又称个人业主制企业，设立比较简单。

如果是两个或两个以上的人一起创业，可以选择的企业法律组织形式之一是合伙企业。1997 年 2 月 23 日第八届全国人民代表大会常务委员会第二十四次会议通过，2006 年 8 月 27 日第十届全国人民代表大会常务委员会第二十三次会议修订，并于 2007 年 6 月 1 日起施行的《中华人民共和国合伙企业法》规定，合伙企业是指自然人、法人和其他组织依照本法在中国境内设立的普通合伙企业和有限合伙企业。普通合伙企业由普通合伙人组成，合伙人对合伙企业债务承担无限连带责任。有限合伙企业由普通合伙人和有限合伙人组成，普通合伙人对合伙企业债务承担无限连带责任，有限合伙人以其认缴的出资额为限对合伙企业债务承担责任。

现代经济社会中最主要的企业法律组织形式是公司制企业。根据 2018 年 10 月 26 日第十三届全国人民代表大会常务委员会第六次会议《关于修改〈中华人民共和国公司法〉的决定》第四次修正的《中华人民共和国公司法》，公司分为有限责任公司（包括一人有限责任公司）和股份有限公司，其中规定公司是企业法人，有独立的法人财产，享有法人财产权。公司以其全部财产对公司的债务承担责任。有限责任公司的股东以其认缴的出资额为限对公司承担责任；股份有限公司的股东以其认购的股份为限对公司承担责任。

不同的企业法律组织形式，各有优势和劣势，南开大学张玉利教授总结了各种企业组织形式的利弊，可供创业者选择参考，如表 17-2 所示。

表 17-2 各种企业组织形式的优劣比较

企业组织形式	优势	劣势
个人独资企业	企业设立手续非常简便，费用低	创业者承担无限责任
	创业者拥有企业控制权	企业成功过多依赖创业者个人能力
	可以迅速对市场变化做出反应	筹资困难
	只需缴纳个人所得税，无须双重课税	企业随着创业者退出而消亡，寿命有限
	在技术和经营方面易于保密	创业者投资的流动性低
合伙企业	创办比较简单、费用低	普通合伙人承担无限责任
	经营比较灵活	企业绩效依赖合伙人的能力，企业规模受限
	企业拥有更多的技能和能力	企业往往因关键合伙人死亡或退出而解散
	资金来源较广，信用度较高	合伙人的投资流动性低，产权转让困难
有限责任公司	创业股东只承担有限责任，风险小	创立的程序相对复杂
	公司具有独立寿命，易于存续	存在双重纳税问题，税收负担较重
	可以吸纳多个投资人，促进资本集中	不能公开发行股票，筹集资金的规模受限
	多元化产权结构有利于决策科学化	产权不能充分流动，资产运作受限
一人公司	设立比较便捷、管理成本比较低	缺乏信用体系，筹资能力受限，财务审计条件严格，运营较难
	鼓励个人创业以及技术型创业	
	风险承担责任小，经营机制灵活	
股份有限公司	创业股东只承担有限责任，风险小	创立的程序复杂
	筹资能力强	存在双重纳税问题，税收负担较重
	公司具有独立寿命，易于存续	上市公司财务公开，不便严格保密
	职业经理人进行管理，管理水平较高	政府限制较多，法规要求较严格
	产权可以股票形式充分流动	

资料来源：张玉利，陈寒松、薛红志. 创业管理[M]. 3 版. 北京：机械工业出版社，2013：155

2. 签署创建者（股东）协议

创业者确定好企业的法律组织形式后，如果是多个合作伙伴，就需要根据所选择的组织形式，签署相应的创建者协议，就所有权分配、决策机制等经过协商，达成一致。创建者协议是创业企业的基石，需要创业者高度重视，认真商议，避免日后因歧义、纠纷等影响企业发展。

3. 申办营业执照

创业者既可以直接到登记机关咨询办理营业执照，也可以委托中介机构帮助申办营业执照。

（三）企业组织建设

创业者取得营业执照以后，就需要着手企业的组织建设。如果企业属于个人独资企业或一人有限公司，不涉及其他股东的问题，那么只需要解决好企业的管理机构和专家顾问就可以了。如果企业由多位股东投资而成，则还会涉及公司治理问题。

1. 公司治理机构

由多位股东投资组建的创业企业，要依据公司注册前大家达成的合作协议和注册时大家签署的公司章程，制定股东会议事规则、董事会议事规则和监事会议事规则，以确定好重大问题的决策机制。公司治理机构是公司的基石，一旦公司治理层面不稳定，就会造成公司经营管理层面的动荡，进而影响企业的成长。

在企业初建阶段，公司的董事会往往与公司的经理层高度重合。公司的董事会成员一般由内部董事和外部董事构成，由股东会选举产生。内部董事一般都兼任企业经理层的主要岗位，如总经理、财务总监、营销总监、运营总监等；外部董事不在企业经理层任职，他们一般由有经验的产业专家、财务专家和法律专家构成，可以弥补作为创建者的内部董事做决策时在知识和经验方面的欠缺。

2. 公司运营管理机构

公司的重大事情，要根据公司章程在股东会或董事会层面进行决策，但执行是由公司的日常运营管理机构负责。公司董事会的一项重要职责就是决定企业的组织结构，聘任高级管理人员。

企业创建时期的组织结构一般都高度扁平化，岗位分工不会很细，往往要求一人多岗、一人多能。

在确定组织结构后，创建者可以自行招聘核心人员和基层员工，也可以委托外部专职人力资源企业办理。首先需要确定岗位说明书，列明拟聘岗位的职责、权力、资格和技能要求以及人数；其次通过专业招聘网站、报纸等渠道发布招聘信息，或直接到学校、人才市场等相关机关发布招聘信息；之后收集应聘申请表，进行筛选；而后经面试、笔试等程序，对符合条件的予以录用，办理入职手续。

需要强调的是，创业企业的高层管理人员，往往由创业者自己担任，创业者的技能往往不能满足所有主要高层岗位的要求，这就需要招聘一些高层管理人员。创业者在招聘高层管理人员时，需要高度重视，如果招聘录用的高层管理人员不能与创业者团队协调工作，势必造成高管团队的不稳定，这对于创业企业的正常运营往往造成强烈冲击。

（四）评估创业企业的资金需求与融资

创业企业因规模大小不同，对资金的需求情况也有很大区别。小规模的创业企业，一般以创业者的个人储蓄资金或从亲朋好友处借得的人际资金就能满足创业企业的需要。但对于投资规模较大的企业，获得外部融资将是创业者面临的艰巨挑战。

创业初期，企业还没有稳定的现金收入，仿佛一棵幼苗，能否成长起来，不得而知，这就增加了投资者的风险，相应地也增加了创业者的融资难度，因此，创业者需要认真对待。

企业融资一般要经过以下几个阶段。

1. 资金需求预测

创业企业的资金需求，主要包括前期开办费用、固定资产投资、无形资产投资和流动资金需求。创业者需要认真核算，根据自有资金情况，确定资金需求的金额和时间节点。

2. 确定融资方式

创业企业的融资方式，主要有人际融资、债务融资和权益融资，三种融资方式各有利弊，创业者要根据创业企业的特征，选择恰当的融资方式（表 17-3）。

表 17-3 创业企业特征与适当融资类型的匹配

创业企业	特征	适当融资类型
具有高风险、不确定回报的企业	弱小的现金流	个人资金、朋友和家庭、自力更生的其他形式
	高负债率	
	低、中等成长	
	未经证明的管理层	
具有低风险、更可预测回报的企业	强大的现金流	债务融资
	低负债率	
	审计财务报表	
	优秀管理层	
	健康的资产负债表	
提供高回报的企业	独特的商业创意	权益融资
	高成长	
	利基市场	
	得到证明的管理层	

资料来源：巴林格 B R，爱尔兰 R D. 创业管理：成功创建新企业[M]. 杨俊，薛红志，等译. 张玉利，审校. 北京：机械工业出版社，2010：171

3. 选择融资对象

债务融资主要来自银行、小额贷款公司等，权益融资主要来自天使投资、风险股权基金、创业板 IPO（initial public offering，首次公开募股）等。创业者在选择融资对象时，切忌病急乱投医，不良的资金来源对创业企业来说，有时是饮鸩止渴，甚至断送创业企业和创业者的未来。因此，创业者要谨慎避开那些不能理解创业者或不关心企业长期目标的投资者。

4. 进行融资谈判

确定融资对象后，还需要就融资成本、融资条件以及还款期限等进行谈判并达成融资协议。在这个阶段，前期撰写的创业计划书就大有用场，创业者往往需要一次又一次地向投资者宣讲创业计划书，以获得投资者的理解和支持。在权益融资谈判中，风险投资者往往要求创业者签署对赌协议，以确保风险投资的退出通道畅通。创业者面对对赌协议时，务必实事求是、谨慎从事，以确保企业的治理层面不会因为对赌协议的影响而动荡。

5. 签署融资协议

在完成前述工作之后，创业企业就要和融资对象签署融资协议，根据融资协议，资金按时到位，企业的首轮融资完成。

根据企业的发展和资金需求，企业将来可能还需要二轮融资、三轮融资等，无论何时融资，对创业者来说，选择合适的融资对象都是非常重要的一件事情。

（五）企业基础设施建设

至此，创业企业已经完成了工商注册，并招聘了合适的人员，融得了相应的资金，下一步就是租赁或建设办公、生产设施，购置、安装、调试生产设备，直至顺利投产。

在这个阶段，主要是生产技术人员投入工作，进行厂区设计，厂房设计和施工，设备选型与谈判，设备安装、调试与投产。企业进行到这一步时，一方面企业才具备了向目标顾客提供产品或服务的能力；另一方面创业者的真金白银才开始大规模支出使用，创业者的冒险历程才真正开始，从此创业者要努力克服创业企业成长过程中的重重困难，以求为股东创造回报，为顾客创造价值，为社会带来效益，同时实现自己的财务价值和人生抱负。

三、创业企业的管理与成长

企业初创期是企业生命周期中最为脆弱、最易夭折的阶段。一方面企业资源非常有限，内部组织处于磨合阶段，抗风险能力很差；另一方面企业还没有获得外部顾客的认可，还谈不上品牌，也没有广泛的社会网络支持企业的成长。因此，创业者在企业初创阶段往往要经历多重磨难，才能呵护企业走向稳定成长。

（一）创业企业的管理

创业企业还没有自己的顾客，创业者面临的首要问题是如何将千辛万苦生产出来的产品转化为商品，实现商品从创业企业向目标顾客的转移，同时实现货币从目标顾客向创业企业的转移。因此，创业企业尽管面对各个方面的管理问题，但不可能像大型企业那样从事管理，而是需要抓住创业企业初期的核心问题也是最为重要的问题展开运营，即市场开发和现金流管理。

1. 创业企业的市场开发

摆在创业企业面前的首要问题是形成销售。在前述行业分析、市场分析以及业已确定的竞争战略和商业模式的指导下，企业首先要做好市场定位工作；其次要策划好市场营销组合，即产品与品牌策划、定价策略策划、分销渠道策划和促销策略策划；最后要做好客户关系管理。此部分内容将在创业计划书的相应部分展开说明。

创业企业的特殊性在于资源有限，而且顾客对其一无所知，因此创业者在策划市场营销时，要着重考虑开展低成本的营销活动，而且重点放在赢得第一单客户和宣传企业知名度上，有时甚至要求创业团队带头实施全员营销，以在最短的时间内实现销售零的突破。有了订单，会极大地激发创业者和企业员工的士气。

2. 创业企业的现金流管理

现金是企业的血液，创业企业的前期阶段几乎都是在做资金投入的工作，急需实现现金的回收。加之创业企业资源非常有限，现金管理稍有不慎，极可能造成企业资金链断裂给企业带来现金危机。

要实现经营现金流的正常流动，企业可以着重在以下几个方面开展工作。

（1）加强应收账款管理。创业企业因为急于打开市场，形成销售，往往采取赊销的方式以促进成交。如果企业现金充裕，赊销策略尚不会给企业现金流造成大的冲击。如果企业现金紧张，赊销就极有可能使企业现金枯竭从而造成停产等不利影响。因此，在创业初期，创业者一般宁可在价格上做出一些让步，也不会在赊销上做出让步，即便需要赊销，企业也需对顾客的信用做出谨慎评估，并对形成的应收账款及时催收，以保证企业现金流的稳定。

（2）获得供应商的信用。创业计划书的一个重要宣讲对象就是企业的主要供应商。通过宣讲企业的未来，增加供应商对企业的信心和对创业者信用的了解，以便赢得供应商的信用支持，给予创业企业购买原料时一定的账期，以支持企业现金流的稳定。

（3）控制费用开支。初创阶段，有限的现金要用在全力保障市场开发这个刀刃上，尽最大可能节省可以推迟的费用支出，确保企业能够安全度过初创期。

（二）企业成长管理

创业企业成功开发市场，并有了稳定的现金流之后，创业者心中不断探索未知世界的冒险精神又会驱动他们寻找新的商业机会，从而促使企业成长。此时，创业者务必保持清醒的头脑，要确定企业的成长战略，要经得住各种商业机会的诱惑，否则，企业极有可能过早走上多元化的道路，过早分散企业的资源，因而不利于企业的成长。

此前所确定的竞争战略和商业模式，主要适用于企业现有产品市场的经营。创业者在考虑企业成长时，要对企业的成长路径和成长方式做出决策。

1. 企业的成长路径

一般来说，随着创业企业的成长，企业一般遵循如下的路径成长。

（1）市场增强路径。在此阶段，企业经营的中心还是在扩大现有产品或服务的市场占有率，追求的是规模经济。企业可以采取的路径有市场渗透、市场开发和产品开发。此三种战略在本书以前章节已有介绍。

（2）一体化路径。创业者在创立和经营创业企业的过程中，除了对本企业的产品市场熟悉外，也日益熟悉竞争者、上游合作伙伴和下游合作伙伴的产品市场。随着企业营销能力和管理能力的增强，在市场增强路径已经不能满足创业者的雄心时，他们下一个选择可能是兼并收购同业企业，即施行横向一体化。随着企业规模的扩大，对原材料、机械设备的需求规模也日益扩大，此时创业者可能实施后向一体化战略，向上游发展，生产原材料或机械设备。同时，随着企业销售规模的扩大，企业往往实施前向一体化战略，自己建立分销渠道，以加强对市场的控制。

（3）多元化路径。随着企业规模的扩大，一体化经营已经不能满足创业者做大企业的欲望，他们往往走向技术同心多元化、市场同心多元化和不相关多元化，以实现企业的战略协同，从而获得范围经济。

2. 企业的成长方式

企业要实现上述成长有两种方式：一种是企业内扩张，通过自有积累、外部债权融资或权益融资实现成长；另一种是通过兼并收购的方式，实现企业的快速成长。

第三节 创业计划书

创业计划书是关于创业企业各项要素的书面文件，对于创业者及其团队、外部投资者和其他利益相关者具有重要作用。

一、撰写创业计划书的意义和原则

（一）撰写创业计划书的意义

创业者发现、识别并初步评价创业机会和创意之后，一般来说，应该着手认真撰写创业计划书。尽管有一些创业者并没有撰写创业计划书，但并不意味着否定撰写创业计划书的作用。

1. 有助于创业者团队厘清思路，统一思想

通过认真撰写创业计划书，一方面使创业者能够系统地厘清创业的思路，进一步客观地分析创业创意的商业价值。原先发散地存在于创业者头脑中的思路，当变成文字呈现在书案上时，往往会变得逻辑不清乃至矛盾重重，这就需要创业者继续深入调研，补充信息，让整个创业的路径从逻辑上变得更加清晰。另一方面在撰写创业计划书的过程中，创业团队亦应加入调研和讨论中来，讨论、阐述创业的路径、愿景和使命，因此，撰写创业计划书的过程，也是一个统一思想、增加凝聚力的过程。尽管随着现实的变化，创业计划书会相应调整，但一份基于现实和充分讨论的创业计划书仍然可以成为创业企业初期的一份战略方案，指导创业企业的发展。

2. 外部投资者决策的重要依据

对于外部投资者来说，一份正规的创业计划书，是投资者做出投资决策的重要依据。尽管投资者做出投资决策需要大量细致的工作，但创业计划书所呈现的内容往往是投资者决定是否进一步做尽职调查的重要依据，大量的创业计划在进行外部融资时，都止步于投资者评价创业计划书这个阶段。因此，一份能够激起投资者兴趣、给予投资者信心的创业计划书对于创业企业获得外部融资无疑至关重要。

3. 利益相关者决策的重要参考

一份既基于现实又具有广阔前景的创业计划书，在创业企业招聘优秀人才、从供应商处获得资金信用、争取潜在顾客并开发市场、争取政府政策支持和资金、与当地社区建立良好关系等方面，也具有重要的促进作用。

（二）撰写创业计划书的原则

1. 实事求是的原则

撰写创业计划书要坚持实事求是的原则。无论是对于市场的预测还是财务测算，都要有充足可信的证据支撑，不能是创业者的主观臆想和猜测，尤其不能盲目乐观、夸大其词，刻意回

避潜在的风险。要知道，一份脱离实际的创业计划书会害人害己：对于创业者来说，这属于掩耳盗铃、自欺欺人，按照脱离实际的创业计划书去实施创业计划，不仅浪费自己的财富、精力和时间，最重要的是会牺牲创业者的社会信誉；对于外部投资者来说，即便是一时被创业计划书所蒙蔽，但终究有真相大白的一天，如果外部投资者因此而蒙受损失，那么创业者所面临的可能不仅是信誉的丧失，还有可能触及法律纠纷。况且，外部投资者大多是久经资本市场检验的行家里手，往往能够在第一时间识破脱离实际的创业计划书的漏洞，从而将其打入冷宫。

2. 积极乐观的原则

撰写创业计划书要坚持积极乐观的原则。我们既反对脱离实际，又反对过于悲观保守。如果创业者过于保守，故意过于保守地预测市场和财务前景，以至于创业机会看起来前景暗淡，又如何吸引外部投资者的兴趣、激起其投资热情呢？因此，创业者应站在外部投资者的角度审视创业计划书，在实事求是的基础上，坚持积极乐观的原则，以坚定外部投资者的信心和决心。

3. 精简高效的原则

撰写创业计划书要坚持精简高效的原则。撰写创业计划书的过程，也是创业者提炼自己思路的过程，越是精简，越能抓住创业的核心要点，越能使创业者将目光聚焦到核心问题；同时，外部投资者时间非常宝贵，他们的案头往往堆积着大量的创业计划书，对于每份创业计划书，他们能花费的时间不会太多，这就要求创业计划书尽可能的言简意赅、精简高效，聚焦于创业者关注的核心问题，而无须刻意追求文采和浪漫。美国俄克拉荷马州立大学的创业学院院长布鲁斯·R. 巴林格认为：“关于最优的页面数，不同的专家有不同的观点，但多数还是建议在25～35页范围之内。”①

4. 规范原则

撰写创业计划书要坚持规范原则。经过多年的创业实践，在创业领域人们就创业计划书已经形成了规范的结构和体例。一份规范的创业计划书，既便于创业者系统、有重点但无重大遗漏地检验自己的创业思路和可行性，也便于外部投资者用最短的时间审查创业项目的核心问题，以便做出投资与否的决策。创业者尽可能地不要在创业计划书的结构和体例上打破传统规范，别出心裁，否则会使得外部投资者不能在第一时间读到自己最为关心的问题，最终落得弄巧成拙。

5. 严谨原则

撰写创业计划书要坚持严谨原则。尽管创业计划书不追求文采、浪漫和别出心裁，但并不意味着创业者可以对创业计划书粗心大意。一份外观整洁大方、内容流畅、文字准确、格式整齐划一的创业计划书远比一份外观不整、内容语言晦涩、错字别字频出、格式五花八门的创业计划书胜出的概率要高。因此，创业者在正式送出创业计划书之前，要在严谨上给予高度关注。一份草率的创业计划书，外部投资者可能从中解读出的是创业者的草率。

---

① 巴林格 B R. 创业计划书：从创意到方案[M]. 陈忠卫，等译. 北京：机械工业出版社，2016：9.

二、创业计划书的主要内容

按照上述原则撰写的创业计划书，一般包括表 17-4 所示的内容。

表 17-4 创业计划书的框架结构

序号	内容	
0	封面	
	目录	
1	执行概要	
2	企业简介	
	2.1	企业简史
	2.2	使命与愿景
	2.3	产品与服务
	2.4	关键合作关系
3	行业分析	
	3.1	行业盈利潜力分析
	3.2	行业生命周期分析
	3.3	行业趋势分析
	3.4	行业关键成功因素分析
4	市场分析	
	4.1	市场总规模与市场细分
	4.2	目标市场的选择与目标市场若干特征分析
	4.3	目标市场的购买者行为分析
	4.4	目标市场主要竞争者分析（战略群组分析）
5	竞争战略选择	
6	营销规划	
	6.1	营销战略确定：市场定位
	6.2	营销组合策略：产品、价格、分销和促销
	6.3	未来三年销售与市场份额预测
7	管理团队与企业结构	
	7.1	管理团队
	7.2	董事会
	7.3	顾问委员会
	7.4	企业组织结构
8	运营生产	
	8.1	运营流程
	8.2	企业选址
	8.3	工艺路线、设施与装备
9	研究开发计划	
	9.1	研发情况和计划
	9.2	挑战和风险
	9.3	知识产权

续表

序号	内容	
10	财务规划	
	10.1	投资总额与融资规划
	10.2	过去三年及当前的财务状况
	10.3	未来三年财务预算前提假设
	10.4	未来三年财务预算
	10.5	财务比率分析
11	附录	
12	封底	

资料来源：巴林格 B R，爱尔兰 R D. 创业管理：成功创建新企业[M]. 杨俊，薛红志，等译. 张玉利，审校.北京：机械工业出版社，2010：68

下面按照表 17-4 的顺序简要说明创业计划书各部分的主要内容。

（一）封面

封面就像人的脸，给阅读者的第一印象至关重要。一个精心设计的封面，既要带给阅读者必要的信息，又要带给阅读者以美感。要知道，阅读者不只是在阅读创业计划书，他们也是在通过阅读创业计划书品评创业者的风格。

一般来说，封面应包括如下信息：创业项目的项目名称、企业名称、企业地址、企业联系方式、主创业者的联系方式、企业网址及企业徽标/商标（如果有的话）等。同时，在封面底部，应注明提醒阅读者对创业计划书的内容予以保密。

项目名称要仔细推敲，要从项目本身的独特性或为目标消费者提供服务的独特性的视角高度概括项目的名称，既不夸大其词，又要能够激起阅读者继续阅读的兴趣。

（二）目录

目录列出创业计划书的全部章节和对应页码，一般来说至少列到二级标题，目的是方便阅读者了解创业计划书的主要内容，同时便于查找。因为一份创业计划书往往经过多次修改，创业者在最终定稿时务必确保目录与正文内容一致、页码正确。

（三）执行概要

执行概要是对整个创业计划书的高度提炼和概括，按照创业计划书的内容依序介绍各个部分，要与正文中的内容一致。

执行概要一般不超过 2 页。外部投资者往往工作繁忙，他们大多先用简短的时间浏览执行概要之后，再根据浏览的印象和判断来决定是否继续读下去。因此，执行概要的语句务必简洁明快，内容务必条理清晰，且要能呈现创业者的激情和对未来的憧憬，每部分标题用粗体字突出呈现，以便外部投资者能迅速抓住创业计划书的核心要点。

执行概要不能写成创业计划书的前言或引言，而且应在撰写完毕创业计划书的正文后，再回过头来撰写执行概要。而不能先写执行概要，先写往往无话可写，还可能制约正文中对相关内容的展开。

（四）企业简介

企业简介是对企业当前状况的简要介绍，包括企业简史、使命与愿景，产品与服务、关键合作关系。

1\. 企业简史

企业简史是说明企业从识别机会到当前的成长历程，尤其是重大时间节点时的里程碑事件。如果企业正处在创建之中，则重点说明创建新企业的商业机会识别的过程，并说明企业创建到了哪一步。如果创建新企业的创意来源富有传奇色彩，也可以概括地呈献给阅读者，使得商业色彩平添了美好的浪漫情怀，增加阅读者对项目的情感认知。

2\. 使命与愿景

使命说明了企业存在的理由和价值，要回答企业是什么的问题。任何一个组织要存在于人类社会，一定要能为人类社会的某一方面做些什么，这就是这个组织存在的价值和理由，也是这个组织存在的使命。愿景说明了企业的发展前景，是要回答企业未来将成为什么样子。

3\. 产品与服务

产品与服务，要说明创业产品与服务的独特性，相对于竞争者有哪些优势，能为哪些顾客带来哪些利益。如果产品与服务已经做过市场测试，甚或已有成功应用案例，要在这一部分呈现出来。一个经过市场测试或成功应用的产品与服务，会大大增加创业计划书的说服力，说明创业项目不是创业者的臆想和闭门造车，而是建基于实实在在的市场竞争之中。

4\. 关键合作关系

关键合作关系，要说明创业企业目前拥有的关键合作关系。许多行业的进入门槛，企业往往通过与关键组织或个人建立合作关系而克服。例如创业企业与专利持有人的合作关系，与关键原料供应商的合作关系，与关键顾客的合作关系，乃至与行业主要竞争者的合作关系，都可能形成创业企业的竞争优势，都是企业重要的无形资产。

（五）行业分析

同行构成行业，顾客构成市场。行业是由一群生产相似产品或服务的企业构成。

国家统计局于 2017 年第四次修订了《国民经济行业分类》（GB/T 4754—2017），对我国的行业划分制定了国家标准。

在行业分析这一部分，需要重点分析行业盈利潜力、行业生命周期、行业趋势，以及行业关键成功因素。

1\. 行业盈利潜力分析

分析行业盈利潜力时，可以使用著名的波特五力模型，即从同行之间的竞争强度、下游顾客讨价还价的能力、上游供应商讨价还价的能力、替代品对行业产品价格上限限定的情况，以及潜在进入者跨越行业进入壁垒参与行业竞争的情况。如果行业盈利潜力分析的结果是积极的，则创业者可以大胆进入；如果分析的结果是负面消极的，创业者就要认真评估创业企业能否通过内部优势来改善自己在产业结构中所处的位置，从而改善企业的盈利潜力，如果评估的结果是肯定的，那么创业者应当整合资源以改变自己在产业结构中所处的位置；如果评估的结果是否定的，那么创业者尚需慎重考虑是否进入这个盈利前景堪忧的行业。

2. 行业生命周期分析

每个行业都有从萌芽、诞生、成长、成熟走向衰退的生命周期，分析清楚创业者要进入的这个行业目前处于生命周期的哪一阶段至关重要。行业所处生命周期的阶段不同，创业企业进入的策略也会显著不同，进入策略错误可能导致创业企业夭折。

3. 行业趋势分析

行业趋势分析，要从政治和政策形势、经济发展态势、社会习俗变化情况，以及技术发展趋势等方面分析行业未来发展过程中的有利因素和不利因素。尤其是政策因素和技术因素，可能为一个行业带来柳暗花明，也可能带来灭顶之灾。创业者不能只是低头拉车，还需抬头看路，否则事倍功半，难以取得良好绩效。

4. 行业关键成功因素分析

行业关键成功因素与行业所处生命周期有关，也与行业本身的特征相关。有的行业的成功关键取决于品牌管理和市场营销，有的行业的成功关键取决于生产的规模和成本，而有的行业的成功关键取决于技术的研发和突破。分析清楚行业的关键成功因素，为创业者制定正确的竞争战略提供了指南。

（六）市场分析

市场分析与行业分析不同，行业分析着重同行的整体特征，而市场分析更加着重市场细分和目标市场的分析。目标市场选择和分析是企业经营的重要组成部分，也是创业者结合内外环境选择的结果，因此，市场分析与企业经营离得更近，对创业者进行决策的影响也更直接。

这一部分从以下几个方面做出分析：市场总规模与市场细分，目标市场的选择与目标市场若干特征的分析，目标市场购买者行为分析，以及目标市场主要竞争者分析。

1. 市场总规模与市场细分

一般来说，每一个行业都设有一个行业协会，行业协会主要由生产同类产品的企业以及上游企业构成，当然，是以生产同类产品的企业为主。例如，中国塑料加工工业协会塑料管道专业专委会，主要由塑料管道生产厂家和上游原料供应商及设备供应商组成。行业协会属于行业自律性组织，其中一项工作就是行业调查与统计工作，每年行业协会都会公布年度产量、销量、重大技术进步等情况，是撰写创业计划书时查找市场总规模的重要渠道。另外，国家统计局每年发布的国家统计年鉴中也包含一些行业的统计数据，是权威的数据来源。

在调查市场总规模时，以调查过去数年的市场数据为宜，最好计算出过去数年市场总规模的增长率，并以图表形式展现出来，这样能够让阅读者一目了然地了解市场的总规模和发展趋势。如果能够从权威渠道获得未来三年市场总规模的预测数据，对于企业和外部投资者就更有决策价值。

知道了市场总规模还不够，没有哪一个创业企业能够在整个市场上向所有顾客提供产品或服务，并与现存所有企业展开全线竞争。因此，需要按照一定的细分变量对整个市场进行细分。市场细分就是按照一定的标准（细分变量）将市场上有相似需求的顾客细分成若干个顾客群体的过程。一个细分市场就是一个由需求相似的顾客组成的群体。市场细分的前提是市场上顾客的需求具有异质性。市场可以按照多种细分变量进行细分，常用的细分变量有地理细分、人口统计特征细分（如年龄和生命周期阶段、性别、收入、社会阶层等）、心理细分（如 VALS 模型所划分的改革者、思想者、成就者、尝试者、信仰者、奋斗者、生产者、挣扎者）、行为细分（如利益诉求、使用频率、品牌忠诚状况等）①。

市场细分必须有效，才能指导企业的目标市场选择，有效的细分市场应遵循如下原则②。

（1）同一个细分市场内的顾客的需求和欲望具有同质性。

（2）不同细分市场之间的顾客的需求和欲望具有异质性。

（3）与不同细分市场的差异相比，细分市场内的差异较小。

（4）细分市场必须足够清晰，足以识别其成员。

（5）细分市场的规模要能确定。

（6）细分市场足够大，且有成长空间，能确保企业获利和发展。

在市场细分过程中，最令创业者激动不已的是，发现了一个新的细分市场。这意味着创业企业将享有先入优势，比较快地度过初创阶段的艰难时期。

2. 目标市场的选择与目标市场若干特征分析

企业根据市场细分的结果，综合考虑企业的优势和劣势，选择其中一个或若干个细分市场作为自己开展经营活动的对象的过程，就是目标市场选择。

对于创业企业来说，比较明智的做法是只选择其中一个看来市场前景较好，且与企业的资源相匹配的细分市场，而不是选择多个细分市场。确定目标市场之后，需要相应分析目标市场过去几年的规模和增长情况，以及目标市场未来几年的发展趋势，并做出有说服力的说明。

同时，有必要对目标市场的市场结构进行分析，这里主要是对市场集中度进行分析。所谓市场集中度，就是指市场份额向若干个企业集中的程度，其中一种重要的衡量指标是市场内前 N 家最大的企业所占市场份额的总和。例如，CR4（concentration ratio 4）是指市场中前四个最大的企业占有该相关市场的份额。

市场集中度不同，意味着创业企业进入行业的门槛不同。市场集中度高的行业，往往意味着行业已经趋于成熟，创业企业要进入这样的市场，一般需要克服规模壁垒、在位企业的品牌壁垒、资金壁垒等，在创业计划书中，创业者要着重说明企业如何克服这些壁垒。如果市场集中度较低，属于分散性市场，往往意味着市场进入门槛较低，竞争者数量众多，潜在进入者亦多，创业者需要说明企业相较这些竞争者，其竞争优势所在。

---

① 科特勒 P，凯勒 K L. 营销管理[M].梅清豪，译. 欧阳明，校. 12 版. 上海：上海人民出版社，2006：273-283.

② 巴林格 B R. 创业计划书：从创意到方案[M]. 陈忠卫，等译. 北京：机械工业出版社，2016：106-107.

3. 目标市场的购买者行为分析

目标市场购买者的行为与前述细分市场的分析过程紧密相关。目标市场购买者行为分析着重就影响购买者购买决策的主要因素进行调查分析，只有分析清楚影响购买者购买决策的主要因素，企业才能据此制定营销战略和策略。

4. 目标市场主要竞争者分析

需要强调的是，这里的竞争者，不是整个市场上与你生产相似产品的所有企业，而是指与你争夺同一顾客群，也就是争夺同一细分市场的企业。奔驰汽车不是夏利汽车的竞争者，因为它们不是在同一个细分市场中竞争。

目标市场主要竞争者分析一个非常有用的分析方法是战略群组分析。具体方法是选择目标市场竞争中影响企业成功的两个重要因素作为变量，分别作为坐标系中的横坐标和纵坐标，然后按照各个竞争者在这个坐标系中所处的位置，将主要的竞争者归集到若干个战略群组，而后对各个战略群组的生存状况（盈利状况、市场状况）进行分析，同时，将创业企业在将要进入的战略群组中标示出来。通过这些工作，一方面可以识别创业企业将要面对的主要对手，从而为确立市场定位提供依据；另一方面可以预判企业将来的生存状况，以及企业未来进行战略群组移动的路径。

（七）竞争战略选择

经过前述行业分析和市场分析，现在创业者要对一个重要问题做出决策：采取什么样的战略以在市场竞争中胜出？

“竞争战略之父”迈克尔·波特认为，企业要在市场竞争中获得竞争优势，需要从以下三种基本竞争战略中选择一个，并努力实施。这三种基本竞争战略是成本领先战略、差异化战略和聚焦战略。

成本领先战略强调以比主要竞争者更低的成本和价格向对价格敏感的顾客提供标准化产品。差异化战略强调向对价格不敏感的顾客提供独特的产品或服务。聚焦战略则是向一小部分顾客群体（某一狭窄的细分市场）提供需要的产品或服务[①]。

创业者需要根据企业的优劣势，结合前述分析，做出竞争战略的选择。

竞争战略一旦制定，就具有统领全局的作用，它将决定企业将要实施的营销规划、企业组织设计和人力资源政策、运营流程选择、企业厂址选择、工艺路线选择、设施与装备选择、研究开发计划以及财务规划等，因此创业者务须认真分析，慎重抉择。

需要强调的是，波特认为，企业不能选择“骑墙”，即夹在三种基本竞争战略的中间，“夹在中间的公司注定是低利润的”[②]。

（八）营销规划

基于前述的市场分析和竞争战略的制定，为营销规划提供了指导方针。

---

① 戴维 F R. 战略管理：概念部分[M]. 赵丹，译. 13版. 北京：清华大学出版社，2013：151.

② 波特 M. 竞争战略[M]. 陈小悦，译. 北京：华夏出版社，2004：40.

本部分要就营销战略的确定：市场定位，营销组合策略：产品、价格、分销和促销，以及未来三年销售与市场份额预测做出说明。

1. 营销战略的确定：市场定位

“市场营销之父”菲利普·科特勒等在《营销管理》中指出：所有的营销战略都是建立在STP基础上的，即细分（segmentation）、目标（targeting）和定位（positioning）。而定位就是对公司的供应品和形象进行设计，从而使其能在目标顾客心中相对于竞争品牌占有一个独特的位置的行动①。

要在顾客心中定位清晰，就需要创业者在诸如产品、服务、人员、渠道、形象等方面塑造差异，以使企业的产品或服务在顾客选择产品或服务时脱颖而出。

2. 营销组合策略：产品、价格、分销和促销

确定好企业的市场定位后，还需要通过产品策划、定价策略、渠道策略以及促销策略予以实施。

（1）产品策划。产品策划涉及产品品牌设计、产品标志设计、产品包装设计、产品组合设计、产品线设计等。

（2）定价策略。定价策略是指企业采用何种定价方法为产品或服务定价。常用的两种定价方法是成本定价法和价值定价法。成本定价法，顾名思义，就是在产品成本的基础上加成一定的百分比作为产品的售价。这种定价方法的优点是简单明了，缺点是属于一厢情愿，没有考虑目标顾客的价格接受能力，也没有考虑竞争者的价格情况。价值定价法，是指在估计顾客愿意支付的价格基础上加成一定百分比作为折价缓冲的定价方法。这种定价方法的优点是更接近市场实际，缺点是需要对顾客的心理价位做出科学的调研。

（3）渠道策略。渠道策略涉及渠道方案的选择、渠道政策的制定、渠道的管理等问题。

（4）促销策略。促销策略涉及广告策划、公共关系管理、销售促进和人员推销等。对于消费品来说，要重点阐述清楚企业的广告策划方案和销售促进方案；对于B2B（business-to-business，企业对企业）类产品来说，要重点阐述清楚公共关系管理和人员推销管理，尤其是要对销售系统的组织结构、销售系统的激励约束政策乃至核心销售人员的状况等做出说明。

需要强调的是，在制定营销策略时，要在竞争战略和市场定位的前提下，整合各项营销策略活动，避免彼此不一致甚至冲突，要按照整合营销的思想，从不同的时间上、不同的空间上、不同的工具上努力做到整合协调，以期对顾客的购买行为形成最大限度的影响，促进企业产品的销售和品牌形象的树立。

3. 未来三年销售与市场份额预测

确定了企业的市场定位，设计了营销策略组合，还需要基于前述的市场分析，对企业未来三年的销售和市场份额做出预测。如果企业已经进行了市场开发工作，则可以据此做出预测；如果企业产品尚未投入市场，可以参照主要竞争对手的情况做出预测，或是基于市场调查做出预测。销售预测的基础是目标市场的预测，在此部分不宜过于乐观，要尽力做到有所

---

① 科特勒 P，凯勒 K L. 营销管理[M]. 梅清豪，译. 欧阳明，校. 12版. 上海：上海人民出版社，2006：343.

依据，而不是创业者的主观想象。

（九）管理团队与企业结构

一般来说，外部投资者在整个创业计划书中最为重视的就是这一部分内容。投资家所阅读的创业计划书的数量远远大于其最终投资的项目的数量，他们从实践中体会到，商业创意很多，但真正优秀的创业团队却是凤毛麟角。因此，撰写这一部分时，一定要高度重视，仔细斟酌推敲，既要实事求是不夸大其词，又要把创业团队的优势精练、形象地展示出来。

这一部分内容从管理团队、董事会、顾问委员会、企业组织结构四部分展开。

1. 管理团队

管理团队，是指包括创业者在内的核心管理骨干。在此部分，要介绍管理团队成员的分工和简历、管理团队的空缺状况、管理团队成员的薪酬和持股情况。在介绍管理团队成员的简历时，要从其教育经历、工作经历、性格特质乃至理想抱负等方面进行。如果团队成员经历丰富，就可以在创业计划书的附录部分展示核心团队成员的风采。另外，如果团队成员以前有在一起合作的经历，对此要重点说明，一个有成功合作经历的团队，意味着公司更加融洽，这无疑会增加外部投资者的信心。在介绍团队成员分工情况时，要简要说明任职的原因。在介绍团队成员的持股情况时，除了列出团队成员的持股情况，一般还预留一部分期权股份，用于日后因公司发展而吸引关键人才。

2. 董事会

关于董事会，会因公司大小不同，其作用有所不同。一个小型公司，尤其是一人独资公司，往往只设一名执行董事。而规模较大的公司，会由持股股东构成的股东会选举产生董事会。董事会是公司的执行机构，指导公司经营管理工作。在这一部分，要说明董事会的成员，并简要说明董事会的议事规则。

3. 顾问委员会

顾问委员会，是指向公司管理团队提供咨询顾问但不承担法律责任的某领域的专家。如果公司拥有专业权威的顾问委员会，会促进创业企业的工作进展，并会增加利益相关者的信心。

4. 企业组织结构

企业组织结构，在此部分一般以企业组织结构图的形式展现企业的分工合作、权利责任以及汇报指挥体系。组织结构的建立，意味着创业者知晓如何将其商业机会转化成企业运作。

（十）运营生产

识别一个商业机会与转化成制造、营销该机会下的产品之间存在巨大差异。此部分描述创业团队计划采用的运营流程、企业选址、工艺路线、设施与装备等事关运营和生产的重大问题。

1. 运营流程

运营流程就是企业为顾客提供产品或服务的程序，可以以流程图的形式展示企业提供产品或服务的关键步骤，是企业的一条价值链。一般包括顾客接洽、合同签署、设计开发、原料采购、生产制造、产品检验、产品存储运输与交付、售后服务等价值链活动。

2. 企业选址

企业厂址选择往往涉及企业将来运营的成本、费用以及销售问题，能够为企业运营带来更多收入或更低成本的厂址，可以构成创业企业的竞争优势。

3. 工艺路线、设施与装备

在此部分，根据创业项目的需要，决定是否给出工艺路线图以及主要设施与装备的清单。对于制造业来说，合理的工艺路线和先进的装备也会为企业带来质量或成本方面的优势，因此有必要在此予以说明。

需要注意的是此部分不宜过于详细，给外部投资者以简要介绍即可。

（十一）研究开发计划

如果创业企业的产品或服务处于研究开发阶段，尚未商业化生产；或者虽然创业企业的产品或服务已经成功推向市场，但企业有对产品或服务进一步改进的计划，那么在此部分需要说明研究开发处于机会识别—创意设计—样品—样品试用—小批生产—小批试用—批量生产与销售的哪一阶段，以及下一步的研发任务和成本、面临的挑战和风险。同时，要说明企业在知识产权保护方面做了哪些工作。

（十二）财务规划

财务规划是整个创业计划书的高潮和大结局。

1. 投资总额与融资规划

在此应该呈现创业企业的投资总额和融资规划表，在这张表中，列出了资金的来源和去向。投资总额需求包括开办期费用、固定资产投资所需资金、流动资金等，融资规划要说明创业团队出资金额，通过债权、股权或者捐赠等已经获得的资金，以及资金缺口。针对此部分资金缺口说明融资计划：融资的金额以及融资的方式（股权或者债权）。

2. 过去三年及当前的财务状况

如果创业企业是已经生存数年的企业，还需向外部投资者说明过去三年及当前的经营与财务状况。阅读者可以从企业过去三年的财务报表中对创业项目的潜力和创业团队的能力做出判断。如果创业企业是新建企业，则只需提供当前的财务状况。

3. 未来三年财务预算前提假设

未来三年财务预算前提假设，这一部分要说明接下来提供的未来三年财务预算是基于什么样的前提假设做出的。这一部分往往与创业计划书的行业分析、市场分析、营销规划、投资总额与融资规划相关。例如，财务预算中的销售增长率、产品毛利率、各项费用率等，对于创业企业来说，都需要基于前面的分析做出假设。

4. 未来三年财务预算

未来三年财务预算，包括利润预算、资产负债预算和现金流量预算。外部投资者对这一部分格外关注。要知道，创业者可能为自己的商业创意兴奋不已，而外部投资者更加关注这个商业创意和创业者能为自己的投资带来的回报。因此，这一部分既要实事求是，又要适当富有挑战性，挑战创业者对未来的承诺。

5. 财务比率分析

财务比率分析是对未来三年财务预算的深化，着重就创业企业的净资产回报率、总资产利润率、毛利率、利润率、存货周转率、应收账款周转率、流动比率、速动比率、资产负债率等指标做出分析，以便于投资者做出判断。

需要说明的是，上述各项财务报表因篇幅较长，放在附录为宜。

（十三）附录

对于一些篇幅过长等不宜放在商业计划书的正文中，但有参考价值的内容，可编入附录中。例如，各项财务报表等。

（十四）封底

封底可以采用两种形式，一种是空白封底；另一种是可以将代表企业精神的口号、企业的标识、以及企业官网/社交门户的二维码等联系方式，刊印在封底。

三、创业计划书常见错误

创业计划书对创业者来说如此重要，但仍有些经验欠缺的创业者在撰写创业计划书时出现瑕疵，美国俄克拉荷马州立大学的布鲁斯·R. 巴林杰教授总结了创业计划书中因其瑕疵而被精明的投资人做上“红色标记”的常见错误，如表 17-5 所示。

表 17-5 创业计划书中的红色标记

红色标记	解释
没有任何自有资金就在冒险的创业者	如果创业者并不愿意投入资金去冒险，那其他人为什么要去冒险呢
引证较为缺乏的计划	创业计划应当建立在有力的证据和合理的调研基础上，并不是猜测，或者靠创业者对未来会发生什么事的想象。应当引证那些初始的和间接的调查证据
界定的市场规模过于宽泛	对创业企业的市场界定得太宽表明真正的目标市场并没有明确。例如，一家创业企业声称将来每年在制药产业获得205亿美元的市场并没有好处。市场机会应当很好地加以确定，显然，创业企业应当将目标确定在某个细分市场或者产业内的特定市场
过于大胆的财务分析	这是许多投资者对创业计划书直接跳读过去的一部分内容。理由不够充分或者盲目乐观会失去可信度；相反，那些通过合理调研和正确判断活动，显得既冷静又理由充足的观点，将会很快获得投资者的信任

续表

红色标记	解释
隐藏或者回避不足之处	创业企业试图去掩饰或者回避自身的不足是一种有勇无谋的表现。所有的企业都会有不足之处，作为投资者或者银行家，他们除提供资金外，要做的一件重要事情正是帮助创业企业克服其不足之处
任何形式上的缺乏	让投资者费劲地读完那些错误连篇、不平衡的资产负债表以及排版印刷上存在瑕疵的文稿都不是一件好事情。这类错误类型往往被看作对细节不够专注，从而有损创业者的可信度
计划书过长	许多对创业计划书有经验的投资者准确地知道他们要看什么，不要让他们费力地读完50页材料却仍未进入正题。例如，不要一页接一页地对产业进行描述性分析。两页击中要害的信息和分析，要比那些从互联网中剪切或者粘贴的内容更有价值

资料来源：巴林格 B R. 创业计划书：从创意到方案[M]. 陈忠卫，等译. 北京：机械工业出版社，2016：11

知 识 库

创新创业教育

2015 年 5 月 4 日，国务院办公厅下发了《关于深化高等学校创新创业教育改革的实施意见》，提出了今后一段时期在高等学校教学中强化创新创业教育的指导思想、基本原则、总体目标和主要任务与措施。2016 年 5 月 12 日，国务院办公厅又下发了《关于建设大众创业万众创新示范基地的实施意见》，并确定了 2016 年首批 28 个基地，其中包括清华大学、上海交通大学、南京大学、四川大学。

➢ 拓展学习

1. 蒂蒙斯 J A，斯皮内利 S. 创业学[M]. 周伟民，吕长春，译. 北京：人民邮电出版社，2005.

2. 巴林格 B R，爱尔兰 R D. 创业管理：成功创建新企业[M]. 杨俊，薛红志，等译. 张玉利，审校. 北京：机械工业出版社，2010.

3. 奥斯特瓦德 A，皮厄尼 Y. 商业模式新生代[M]. 王帅，毛心宇，严威，译. 北京：机械工业出版社，2011.

4. 巴林格 B R. 创业计划书：从创意到方案[M]. 陈忠卫，等译. 北京：机械工业出版社，2016.

5. 全球创业观察（global entrepreneurship monitor）：http://www.gemconsortium.org/.

6. 全国人民代表大会门户网站：http://www.npc.gov.cn/.

➢ 思考题

1. 简述创业的类型。
2. 简述创业的基本过程。
3. 简述商业模式的含义。
4. 简述企业成长的路径和方式。
5. 简述创业计划书的主要内容。

➢案例分析

西安电子科技大学研究生靠“蒜泥科技”自主创业

西部网讯（陕西广播电视台《新闻联播》）杨少毅是一名2014年从西安电子科技大学毕业的研究生，从在学校期间的小发明小创造，到2015年拥有自己的公司“蒜泥科技”，一年时间，他依靠创新实现了自主创业。

2015年，杨少毅和他的团队刚刚研发成功了一款“3D①人体扫描仪”，与一般的3D扫描仪不同的是，这款产品大大缩短了扫描时间，提高了扫描的成功率，在技术上更为先进。

蒜泥科技创办人杨少毅：过去这样一个扫描人体的3D扫描仪，扫描一次的话要10～20分钟的时间，不能有任何肢体上的变化，但是我们的扫描(仪)，在三十分之一秒的时间内，就可以完成整个扫描，你跳起来或者单脚站立都是没问题的。

1988年出生的杨少毅，2014年从西安电子科技大学研究生毕业，怀揣梦想的他在离开校园后并没有选择就业，而是和三个同学一起创办了“蒜泥科技”。“蒜泥科技”是杨少毅自己为公司起的名字，取自“狻猊”（suān ní）的谐音，它是传说中龙生九子其中的一子，象征着智慧与耐心，他认为这是科研人员最宝贵的精神。

蒜泥科技创办人杨少毅：我们这个团队三四个合伙人从大学二年级就在一起了，那时我们开始做机器人的相关研发，也获得了很多创新科技奖项。当时我们几个就希望把我们之前的一些技术做一个相关的转化，能实现我们自己的一些更多的人生价值和梦想。

凭着在大学积累的知识和技术，杨少毅和他的团队从“教育机器人”项目起步，一年时间就盈利百万元，公司规模也从当时的四五个人发展到了现在的50多人。

蒜泥科技创办人杨少毅：但这个市场是一个可以看到天花板的市场，我们希望通过我们自己的技术和我们的一些经验和市场，把我们行业做得更大一些。

经过市场调研，杨少毅决定开始做和3D打印相关的“人体扫描仪”的研发，在攻克了数十项技术难题后，他的团队成功地研发了这款“3D人体扫描仪”，并且成功申报了数十项科技专利。

蒜泥科技创办人杨少毅：目前也吸引了一些相关的风险投资公司，进入我们项目里面，公司资本大概有2400万元。

按照杨少毅的规划，3D人体扫描仪在2015年9月就能面世，3D人体扫描仪投产后，将在服装、影视、健康医疗等多个领域得到应用，具有千亿级的市场规模。

蒜泥科技创办人杨少毅：我们现在做的3D扫描仪，只是我们整个项目中的一个载体。未来我们更多的是将3D扫描的数据和整个云端平台相结合，做成一个3D数据的大数据平台②。

一、产品简介

蒜泥科技致力于成为全球优秀的三维数据信息的提供者和服务者，借由自主研发的Visbody人体三维扫描仪，为服装行业、健身行业、医疗行业、影视游戏行业等有三维人体

---

① three dimensional，三维.

② 金潇. 西安电子科技大学研究生靠“蒜泥科技”自主创业[EB/OL].（2015-07-21）. http：//news.cnwest.com/content/2015-07/21/ content_12938201.htm.

数据需求的客户建立一个包含终端用户人体三维数据、全彩贴图信息的数据库，提供对应的解决方案：服装——虚拟试衣/成衣及特殊装备定制、健身——体形追踪及效果预测、医疗——整容预测/假肢定制、影视游戏行业——三维动画等。

二、竞争优势

目前市面上的人体三维扫描仪主要有光栅扫描法、激光扫描法、红外扫描法等几种，分别存在扫描时间长、贴图信息少、数据不准确、外部光源干扰强、射线对人体有害、设备价格昂贵等一个或多个弊端。

Visbody是国内首家采用多图融合技术的人体三维扫描仪，只需1秒即可采集人体360°数据和色彩信息，形成高精度的全彩三维模型，这样的扫描速度在世界范围内也处于领先水平。并且扫描时不受外部光源干扰，使用的LED（发光二极管）光源对人体无害零刺激，成本更是同类设备的几分之一，完美解决了传统扫描仪存在的弊端。

三、产品成绩

2015年10月，摘得首届“中国互联网十大学生创新创业大赛”季军。

2016年1月，荣获首届中国西部创客峰会“西部十佳创新项目”称号。

四、团队介绍

杨少毅：创始人，西安电子科技大学电路与系统硕士研究生，拥有多年的机器人设计与研发经验，从2012年开始对3D打印进行研究与探索。已获科技创新类国家级奖项4次，省部级奖项6次。

褚智威：技术总监，英国诺丁汉大学生物电子与电气工程专业硕士研究生，曾主导包括“超远距离射频读卡技术”、“基于zigbee的室内定位导航”以及“基于骨骼信息的人体动作识别”等多个科研工作，多次获得国家级奖项。

张晓润：销售总监，2009年至2013年供职于神州数码（中国），为国内首批从事三维行业的人员之一。先后负责美国Stratasys、3Dsystems、Objet、EOS等国际知名三维设备在国内的推广工作①。

资料来源：西部网—陕西新闻网，2015-07-21（有改动）

问题：

1. 你认为创业的时机选在学期间和毕业后各有哪些优劣势？
2. 创业团队的选择应该遵循哪些原则？
3. 创业企业选择相应的细分市场应该遵循什么原则？

① 虎嗅网. Visbody[EB/OL].（2014-09-01）. https://www.huxiu.com/chuangye/content/529/Visbody 人体三维扫描仪.

参考文献

安徽省“三个代表”重要思想研究中心. 2006. 处理好劳资关系促进和谐社会建设[N]. 光明日报，08-01.
奥斯特瓦德 A，皮厄尼 Y. 2011. 商业模式新生代[M]. 王帅，毛心宇，严威，译. 北京：机械工业出版社.
巴林格 B R，爱尔兰 R D. 2010. 创业管理：成功创建新企业[M]. 杨俊，薛红志，等译. 张玉利，审校. 北京：机械工业出版社.
巴林格 B R. 2016. 创业计划书：从创意到方案[M]. 陈忠卫，等译. 北京：机械工业出版社.
波特 M. 2004. 竞争战略[M]. 陈小悦，译. 北京：华夏出版社.
陈传明，周小虎. 2007. 管理学原理[M]. 北京：机械工业出版社.
陈大柴. 2004. 西方市场经济国家劳资关系的历史发展及其趋势[J]. 中共南京市委党校南京市行政学院学报（5）：32-36.
达夫特 R L. 2003. 组织理论与设计[M]. 王凤彬，张秀萍，等译. 北京：清华大学出版社.
戴维 F R. 2013. 战略管理：概念部分[M]. 赵丹，译. 13 版. 北京：清华大学出版社.
戴维 F R. 1998. 战略管理[M]. 李克宁，译. 北京：经济科学出版社.
德斯勒 G. 1999. 人力资源管理[M]. 刘昕，吴雯芳，等译. 北京：中国人民大学出版社.
德斯勒 G. 2017. 人力资源管理[M]. 刘昕，译. 北京：中国人民大学出版社.
蒂蒙斯 J，斯皮内利 S. 2005. 创业学[M]. 周伟民，吕长春，译. 北京：人民邮电出版社.
盖勇，孙平. 2004. 人力资源战略与组织设计[M]. 济南：山东人民出版社.
高闯，王海光. 2006. 管理学[M]. 北京：清华大学出版社.
格里芬 R W. 2008. 管理学[M]. 刘伟，译. 9 版. 北京：中国市场出版社.
郭文臣. 2017. 管理沟通[M]. 3 版. 北京：清华大学出版社.
蒋剑勇. 2003. 知识型员工工作设计的思路探讨[J]. 价值工程（3）：16-18.
康青. 2015. 管理沟通[M]. 北京：中国人民大学出版社.
科特勒 P，凯勒 K L. 2006. 营销管理 [M]. 梅清豪，译. 12 版.欧阳明，校. 上海：上海人民出版社.
匡跃平. 2004. 杜邦的可持续发展之道[J]. 现代化工（12）：58-62，64.
蓝海林. 1993. 企业战略管理理论与技术[M]. 广州：华南理工大学出版社.
蓝海林. 2015. 企业战略管理[M]. 北京：中国人民大学出版社.
李宏，杜学忠. 2002. MBA 组织行为学精华读本[M]. 合肥：安徽人民出版社.
李垣. 2007. 管理学[M]. 北京：高等教育出版社，
李振刚，李云健. 2014. 管理沟通：理念、方法与技能[M]. 北京：机械工业出版社.
廖三余. 2006. 人力资源管理[M]. 北京：清华大学出版社.
刘刚. 2016. 管理学[M]. 北京：中国人民大学出版社.
楼园. 2006. 企业组织结构进化研究[D]. 北京：北京工业大学.
陆国泰. 2000. 人力资源管理[M]. 北京：高等教育出版社.
罗宾斯 S P，库尔特 M. 2012. 管理学[M]. 李原，孙健敏，黄小勇，译. 11 版. 北京：中国人民大学出版社.
罗宾斯 S P. 2004. 组织行为学[M]. 孙健敏，李原，黄小勇，译. 北京：中国人民大学出版社.
罗宾斯 S P. 2000. 组织行为学[M]. 北京：中国人民大学出版社.
罗宾斯 S P. 2000. 组织行为学精要[M]. 北京：机械工业出版社.

祁国宁，杨青海. 2004. 大批量定制生产模式综述[J]. 中国机械工程（14）：20-25.
尚普. 2004. 组织行为学基本原则[M]. 宋巍巍，张薇，译. 2 版.北京：清华大学出版社.
邵一明. 2014. 战略管理[M]. 北京：中国人民大学出版社.
宋妍. 2007. 浅析企业人力资源的跨文化管理[J]. 科技情报开发与经济（3）：216-217，221.
孙健敏. 2002. 人力资源管理中工作设计的四种不同趋向[J]. 首都经济贸易大学学报（1）：60-64.
孙健敏. 2003. 组织与人力资源管理[M]. 北京：华夏出版社.
汪克夷，齐丽云，刘荣. 2016. 管理学[M]. 2 版. 北京：清华大学出版社.
王凤斌，李东. 2015. 管理学[M]. 5 版. 北京：中国人民大学出版社.
王利平. 2017. 管理学原理[M]. 4 版. 北京：中国人民大学出版社.
王蔷. 2001. 组织行为学教程[M]. 上海：上海财经大学出版社.
王瑞永，王日华，邹晓春. 2014. 管理沟通——理论、工具、测评、案例[M]. 北京：化学工业出版社.
王永莲，刘莎莎. 2016. 海尔集团商业模式演进案例研究："因时而变"的企业[J]. 科学学与科学技术管理（4）：70-78.
魏江，严进. 2006. 管理沟通：成功管理的基石[M]. 北京：机械工业出版社.
徐炜. 2003. 21 世纪新环境下企业组织结构研究[D]. 北京：中国社科院.
杨文士，焦叔斌，张雁，等. 2009. 管理学[M]. 3 版. 北京：中国人民大学出版社.
杨锡怀. 2004. 企业战略管理理论与案例[M]. 北京：高等教育出版社.
杨正喜. 2007. 珠三角以农民工为劳动者的劳资冲突问题研究[D]. 武汉：华中师范大学.
尤利群. 2014. 管理学[M]. 2 版. 杭州：浙江大学出版社.
余凯成. 1999. 人力资源开发与管理[M]. 北京：企业管理出版社.
张德. 2002. 人力资源管理[M]. 北京：企业管理出版社.
张明玉，等. 2013. 管理学[M]. 北京：科学出版社.
张一弛. 1999. 人力资源管理教程[M]. 北京：北京大学出版社.
张玉利. 2013. 创业管理[M]. 3 版. 北京：机械工业出版社.
赵丽芬. 2013. 管理学：全球化视角[M]. 北京：中国人民大学出版社.
周文，刘立明. 2005. 工作分析与工作设计[M]. 长沙：湖南科学技术出版社.
朱志忠，唐和平. 2005. 组织行为学[M]. 北京：北京大学出版社.